公文写作
指南与范例

岳海翔
—编著—

中共中央党校出版社

图书在版编目（CIP）数据

公文写作指南与范例 / 岳海翔编著 . --北京：中共中央党校出版社，2022.3（2022.9 重印）

ISBN 978-7-5035-7263-0

Ⅰ. ①公… Ⅱ. ①岳… Ⅲ. ①公文-写作 Ⅳ. ①C931.46

中国版本图书馆 CIP 数据核字（2022）第 026519 号

公文写作指南与范例

策划统筹	任丽娜
责任编辑	马琳婷　牛琴琴
责任印制	陈梦楠
责任校对	李素英
出版发行	中共中央党校出版社
地　　址	北京市海淀区长春桥路 6 号
电　　话	（010）68922815（总编室）　　（010）68922233（发行部）
传　　真	（010）68922814
经　　销	全国新华书店
印　　刷	中煤（北京）印务有限公司
开　　本	787 毫米×1092 毫米　1/16
字　　数	447 千字
印　　张	24.25
版　　次	2022 年 3 月第 1 版　　2022 年 9 月第 3 次印刷
定　　价	76.00 元

微 信 ID：中共中央党校出版社　　　邮　　箱：zydxcbs2018@163.com

版权所有·侵权必究

如有印装质量问题，请与本社发行部联系调换

写在前面的话

当前,在各类机关单位的公务活动实践中,都普遍缺少从事公文写作的"成手"。我们这里所说的"成手",指的是"原创",而不是指那些从网上拼装嫁接、东拼西凑的"裁缝"。但要想成为真正的"成手",谈何容易,有志于在公文写作方面大显身手的人,首先必须对此项工作"感兴趣",因为兴趣是最好的老师;其次也是最主要的是要勤于实践,多写多练。公文是写会的而不是看会的和听会的,没有日复一日、坚持不懈的亲身实践,是写不好公文的。而要实现此目的,需要对公文写作的基本知识和写作技巧有所了解和掌握,并且多品读一些具有代表性的公文范例,这样就可以避免写作的盲目性和随意性。

公文既包括党和国家公文法规中所明确规定的15种法定公文,也包括机关常用应用文种,也称事务文书。按照《党政机关公文处理工作条例》的规定,党政机关公文是党政机关实施领导、履行职能、处理公务的具有特定效力和规范体式的文书,是传达贯彻党和国家方针政策,公布法规和规章,指导、布置和商洽工作,请示和答复问题,报告、通报和交流情况等的重要工具。认真学习公文写作基本知识,掌握公文写作方法和技巧,对于我们做好本职工作,更好地服务于经济社会发展,具有十分重要的意义。

本书共分上下两编:上编,公文写作基础知识和技能,分别介绍公文写作必须掌握的基本知识和技术问题;下编,常用公文文种的结构模式和范例简析。对所收典型例文均加以精彩点评，以便读者更加直接了解和把握公文写作的基本要领。

本书全面体现党和国家现行公文处理条例、公文格式国家标准的精神和要求，并紧密结合党政机关以及企事业单位工作实际，反映当前公文学研究的最新成果，做到准确性、权威性和实用性相统一，是广大公文工作者、机关公务人员和广大文秘人员学习公文写作的好帮手。

通过阅读本书，能够使广大读者充分了解和掌握公文写作的基本知识和写作技巧，从而向公文写作的"成手"迈进。

作　者

2021 年 4 月

目录

上编 公文写作基础知识和技能

一、正确把握公文的含义 / 3
二、正确把握公文的特点 / 4
三、正确把握公文的分类 / 6
四、正确把握公文各个构成要素的内涵 / 9
五、要打牢写好公文的科学理论基础 / 10
六、正确提炼公文主旨 / 11
七、正确表达主旨 / 12
八、公文写作中材料的收集 / 15
九、公文写作中材料的组织 / 16
十、注重讲究材料组织的系统性 / 17
十一、公文写作中的结构安排 / 17
十二、准确把握公文文种的内涵与作用 / 19
十三、正确区分和使用公文文种 / 21
十四、明辨相近易混文种 / 22
十五、准确把握公文的格式要素 / 32
十六、正确把握公文版头、主体和版记部分各包括的要素 / 33
十七、正确理解公文的特定格式 / 33
十八、正确把握公文各格式要素的标识规则 / 34
十九、恰当拟写公文的小标题 / 41

二十、恰当拟写转文性通知标题 / 44

二十一、公文标题中使用标点符号的几种特殊情况 / 45

二十二、正确体现公文的外形结构与内在结构 / 47

二十三、如何做到内外结构的有机统一 / 48

二十四、公文写作真实性的本质属性 / 49

二十五、公文内容失真的主要表现 / 51

二十六、公文写作怎样讲求可行性 / 52

二十七、注重用字规范 / 53

二十八、注重用词规范 / 55

二十九、注重用句规范 / 57

三十、要规范使用"要"字句 / 60

三十一、恰当使用"拟同意"一语 / 62

三十二、正确使用"亲自"一词 / 62

三十三、正确使用"重要讲话"等评价性词语 / 63

三十四、正确运用结构层次序数 / 65

三十五、正确表达数目字中的倍数、比例关系、"零"与"点"、"二"与"两"、"以上"和"以下" / 66

三十六、正确运用机关或单位名称的全称与简称 / 67

三十七、正确对待"此页无正文" / 68

三十八、正确把握公文的行文规则 / 68

三十九、怎样正确运用模糊语言 / 70

四十、正确运用数字 / 71

四十一、正确使用专业术语 / 75

四十二、公文语言运用的"五原则" / 78

四十三、公文写作要力求做到简短 / 83

四十四、公文写作要力求做到明确 / 84

四十五、公文写作要力求做到庄重 / 86

四十六、公文写作要正确运用名称 / 88

四十七、正确运用"篇（段）前撮要"写作技法 / 90

四十八、公文写作中简称的结构形式和注意事项 / 93

四十九、公文写作要善于运用事例 / 95

五十、公文写作快写的诀窍 / 98

下编　常用公文文种的结构模式和范例简析

五十一、决议的写作与范例简析 / 105

五十二、决定 / 110

五十三、命令（令） / 118

五十四、公报 / 122

五十五、公告 / 130

五十六、通告 / 135

五十七、意见 / 140

五十八、通知 / 154

五十九、通报 / 169

六十、报告 / 182

六十一、请示 / 195

六十二、批复 / 200

六十三、议案 / 204

六十四、函 / 209

六十五、纪要 / 213

六十六、计划 / 220

六十七、要点 / 226

六十八、方案 / 230

六十九、安排 / 234

七十、怎样撰写纲要 / 243

七十一、怎样撰写规划 / 254

七十二、怎样撰写规则 / 272

七十三、怎样撰写条例 / 283

七十四、怎样撰写规定 / 293

七十五、怎样撰写办法 / 298

七十六、总结 / 303

七十七、调查报告 / 312

七十八、讲话稿 / 326

七十九、开幕词 / 333

八十、欢迎词 / 338

八十一、答谢词 / 342

八十二、欢送词 / 344

八十三、闭幕词 / 347

八十四、述职报告 / 351

八十五、感谢信 / 357

八十六、慰问信 / 361

八十七、贺信（贺电） / 365

八十八、倡议书 / 368

八十九、公开信 / 371

九十、典型材料 / 374

上编

公文写作
基础知识和技能

一　正确把握公文的含义

【解答】公文是公文学科最基础的概念，是文书中最重要的一类，指文书中的公务文书，既包括党的各级领导机关所使用的公文，也包括国家行政机关所使用的公文，二者合称为党政公文。它是政治的产物，是政治的"晴雨表"和"风向标"，是我们党和国家机关用以表达意志、传递策令、沟通情况、交流经验、推动公务活动开展的重要文字工具和手段。根据2012年4月16日中共中央办公厅、国务院办公厅联合印发的《党政机关公文处理工作条例》（以下简称《条例》）中的规定表述，党政机关公文是党政机关实施领导、履行职能、处理公务的具有特定效力和规范体式的文书，是传达和贯彻党和国家方针政策，公布法规和规章，指导、布置和商洽工作，请示和答复问题，报告、通报和交流情况等的重要工具。《条例》从公文的形成范围、内容和形式特征以及本质属性等方面对党政公文的定义作出了准确严密的科学界定。从中可以看出，工具性是公文的本质属性。

公文有广义和狭义之分。从广义上说，凡是按照一定程序和格式处理各种公务的行文都称为公文。既包括《党政机关公文处理工作条例》中所明确规定的15种公文，又泛指各级党政机关、人民团体和企事业单位在处理各种日常事务性工作中所形成并使用的常用文书，诸如计划、总结、调查报告、讲话稿、典型材料、专用书信、大事记、简报、条例、规定、办法等，又称事务文书。因此，广义的公文是指在公务活动中用以上传下达、处理问题、反映情况、交流经验、联系事务、商洽工作的具有特定效力和惯用体式的文书。狭义的公文，则专指党和国家公文法规中正式规定的主要文种。具体包括15种，即决议、决定、命令（令）、公报、公告、通告、意见、通知、通报、报告、请示、批复、议案、函、纪要。

本书所说的公文和作为公文写作学科研究对象的公文，是指广义的公文。

上述界定分别从形成范围、性质、功能和体式等方面，对党政机关公文的含义作出了明确界定。其中，将公文的属性概念界定为"文书"，将其种差界定表述为三点：一是揭示出公文的形成本质，即产生于党政机关实施领导、履行职能、处理公务的特定过程之中；二是具有特定效力；三是具有规范格式（体式）。在此基础上，进一步明确了党政机关公文的主要功用。这一表述揭示和反映出了党政机关公文的内在本质属性，即工具性，既严谨周密，又规范科学。

二 正确把握公文的特点

【解答】概括地讲，公文具有以下几个方面的特点。

一是作者的专任性。公文以传递治理国家的策令为基本职能，具有高度的政策性和法定的权威性，由此决定了其制作和发布必须由指定的专人进行，具有明显的职述和专任特性。也就是说公文的作者必须是法定作者，即依法成立并能以自己的名义行使职能权力和担负一定义务的组织及其领导人。由于国家行政机关是根据《中华人民共和国宪法》（以下简称《宪法》）等法律规定设立的，法律赋予其特定的职能及发布公文的权限，例如，国务院是国家最高行政机关，有权根据《宪法》、法律和法令规定制定行政法规，发布命令（令）和决定；各人民团体和企事业单位都是由一定的领导机关根据法律、法令和行政法规的有关规定正式批准而建立的，因此，它们也可根据职权制定并发布所需要的公文。

应当强调的是，行政机关及其领导人以个人名义所发布的公文如命令（令）等，是其依法行使职权的一种表现，而不是以其私人身份制作和发布公文。例如"中华人民共和国主席令""××省人民政府省长令"等，都是以其法定作者的身份行使职权，因此是合法的和有效的。法定作者之外的其他任何组织和个人都不得擅自制定发布公文，这是受国家法律和有关组织纪律加以保护的。根据我国《刑法》第二百八十条的规定，对于伪造、变造、买卖或者盗窃、抢夺、毁灭国家机关公文的人，要依法治罪，其处罚的幅度为三年以下有期徒刑、拘役、管制或者剥夺政治权利；情节严重的，处三年以上十年以下有期徒刑。

公文作者的专任性是政治斗争的需要。只要有公文存在，这种专任性就是不可改变的。正因如此，保证了公文准确地履行传递策令、表达意志的职能。公文作者的专任性，包括两种形式：一是职述，即由担负某种职务的人去撰写与其职务相称的公文；一是代拟，即指某一级领导机关或领导者个人授权他人代拟公文。这是其他任何文体的撰拟都不具备的。

二是受体的特定性。公文的受体（即行文的对象）也是特定的，具有显在性和明确的指向性。从起草开始就明确了阅者是谁，这种特定性也是其他文体所不具备的。公文写作时一般要具体写明"主送机关""抄送机关"或在附注中标明阅读对象。诸如上行文的受体是上级机关，下行文的受体是隶属的下级机关；平行文的受体是同一组织系统的同级机关单位或不相隶属的机关单位。公文写作这种受体的定向性是由公文的工具性功能所决定的。正因为如此，在写作时就要考虑到不同的受体对象，选择不同的公文文种，运用不同的表达方式，考虑不同的语气措辞。公文这种受体的特定性，避免了公文传递的主观随意性和非程序性，确保其有条不紊地运转并切实发挥效用。

三是功能的权威性。制定和发布公文，是发文机关行使法定职权的重要方式和途径，它以传递治理国家的策令为基本职能，担负着其他任何文体都不能担负且不允许担负的特殊使命。策令性是公文具有代表性的使命，这种独特的使用功能使之具有法定的权威性和效力。公文是推动管理活动协调运转的工具，是推动国家、集体公共事务的中介，代表国家的权力和意志，传达制发机关的决策和意图。形成公文的机关及其负责人，是国家各级机关的代表，其职权是通过法定程序和手续赋予的，一经制发，即具有法定的权威性和效力，对受文单位在法定的时间和空间范围内产生强制作用，具有法定约束力，有关组织和个人必须认真遵循、执行和参照处理，任何组织和个人都不得违反，否则就意味着失职甚至渎职，就要受到批评、制止，情节严重者还要受到查处，这是受国家法律和有关组织纪律加以保证的。

行政公文功能的权威性要受诸多因素的影响和制约，主要包括制发机关的职权、公文生效和执行的时间以及公文的内容和形式，等等，正因为如此，使得行政公文在不同的范围内发挥相应的管理效用。

四是程式的严密性。程式性是指公文所具有的特定格式、写作层次与转述来文的方式。特定格式即指具有特定的拟制格式，这种格式是由国家明文规定的，主要见于《党政机关公文处理工作条例》（2012年4月16日由中共中央办公厅和国务院办公厅联合印发）以及《党政机关公文格式》（GB/T9704—2012，2012年6月29日由国家质量监督检验检疫总局和国家标准化管理委员会联合发布）。制发公文必须严格依照规定的格式进行，任何机关和单位都不能违反国家的统一规定而自行其是，以确保公文的正确性、完整性和有效性；写作层次，主要是指公文在篇章结构上的一系列技术性要求，如标题摘由、篇前撮要、段头显旨、分项标号、分层列段等；转述来文的方式，是指在转述行政公文时，要加"文件头"，形成复体行文的形式，将被转述的文件恰切有序

"运载"出来。明确规定下级转述上级的来文称作"转发",上级转述下级的来文称作"批转",不相隶属机关之间相互转述来文也称作"转发"。

五是处理的程序性。公文的处理(包括拟制、办理、管理等诸多环节)是一项前后关联、衔接有序的系统流程,它有利于维护公文的权威性和严肃性,促进公文处理工作的规范化、制度化和科学化。无论是发文办理还是收文办理都要依循规定程序进行,其中公文拟制必须经过起草、审核、签发等程序;收文办理必须经过签收、登记、初审、承办、传阅、催办、答复等程序;发文办理必须经过复核、登记、印制、核发等程序。几个机关联合行文必须履行完备的会签程序;重要的规范性文件需要报请上级机关审批或由主管部门批准。任何机关或个人都不得违反上述特定程序擅自处理公文,这也是公文区别于其他文体的重要特征。

三 正确把握公文的分类

【解答】公文分类的方法较多,大体有如下几种形式。

一是按适用范围划分。根据《党政机关公文处理工作条例》的规定,党政机关的公文分为 15 种,即决议、决定、命令(令)、公报、公告、通告、意见、通知、通报、报告、请示、批复、议案、函、纪要。每个文种分别具有特定的适用范围。

(一) 决议

适用于会议讨论通过的重大决策事项。

(二) 决定

适用于对重要事项作出决策和部署,奖惩有关单位和人员,变更或者撤销下级机关不适当的决定事项。

(三) 命令(令)

适用于公布行政法规和规章,宣布施行重大强制性措施,批准授予和晋升衔级,嘉奖有关单位和人员。

（四）公报

适用于公开公布重要决定或者重大事项。

（五）公告

适用于向国内外宣布重要事项或者法定事项。

（六）通告

适用于在一定范围内公布应当遵守或者周知的事项。

（七）意见

适用于对重要问题提出见解和处理办法。

（八）通知

适用于发布、传达要求下级机关执行和有关单位周知或者执行的事项，批转、转发公文。

（九）通报

适用于表彰先进，批评错误，传达重要精神和告知重要情况。

（十）报告

适用于向上级机关汇报工作，反映情况，回复上级机关的询问。

（十一）请示

适用于向上级机关请求指示、批准。

（十二）批复

适用于答复下级机关请示事项。

（十三）议案

适用于各级人民政府按照法律程序向同级人民代表大会或者人民代表大会常务委员会提请审议事项。

（十四）函

适用于不相隶属机关之间商洽工作，询问和答复问题，请求批准和答复审批事项。

（十五）纪要

适用于记载会议主要情况和议定事项。

二是按行文方向划分。按照行文方向的不同，可将行政公文分为四种情况。

（1）上行文。即下级机关向上级机关的行文，主要包括报告、请示、意见、议案；

（2）下行文。即上级机关向下级机关的行文，主要包括命令（令）、决定、通知、通告、通报、批复、意见、纪要；

（3）平行文。即向平级机关或不相隶属机关的行文，主要是指公告、函和知照性通知；

（4）多行文。是指既可向上、又可向下，还可平行的行文，具有行文方向的不确定性。例如意见、函（申请函、商洽函、答复函）以及采用标准格式的纪要等文种即属此种情形。

三是按机密程度划分。即按照行政公文所涉及内容的重要程度进行划分，主要有三种情况。

（1）绝密级公文。绝密级公文是指涉及国家核心秘密内容的文件，一旦泄露会使国家的安全和利益遭受特别严重的损害；

（2）机密级公文。机密级公文是指涉及国家重要秘密内容的文件，一旦泄露会使国家的安全和利益遭受较大的损害；

（3）秘密级公文。秘密级公文是指涉及国家一般秘密内容的文件，一旦泄露会使国家的安全和利益遭受一定的损害。

四是按紧急程度划分。即指依照行政公文送达和办理的时限要求进行分类，包括两种情况。

（1）特急件。即特别紧急，一般是指需要在 24 小时之内送达和办结的公文；

（2）急件。一般是指需要在 72 小时之内送达和办结的公文。如系以电报形式发文，则其紧急程度分为特提、特急、加急、平急四个等级。

五是按载体形态划分。即按照承载行政公文内容的物质形式进行分类,包括三种情况。

(1) 纸质公文。纸质公文是以纸张为物质载体的公文,是使用最为普遍的公文载体材料;

(2) 磁介质公文。磁介质公文是以磁带、磁盘、磁鼓等磁性材料为物质载体的公文,诸如录音文件、录像文件、计算机文件等;

(3) 光介质公文。光介质公文是以感光材料如胶片等为物质载体的公文,诸如照片公文、缩微胶片公文、光盘公文等。

四 正确把握公文各个构成要素的内涵

【解答】与一般文章一样,公文的构成要素也由主旨、材料、结构、语言和表达方式组成。

(1) 公文的主旨就是制文主体为着写作目的的需要通过公文的全部内容所表达出来的主要观点、基本主张、政治倾向和政策期求。它是一篇公文的"灵魂"和"统帅"。在写作过程中,主旨一经确立,即对材料的组织、结构的布局、语言的运用以及表达方式的选择等起到制约和调控作用。因此,正确地确立主旨,使之合乎要求,是写好公文的关键。

(2) 材料是指公文制作者为了表现公文主旨,从现实工作、学习和生活中摄取并写入公文中的一系列内容,包括情况、背景、目的、根据、办法、措施、意见、规定、时间、数字等。它是提炼公文主旨的基础和依据。

(3) 结构是作者写作思路的外在反映,它通过作者的构思,反映客观事物的内部联系,是作者对客观事物认识程度的体现。公文的结构与一般文章结构的含义相同,即根据主旨的要求和内容表达的需要而采取的一种组织、构造形式,它与前面所谈的主旨、材料以及后面将要论及的语言和表达方式一起,被称作构成公文的五大要素。其中,主旨和材料属于内容要素,结构、语言和表达方式属于形式要素。如果将一篇完整的公文比作一个人,那么,主旨则是其"灵魂"和"统帅",材料是"血肉",结构为"骨骼框架",语言恰似"细胞",表达方式则是"经络"。可见,结构在公文写作中具有不可忽视的重要作用。能够设计安排一个好的结构是公文写作者应当具备的重要基本功之一。

(4) 语言是公文的最基础要素。因为公文属于文章,而文章是要靠文字来表达的。没有语言文字，公文就不称其为公文，而有了语言文字，我们就能够正确地表述思想，就能够把公文写得准确、写得简洁，就能够记载和传递形形色色的公务信息。

（5）表达方式是运用语言反映客观事物的方法和手段，是一种有目的、有对象的思想交流活动。不同的表达方式是由不同的反映对象和所要获得的不同效果决定的。为了有效地达到目的，更好地体现所要表达的对象，公文写作者必然要采取各种各样的表达方式，其中最主要的是叙述、说明、议论。这是由公文本身的性质和特点所决定的。

五 要打牢写好公文的科学理论基础

【解答】公文是施政的基础，在所有文体中，公文受政治影响和政策思想影响最为明显。它既表现在策见上，也不可避免地体现在表述形式和诸多表达手法上。正如苗枫林先生在《中国公文学》一书中所指出的：公文"受政治影响和政策影响这种特性，向我们提出的一个最直接问题是，公文工作者必须十分注意把马克思主义的基础打牢。"（苗枫林：《中国公文学》，齐鲁书社1988年版，第426页）这是很有道理的睿智灼见。毛泽东在1958年年初所发表的《工作方法六十条》中提出，"无产阶级一定要有自己的秀才"，这些人要较多地懂得马克思主义，同时又有一定的文化水平、科学知识和辞章修养。这是写好公文的科学理论基础，是对一个公文写作人员所提出的基本素养要求。可以说，理论水平对于一个公文写作人员来说是非常重要的，它决定着一个人洞察事物、分析事物、明辨是非的能力，而且它直接反映公文写作人员的思想水平和政策水平，它们之间是紧紧连在一起的，因为理论成熟是思想政治成熟的表现。理论是行动的指南，是管思想、管方向的，不掌握党的基本理论，就不可能保持清醒的头脑和正确的政治方向。而要提高理论水平，最根本的是要认真学习马克思列宁主义、毛泽东思想、邓小平理论、"三个代表"重要思想、科学发展观以及习近平新时代中国特色社会主义思想；认真学习党的路线、方针、政策；认真学习现代领导科学和现代管理科学方面的理论。提高思想水平，主要是指提高辩证唯物主义的认识能力；提高政策水平，则主要是增强理解、掌握党和国家的方针、政策的能力。

这些基本理论是指导我们各项工作的指南，没有科学的理论为指导，任何一项政策措施都是错误的。因此，倘若公文写作人员没有打牢科学的理论基础，则是不能胜任本职工作的。而有了科学的理论作指导，我们在公文写作过程中就能够正确地观察问题、分析问题、认识问题和解决问题，就能够确保公文写作的质量和水平，从而发挥公文应有的作用。

六 正确提炼公文主旨

【解答】在正确把握了领导的意图开始草拟公文的时候，首要的问题就是要确定好该篇公文的主旨句，并把它用简约易读的语言在标题中表述出来。然后根据主旨句的需要，在已有的材料中，提炼出契合题意的基本观点，以及围绕这个基本观点而行文的各个分观点。如《关于新形势下党内政治生活的若干准则》，其主旨的提炼就十分典型。全文有12个部分，即12个分旨，但都是依据主旨句"党内政治生活的准则"，围绕着全文的总观点"办好中国的事情，关键在党，关键在党要管党、从严治党。党要管党必须从党内政治生活管起，从严治党必须从党内政治生活严起"展开的。如第一部分"坚定理想信念"，开始就提出这部分内容的论点"共产主义远大理想和中国特色社会主义共同理想，是中国共产党人的精神支柱和政治灵魂，也是保持党的团结统一的思想基础。必须高度重视思想政治建设，把坚定理想信念作为开展党内政治生活的首要任务。"显然，这个论点，既是全文总论点的延伸和展开，又与主旨句的意旨十分贴切，在表述用语上亦前后一致。这样来提炼主旨的方法，很值得我们在公文写作中效法。

其次，提炼公文主旨要着眼于全局，使具体的政策规定和理论观点，与党在一个时期的总路线、总目标、总政策吻合起来。因为撰写一份公文，制定某项具体政策，发表某种具体策见，对于全局来说，它总是一个局部，只有把它置于全局中加以衡量，使之与全局吻合起来，才能避免具体政策及其策见思想的偏颇，具体政策及其策见思想才不致与总政策、总目标发生抵触。

为了更好地从全局着眼，提炼好具体公文的主旨，要认真学习以至十分熟悉党和国家的方针、政策，经常从党和国家的重要文件中，揣摩、体会其决策的战略意向，体察政策调整方向的脉络。这样，在拟写某项具体公文时，所阐述的具体观点，就可以在全局中与总策见恰当地吻合起来。如果胸中无全局，夸大了具体策见的作用，就会冲击全局性的策见及中心工作；而具体的策见达不到应有的高度，也就不能发挥具体政策服务于全局性工作的作用。如果胸中无全局，具体策见应该发布在前而未发布在前，就会贻误时机；具体策见应该发布于后而抢在前面发布，就会打乱中心工作的步骤，造成全局性工作的被动。如果胸中无全局，不考虑具体策见与全局中其他部门策见的关系，应该联署发布的却单独发布，就会造成政出多门，影响党的总政策的实施；而过分强调具体工作策见从属于其他政策，也难以开创新局面，有损于全局工作。所以，公文写作在提炼主旨时，一定要将具体策见放在大局中去衡量，使具体公文的策见与党的总政策一致起来。

再次，提炼公文主旨要采用向前看的分析方法，使之具有超前性、发展性。制定政策的目的是指挥和实施办理国家的公务，其策见如果没有预见性、超前性、发展性，是处理不好国家事务的。政策具有调整社会各方面关系的作用，但这种调整，是促进问题的解决，是要推动社会向前发展，而不是让政策成为束缚人们行为的框框。这是我们提炼公文策见时必须予以注意的。预见到了这些，你的策见就有超前性、发展性，政策就能发挥促进社会发展的作用。

要做到自觉地运用向前看的分析方法提炼公文主旨，并非易事。它要求公文撰写人员在平时就要十分留心掌握社会变革中出现的新情况，诸如新的社会关系，新的经济形势，新的社会矛盾，人民群众新的社会需求，等等。这样，有了丰厚的积累，在拟写公文提炼主旨时，就可以将这些新因素融入构思之中。同时，还要广泛接触、精心筛选、善于吸收新的观点。这样，才有可能在提炼公文主旨时，产生具有科学性、预测性的策见。

最后，提炼公文主旨，要采用比较的方法，使之具有辩证性。金无足赤，人无完人，治国治民亦无万全之策。但是，我们拟写公文，应该力求制定较为完善的政策，发布较为精辟的策见。这就要采用比较的方法，提炼具有辩证观点的策见。所谓比较的方法，就是在思索问题时，能广泛听取各种不同的意见。对任何事物都能从多方面分析、综合、比较，既要看到一般，也要看到特殊；既能看到现象，又能看透本质；既能看到其利，又能看清其弊。在科学的比较中，经过综合分析，从而较好地确定公文的主旨。

七 正确表达主旨

【解答】在公文写作中，要将主旨直截了当、毫不隐讳、明明白白地写出来，必须注意讲究方法。公文写作实践表明，要恰切表现主旨，可从如下几个方面进行。

（1）开门见山法。或称"篇前撮要"法，即起句立意，落笔入题，将公文的主旨展现于篇首。可以直接交代行文的目的、依据及总的要求，也可单刀直入，直接阐明意义、主张和基本观点，这种显旨方法便于阅者准确、迅速地把握全文的精髓。对此，国家有关文件中早就有过规定。例如，经毛泽东提议并修改审定的《中共中央关于纠正电报、报告、指示、决定等文字缺点的指示》（1951年2月）一文中明确指出："一切较长的文电，均应开门见山，首先提出要点，即于开端处，先用极简要文句，说明全文的目的或结论（现在新闻学上称为'导语'，亦即中国古人所谓'立片言以居要，乃一篇之警策'），唤起阅者注意，使阅者脑子里先得一个总概念，不得不继续看下去。然后，再作必要的解释。长的文电分成几段时，每段亦采用此法。"这就要求公文的开头必须直来直去，明确交代全文的主旨。在公文写作实践中，这种显旨方法极为多见，也最值得提倡。指令性、法规性公文通常采用此法。

（2）标题显旨法。这是公文主旨直接显露特点的重要体现。公文标题是透视公文主旨的"窗口"，多数公文标题，特别是法定公文中的完全式标题（即"发文机关—事由—文种"式），其主旨往往凸显醒目，让人一看即明。这种标题中的"事由"，一般即是该文的主旨。

公文写作中，采用标题显旨法，一般要由开头部分作补充，或者标题设问，开头作答；或者标题点旨，开头进解，等等，两者互为补充，相得益彰。如《中共中央、国务院关于保护森林发展林业若干问题的决定》一文，此文标题即已点明主旨——"保护森林发展林业"，又在开篇对其作了进一步补充："林业是国民经济的重要组成部分。发达的林业，是国家富足、民族繁荣、社会文明的标志之一。在相当长期的历史上，我国林业基础极为薄弱，森林破坏也非常严重。因此，在社会主义现代化建设进程中，保护林木，发展林业，是一项十分紧迫的战略任务，必须引起全党和全国各族人民的高度重视。"可见，这一开头进一步深化了该决定的主旨。

（3）段前撮要法。"撮要"即摘取要点，将其置于公文某一层次或段落之首，它一般适用于内容复杂、篇幅较长的公文。其表现形态或是撮要标目（分条列项），或者分列小标题（分题），它是全文主旨的一部分。例如××市财政局《关于××副食品商店违反财经纪律的调查报告》一文，在"主要违犯问题"部分，即采用段前撮要显旨法：

①乱挤乱摊成本；
②乱列营业外支出；
③乱列财产损失；
④退赃款不及时缴库；
⑤用公款请客送礼；
⑥非法核销个人欠款；
⑦搞账外财产；
⑧职工欠款长期挂账。

很显然，上述8个方面，是从不同角度对××副食品商店违犯财经纪律情况的揭示，是全文主旨不可缺少的部分。

(4) 缘由引发法。这是请求性、指令性公文主旨表达的基本方法。即在公文开端处率先陈述制发文件的缘由，点透背景，然后顺流而下，引出全文的主旨。例如，由毛泽东起草，以毛泽东和朱德名义发布的《向全国进军的命令》一文，即采用此种方法。首先交代缘由："由中国共产党的代表团和南京国民党政府的代表团经过长时间的谈判所拟定的国内和平协定，已被南京国民党政府所拒绝。"这样，就把发布向全国进军的命令的根本原因一语道出，同时追溯了南京国民党政府拒绝协定的原因，指出南京国民党政府拒绝国内和平协定是完全没有道理的。这样就揭露了国民党反动派假和平、真内战的要害，明确地发出向全国进军的命令的必要性和紧迫性，从而使中国人民解放军指战员按照命令，向未解放的广大地区，以摧枯拉朽之势，发动规模空前的进军。

(5) 首尾呼应法。这种显旨方法适用于那些内容比较复杂的决定、决议、报告、意见、讲话稿等公文。它们一般文字较长，内容繁多，既有总的阐述，又有细致说明；既涉及大政方针，又涉及具体的方法步骤。故在主旨表达上通常在开头部分率先提出一个令人关注的问题，而后在结尾部分作出明确回答；或者在开篇对某一情况或问题作出多种解释，而在结尾处得出正确结论，等等。例如，毛泽东的《中国社会各阶级的分析》一文，即在开篇提出问题："谁是我们的敌人？谁是我们的朋友？这个问题是革命的首要问题。"中间经过精辟有力的分析、论证，最后在结尾部分得出正确结论："综上所述，可知一切勾结帝国主义的军阀、官僚、买办阶级、大地主阶级以及附属于他们的一部分反动知识界，是我们的敌人。工业无产阶级是我们革命的领导力量。一切半无产阶级、小资产阶级，是我们最接近的朋友。那动摇不定的中产阶级，其右翼可能是我们的敌人，其左翼可能是我们的朋友——但我们要时常提防他们，不要让他们扰乱了我们的阵线。"这种显旨方法，首尾呼应，圆合缜密，鲜明而有力地烘托出全文的中心内容。

八 公文写作中材料的收集

【解答】材料的收集与积累，是写好公文的基础。准确充分的材料是公文中提出解决问题措施的依据，是形成观点的基础。缺少充足的材料，公文的观点将失去支柱；缺少可靠的材料，公文的约束力将大为降低。古人说："兵马未到，粮草先行。"材料就是"粮草"，公文写作人员在日常工作中，要认真做好材料的收集与积累工作，以免在接到写作任务后措手不及，"临时抱佛脚"，影响公文质量。

收集材料，就是把党和国家的有关方针政策和事实情况从工作活动和文件资料中提取出来，为形成与表现观点、主张做准备。收集材料是公文写作的一个起点，影响着整个公文写作的速度和质量。

公文写作是机关工作活动的一个重要环节，不熟悉政策，不了解情况，就不具备起草公文的资格。起草的公文者，包括修改公文者，最起码的一个条件就是他必须是了解情况的人。机关干部都会有这样的体验，新分配到机关单位的大学毕业生，不管学历如何，他们往往不能马上担负起公文写作的任务，有时即便动笔写作也往往抓不住问题的实质和核心。这并不是他们不具备公文常识和文字表达能力，而是因为不了解情况，还没有材料的基本储备。就是在机关工作多年的同志也是如此，无论其笔头上的功夫有多强，如果对机关或单位的现状与历史、政策与措施、局部和全局还缺乏"真知灼见"，即没有掌握公务活动的专业和技术，他就难以完成公文写作的任务，特别是很难胜任那些重要公文的写作任务。

但这是不是说只要在一个单位工作的时间长了，就自然而然地占有了公文写作的材料呢？实际的情况并非这样简单。因为材料本身是一个内容庞杂的集合体，来源广泛，形式也多种多样。有稳定不变的，也有流动多变的；有直接的，也有间接的；有表象与本质一致容易提取的，也有表象复杂而不易提取的，等等。如果不加以留心，不刻意去做这个工作，材料就可能是过眼烟云，不能真正地占有它。

这就需要有一个合理的材料收集方略。这个方略说起来很简单，就是要做好日常积累，占有两手（第一手和第二手）材料，并随时加以整理。这里，我们用"方略"这个概念，就是强调材料收集要有一个全盘的计划和实施策略，否则费时费力，难见实效。

九 公文写作中材料的组织

【解答】公文写作离不开材料，它是构成公文的基本要素之一。具体地讲，材料是指公文制作者为了表现公文主旨，从现实工作、学习和生活中摄取并写入公文中的一系列内容，包括情况、背景、目的、根据、办法、措施、意见、规定、时间、数字等。它是提炼公文主旨的基础和依据。

材料对主旨具有制约作用。有什么样的材料，才能提炼出什么样的主旨。主旨能否做到正确、鲜明、集中，关键取决于材料的优劣。"巧妇难为无米之炊"，离开材料，就形不成公文。此外，公文主旨的表达也要依据材料。在公文写作中，要用大量的事实、数字、论据等来体现主旨，而这又必须以材料作为支柱。总之，材料是公文写作之母。

在公文写作中，对于材料的组织需要经历搜集（占有）、鉴别、筛选和使用这样前后相连的动态环节。每一环节所涉及的内容很多，也比较复杂。从总体上讲，公文写作对于材料的组织应当做到如下几点：

（1）要根据主旨的需要决定材料的数量。公文篇幅有长有短，制约它的因素不在于作者掌握材料的数量的多寡，而在于是否契合主旨。有些公文，如命令（令）、决定、决议、公告等，篇幅很短，用很少的材料即可表明基本精神；有些公文，如调查报告、总结等，三言两语不足以说明观点，需要一定数量的材料加以证明。因此，摄入公文材料的数量，一定要服从主旨的需要。否则，过多或过少都会影响主旨的表达。要特别注意避免不看需要，以为"多多益善"，以致公文越写越长，主旨却淹没在材料堆中。

（2）要根据主旨表达的要求决定材料的详略。公文写作中所涉及的题材很多，但在使用时又不能平分秋色，而必须做到重点突出，详略适当。决定材料详略的关键因素不是别的，而是主旨表达的需要。以调查报告文种为例，如发文目的旨在介绍经验，即应以经验方面的材料为主，详写；而其他内容诸如基本情况、存在问题及今后意见等材料则应略写，不可喧宾夺主；如果旨在反映情况，即应以情况为主，情况详写，其他略写。

（3）要根据主旨的要求决定材料的表现形式。材料表现形式要有利于公文作用的发挥。法规体公文，其发挥作用的范围一般较广，因而其材料往往以概括形式表现出来，要选用经过概括的材料；而报告体公文要汇报有关公务活动情况，因而就离不开具体的事实材料。

十 注重讲究材料组织的系统性

【解答】公文中所使用的各种材料必须具有系统性，力戒杂乱无序。只有如此，才能全面、辩证地反映公务活动，不致犯主观片面的错误。所谓系统材料，是指在公文中所运用的材料，既有正面的，也有反面的；既有现实的，也有历史的；既有点上的，也有面上的，做到正反并举，前后相应，点面结合，从而构成一个纵横交织的立体网络，形成材料系统。正反对举，它包括两种含义：一是正面材料指反映公务活动的成绩、经验等的材料，反面材料是指反映公务活动的缺点、问题的材料。例如工作总结，既要讲取得的成绩、经验，也要讲存在的问题；既要报喜，也要报忧，不能只顾"其一"，不顾"其二"，抑或平均用墨。二是对同一问题从不同方面提要求、作规定。其中"正"表明相同的材料，"反"表明相异的材料。用"反"面材料说明、补充"正"面材料，以强调、深化主旨。在法规体公文中，这种正反对举的写法最为突出，它具体表现为层次或段落之间的正反对比。如《关于新形势下党内政治生活的若干准则》一文的第二大部分"坚持集体领导，反对个人专断"一节中，先用五个段落论述集体领导的重要性和基本原则，继而又用两个段落交代"坚持集体领导，并不是降低和否定个人的作用"，从反面加以论述。无疑，这样具有辩证意蕴的材料，对实际工作必然具有强大的指导作用。

十一 公文写作中的结构安排

【解答】结构是指公文内容的组织和构造，它根据主旨的需要，合理地去安排和展开材料，使文章成为一个有机的整体，亦叫谋篇布局、立格定局。由于公文具有自己的特殊性，这就决定了公文结构的原则和要求与其他文章有所不同。

（1）它必须准确反映公务活动这一客观事物的内在本质和联系。一切公务活动和所有现实社会活动一样，都有其发展过程和内在联系，公务活动的发展和内在联系是确定公文组织结构的客观依据，也就是说基本是按照首先提出问题，然后分析问题，最后解决问题的顺序来安排的。当然，一篇公文结构的形成，不是对公务活动的机械反映，而是经过公文作者大脑的思维加工，是公务活动客观规律和作者组织全篇的思路在公文中的有机统一和集中表现。如中共中央办公厅、国务院办公厅《关于解决当前机关作风中几个严重问题的通知》，文章开头首先提出问题："最近以来，在各级党政机关，一些中央曾三令五申加以制止的不正之风不但没有完全刹住，而且在新形势下又有所发展，出现了一些性质十分严重的新问题，比如……"然后分析问题："所有这些腐败现象，都是同社会主义精神文明背道而驰的，虽然发生在少数机关和少数工作人员身上……"最后，为改进作风，清除一切腐败现象，要求各级党政机关在今冬明春要扎扎实实解决六个严重问题。

（2）它必须服务于公文主旨的需要。公文主旨是一篇公文的灵魂。在起草公文时，如何组织安排材料，包括先写什么后写什么，材料的主次详略及相互联系，怎样划分层次段落，怎样过渡照应，开头结尾怎样交代等，都必须紧密围绕公文的主旨或基本观点这条主线去组织安排，使结构更好地为公文主旨服务。如毛泽东1939年为党中央起草的《大量吸收知识分子》一文，共分为四个层次，第一层讲知识分子在中国革命中的作用；第二层讲我党知识分子的工作成绩和存在的问题，分析了问题产生的原因（五个"不懂"）；第三层讲大量吸收知识分子应注意的事项；第四层讲各级党委应注意贯彻知识分子的正确政策。显然，这篇决定的四个层次是围绕"没有知识分子的参加，革命的胜利是不可能的"这一主旨组织安排内容的。这样安排的结构，层次清楚，主旨突出，观点鲜明。

（3）它必须适合公文的不同体式。公文的结构组织同公文的不同文种有一定关系。从公文结构的整体分析，其外部结构形式一般是"开头——主体——结尾"。其逻辑形式表现为"总——分——总"。其内容的详略表现为"凤头——猪肚——豹尾"。这是就公文结构组织的一般情况而言的，但由于公文的内容繁杂，文种很多，在组织材料的时候，还必须从所写的内容实际情况出发，采用恰当的结构方式，以适应公文不同文种的特点，做到内容与形式相统一。如综合性的工作总结、工作情况报告、经验介绍等，一般是采取基本情况概述——做法（经验或体会）——存在问题和今后打算（或只讲不足）的结构；通知、通报等，一般是采取提出问题——分析问题——解决问题的结构；决定、规定、章程、条例、办法等法规性的文件，一般是采取总则——分则——附则的结构；公告、通告一般采取首先简要概括地提出问题，然后把解决问题的结果或意见分项列出的结构；批复基本是采取对解决问题的结果予以答复这样单一的结构。

（4）它必须符合公务活动认识上的思维逻辑。主要是：一要有序。表达公文主旨应按照人们认识公务活动的一般规律由开端到结尾、由总到分、由远到近、由局部到整体、由特殊到普遍、由原因到结果、由过去到现在、由主到从，当然也不排除个别情况所出现的相反方向。但是无论按照哪种顺序表达公文思想，总要有条理地排列，防止忽远忽近、忽主忽从、忽明忽今，这样势必思路不清，结构混乱。二要连贯。在公文的逻辑结构上，不但要讲顺序，还要注意结构的顺序（层次与层次、段落与段落、开头与结尾之间）具有必然性，使全篇思路畅通、前后衔接、语意连贯、浑然一体，千万防止上下语意断止、跳跃和互相对立的现象出现。三是区别。对相反的意思，一定要区别开来，要对相同的意思加以集中，以做到界限清楚，避免混淆不清，妨碍公文主旨的表达。四要周密。在结构的安排上，防止顾此失彼，要坚持两点论，切忌肯定一切或否定一切。

按照上述原则所形成的公文，才有可能达到严谨、自然、完整、统一，即精当细密、顺理成章、匀称饱满、通篇和谐，从而更好地表达公文主旨。

十二 准确把握公文文种的内涵与作用

【解答】文种是公文种类的简称。它是公文最基本的分类单位，是对具有共同的内涵、适用范围和行文格式的一部分公文的本质概括。公文是一个有机组合的群体，各个文种因其性质作用的不同而显现出不同的形态特征。就实质而言，公文写作就是对各个文种的具体运用。文种不同，所反映的公务活动内容也不同，发挥的现行效果亦不同。

公文与一般的文章不同，它不是用来供人欣赏的，也不是传递一般性信息的，更不是处理个人私务的，它是党和国家机关用以传递策令、表达意志、指挥工作、沟通情况的重要工具和手段，既是一个实实在在的办事工具，又是一个具有极强的"法定效力"与十分严格的"规范体式"的文书。因此，即使文件写得再精美，如果文种选用不对，该用"函"的却用了"请示"，该用"通知"的却用了"命令"，该用"请示"的却用了"报告"，该用"广告"的却用了"公告"与"通告"，打乱了隶属关系，滥用了职权，结果则是"一错百错"，虽"精美"但却"无济于事"，严重者甚至延时误事，影响工作。具体而言，文种的作用主要表现为以下 4 种。

（1）明确了文件的不同性质。例如通知、通报，都有一个"通"字，"通"字即传达的意思，"知"和"报"包含着知道的意思，所以使用通知、通报等作为文种名称的文件，基本上是属于告知性、周知性文件。

（2）反映了文件的不同行文方向。例如决定、决议，都有一个"决"字，"决"就是决策的意思，而决策主要产生于各级机关的首脑核心部位，决策之后要由下属部门去执行、办理，所以，它们的行文方向必然是自上而下。"请示"二字的含义是请求给以批示，这个含义本身就十分明确地告诉我们请示的行文方向是自下而上；"函"这个字的本意是书信，书信是人们用以传递信息、互通情况、商洽问题、联系事务使用的，它不存在哪一方可以使用，哪一方不可以使用的问题，所以反映到公文的"函"上，便产生了对上、对下以及平级之间均可使用的多种行文方向，当然它的本质属性是平行文。

（3）表达了文件的不同目的或要求。例如布告、公告、通告、报告，均有一个"告"字，"告"即将事情向人陈述、告知的意思，因而这四个文种的行文目的都在于向人们（或组织）周知、告诉某一事项。"指示"二字，其含义是指点、指导，其行文的目的在于指导工作，要求下级循此前进。

（4）揭示了文件的各自特点。以公告、报告两个文种为例，虽然它们都有一个"告"字，均属陈述、告知性文件的文种名称，但前一个"告"受"公"字的限制，后一个"告"被"报"字来修饰。"公"包括公开的意思（更包含代表党和国家的意思），"报"在此可视为向上汇报来理解。把"公"与"告"联系起来即公开告知，所以公告是面向全社会的告知性文件，它的对象是广大人民群众及各个机关单位；而"报"与"告"联系起来，是向上级汇报、陈述，所以它是面向上级的陈述性文件。请示与报告，虽同属上行文一类，但"请示"这个名称是请求给予批示，而"报告"的含义是向上级汇报、陈述情况，从两个文种含义的趋向上看均属向上，这是相同的，但二者之间的区别也是比较明显的，其中"请示"对上有肯定性要求，会引出复文来；而"报告"对上没有肯定性要求，一般不会引出复文来，所以，它们又是两个不同性质的文种。

综上所述，文种的名称具有概括文件的性质、作用，起表明文件的运行方向及制发目的、要求的重要作用。

十三 正确区分和使用公文文种

【解答】确定文种是公文写作的最重要环节之一。在公文写作实践中，对于文种名称的确定和使用，应当根据行文目的、发文机关的职权范围以及与主送机关的行文关系来确定。文种确定不当，将直接影响公文的质量和效用。具体而言，应当注意把握如下几点。

（1）文种名称的确定和使用，必须按照公文管理法规的统一规定执行，不能乱起名称。法定公文的15种名称，按规定只能单独使用，不能加以合并。目前在一些单位的行文中出现的"请示报告""告示""申请报告""意见报告"等，就是把两个不同的文种名称合并或缩减在一起使用，这样随便给公文文种起名的做法是不严肃的。

（2）文种名称的确定和使用，要依据制文机关的权限进行，不可超越职权。令与命令，是具有指令性质的文件，常言说"令行禁止"，所以，在实际工作中，只有国家的高级领导机关、军事机关一般才可使用，假若某一个基层单位也来发布令、命令，就失去了令、命令的严肃性和应有的作用。又如公告，虽属于告知性文件名称，但这个"公"字代表党和国家的意思，也就是说只有党和国家的高级管理机关一般才有资格使用。但从目前的实际情况来看，对于这一文种的使用显得很不规范，随意性很强。不但党和国家的高级管理机关使用，就连基层的企事业单位也用，其所涉及的事项既有法规中所规定的重要事项或者法定事项，也有一般性事项，甚至有些单位还用"公告"来规定门卫制度，显得很不严肃。报纸广告栏目那令人眼花缭乱的"招生公告""招干公告""征文公告""征订公告""迁址公告""商品展销公告""开业公告""拍卖公告"等（到目前为止，只缺"征婚公告"），实在应当休矣。因为它们的作者（如报社、杂志社、出版社、工厂、商店、学校等）无权代表党和国家，不能随便使用"公告"。特别是在最近两年的新冠肺炎疫情的防控期间，各种类型的"公告"大行其道，比比皆是。这种滥用"公告"的做法，从实质上说是一种越权行为。

（3）文种名称的确定和使用，要依据行文的关系进行，考虑到与收文机关的组织关系。具体地说，收文机关是自己的上级组织，在文种名称的选用上只能采用"请示""意见"或者"报告"；向自己下属组织发文时，一般应选用"通知""决定""决议""意见""通报"及"纪要"等文种名称；公开向社会群众公布某一周知或应当遵守的事项时，应选用"命令""令""公告""公报"和"通告"；向没有隶属关系的单位行文时，主要使用"函"。

（4）文种名称的确定和使用，要考虑发文的具体目的与要求。例如，行文目的是请求上级给予指示、帮助和支持的，就应用"请示""意见"；用于向上级汇报工作、反映情况的，可用"报告"；用于推动、指导下级工作的，可使用"通知"（指示性通知）；目的是告知下一级某一事项的，也应使用"通知"；为了商洽、联系、询问某一事项时，应使用"函"，等等。总之，只有熟悉各个文种的性质、用途，切实把握文种名称的内涵与外延，才能准确地使用文种，这对发挥公文的应有作用，提高公文处理工作的效能，具有直接的和重要的影响。

十四　明辨相近易混文种

【解答】在公文写作中，有些文种性质极其相近，但职能各异。如不准确加以区分，就极易导致混用或错用，从而影响公文行文的目的，影响公文的质量和效用。因此，正确区别和把握各类相近易混文种，弄清其各自的功能和适用范围，是写好公文的重要一环。就实践来看，常用易混的文种主要有以下30种。

（1）命令　令。

在公文文种的发展过程中，命令与令在使用上经历了一个由分到合的演变。在1981年2月国务院办公厅发布的《国家行政机关公文处理暂行办法》中将其规定为两个文种，到1987年2月18日公布的《国家行政机关公文处理办法》中将其合并，以后一直作为一个文种的两种名称使用。具体选用的方法是：如果公文标题是由发文机关加文种构成，或者文种之前有密不可分的用法限定词，如嘉奖、特赦、通缉等，就用"令"，例如《中华人民共和国国务院令》以及《国务院对胜利粉碎劫机事件的民航杨继海机组的嘉奖令》《××市公安局通缉令》；除此以外，尤其是当公文标题在文种前有独立完整的事由和助词"的"时，应当用"命令"，例如《国务院关于在西藏自治区拉萨市实行戒严的命令》《国务院关于在我国统一实行法定计量单位的命令》。

（2）决定　决议。

决定和决议虽然同属议决类下行文，但却是两种不同的文种。主要表现为：决议的内容多是关系全局性、原则性的重大问题、重大事件，而决定的使用则相对灵活、具体一些；决议形成的过程和程序要比决定严格。决议必须经过有关会议讨论通过，而决定不一定经过会议表决程序；决议和决定同属于指令性公文，都要求下级机关认真贯彻执行，但决定的指令性更强，而决议所要求达到的效果却各式各样。有的决议具有较强的指令性；有的决议则偏重于号召，具有较强的理论性、论证性；还有的决议只作认定性、认可性的结论，例如人民代表大会对会议期间各种报告所作出的决议即属此种情况。

（3）意见　决定。

从行文方向上看，决定仅用于下行文，而意见既可以下行，也可以上行或平行；从内容效用上看，决定具有较强的制约性、指挥性，而意见具有突出的指导性，比较注重原则性和灵活性的结合、规定性和变通性的结合，以便为下级机关办文留有更多的创造余地。

（4）通知　意见。

通知是上级机关要求下级机关办理和周知或执行有关事项或转发文件时使用的公文，属于下行文；而意见是对重要问题提出见解和处理办法，既可以下行，也可以上行或平行。还有，通知的内容具有较强的指导性和执行效力，而意见则主要是就某项工作如何开展或解决提出建议和思路，具有较强的灵活性，重在提出方案和措施以供参考和选择。从执行程度上看，通知一经下发，要求有关单位必须贯彻执行，而意见行文如对贯彻执行有明确要求时，应遵照执行，如无明确要求时则可参照执行。

（5）通报　通知。

二者之间的区别在于：一是适用范围不同。通知适用于批转下级机关的公文，转发上级机关和不相隶属机关的公文，传达要求下级机关办理和需要有关单位周知或者执行的事项，任免人员。通报适用于表彰先进，批评错误，传达重要精神或者情况。二是行文目的不同。发布通知的目的是使受文单位了解发文单位要求做什么和怎么做，从而行动起来；而发通报的目的则在于使受文单位了解某一重要情况或典型事件，从而受到教育、启发。三是内容构成层次不同。通知一般要由受文单位做什么和怎么做两大层次构成，要直陈直述，不用举例和论证；而通报则不同，它一般由情况和事例构成，要求对情况和事例作简明扼要的分析，并对分析的结果加以议论。

(6) 报告　请示。

报告属于陈述性公文，请示则属于请求性公文；上级机关对报告不一定做出批复，而对请示则必须做出明确批答回复；报告在事前、事中和事后皆可行文，而请示只能在事前行文；报告可以一文一事，也可一文数事，而请示只能"一文一事"。

(7) 请示　上行意见。

请示与上行意见相比，在行文方向与目的上比较接近，都是要求上级对自己所提的事项或问题给予批准、指示或予以认可。但其所提的事项与内容不尽相同。请示的内容涉及较多的是诸如机构设置、人员编制、资产购置、财政支出等实质性事项，而意见则往往涉及的是有关政策性的问题，提出见解和处理办法，请上级机关定夺。

(8) 会议纪要　决议。

会议纪要和决议都是反映会议结果的公文文种，但在使用上有所区别。突出表现为在内容的重要程度上，会议纪要的内容可大可小、可轻可重，既可以是党和国家的大事，也可以是具体的日常工作，而决议的内容通常是一个单位或部门甚至是党和国家的重大问题或重大事件；其次，会议纪要是对会议议定事项和主要精神的概括和反映，起草后经过主管领导签发即可作为正式文件发布，而决议必须经过会议表决程序才可发布。此外，会议纪要所涉及的内容事项也往往较多，而决议则相对集中单一。

(9) 函　平行意见。

函不同于平行意见。意见有时也应用于不相隶属的机关之间，但与函有所区别。对涉及的某一主要问题所提出的见解和处理办法，如仅供对方参考而不需要回复时，应用"意见"；如需要对方回复时，则要用"函"。

(10) 便函　函。

函，即公函，属于法定公文文种之一，它所使用的是公文的标准行文格式。便函与函虽只有一字之别，但它不是公文文种，而是与"文件格式"相区别的一种文件形式。这种信函式的文件形式，即无标题、发文字号，又无主送、抄送等的标注。一般使用印有单位名称的信笺用纸，内容一开始先写受函单位或受函人的名称，然后写正文，正文的末尾处注明发函者的单位名称，即落款，落款之下是发函的日期。

公函与便函的另一重要区别是公函只能写给某一个组织,而不能主送给个人,而便函却不存在这样的问题,它既可以写给某一个组织,也可以写给某一组织的负责人或某一个人。

(11) 函　请示。

函也不同于请示。由于函具有向有关主管部门请求批准的功能,在行文目的和内容上与请示具有一定的相似性,因此常常容易被人们错用或混用。实际上,它们在行文的隶属关系上有着严格的界限。那就是请示适用于具有隶属关系的上下级机关之间;而申请函则适用于平级机关或不相隶属的机关之间。

(12) 公布令　发布性通知。

公布令与发布性通知的区别主要有两个方面。

一是用法上的区别。公布令是用来公布法律、行政法规和规章的命令,有使用权限的是国家主席、国务院及其工作部门和各级人民政府。例如公布各种法律的"国家主席令"、公布《行政机关公务员处分条例》的"国务院令"、公布《普通高等学校学生管理规定》的中华人民共和国教育部令等。

发布性通知是转文性通知的一种,是发文机关把本机关制发的不能独立行文的规范性文件下转时使用的通知,这种通知没有使用主体的限制。

在实际工作中,除《宪法》及《立法法》规定可制定规章并签署命令予以公布的各级政府及国务院工作部门外,那些无命令使用权力的地方政府工作部门在工作中也需要发布一些规范性公文,如规则、制度、实施细则等,而这类文种是不能独立行文的,必须使用"发布性通知"予以公布。

概括地说,公布令在发布资格与所公布的文种上都有严格限制,且发布范围广;如果不能满足其中任一条件,就不能使用公布令,而只能使用发布性通知。

二是写法上的区别。公布令与发布性通知在写法上的相同之处,就是都必须写明被公布或发布文件的完整标题和执行要求。两者的不同之处主要有两点:一是根据《立法法》的规定,公布令必须标有批准会议名称以至时间,而发布性通知的写作就没有这样严格的要求。二是公布令必须明确标明被公布文件的生效日期,发布性通知有类似要求,印发性通知则只有"请认真贯彻执行"之类的宽泛要求。

(13) 嘉奖令　表彰性决定　表扬性通报。

按照公文法规的规定,命令适用于"嘉奖有关单位及人员",决定适用于

"奖惩有关单位及人员"，通报适用于"表彰先进"。对于这三个文种使用的区分，应当依据法律的规定和职权，根据奖励的性质、种类、级别、公示范围等具体情况来选择使用。具体而言，主要应看如下三点。

一是发布机关的层次级别。在这三个文种中，唯有命令具有发布权限的规定，而嘉奖令又往往由级别较高的机关予以发布；表彰性决定虽无明确的使用权限，但发文机关一般层次较高且常是被表彰对象的非直接上级机关；表扬性通报的发文机关不受限制，但多是被表彰对象的直接上级机关。

二是被嘉奖对象先进事迹的类型及影响范围。若是在完成"急难险重"任务中事迹突出、影响范围广泛，则适于用嘉奖令；若是在长期艰苦的工作中表现突出、成绩卓著则适于用表彰性决定；表扬性通报适用的规格低于前两者，但适用范围可大可小。

三是表彰奖励的规格。嘉奖令和表彰性决定的规格要高于表扬性通报。尤其是嘉奖令，通常都要授予被嘉奖对象荣誉称号。而表扬性通报多侧重于介绍被嘉奖对象的先进事迹，进行恰切的评价并给以适当的表扬奖励，但其规格要低于嘉奖令和表彰性决定，多是"通报表扬"。不过表扬性通报进行表扬奖励的及时性往往胜于嘉奖令和表彰性决定。

总之，从嘉奖令、表彰性决定到表扬性通报，表彰奖励的规格是逐步递降的，而其中的表扬性通报，无论是适用主体还是适用范围都是最广的。

（14）指挥性决定　指示性通知　下行意见。

根据公文法规规定，决定适用于"对重要事项或者重大行动做出安排"，通知适用于"传达要求下级机关办理或者需要周知或共同遵守的事项"，意见适用于"对重要问题提出见解和处理办法"。因为决定与通知、意见都具有向下级机关布置安排工作，提出工作的原则、要求和做法的共性，所以下行文经常出现三个文种混淆的问题，因此必须认真加以区分。

首先看指挥性决定。在决定中，容易与另两者混淆的是指挥性决定。指挥性决定往往是发文机关就带有全局性的某一方面工作或某一类问题（往往是一项新工作或者新举措）作出重大安排而形成的明确而有原则的决定。它通常要统一思想认识，提出工作任务，确定工作方针，阐述基本原则，甚或提出工作的方案、步骤、措施和要求。立足全局、事由重大、内容相对比较原则、篇幅一般较长是指挥性决定的特点。

其次看指示性通知。在通知中，易与另两者混淆的是指示性通知。指示性通知是上级机关向下级机关布置带有普遍性的工作、作出相应指示时使用的通知。其所布置的工作或者是对一项已开展的常规工作进行补充完善，或者是对此前通过指挥性决定提出的具有方向性、原则性的新工作或新举措作出可操作性的具体安排。事由可大可小、内容可重可轻，要求明确具体，便于下级执行，是指示性通知的特点。

再次看下行意见。"意见"的行文方向灵活，可以上行、下行和平行。而以独立文件形式直发的下行意见与指挥性决定、指示性通知最为相似，都可以向下级机关直接布置工作。

三者的不同在于，指挥性决定和指示性通知都是把上级机关确定成型的原则想法或具体做法交代给下级机关，要求其贯彻执行；而下行意见通常是针对没有先例和经验的新情况或新问题提出见解、方案与处理办法，它具有方向性和指导性，是告诉下级机关工作的原则和方向，一般没有十分明确的具体要求，下级机关可结合实际情况相对灵活地贯彻执行。

（15）公告　通告。

公告与通告是行政公文中颇具相似性的两个文种。从内容上说，两者都是起告知作用的知照性公文；从形式上说，两者都是公开发布的周知性公文。正因如此，所以两个文种常被混用，多数情况是把通告的内容冠以公告的文种。为避免发生类似错误，有必要对它们加以区别。公告与通告的使用区别主要表现在五个方面。

一是制发机关。公告的制发机关都是层次级别较高的，尤其是最高层的国家机关及其职能部门；通告的制发机关则没有严格的层级限制，经常使用通告的是各级政府的职能部门。

二是发布事项。公告所发布的事项是国内外人士普遍关注、有必要让海外人士了解的重大事项和法定事项；通告所发布的事项则属于有关职能部门对负有责任进行管理的社会某一方面工作作出规定和安排的一般业务事项。

三是发布范围。公告所宣布的事项既然是让国内外人士了解的，就必须面向国内外发布；通告只是公布对社会某一方面工作的规定和安排，以利于相关人士了解与遵守，所以其发布仅限于国内与此相关的一定范围。

四是发布方式。公告与通告虽都是公开发布、一体周知的公文文种，但在发布途径与方式上也有不同。公告是采用报纸、广播电视等方便快捷、波及面广的媒体来发布；通告也可使用这些媒体，但还可以利用发布范围相对较小、更易于引起相关范围人士注意的公开张贴、悬挂、下发等形式。

五是发布目的。公告固然也有要求遵守的，但一般来说，公告以发布事项、传达信息，让人"知"为直接目的；通告虽有单纯知照性，但多是公布事项让人遵守的，即主要目的在于要求阅文者"知且行"。

（16）公告　公布令。

公告与公布令都属于公布周知性重要内容或事项的知照性公文，但使用上有很大区别。

一是发布内容不同。"公告"适用于向国内外宣布重要事项或者法定事项。公布令主要用来公布行政法规和规章。

二是行文方向不同。公告没有固定的行文方向，是一种发散性的泛行文；公布令则是发布机关在所属范围内向下发布的下行文。

三是发布效力不同。公告意在发布事项、传达信息，众所周知即达目的，没有强制成分；公布令则不然，既让人知晓，又要求人必须遵照执行，带有极强的强制性。

四是发布方式不同。公告是采用报纸、广播电视等方便快捷、波及面广的媒体来发布；公布令则采用行政公文文件格式发布。

（17）通告　通知。

通告与通知看起来颇有相似之处，都可以用来传达或者宣布要求阅文者周知或者遵守、执行的事项。但通告适用于公布社会各有关方面应当遵守或者周知的事项，通知适用于"传达要求下级机关办理和需要有关单位周知或者执行的事项"。也就是说，发文机关若要让阅文者了解应当周知或者遵守、执行的事项，选择文种必须看对象，向系统内的下级机关传达用"通知"，向辖区内的社会公众宣布应当用"通告"。

（18）传达性通报　批评性通报。

传达问题（事故）的情况通报与批评性通报颇易混淆：两者都需要不同程度地介绍问题或者事故的情况、论述其危害的严重性、提到处理决定，并就此对全局工作提出统一的要求，但是，这两种通报的用法与写法都有区别。概括起来，主要有以下三个方面。

一是两者对事故或者错误事实的介绍详略不同。批评性通报针对文中个案的事实作出处理决定，所以事实的介绍通常较为具体；而问题（事故）情况的传达性通报是以此事实为切入点、为由头，引导人们重视某一带有共性的现象，所以对事实的介绍就较为简要概括。

二是两者对处理决定的表述不同。能够区别两者的突出之点，就在于批评性通报写有对问题的处理决定，这是所有关注问题处理结果的人员在第一时间获取的第一手书面信息。而问题（事故）情况通报包含的处理决定只是对原始处理决定及实际处理情况或具体或概括的转述。

三是两者在此问题基础上对全局工作提出的要求详略不同。批评性通报以处理该事故（问题）为基本任务，附带提出一些对全局工作的要求，所以通常这一部分文字简短、言简意赅；而问题（事故）情况通报，行文的本意就是要借题发挥，所以对全局工作提出要求是其写作的重点。

（19）报告　上行意见。

这两个文种的突出区别之点在于，行文旨在就下步工作（尤其是某项新工作）提出意见、见解和处理方法时要用"意见"；行文旨在对以往工作情况梳理汇报时要用"报告"。

（20）批复　复函。

虽然批复"适用于答复下级机关的请示事项"，但批复却不是回复请示的唯一文种，"复函"也常被用来答复请示。

在公文处理实践中，常有上级机关对下级呈送的请示拿出意见之后，交由办公部门或业务职能部门以部门的名义回复。这种情况以工作部门的名义答复同级机关及其他不相隶属机关的请示，使用批复文种显然是不妥当的。因为根据行文规则规定，政府各部门"除以函的形式商洽工作、询问和答复问题、审批事项外，一般不得向下一级政府正式行文"。所以说，上级各政府部门再不能向不相隶属机关尤其是下一级政府制发正式的"批复"文件，即使是"审批事项"，也只能使用"函"。公文法规还规定，不相隶属机关之间"答复审批事项"用"函"。由此，不相隶属机关之间产生了大量的请批函和与之对应的复函，其中也不乏答复下一级政府请示的复函。一般将此种做法称为"函代请示"或者"函代批复"。

"复函"无论复的是报给领导机关的"请示"还是主送本部门的"请批函"，其作用与批复完全相同，区别只在于由不同行文关系决定使用的文种。具体而言，批复与复函的区别主要表现为以下几个方面。

一是行文方向不同。尽管两个文种都属法定行政公文文种，但一个是下行文，一个是平行文。收到下级机关的请示，应该回之以批复；收到不相隶属机关的请批函以及领导机关转来的下级机关请示，只能回之以复函。各级行政机关及其办公部门都必须针对来自不同方向、使用不同文种的请批件，正确选用不同的回复文种，切勿混淆。

二是尾语明显有别。不同的公文文种具有不同的结尾用语，写给下级机关的批复，尾语可使用严肃的要求式尾语或专用尾语"特此批复"；写给不相隶属机关的复函，就不可使用这样的尾语，只能使用适合行文关系和文种的尾语，如"特此函复"。而"此复"两者均可使用。

三是语气必须各异。不同行文方向和行文关系的公文文种，使用的行文语气也是截然不同的。批复是下行文，语气可坚定严肃；复函属平行文，态度要鲜明，但语气应相对委婉，不应给人以盛气凌人的感觉。

综上所述，下级机关向上级机关呈送请示，若上级机关以本机关名义亲自回复须用"批复"；若上级机关拿出态度责成下面某部门以部门名义回复应该用"复函"。

(21) 意见　呈转性报告。

首先看相同之处。意见作为上行文时，与呈转性报告相似之处有两点：一是在行文关系上，两者都是上行文，通常都由主管某一方面工作的职能部门呈送给上级机关。二是在行文目的上，两者通常都要求上级机关批转或转发（上级办公部门用转发）文件。

再看不同之处。也有两点：一是写作时机不同，意见成文于某项工作开始之前，呈转性报告则写于某项工作开展之后，即事中所写。二是文件内容不同，意见是对某项工作的见解和处理办法，属单纯性的建议；呈转性报告是在汇报前段工作情况的基础上，针对存在的问题提出下一步工作的建议，其内容包括两个部分，其中第一部分是必不可少的，它的存在使第二部分内容更具有针对性。

(22) 意见　决定　指示性通知。

首先看相同之处。以重大问题为内容、以独立文件为形式的直发性意见在下行时，与决定、指示性通知相似，都可以向下级机关布置、安排工作。

再看不同之处。意见通常是面对没有先例、没有经验的新情况、新问题提出的见解与处理办法，具有方向性、指导性，告诉下级机关"应当"按照什么原则、朝什么方向去做，下级机关一般可以结合本地区、本部门的实际情况相对灵活地制定"实施意见"来贯彻执行；而用于部署重大工作的决定和对某项工作作出相应指示的指示性通知都具有确定性、指挥性，是把上级机关确定的成型做法交代给下级机关，要求其"必须"执行。

(23) 意见　函。

首先看相同之处。意见也可以平行，这在行文方向上就与函有相同之处。

再看不同之处。函是平行机关及其他不相隶属机关之间行文的基本文种，它用于传递这些机关之间书面往来的各种信息；而意见只用于向对方提出必要的见解与建议，且此种用法在实际工作中少之又少。

(24) 处分决定　批评性通报。

一是二者的行文目的不同。处分决定与批评性通报虽然都能起到引以为戒、使人受到教育的作用，但前者是组织传达对某人所犯错误的处理结果，是在一定范围内组织对某人的处理结论，而后者则是以反面典型教育大家，总结教训。二是涉及对象不同，处分决定一般对人，而批评性通报通常以对事为多，对人较少。三是行文范围不同，处分决定的行文范围比较严格，有些还具有保密性，不宜广为宣传；而批评性通报的行文范围比较广泛，保密性较少，一般都让群众知道。四是写法不同。处分决定的写法比较简单，一般包括个人身份情况、错误事实和结论三部分，而批评性通报则一般包括情况介绍、原因分析、希望和要求等内容。

(25) 会议纪要　会议简报。

两者虽然都是对会议情况的整理概括。但是，会议简报成文于会中，在会议期间可根据实际情况和需要不发或发若干期，每期只反映会议某个阶段或者某一方面的情况，也可包括对所反映情况的议论和看法，供与会代表或相关人员参考，其只有参考性而无约束力；而一个会议只能有一个会议纪要，且成文于会后，反映的是会议的基本情况，是会议的全貌。会议纪要必须客观忠实地叙述会议情况，不可加以评论。会议纪要不仅具有知照性，而且还具有指挥相关工作的权威性。

(26) 会议纪要　会议决议。

两者都能记载反映会议决议的事项，都属反映会议结果的文件，但是，决议适用于依据多决原则进行决策的会议，如人代会、党代会等各种代表会议和委员会议。它反映的是会议围绕某个主题、经反复讨论研究而通过的一致性意见，属于决定性文件，所以必经与会人员的法定多数表决通过方才生效。一个决议只能围绕一个主题，如果会议有多个主题，相应可以产生多个决议，每个决议一旦形成和发布，就都具有很强的权威性和约束力；而会议纪要主要用于不实行决定原则的各种工作会议、座谈会议、研究会议等，其他会议也可酌情采用。会议纪要属总结记录性文件，一个会议只能形成一个纪要，主要反映一致意见，特殊情况下也可以反映不同看法，可以围绕一项工作，也可以写入不同方面毫无关联的几项决定。它不需表决通过，由会议主持机关负责人审定即可制发。

(27) 述职报告　工作报告。

述职报告不同于工作报告。述职报告主要是述职者陈述现任职的实绩和能力，报告"我做了什么""我做得怎样"，说明"我是否称职"；而工作报告的内容较广，一般是反映本单位、本地区或本部门的工作情况，供上级决策时参考。

(28) 述职报告　工作总结。

述职报告也不同于工作总结。述职报告重在反映个人履行职责的情况，阐述个人的作用和工作成效，它一般只是侧重于客观地陈述，而工作总结则往往要上升到理性的高度，重在总结出经验和体会，用以指导下一步工作的开展。

(29) 祝词　贺词。

二者在某种场合可以互用，但其含义又不尽相同。就一般而言，事情未果，表示祝愿、希望之意时，要用祝词；事情既果，表示庆祝、道喜之意时，则用贺词。人们常说"预祝"，而不说"贺祝"，就是这个意思。

(30) 协议书　合同。

协议书类似于合同，但合同较为全面、细致、具体，而协议书则相对单纯一些。在适用范围上，协议书要比合同广泛得多。它不仅适用于经济活动，同时适用于有关上层建筑方面的活动。

十五　准确把握公文的格式要素

【解答】公文的格式是指其外形结构的组织与安排，即包括哪些要素以及这些要素在页面上的标识构成。格式是行政公文具有法定的权威性和组织约束力在形式上的表现，是区别于行政公文与一般文章的重要标志，也是保证行政公文的质量和提高办文效率的重要手段。根据《党政机关公文处理工作条例》和《党政机关公文格式》的规定，公文格式的组成要素主要包括份号、密级和保密期限、紧急程度、发文机关标志、发文字号、签发人、标题、主送机关、正文、附件说明、发文机关署名、成文日期、印章、附注、附件、抄送机关、印发机关和印发日期、页码，共计18个。为了阅读和使用方便，《党政机关公文格式》将一篇完整的公文分为版头、主体和版记三部分。版头位于公文之首，位置相对固定，与人们通常所说的"红头文件"的"红头"部分对应；主体的特点是篇幅不固定，依据公文内容的长短而变化，由于公文的实质性内容均在此部分，因此称为"主体"；版记位于公文之尾，位置相对固定。用一个形象的比喻，版头可称为公文的"头"，主体称为公文的"身"，版记称为公文的"脚"。

十六 正确把握公文版头、主体和版记部分各包括的要素

【解答】版头即公文格式的第一部分，《党政机关公文格式》（GB/T9704—2012）将公文版心内的公文格式各要素划分为版头、主体、版记三部分，公文首页红色分隔线以上的部分称为版头。包括"份号""密级和保密期限""紧急程度""发文机关标志""发文字号""签发人"6项要素。值得注意的是，过去在《党政机关公文格式》发布之前，曾将版头部分称为"眉首"，现已废弃不用。

根据《党政机关公文格式》（GB/T9704—2012）的规定，主体是指公文首页红色分隔线（不含）以下、公文末页首条分隔线（不含）以上的部分，又称内文，是党政公文的实质性内容，由标题、主送机关、正文、附件说明、发文机关署名、成文日期、印章、附注、附件等要素组成。

版记部分又称文尾，位于公文末页下部，以分隔线相夹，分隔线与版心等宽，首条分隔线和末条分隔线用粗线（推荐高度为0.35毫米），中间的分隔线用细线（推荐高度为0.25毫米）。首条分隔线位于版记中第一个要素之上，末条分隔线与公文最后一面的版心下边缘重合。主要由抄送机关、印发机关和印发日期两个要素组成。

十七 正确理解公文的特定格式

【解答】所谓"特定格式"是相对于公文的通用格式而言的，是公文通用格式的补充，通常包括信函格式、命令（令）格式、纪要格式三种，其公文组成要素的标注规则有别于公文的通用格式的要求，但在实际工作中，这些特定格式的公文被广泛使用，其作用和效力与通用格式的公文相同，只是表现形式有所不同。

在具体实践中，应当结合本单位的实际情况正确选用公文的格式。如信函格式是针对非普发性公文所采用的一种格式，它是一种特定的公文格式，并不是一个文种，与我们通常所说的"函"文种有着很大的区别。

长期以来，公文的信函格式被各级机关单位普遍使用，通常用于答复、解释或说明某一具体事项。相对于公文的通用格式而言，信函格式相对简单，易于操作，多见于通知、批复、意见、函等文种的公文之中。命令（令）格式则体现出了国家政令的权威性和统一性，根据《党政机关公文处理工作条例》的规定，命令（令）适用于公布法规和规章，宣布施行重大强制性措施，批准授予和晋升衔级，嘉奖有关单位和人员。值得注意的是，采用命令（令）格式只适用于命令（令）文种，具有专门性和单一性。纪要格式则是专门记载会议议定事项的一种固定格式。根据《党政机关公文处理工作条例》规定，纪要适用于记载会议主要情况和议定事项。

在实际工作中，各级党政机关例行会议、专题会议等讨论议定的事项和会议主要情况可通过纪要的形式印发，作为指导机关开展工作的依据。由于纪要格式有别于公文的通用格式，而且目前各级党政机关的纪要格式五花八门，所以很难规定统一的样式。值得注意的是，纪要格式也只适用于纪要文种，纪要格式与纪要文种也是严格绑定的。

采用上述特定格式印制的公文与通常文件格式印制的公文其作用与效力是相同的，只是表现形式有所不同。

十八　正确把握公文各格式要素的标识规则

【解答】《党政机关公文格式》将版心内的公文格式各要素划分为版头、主体、版记三部分。公文首页红色分隔线以上的部分称为版头；公文首页红色分隔线（不含）以下、公文末页首条分隔线（不含）以上的部分称为主体；公文末页首条分隔线以下、末条分隔线以上的部分称为版记。

1. 版头部分

包括份号、密级和保密期限、紧急程度、发文机关标志、发文字号、签发人6个要素。

（1）份号。

份号即公文印制份数的顺序号，系指将同一篇文稿印制若干份时，对每份公文的顺序编号。份号只在涉密公文中使用，目的在于便于管理，以防遗失和泄密；用6位3号阿拉伯数字顶格编排在公文版心左上角。数字前面可编虚位（如000001）。

（2）密级和保密期限。

密级是指公文的秘密等级，是根据公文内容的重要程度而划分的等级，是公文格式的组成项目之一。根据《党政机关公文处理工作条例》第九条第（二）项规定，涉密公文应当根据涉密程度分别标注"绝密""机密""秘密"和保密期限。《党政机关公文格式》7.2.2规定，如需标注密级和保密期限，一般用3号黑体字，顶格编排在公文版心左上角第二行，保密期限中的数字用阿拉伯数字标注。

密级和保密期限之间应用"★"隔开。如果只标注密级而不标注保密期限，应在"绝密""机密""秘密"两字之间空出一字的距离。

（3）紧急程度。

紧急程度是公文送达和办理的时限要求。根据紧急程度，紧急公文应当分别标注"特急""加急"，电报应当分别标注"特提""特急""加急""平急"。它也是党政公文格式的组成项目之一。

如需标注紧急程度，一般用3号黑体字，顶格编排在公文版心左上角；如需同时标注份号、密级和保密期限、紧急程度，则应按照份号、密级和保密期限、紧急程度的顺序自上而下分行排列，而且表达紧急程度的两个汉字之间不空格。如果只标注紧急程度，表达紧急程度的两个汉字之间应空一字。

值得注意的是，有的文件在标题中对紧急性质已作了表示，如《关于××××的紧急报告（或紧急通知）》等，就不再另外加注紧急程度标志。要注意原来行政公文紧急程度的划分只有"特急件"和"急件"两种，《党政机关公文处理工作条例》中对此的表述有了变化，标识时一定要准确规范，"特急件"不带"件"字，不可将"加急"写为"紧急""急件"或"急"等。

（4）发文机关标志。

由发文机关全称或者规范化简称加"文件"二字组成，也可以使用发文机关全称或者规范化简称。联合行文时，发文机关标志可以并用联合发文机关名称，也可以单独用主办机关名称。

在具体布局上，发文机关标志要居中排布，上边缘至版心上边缘为35毫米，推荐使用小标宋字体，颜色为红色，以醒目、美观、庄重为原则。

联合行文时，如需同时标注联署发文机关名称，一般应当将主办机关排列在前；如有"文件"二字，应当置于发文机关名称右侧，以联署发文机关名称为准上下居中排布。

（5）发文字号。

发文字号又称发文号、发文编号。它是党政公文格式中一个不可缺少的组成部分，即向外发文的登记编号。编制发文字号，主要是为了便于文件的发出、查询、引用和保管。

编制发文字号的方法和要求是：发文字号由发文机关代字、年份、发文顺序号三个要素构成。先是发文机关代字，中间是年份，最后是发文顺序号。机关代字中应明确发文的含义，如"中发""国发"等；年份、发文顺序号用阿拉伯数字标注；年份要用公元全称，并用六角括号"〔〕"括入；发文顺序号不加"第"字，不编虚位（即1不编为01），在阿拉伯数字后加"号"字。

几个单位联合行文时，不应一文多号，应只标主办机关的发文字号。

发文字号的位置，应当编排在发文机关标志下空两行位置，居中排布。上行文的发文字号居左空一字编排，与最后一个签发人姓名处在同一行。

发文字号，一般用3号仿宋字体标识。

（6）签发人。

签发人指公文签发人的姓名。公文上标注签发人的姓名，主要是为上级机关处理下级机关公文时上级机关领导人了解下级机关谁对上报的事项负责，有利于进一步增强公文签发者的责任感。

值得注意的是，只有上行文才需要标注签发人，而且必须由机关主要负责人签发。其位置必须与发文字号同处一行。

在具体标注上，"签发人"三个字用3号仿宋字体，后标全角冒号，冒号后用3号楷体字标识签发人姓名。

2. 主体部分

由标题、主送机关、正文、附件说明、发文机关署名、成文日期、印章、附注、附件等要素组成。

（1）标题。

标题是党政公文的"眉目"，是一篇公文整个结构要件的核心。按照《党政机关公文处理工作条例》的规定，公文标题由发文机关名称、事由和文种三个要素组成，例如《国务院关于促进民航业发展的若干意见》一题，"国务院"是发文机关；"促进民航业发展"是事由；"意见"是文种。这里，"发文机关名称"和"事由"之间需用介词"关于"衔接，"事由"和"文种"之间要有结构助词"的"相连，构成公文标题的特定语法结构模式。

拟制公文标题，其基本要求就是要做到准确、简洁、齐全和美观。其中，准确是指事由部分对公文内容的概括要准确，文种的使用也需要准确；简洁是指要用尽可能简要的文字概括出公文的基本内容。为此，即应竭力压缩事由部分的用字，并要尽可能地避免诸如"的通知的通知的通知"之类的文种重叠使用的情况；齐全是指要完整地载明发文机关名称、事由和文种三个要素，一般不宜随意省略。三个或者三个以下机关联合发文时，应列出所有发文机关名称。四个及四个以上机关联合行文时，可以采用排列在前的发文机关名称加"等"的方式；美观是指要在文面上将拟制出来的标题合理地加以排列设置，使之清晰整洁，醒目匀称，给人以美感。

按照《党政机关公文格式》的规定，公文标题"一般用 2 号小标宋字体，编排于红色分隔线下空两行位置，分一行或多行居中排布；回行时，要做到词意完整，排列对称，长短适宜，间距恰当，标题排列应当使用梯形或菱形。"一般而言，标题要尽量简短，不要占行数太多，多行时一般采用上梯形、下梯形或者菱形排布，每行标题字数不能过多，如果都顶到版心边缘，会显得很不美观。

（2）主送机关。

主送机关是指党政公文的主要受理机关，它负有办文的责任，要对公文所涉及的内容进行办理和答复。对于主送机关的确立和标识，应当把握如下几点。

在一般情况下，一篇公文只有一个主送机关，特别是上行文的请示，更应如此。上行文的"报告"，其主送机关可能不是一个（如受双重领导的机关向上级行文报告即是如此），在这种情况下，即应根据报告所涉及内容的管理和分工的不同，将其中负有主责的上级机关名称写在前面，并用"并报"联结另一个上级机关名称。

下行文（普发性和周知性公文）的主送机关如果不止一个，要注意其排列的次序。一般是按等级高低顺序排列，即将等级高的机关名称写在前面，等级低的机关名称写在后面。

主送机关名称如果不止一个，要注意其相互之间标点符号的使用。一般是在不同的系统和级别之间用逗号隔开，同一系统内部的各单位之间用顿号隔开，在最后一个主送机关名称之后加注冒号。

主送机关名称应当使用全称、规范化简称或者同类型机关统称，切忌随意苟简。

主送机关一般使用3号仿宋字体，编排在标题之下空一行的位置，居左顶格，如果主送机关名称过多需要回行时，仍需顶格。在最后一个机关名称后标全角冒号。如主送机关名称过多导致公文首页不能显示正文时，应当将主送机关名称移置版记。

（3）正文。

正文是党政公文的主体，用来表述公文的内容，是一篇公文写作的关键所在。正文一般由三个部分构成：

一是开头部分，或称"凭"，即凭什么发文，主要是阐明发文的依据和理由。其内容或是交代引据，或是讲明背景、原委，或概述情况，或篇前撮要，或明了目的，应根据不同的发文意图、行文对象和文种等酌情确定。

二是主体部分，或称"事"，即什么事情或什么事项。内容或针对问题进行分析，在分析问题、讲明道理的基础上提出解决问题的办法；或直陈要求、意见；或提出主张、列摆措施、讲明办法；内容复杂的公文，由于其所涉及的事项很多，因此要特别注意各事项之间的逻辑顺序和层次安排。

三是结尾部分，或称"断"，即论断、判断，是正文的结论，多数为提出意见、措施、办法和要求等。用语要适应不同文种的需要，切不可千篇一律。如上行文一般可用"当否、请批示""以上是否可行，请批示"等；下行文一般可用"希即遵照""特此通知""此布""此复""此令"等；平行文一般可用"为荷""为盼""为要""特此函复"等。

正文各部分之间的界限并不是截然分明的，有些内容简单、篇幅较短的公文，有时即表现为或"凭""事"合一，或"事""断"合一，或者"凭""事""断"合一，以使行文趋于简练明快。

按《党政机关公文格式》的规定，公文首页必须显示正文。正文部分一般用3号仿宋字体，一般每面排22行，每行排28个字，并撑满版心。特殊情况可以作适当调整。正文的具体位置应编排于主送机关名称下一行，每个自然段左空二字，回行顶格。文中结构层次序数依次可以用"一""（一）""1.""（1）"标注；一般第一层用黑体字、第二层用楷体字、第三层和第四层用仿宋字体标注。

（4）附件说明。

附件说明应当标注公文附件的顺序号和名称。其位置在正文下空一行左空二字编排"附件"二字，后标全角冒号和附件名称。如有多个附件，使用阿拉伯数字标注附件顺序号（如"附件：1.××××××"）；附件名称后不加标点符号。附件名称较长需要回行时，应当与上一行附件名称的首字对齐。

（5）发文机关署名。

俗称"落款"，是党政公文的一个重要格式项目。根据《党政机关公文处理工作条例》和《党政机关公文格式》的规定，发文机关署名应当"署发文机关全称或者规范化简称"。联合行文时，应当先编排主办机关署名，其余发文机关署名依次向下编排。

（6）成文日期。

成文日期即公文生效的日期，也是党政公文格式的一个重要组成部分。成文日期确定的原则是：会议通过的决定以会议正式通过日期为准；经领导人签发的公文，以签发日期为准；联合行文，以最后签发机关负责人的签发日期为准。

法规性文件以依法批准日期为准；一般电报、信函等则以实际发出日期为准。

成文日期在文面上的位置有两种编排方式：一是在标题之下，年、月、日用括号括起来，适用于经会议集体讨论通过批准而又不以"红头文件"（即带有红色版头的文件）形式发出且无主送标识的公文；二是在发文机关署名右下方。根据《党政机关公文格式》的规定，成文日期"用阿拉伯数字将年、月、日标全，年份应标全称，月、日不编虚位（即1不编为01）。"不能采取"21年10月30日""21·10·30"之类的简化形式。

（7）印章。

印章是机关职权的象征，是公文生效的标志，它也是党政公文格式的一个重要组成部分。根据《党政机关公文处理工作条例》的规定，"公文中有发文机关署名的，应当加盖发文机关印章，并与署名机关相符。有特定发文机关标志的普发性公文和电报可以不加盖印章"。

公文用印的依据是领导人的签发字样，未经领导人签发的公文不得用印。用印要注意清晰、端正，位置准确。在具体标识上，成文日期一般右空四字编排，印章用红色，不得出现空白印章。

单一机关行文时，一般在成文日期之上、以成文日期为准居中编排发文机关署名，印章端正、居中下压发文机关署名和成文日期，使发文机关署名和成文日期居印章中心偏下位置，印章顶端应当上距正文（或附件说明）一行之内。

联合行文时，一般将各发文机关署名按照发文机关顺序整齐排列在相应位置，并将印章一一对应、端正、居中下压发文机关署名，最后一个印章端正、居中下压发文机关署名和成文日期，印章之间排列整齐、互不相交或相切，每排印章两端不得超出版心，首排印章顶端应当上距正文（或附件说明）一行之内。

对于不加盖印章的公文，单一机关行文时，在正文（或附件说明）下空一行右空二字编排发文机关署名，在发文机关署名下一行编排成文日期，首字比发文机关署名首字右移二字，如成文日期长于发文机关署名，应当使成文日期右空二字编排，并相应增加发文机关署名右空字数。

联合行文时，应当先编排主办机关署名，其余发文机关署名依次向下编排。对于加盖签发人签名章的公文，单一机关制发的公文加盖签发人签名章时，在正文（或附件说明）下空二行右空四字加盖签发人签名章，签名章左空二字标注签发人职务，以签名章为准上下居中排布。在签发人签名章下空一行右空四字编排成文日期。

联合行文时，应当先编排主办机关签发人职务、签名章，其余机关签发人职务、签名章依次向下编排，与主办机关签发人职务、签名章上下对齐；每行只编排一个机关的签发人职务、签名章；签发人职务应当标注全称。签名章一般用红色。

（8）附注。

附注即指公文的印发传达范围（阅读范围）等需要说明的事项。

确定公文的阅读范围，要依据工作的需要和安全保密的要求进行。需要限定阅读范围的，一般是属于机密文件，不是机密文件没有确定阅读范围的必要。公文如有附注，应当居左空两字加圆括号编排在成文日期下一行。

（9）附件。

附件是附属于正文的说明、补充或者参考资料。附件不是每份公文都有，只有内容需要，又不便于写入正文的材料才用附件来处理。

常见的附件主要是用于补充说明或证实文件正文的附件，包括各种形式的说明材料、参考材料、图表、凭据等。附件应当另面编排，并在版记之前，与公文正文一起装订。"附件"二字及附件顺序号用3号黑体字顶格编排在版心左上角第一行。附件标题居中编排在版心第三行。附件顺序号和附件标题应当与附件说明的表述一致。附件格式要求同正文。

如附件与正文不能一起装订，应当在附件左上角第一行顶格编排公文的发文字号并在其后标注"附件"二字及附件顺序号。

3. 版记部分

主要由抄送机关、印发机关和印发日期两个要素组成。

（1）抄送机关。

抄送机关与主送机关相对应，二者合称党政公文的受文机关。它是指除主送机关以外需要执行或知晓公文内容的其他机关，应当使用机关全称、规范化简称或者同类型机关统称。

对于抄送机关的确立，应当注意无论是上级、下级或是不相隶属的机关，一律统称"抄送"，不要出现"抄报""抄发"之类的写法。

如有抄送机关，一般用4号仿宋字体，在印发机关和印发日期之上一行、左右各空一字编排。"抄送"二字后加全角冒号和抄送机关名称，回行时与冒号后的首字对齐，最后一个抄送机关名称后标句号，表示结束的意思。

如需把主送机关移至版记，除将"抄送"二字改为"主送"外，编排方法同抄送机关。既有主送机关又有抄送机关时，应当将主送机关置于抄送机关之上一行，之间不加分隔线。

（2）印发机关和印发日期。

印发机关和印发日期亦称承办文件记录，一般用4号仿宋字体，编排在末条分隔线之上，印发机关左空一字，印发日期右空一字，用阿拉伯数字将年、月、日标全，年份应标全称，月、日不编虚位（即1不编为01），后加"印发"二字。

版记中如有其他要素，应当将其与印发机关和印发日期用一条细分隔线隔开。

十九 恰当拟写公文的小标题

【解答】小标题又称分题、层次标题。在公文写作中，尤其是那些头绪复杂、内容丰富、篇幅较长的公文，精心撰拟小标题，以概括揭示某一段落或层次的中心内容，突出某一件事或某项工作进程的阶段性，强调某种思想观点、措施或问题，从而让阅者准确地领会公文内容，是十分重要的。对长篇文章相间有序地设置这样的"窗口"，便产生疏朗醒目的美感。

那么，公文写作中如何拟定小标题呢？

（1）准确恰当。小标题对于本段所写的内容主旨而言，必须概括得准确无误，恰如其分。例如有篇关于××工程的调查报告，题为《一颗盲目施工的苦果》，设立了这样几个小标题："钓鱼"工程，后患无穷；违反基建程序，造成浪费；合同没订，扯皮无穷；领导外行，吃尽苦头。其中第三个小标题下的内容为：××工程一开工，"扯皮"之战就打响。遇到问题，主建、施工、设计三方各说各的理，问题不能顺利解决。这个工程自兴建以来，主建、施工和设计三方，竟连一份经济合同都没签订。设计图纸没有按时完成，拖延了工期，但设计单位不负经济责任；主建部门任意要求修改设计，不受任何契约约束；施工单位则是"老牛赶山，走着瞧"，来一部分图纸，要一部分钱，干一部分工程。外装修用的面砖就是一个三方扯皮的典型事例。主建单位要求由面砖改为水刷石，设计单位则坚持要用面砖；而面砖的采购，主建单位和施工单位又互相推诿、扯皮近半年之久。

这段文字是该项工程三方互相"扯皮"的活写真。作者将小标题拟为"合同没订，扯皮无穷"是极其准确恰当的。

（2）明确集中。拟定小标题，要特别注意不能过于杂乱，而要力求明确集中，写得越单一越好。不要将几个性质不同、不能相提并论的问题，硬行扯在一起，搞成"小杂烩"。同时，也不能将原本是性质相同的问题，却分散到两个小标题中去说。例如×单位所写的《二○二○年度工作总结》，共列四个小标题，其中第一个是"解放思想，广泛宣传，积极争取对外业务，努力开展多种经营"。不难看出，这个小标题的内容较为杂乱，既有思想政治方面的，又有生产经营方面的，将这些性质不同的事项硬"捏"在一起，显得头绪纷繁，庞乱芜杂。

（3）照应总题。拟定小标题，要注意与全文总标题相呼应。总标题是对全篇内容的高度概括，是"纲目"，各个小标题均是从不同角度、不同层面对总标题内涵的展示。它们共同服务于总标题，呈现出一种"轮辐向心"和"众星捧月"的态势。《中共中央、国务院关于保护森林发展林业若干问题的决定》共列有八个小标题：稳定山权林权，落实林业生产责任制；木材实行集中统一管理；对林业的经济扶持；木材综合利用和节约代用；抓紧林区的恢复和建设；大力育林造林；发展林业科学技术和教育；加强党和政府对林业的领导。可以看出，上列小标题是从八个方面制定了如何"保护"、如何"发展"的林业政策，丝丝入扣，不枝不蔓。

（4）合乎逻辑。拟定小标题，必须注意讲究逻辑性。从逻辑角度讲，公文总标题与小标题之间具有领属关系，而各个小标题则是并列关系。撰写时要对其进行合理地分类，符合逻辑，不能彼此包容或者相互交叉，不该并列的不能并列。对各个小标题的设置，还要照应全文主旨，分清性质、轻重、主次，仔细考虑其排列次序，做到条理清楚。例如《××县放宽政策和发展第三产业现场办公会议纪要》，共列有六个小标题：关于放宽政策问题；关于筹建货场问题；关于发展第三产业问题；关于贷款问题；关于扩建镇流器厂问题；关于企业办理工商营业执照问题。从表面上看，各标题排列整齐具体，反映了会议的主要议题。但仔细推敲则不然。从总标题来看，会议的中心议题实际是两个：一是放宽政策问题，二是发展第三产业问题。因此，要拟定小标题，有这样两个也就足够了。有些应归属"发展第三产业问题"，有些应归属"放宽政策问题"。而文中所列小标题将具有从属关系的"问题"并列，显然不当。

（5）有艺术性。拟定小标题，还要讲求艺术性。一般来讲，主要有四种方法：一是运用形象化的语句。例如《中纪委关于加强纪检工作座谈会纪要》一文，其中最后一个小标题"自己干净才能帮助别人洗澡"，采用借喻手法，生动活泼，耐人寻味。二是运用对仗式。但这种对仗一般只是讲求字数的对称整齐，而非严格意义上的对仗。例如上文"总结工作，增强信心"、下文"全党动手，上帮下促"等便是。三是运用排比式。例如《全国农村工作会议纪要》下设五个小标题：关于农业生产责任制；关于改善农村商品流通；关于农业科学技术；关于提高经济效益、改善生产条件；关于加强思想政治工作和基层组织建设。以介词"关于"作提示语，统辖全"局"，结构紧凑，语势强劲，富于表现力。四是使用该段中具有概括性的"原话"。这在一些综合性的简报以及先进人物事迹材料中较为多见。

有一篇反映农行支持当地经济发展的典型材料，作者起初拟定的几个小标题为：

> 一、落实倾斜政策，支持农业生产；
> 二、搞好项目评估，壮大集体经济；
> 三、坚持择优扶植，发展乡村企业；
> 四、投入启动资金，搞活商品流通；
> 五、增强全局观念，振兴城市经济。

写好后，作者在校稿时总是觉得平淡，不够传神。于是就重新构思标题，发现第一个问题只讲支持农业生产,第二个问题写了两个方面,第三个问题包括三个小点,段落里的层次数与标题序号如此巧合,使作者顿生灵感,随即把五个小标题改为:

一事当前,支持农业生产;
双管齐下,壮大集体经济;
三策并用,发展乡村企业;
四位一体,搞活商品流通;
五方兼顾,振兴城市经济。

这样一改,巧妙地省去了标题序号,增强了文章的力度,给人以耳目一新之感。虽然正文只字未动,但"材料活起来了"。

(6)和谐匀称。即指各个小标题的拟定,一定要顾及相互之间在形式上的整齐匀称,无论在句式还是在字数上,都要尽量做到和谐顺畅,讲究布局上的美感,不能长短不一,参差不齐。例如《全国农村工作会议纪要》一文所设的五个小标题,均是以介词"关于"作提示语,构成整齐的排比式布局,显得十分匀称和谐。而像前文《一颗盲目施工的苦果》一文所列的四个小标题,第一、第三和第四个小标题均是由八个字组成,但第二个小标题却不如此,破坏了标题的整体美。因此,可将其中的"基建"二字删去,以求和谐匀称。

二十 恰当拟写转文性通知标题

【解答】在通知的标题中,转文性通知的标题较为特殊。这种标题实际上也是三项式标题。它的结构是:发文机关+事由(转发、批转、印发《被转文件标题》)+文种(通知)。由于标题之中有标题(有时不止一个),所以这种标题通常较长,甚至会出现《××市人民政府关于转发××省人民政府关于转发国务院关于……(事由)的通知的通知的通知》这种冗长的情况。为使其简洁精练,可以采用以下方法:

(1)省略重复词语。在标题《国务院办公厅关于转发××部〈关于……(事由)的意见〉的通知》中,"关于"和"的"都是重复的,删去第一个"关于"和"的"。同时,为了简化起见,删去被转文件标题的书名号,标题改为:

《国务院办公厅转发××部关于……（事由）意见的通知》。

（2）合并被转文件。如果用一个通知来转发几个相关的文件，不应该在通知的标题中把被转文件标题一一列出，妥当的做法是将其合称为"……×个文件"。例如，国务院办公厅拟用一个通知来转发人事部、财政部有关工资标准的三个文件——《关于调整机关工作人员工资标准的实施方案》《关于调整事业单位工作人员工资标准的实施方案》《关于增加机关、事业单位离退休人员离退休费的实施方案》，这个通知的标题是《国务院办公厅转发人事部财政部关于调整机关事业单位工作人员工资标准和增加离退休人员离退休费三个实施方案的通知》。

（3）文号替代标题。如果被转文件标题过长，可用被转文件的发文字号替代之，如《××省人民政府关于转发国务院国发〔2021〕××号文件的通知》。

（4）删去中间层次。有的文件会被几层机关逐级转发，以至于最后转发的机关难以撰拟公文标题。此时，对中间几层转发机关应该忽略不计，把标题写成：发文机关＋转发最上一级文件（或批转最下一级文件）＋通知，如《××县卫生局转发卫生部关于……（事由）意见的通知》。至于省卫生厅、市卫生局对卫生部文件的转发情况，××县卫生局可在自己通知的正文中加以说明。还要说明两点，一是如果通知的事项十分紧急，可以把"紧急"二字直接写入公文标题之中，放在文种"通知"之前。例如《国务院办公厅关于关闭国有煤矿矿办小井和乡镇煤矿停产整顿的紧急通知》。如此标注，即使文件不方便显示格式上的紧急程度，也不会贻误文件的传递与处理。二是如果通知的事项是对此前就同一内容所发通知的补充，可以在后发的通知标题中加入"补充"二字，放在文种"通知"之前。例如，国务院的两个文件：《国务院关于进一步完善粮食流通体制改革政策措施的通知》在前，《国务院关于进一步完善粮食流通体制改革政策措施的补充通知》在后。如此标注，可以提示阅文机关注意前后两个文件的内在联系与补充关系，便于对文件整体精神的把握与贯彻执行。

二十一 公文标题中使用标点符号的几种特殊情况

【解答】关于公文标题中标点符号的使用问题，原来的公文法规明确规定，除法规、规章名称加书名号外，一般不用标点符号。但在2012年版《党政机关公文格式》国家标准中，未作任何限制性规定。也就是说，在当今的公文标题中完全可以根据实际需要使用相应的标点符号，主要有以下几种情况。

一是当公文标题中出现缩略语以及具有特定含义的词语时，要用引号。例如《民政部　总政治部关于纪念"双拥"活动四十周年，开展春节"双拥"活动的报告》，其中"双拥"系"拥军优属、拥政爱民"的简称，采用引号予以标明，不仅必要，而且可行。如果使用全称，即会使原已较长的标题变得更加杂乱；再如《国务院批转国家经济计划委员会关于全国第五次"质量月"活动安排意见的报告的通知》，其中"质量月"属于具有特定含义的词语，也需要用引号予以标示，以示强调。

二是当公文标题或者标题中的某一部分需要注释或说明时，要用括号。公文标题中使用括号有两种情况：一是括号里的内容是对整个公文标题的注释或说明，它与标题同为一个整体，是不可分割的。在此种情况下，应特别注意不能将括号里的内容写在书名号之外。如《中华人民共和国国库券条例（试行）》；另一种是括号里的内容是对标题中某一部分的注释或说明，例如《关于宽大释放全部在押的国民党党政军特人员（县团以下）的决定》，其中"（县团以下）"是对前面"国民党党政军特人员"级别范围的限定，如不用括号予以标注，就会造成表意上的混乱。

三是当公文标题的事由部分出现并列词语时，要在并列的词语之间使用顿号。例如《中共中央办公厅　国务院办公厅关于少开庆功、表彰大会的通知》。需要提及的是，当联合行文时，并列的发文机关名称之间不使用顿号，而应采用空格的形式加以解决。

四是当公文标题中出现书名、文章名和报刊名时，要用书名号。法规中规定"公文标题中除法规、规章名称加书名号外，一般不用标点符号"，但仅此还不够，因为当出现有关的书名、篇名和报刊名时，也应用书名号。例如《国家经委办公厅转发〈经济日报〉发行工作座谈会纪要的通知》《中共中央关于委托中央党校创办〈求是〉杂志的决定》等即是。

五是当公文标题由正副标题组成时，副标题应当在正标题之下偏右位置由破折号引出。例如：

今年的党风要有一个根本性的好转（正标题）
——中纪委××年×次会议纪要（副标题）

二十二 正确体现公文的外形结构与内在结构

【解答】 公文的外形结构，即公文的开头、主体、结尾在文面上的组合表现形式。公文结构的外形体式，主要有以下八种：

（1）篇段合一式——一篇公文只有一段，这一段就是一篇，俗称"单枪匹马式"。这种体式主要适用于命令（令）、公告，内容简单的决定、决议、函及批复等。

（2）撮要分条式——开头属篇前撮要，概括全文中心内容，然后，对所要解决的若干问题按照主次先后，形成若干条条，并用数码序号标明，俗称"天鹅下蛋式"，即把"撮要"比喻为"天鹅"，把分条看作是天鹅下的"蛋"。这种体式可视为下行公文的基本体式，是十分普遍的。如通知、指示、通告、公告，内容较复杂一些的决定、决议、通知型会议纪要等。

（3）分列小标题式——把全篇公文分成若干条、段，把每一条、段的中心内容，分别归纳成若干小标题，置于每一条/段之上，如指示性通知、调查报告、会议纪要、决定、决议、简报、通报等多采用这种体式。俗称"刀枪剑戟式"。

（4）全面性分块式——把全文划分为几大块，相对独立，各自成章。采用这种形式的主要是工作总结、工作报告、调查报告、指示型会议纪要。分块式的一个突出标志，通常在每一部分上面的正中位置标以（一）、（二）、（三）等序号。俗称"豆腐块式"。

（5）转发转述式——用批转、转发、转述的形式，把下级或上级、平级的来文转印给下级单位。它的突出特征是：以文载文，文后有文，如批转性通知、转发性通知、转述式通报、转发式简报（加写编者按语）等。俗称"枪里加鞭式"。

（6）章、条、款分列式——即全篇分章、章下有条、条下设款，分条列目，款项清楚。俗称"下楼梯式"，它是章程、条例、规定、规则、办法、细则等法规性公文的基本写法。

（7）条、段贯通式——把全文划作若干条，标以序号，无单独的开头与结尾，或划分为若干自然段，段落不标序号。俗称"一字排列式"。它是一些指示、指示性通知、内容比较简单的法规性文件及领导讲话材料常用的体式。

（8）并列句式——先以简要文字做开头，开宗明义，正文用若干句子排列组合而成，有的还讲究押韵，类似诗词歌赋一样。俗称"诗词模拟式"。这是守则、公约等文件的基本写法。

公文内在结构的具体表现形式大体有以下五种：

（1）对解决问题的结果予以答复或表态的单一结构形式。如批复、指示、命令（令）等。

（2）提出问题、分析问题，但不去具体解决问题的单纯结构形式。如情况简报、情况通报等。

（3）先提出问题，然后把解决问题的结果或意见表达出来，即"提出问题——解决问题"的简单结构形式。如公告、函、转发（包括批转）性通知及内容简单的决定、决议、通知、布告、议案等。

（4）"提出问题——分析问题——解决问题"的完整结构形式，如指示、指示性通知、指导性通报、指挥型会议纪要、工作报告、调查报告、专门性的决定、决议等。

（5）边摆问题，边分析边解决问题的特殊结构形式。它与前述四点不同的是打乱了先提出、后分析、再解决问题的逻辑次序，而是把它们糅合在一起，分列几个专门问题来安排结构，每个问题中既包含问题的提出，又有对问题的分析与解决。如综合性的工作总结、调查报告、工作计划及会议纪要，内容比较复杂的决定、决议，对重大问题所作出的具有指挥性的意见、条例、规定等法规性文件。

二十三 如何做到内外结构的有机统一

【解答】 一篇完整的公文，在结构安排上应当是内在与外形的有机结合与统一。公文的内在结构，即作者通过对客观公务活动的观察、认识，依照一定的逻辑联系所理出的一个表达的顺序；外在形式是文内各个部分的组合方式。前者反映公文结构的立体感，后者体现了结构的平面性；一个是结构的内核，一个是它的外壳；内在决定外形，外形服务于内在，是一个结构的两个方面。

公文的外在形式有各种样式，如撮要分条、篇段合一、条项贯通、章条款分列、分列小标题、全面分块等。由于公文是党和国家用来完成公务活动的一个重要工具，它的内在结构必须与公务活动的运转形式，即"提出问题——分析问题——解决问题"保持一致。正因为如此，不论公文的外形表现是什么样子，其内部都应是"三个问题"的"珠联"，或至少是"提出问题"与"解决问题"的"璧合"，表现为问题的"顶真"。

公文的外在形式与内在结构是怎样统一在一起的呢？

（1）公布令、任免令、批复、函、任免通知、会议通知、批转（含转发、公布）通知、转述式通报、专门问题的决定等，它们的内在结构是单一的公布、表态和回答解决问题的结果，也就是说主要在于"解决问题"的"单一"结构形式，而外在形式往往是篇段合一式。

（2）指示性通知、通告、布告、动员令、行政令、部署指挥性的决定、方针政策性的决议、直述式通报、议案、请示、专题调查报告等，就一般而言，它们的内在结构或是"提出问题——解决问题"，或是"提出问题——分析问题——解决问题"，而结构的外形首先多数表现为"撮要分条式"，其次是条项贯通、分列小标题式。如 1949 年 4 月 25 日毛泽东起草的《中国人民解放军布告》，第一段即开头，从外形看是"撮要"，然后转入主体并列提出八点要求，故属"分条"，合为"撮要分条式"；它的内在结构，开头是"提出问题"，八点要求是"解决问题"，故属"提出问题——解决问题"的简单结构形式。

（3）简报、情况通报、情况报告、信息快报等，其内在结构很单纯，主要表现为"提出问题"（即反映情况）的单一形式，而外形体式有的采用分列小标题式，有的则采用撮要分条式或条项贯通式。

（4）综合性工作总结、工作计划、经验介绍、大型工作会议纪要、调查报告等陈述性的文件，对重大问题所作出的具有指挥性的意见、条例、规定等法规性文件，外形多为"全面分块式"。如综合性工作总结的"情况概述——作法或经验体会——存在问题与今后意见"；法规性文件的"总则——分则——附则"；而内在结构表现为边摆问题、边分析与解决问题的特殊形式。这种内在结构形式是特殊的，它打乱了先提出、后分析、再解决问题的逻辑次序，把它们糅合在一起，分列几个问题来安排内在结构，每个问题中既包含问题的提出，又有对问题的分析与解决。

二十四　公文写作真实性的本质属性

【解答】真实性是公文写作的最基本要求之一，也是公文写作的一条根本原则。公文是党政机关办理公务的实实在在的工具，担负着传递策令、沟通信息,指导、布置和商洽工作,报告情况、交流经验的重要职能,因此其所表达和反映的内容和情况决不允许有假大空、有浮华失实,而必须是绝对真实的在现实生活中具体存在的事实,它保证了公文的权威性和有效性。

对于公文写作的真实性,不能只停留在一般的层面上,而要将其置于具有政治工具功能的特殊文体的深层角度加以认识和理解。公文作为政治的产物,具有宣传贯彻党和国家的方针政策、推动机关单位公务活动开展的重要使命,因此,衡量其真实性的基本尺度就是政治的真实,也就是以最大限度地满足统治阶级及其政党的政治利益为基本前提。

公文真实的客观标准是现实的真实、主流的真实和发展真实的紧密结合和有机统一。其中现实的真实是指公文所运载的思想路线、方针政策必须实事求是,所涉及的事实材料必须是现实生活中客观存在而且是经过反复核实证明确凿无误的,而不是公文写作人员为着某种目的而随意杜撰的。观点、主张、意见、办法或措施等的提出,必须实事求是,便于执行;对有关背景、经过等的表述也必须完全真实,即便某一细节甚至某一数字等,也必须认真核实,确保真实。否则,就会从根本上失去其应有的说服力,毫无利用价值,甚至给党和国家的事业造成损害。主流的真实是指公文所运载的思想路线和方针政策必须代表和反映最广大人民的根本利益,而不能仅代表少数人的意志和利益;发展的真实是指公文所反映的思想路线和方针政策必须具有前瞻性和预见性,能够洞察当今世界政治经济发展的现状和趋势,能够代表先进生产力的发展要求,代表先进文化的前进方向,推动社会生产力的发展,并积极借鉴世界上先进的管理经验和文明成果,做到为我所用。

可见,公文中所讲的真实,是以客观事物存在为基础的绝对真实,这与文学作品的写作有所区别。文学作品为了反映生活本质,可以对所写的人和事进行艺术改造和加工,甚至可以虚构。而公文反映的是公务活动中的客观事实,所涉及的时间、地点、人物、事件等必须绝对准确,任何一个细节都不允许失真,尤其是一些向上级机关所写的汇报材料,如果弄虚作假,隐瞒真实情况,其结果必然会影响上级对某事项的决策,以致出现严重后果。例如1987年,浙江省青田县鬃村干部为解决拉电线经费问题,在乡干部的指点和默许下,把原本牢固的小学校舍卖掉,让学生们到濒临倒塌的危房上课。而在同年11月省、地两级教育"双验收"的汇报材料中却写道:"乡党委发动群众干部自力更生、集资建校舍,在上级没有拨款的情况下,一个穷乡三个村建校。鬃村建教室2个,建筑面积166平方米……"但出乎意料的是仅仅7个月之后,这个被汇报为"新建教室"破危房在大雨中倒塌，造成 6 名小学生死亡、16 人受伤的惨剧。由此可见，上报材料弄虚作假造成的后果有多严重。

需要注意的是真实和准确之间的关系。真实和准确本是一脉相承、一本所系，在真实的前提下还要做到能够准确地加以反映。例如有一篇反映某位县委书记廉洁奉公事迹的报告，其中谈到这位县委书记"无论何时何地，从来未接受过任何人的任何礼物"。这种表述就不尽妥当，因为如果说这位县委书记拒绝任何贿赂是真实可信的，但所涉及的拒绝任何礼尚往来的程度就显得不够准确，因为我们总不能不近人情。

二十五　公文内容失真的主要表现

【解答】公文写作应当实事求是，要如实反映客观事物的本来面貌，不能随意夸大或缩小。同时，对客观事物所作出的评价和结论也要恰切适度，既不能随意"扬善"，也不能无端贬抑或者"隐恶"，文中所涉及的内容必须能够反映客观事物的一定本质，是必然的，而不是个别的、偶然的表象。报告、总结性公文中已然的内容，应反映事物的本质，表明其发展的必然结果；指令性、规定性公文中未然的内容，也应反映事物的本质，表明其发展的必然趋势。要做到真实，就要求公文写作人员必须深入实际，认真进行深入细致地调查研究，切实获取和掌握第一手材料，而决不能凭借传闻或者道听途说进行写作，更不能无中生有，粗制滥造。这是公文写作必须坚持的一条根本原则。但实践中有些公文却不是这样。某市的职称改革办公室（简称职改办）制发了一份通知，题目是《关于不具备规定学历的专业技术人员不宜评聘高级技术职称的通知》，开头部分讲道："鉴于目前我市高职指标十分紧张，对一些虽确有真才实学，并做出突出贡献，但不具备规定学历的专业技术人才，在这次'微调'中暂不宜办理申报'高职'手续。"这一提法显然与中央一系列文件中所规定的"对虽不具备规定学历，但确有真才实学、做出突出贡献的专业技术人才，可以评聘相应的专业技术职务"的提法是背道而驰的。这就是说，其所做出的决策、提出的"论点"及所依据的"论据"是不真实的，与上级的规定指示精神相背离。还有一些公文涉及对有关单位和人员的功绩表述，往往"扬善"扬得过头，使用一些不切实际的浮夸性言辞。特别是某些总结和报告文体的写作，无论工作做得好坏，也无论成绩大小，都要毫无例外地写上诸如"领导非常重视，方法得力""创历史最高水平""取得很大成绩"等，夸大其词，读来令人"倒胃口"。可以说，这是社会上存在着的一种不正之风在公文写作中的反映。当然，我们并不是说类似语句绝对不能使用，而是主张要恰如其分，贴切适度。"成绩"是"较大""相当大"还是"很大"，"水平"是"较高""相当高"还是"很高"甚至"最高"，对于这些程度副词的使用必须精心审慎，要以事物的实际数量和具体程度为根据，要有个数量概念，不可信手拈来，更不可人为地拔高。实践中，这种现象不乏其例。某单位写绿化总结，总是写面积大于往年，成活率高于往年，创历史最高纪录。结果有人给算了一下"细账"，照此逻辑推算，就连各家各户的炕头上灶膛里也都长满了树。这显然是脱离实际的浮夸和虚假言辞，与规范的公文语言特性和要求格格不入，必须予以清除。特别是公文中的数字，一定要做到真实准确，不容出现差误，这是公文的生命力所在。

二十六　公文写作怎样讲求可行性

【解答】所谓可行性，是指一篇公文所提出的策见包括有关的观点、主张、见解、意见、办法、措施所做出的结论，等等，必须在实际工作中能够行得通，使主观意志与客观现实相吻合，从而收到实效。

要使公文写作具有可行性，应当注意从两个方面把握：一是要"吃透上头"。即要认真理解和领会党和国家的基本方针政策精神和上级机关的文件指示精神，掌握基本的政策规定。政策是执政党和国家为实现一定历史时期的路线、方针、任务而制定的行动准则，而公文是政策具体化的书面形式。因此，撰写公文要吃透上级的政策，悉心领会其精神实质，切不可粗心大意，并在公文写作实践中，不断提升自己的政策水平，以确保公文内容的可行性。二是要"吃透下头"。即本行业、本系统和本单位的客观实际情况，要注意搜集一切有关的事实材料并认真加以核实，对关键问题要深入基层进行调查，掌握第一手材料。对于材料的选用既要掌握全面数据又要掌握典型事例，防止用个别事实代替全面情况或者罗列事实，"眉毛胡子一把抓"。对涉及其他部门、单位或地区的问题，在行文之前务必与有关各方核实材料并交换意见，如有不同意见，应在公文中写明。

写作公文，就是为了顺利开展、推进工作，完成既定任务目标，因此，所写的公文一定要切实可行，便于执行、操作。公文如果没有可行性，那不仅是作废的问题，而且会有损发文机关的威信和形象。凡是不可行的或执行不了的，千万不要轻率地发文。

二十七 注重用字规范

【解答】公文是传达贯彻党和国家的方针、政策，联系和处理各种公务的工具，具有很强的政策性、权威性和现实的效用性，因此，要求其在用字方面必须做到标准化和规范化。

现行规范汉字的使用依据主要有三个：一是 2000 年 10 月 31 日由第九届全国人民代表大会常务委员会第 18 次会议审议通过的《中华人民共和国国家通用语言文字法》，对语言文字的规范使用包括公务文书中的文字使用问题做出了明确规定，在公文写作实践中应当严格遵照执行，以确保公文用字的规范化和标准化。二是 1986 年 10 月国务院公布的《简化字总表》。三是 1988 年 3 月国家语委和新闻出版总署联合发布的《现代汉语通用字表》。应当看到，尽管国家有关公文法规中已有明确规定，但在公文写作实践中，用字的不规范问题仍然不同程度地存在，有的甚至还较严重。特别在一些基层机关所制发的公文中，问题就更多。这在很大程度上已经影响了公文的质量和效果，给工作带来不应有的麻烦甚至损失。因此，公文用字的规范问题，应当引起我们的高度重视。

那么，公文用字怎样才能做到规范呢？可从如下几个方面着手：

第一，要严格执行党和国家制定并正式颁布的用字法规的规定，不写繁体字、异体字，也不随意滥造简化字。

首先是不写繁体字。1956 年的《汉字简化方案》公布并分批推行后，繁体字的使用范围受到了限制，即凡面向公众的社会用字必须规范化，要使用国家正式公布的简化字，已经被简化了的繁体字，只能用于古籍整理出版、文物古迹、书法艺术等方面。据此，公文用字应以国家正式公布的简化字为准。

其次是不用异体字。废除异体字是国家文字改革的重要内容之一，1955 年国家公布的《第一批异体字整理表》，废除了 1055 个异体字。除翻印古书或用作姓氏以外，一般不能再用。对此，公文写作也需依照执行。然而，在实践中，这些不规范的异体字仍时有所见，应当坚决加以纠正。

再次是不要滥造简化字。公文中使用简化字应以1986年国家公布的《简化字总表》为准。凡是不符合表中规定的简化字，都不合规范，不能使用，更不能随意滥造。周恩来曾指出过："有些人任意自造简字，除了他自己认识以外，几乎没有别人认识，这种现象自然不好，应该加以适当的控制。一个人记笔记，或者写私信，他写的是什么样的字，谁也无法管。但是写布告或者通知，是叫大家看的，就应该遵守统一的规范。特别是在印刷物和打字的文件上，必须防止滥用简字。"公文中如果运用不规范的简化字，或者随意滥造简化字，势必严重损害公文的质量和效用。

第二，要注意把握汉字的字形、字音、字义，坚决纠正错别字，也要防止出现漏字或多字。汉字是形、音、义的高度统一体，我们在书写时必须认真把握它的基本笔画、笔顺规则以及偏旁部首和间架结构，注意分辨多音字、同音字、形近字和多义字，读准字音，认清字形，了解字义，做到正确使用。在公文写作实践中，因字的错用、漏用或多用而影响文意给工作造成损失者不乏其例。某单位所发的一份会议通知，将要求有关人员"务必参加"写成"勿必参加"，致使会议未能如期进行；还有的将"欢迎领导莅临指导"写成"泣临指导"，影响很坏。在公文工作实践中，类似事例很多。出现这些问题的原因，首先是公文撰制者的责任心不强，对工作马虎草率、敷衍应付、粗心大意；其次是对汉字的结构规律把握不准，特别是对同音异义字、形近字和多义字，不能正确加以区分。因此，公文写作人员必须努力加强自身的修养，要以严肃认真、一丝不苟的态度对待公文工作，同时还要努力提高自己的文字水平，力求不出现差误。

第三，要正确使用各种数字。公文用字包括数字的用法和书写在内。准确、科学地使用各种数字，是公文写作的一项重要内容，它直接关系到公文的质量和办文效率。对此，在公文写作中应当注意。特别是涉及表示事物数量的增减、表示比例关系等的数字时，更要做到准确和规范，不容出现疏误。对于数字的使用，应当严格按照国家的有关规定执行，这在《党政机关公文处理工作条例》中有明确规定，具体是指《出版物上数字用法》(GB/T15835—2011)。

然而，从公文写作实践来看，数字使用的不规范是一个比较突出的问题，主要表现为所用数字失实、失准，前后"打架"，书写不统一等。这些问题的存在，直接影响了公文的质量和效用，甚至给工作造成了不应有的损失。

除上述内容外，还应注意对于数字的表述，如用阿拉伯数码，应使每两位数码占据一格，而且同一个数字不能断行；百分比的书写也是如此，但要注意除一位数者外，百分号应当独占一格。此外，如果涉及四位和四位以上的数字，应当采用国际通行的三位分节法，即节与节之间以空半个阿拉伯数字的位置表示。由此，实践中常见的用逗号（","）分节的写法，因其不符合国际标准和国家标准，故应予废止。

二十八　注重用词规范

【解答】公文作为传递策令、沟通信息、推动公务活动开展的重要工具，特别注重对各种词语的选择和使用，讲究"炼词"的艺术性。它直接关系到公文的内容表达，关系到它的质量和效力。就通常而言，在公文写作中要做到正确用词，应当注意把握以下几点：

第一，要注意区别词语的不同含义，务求词义确切。现代汉语的词汇非常丰富，词义也极其复杂，从不同角度可以划分出不同的类别。在公文写作中，对于词语的使用首先应当做到词义要确切，包括同义词的辨析、词义的轻重、适应范围以及切合对象等方面，必须做到准确无误。要特别注意根据公文表达对象的要求，严格辨析同义词之间的细微差别，准确加以选用，使所用之词符合表达对象的实际。请看如下几例：

①"有来犯者，只要好打，我党必定站在自卫立场上坚决彻底干净全部消灭之（不要轻易打，打则必胜），绝对不要被反动派的其气势汹汹所吓倒。"（《毛泽东选集》第 4 卷，人民出版社 1991 年版，第 1154 页）

这里，作者连用了"彻底""干净""全部"等三个近义词，突出强调了我党歼灭"来犯者"的态度和决心，语意极其强烈。

②"你们的这样许多言论行动，既然和敌人汉奸的所有这些言论行动一模一样，毫无二致，毫无区别，怎么能够不使人们疑心你们和敌人汉奸互相勾结，或订立了某种默契呢？"（《毛泽东选集》第 3 卷，人民出版社 1991 年版，第 908—909 页）

这段文字，作者一连用了"一模一样""毫无二致""毫无区别"等三个近义词，旨在强调国民党反动派与敌人汉奸的言论行动完全相同，从而充分有力地揭露了国民党的反动本质。

③"我是主张先把本民族的东西搞通，吸收外国的东西要加以溶化，要使它们不知不觉地和我们民族的文化溶合在一起。这种溶合是化学的化合，不是

物理的混合，不是把中国的东西和外国的东西'焊接'在一起。"（《周恩来选集》下卷，人民出版社1984年版，第344页）

此例中，通过"溶化""溶合""化合""混合""焊接"等意义上有联系但又有区别的词语的辨正，来形象地说明"溶化"是这样的，不是那样的，从而进一步阐明"溶化"的真实含义。

在对近义词进行认真区辨、准确使用的同时，还要特别注意对名词、动词、形容词和副词等关键词语的锤炼。因为锤炼体现着公文写作者语言表达的功力，如能恰当选用，可以收到最佳的修辞效果。高尔基说："必须善于从中挑选最准确、最明晰、最生动的词语。"（《论社会主义现实主义》）只有这样，才能确保公文文意的正确表达。

第二，要注意区别词语的感情色彩和语体色彩。对于感情色彩，主要指要明确表示作者的意图和指向，或赞成或反对，或歌颂或暴露，必须旗帜鲜明，毫不隐讳，以增强语言的表现力。毛泽东说过："我们必须坚持真理，而真理必须旗帜鲜明。我们共产党人从来认为隐瞒自己的观点是可耻的。我们党所办的报纸，我们党所进行的一切宣传工作，都应当是生动的，鲜明的，尖锐的，毫不吞吞吐吐。"他这里所说的宣传，包括写文章、做演说、著书、写报告。要正确区分褒义词、贬义词和中性词，不能错用或滥用，否则就会因褒贬失宜而影响词义的正确表达。对于语体色彩，主要包括口头语体色彩和书面语体色彩两种，要注意区别使用，即要用严谨、庄重、简洁而又典雅的书面语体，摒弃口头语体，勿使介入。例如，"宋庆龄同志……是爱国主义、民主主义、国际主义和共产主义的伟大战士，是保卫世界和平事业的久经考验的先驱，是全体中国少年儿童慈爱的祖母……"（《中共中央关于接收宋庆龄同志为中国共产党正式党员的决定》），这段话用词极富书面语体色彩，如果使用口头语体入文，例如为了表示"亲切"，将书面语词"祖母"换成同义词"奶奶"，就会破坏全文的庄重色彩，削弱这一决定的严肃性。

第三，要注意区别词义在不同语境中的不同变化。既要掌握好一词多义的运用，又要注意它的基本意义同时了解它的引申意义，这对于保证用词的准确性和丰富变化、提高公文写作的质量是十分必要的。应当说，一词多义是语言发展的结果，因此，写作时要区分场合、正确使用。

第四，要注意选用通俗易懂之词，不要生造词语，也不要使用那些专业性特别强而别人难以看懂的专用语。比如"龌龊""怯懦""彷徨"等词就不如"肮脏""胆小""犹豫"等词易懂。有人把"成人教育"生造成"成教"，把

"为外宾参观游览进行向导"生造成"旅游外导",还有人生造四字格式的成语"言笔交加""风雨联合"等,令人难懂。为了做到明白易懂,即使是专业性比较强的公文,也应在不损害内容表达的前提下,尽量写得让人看得明白。

第五,要掌握公文写作的特定用词。在公文写作的长期实践中,形成了一些特定的词语,不同的特定用词分别服务于不同语境的需要,掌握好这些特定用词对于提高公文写作速度是必要的。如"根据、遵照、为了、关于、随着……"均属公文开端用词;"我(处)、你(局)、本(委)、贵(校)"均属公文称谓用词;"拟请、恳请、特、报请、可否请批示"均属公文中的期求用词;"责成、交办、试办、办理、执行、可行、可办、同意、照办、批准、原则同意"等均属公文中审批、批办用词;"为荷、特此××、为……而努力、祝……等"均属公文的结尾用词。对上述一些公文常用词语,应当根据公文表达的不同对象和行文的不同关系,按照不同需要有选择地加以使用。

第六,要注意一些词语的习惯表述顺序。有些词语,在表述上有其特定的习惯顺序,如果不按这种特定的顺序进行表述,就会使人感到很不和谐,也不够顺畅。而且在很多情况下,词序不同,其表意也会有所不同。如果不注意这种变化,就会给准确地表情达意造成影响。如《2020年××分局工作总结》《2020年度××分局从优待警十件实事》,其中的年份就放错了位置,应将其置于"分局"之后。同时,词序的变化也直接影响到公文的表意。通过词序的变化来表达不同的意思,而且很贴切,让人回味不尽。

二十九 注重用句规范

【解答】句子是公文中的意义单位,意义明确与否及所能理解的难易程度与句子的繁简成正比。一篇公文正是通过若干个句子、运用一定的句式而集句成文,记载和传递形形色色的公务信息。因此,在写作过程中必须根据各种不同的情况使用恰当的句式,注重变化,使写出来的公文显得富有生气和活力。

公文写作中要正确使用句式,一般应当注意把握如下几点:

第一,要将长句和短句交替运用,使行文铿锵有力。长句是指形体长、词数多、结构比较复杂的句子,短句是指形体短、词数少、结构比较简单的句子。长句和短句,各有各的特点,各有各的适用范围,各有各的表达效果。其中前者表意严密,气势畅达,后者简明活泼,刚劲有力。公文写作中既不能单纯使用长句，也不能一味使用短句，而应将二者有机地结合起来，兼容并取，错落有致，使行文富于变化，从而增强其表达效果。例如："世界在变化，我国改革开放和现代化建设在前进，人民群众的伟大实践在发展，迫切要求我们党以马克思主义的理论勇气，总结实践的新经验，借鉴当代人类文明的有益成果，在理论上不断扩展新视野，作出新概括。只有这样，党的思想理论才能引导和鼓舞全党和全国人民把中国特色社会主义事业不断推向前进。"例中通过长句和短句的交替运用，使行文铿锵有力、气势畅达。

第二，要将整句和散句结合起来，使行文错落有致。整句是指结构相同或相似、长短一致或接近的句子，散句是指结构灵活、长短不一的句子。与长句和短句一样，整句和散句也各有特点，在公文写作中也要将二者结合起来使用，以便使语言表达波澜起伏，引人入胜。例如："或作讲演，则甲乙丙丁、一二三四的一大串；或作文章，则夸夸其谈的一大篇。无实事求是之意，有哗众取宠之心。华而不实，脆而不坚。自以为是，老子天下第一，'钦差大臣满天飞'。这就是我们队伍中若干同志的作风。这种作风，拿了律己，则害了自己；拿了教人，则害了别人；拿了指导革命，则害了革命。"（《毛泽东选集》，人民出版社1991年版，第800页）此例是整句和散句交错运用的典范，其中有结构相似的整句，有结构相同的对偶句、排比句，还有字数相同的。不仅散中有整，而且整中见散，使行文错落有致，跌宕起伏，富有节奏，充分显示出了公文语言的感人力量。

第三，要注意把握几种常用的特定句式。在长期的公文写作实践中，由于具体的内容表达需要，业已形成了一系列较为稳定的特殊句式，它以遵守一般写作炼句的修辞规律为基础，是公文写作中一些具有特殊规律性的句式组合。恰当地掌握这些特定句式，不仅可以提高公文写作的时效，而且还有利于将公文写得言简意赅、鲜明生动，并能够显现出公文语体的特色，使行文趋于庄重和严肃。从实际运用的情况来看，公文写作中所使用的特定句式主要有以下八种：

一是以"为""为了"作语言标志、以自我说明为特征的目的句式。在公文开篇交代行文目的，是公文的一种普遍而又基本的写法。其突出的特征就是以介词"为"或者"为了"作为语言标志，由发文主体直接阐述行文的目的。具体分为两种情况：①以"为"或"为了"作起首语，在其后直接写出目的对象和内容；②以"为"或"为了"作过渡语，在其后用"此""这一问题"等来指代先行语句中通过叙述所提出的公务活动中的问题，以此说明行文的缘由和必要性。

二是以"……了"为特征的陈述句式。在公文写作中，特别是工作报告、工作总结、通报、简报、调查报告等文种的写作，要大量使用以"了"为特征的陈述句式，其目的在于使语言表达趋于简练明快，给人以一目了然之感。它一般紧随"完成""解决""取得""克服""开展""推动"等动词之后，用以表达事物的已然时态，其后面接宾语，构成一种完成了某项工作或任务，解决了某一问题或困难，取得了某一成绩或进展的动宾句式。

三是以"必须""禁止"等强调语为特征的祈使句式。这种句式主要用于下行文之中，其作用在于进一步加强语势，给人一种令行禁止、不容置疑之感。具体分为两种情况：①带有命令语气以示肯定的句式。例如"必须搞好新冠肺炎疫情的防治工作"，其中的"必须"即是强调性词语，用以表明发文者的观点或态度。②带有禁止语气以示否定的句式。例如"严禁巧立名目，利用公款铺张浪费""不准以任何方式将公款私存""禁止公车私用"等，其中的"严禁""禁止""不准"等强调性词语具有庄重、严肃的语体色彩。

四是以"凡……者（的）"为标志的判断句式。"凡……者（的）"是公文中使用频率较高的一种句式，具有表"全称判断"的功用，表明所有这一类型的人或事物全部包括在内，无有例外。同时，它还使行文带有庄严郑重的色彩。此外，应当注意，"凡……的"除具有表全称判断作用外，还往往带有贬义。诸如"凡有下列情形之一的，处三年以上七年以下有期徒刑"。

五是以"将"字结构组成的宾语提前句式。此种句式主要见于批转或转发性通知以及以复体行文形式发布的通知、报告等文种的写作，通常用"现将"作为起首语，旨在提起受文对象注意，并使行文语气刚劲有力。例如："现将《关于加强当前安全保卫工作的通知》印发给你们，请认真贯彻执行。"显然，这种"将"字提宾的句式要比诸如"现在发给你们……"之类的正装陈述句具有较强的修辞表达效果。

六是前虚后实、以虚带实的"重后"句式。例如，请示的结尾用语即是如此，这里所说的重后，是指一句话中两种截然不同的含义，一个为虚，一个为实，而且前虚后实，即所谓"重点后置"。"是否可行，请批示""妥否，请批示"等语句中，发文主体所希望批的是"妥"而不是"否"，是"是"而不是"否"，前半句中的"否"只是一种虚意，而后半句才是实意，是行文的目的所在。所以有人认为"妥否，请批示"中的"示"应当是"是"的谐音，表明的是发文机关的态度和行文目的，但由于是上行文，因此不能直说，只能以谐音字来代替，也是不无道理的。这种重后句式，既使文字精练，又体现出了行文主体的肯定性要求与对工作的严肃态度。

七是把几个并列成分连在一起，由句中一个相同意思的成分综合成句的综说句式。它既可以是综说修辞在前，并列成分在后；也可以是并列成分在前，综说修辞在后。其作用主要在于使行文趋于简练，而且富有气势。例如，"必须大力加强干部队伍的革命化、知识化、年轻化和专业化建设"即为一个综说句式，其中"大力加强干部队伍"为综合，"革命化、知识化、年轻化和专业化"为四个并列成分，如果不采用综说句式，势必分成四个分句分别进行表述，而这又显然使行文繁冗累赘，令人生厌。

八是以数词缩语为特征的紧缩句式。公文写作讲求言简意赅，精练扼要，这是一条基本原则。为此，往往要对一些内容特定的长句通过附以数词的手法进行高度的浓缩，例如把"丝绸之路经济带"和"21世纪海上丝绸之路"概括为"一带一路"；把"我们党要始终代表中国先进生产力的发展要求，代表中国先进文化的前进方向，代表中国最广大人民的根本利益"概括为"三个代表"；把"学党章党规、学系列讲话，做合格党员"学习教育概括为"两学一做"；把"严以修身、严以用权、严以律己，谋事要实、创业要实、做人要实"概括为"三严三实"，把"政治意识、大局意识、核心意识、看齐意识"概括为"四个意识"；把"道路自信、理论自信、制度自信、文化自信"概括为"四个自信"；等等，可以看出，以数词或数量词加名词或名词性词组的方式是这种紧缩句式的重要特征。应当注意的是，在公文中运用数词缩语必须做到表意明确清晰，切忌盲目追求紧缩而使句意难懂，令人费解甚至误解。

第四，要注意表意的明确性，不用含混不清、似是而非的句子。诸如"麦苗正蜕变出油油的绿意"，其中"蜕变"为何，"油油的绿意"又是一种什么形态，令人难以名状；至于类似"我被青春撞了一下腰""像雾、像雨、又像风""星星还是那个星星，月亮还是那个月亮，山还是那座山，梁还是那道梁""天不刮风天不下雨天上有太阳……走了太阳来了月亮又是晚上""我是一匹来自北方的狼""听妈妈的话别让她受伤""我在阳光月亮之上，有过多少自由的梦想""悠悠地唱着最炫的民族风"等晕天眩地的句子，更在摒弃之列。

三十　要规范使用"要"字句

【解答】"要"字句是公文中常用的一种特定句式，它通常出现于一句话的开头，用以表示"应该……""必须……"之意，对人们的行为起到一种提醒、希望、要求或命令的作用。恰当地运用"要"字句，能够增强行文的坚定性、原则性和论断性，使之观点鲜明、态度显豁、文字简要，具有很好的修辞表达效果。正因为如此，在公文写作中，"要"字句的使用频率很高。

值得注意的是，"要"字句应当根据不同的行文方向和公文文种恰当地加以使用。一般而言，下行文中的指示周知性的文种诸如决定、决议、通知、批复、会议纪要等，在表示希望、要求、提醒、命令人们去做某件事，采取某项行动时，往往要用这种"要"字句。例如：

（1）"当前，疫情防控正处于关键时期，各地要把疫情防控作为头等大事，将每项工作落实到部门、机构、个人，细化实化各项措施，领导干部带头学习掌握疫情防控政策规定和部署要求。要强化督导检查，建立通报机制，对疫情防控中的突出问题进行通报，问题严重的依法依规严肃问责。要切实履行防控投入责任，确保所需经费、物资及时到位，关心关爱一线疾控人员、医务工作者、社区防控人员等，按规定落实相关补助政策。春节前，各省份要开展疫情防控应急演练，国务院联防联控机制综合组对演练情况进行检查指导。"（《国务院应对新型冠状病毒感染肺炎疫情联防联控机制关于进一步做好当前新冠肺炎疫情防控工作的通知》）

（2）"中国人民银行要加强对征信中心的督促指导。征信中心具体承担服务性登记工作，不得开展事前审批性登记。征信中心要做好系统建设和维护工作，保障系统安全、稳定运行，建立高效运转的服务体系，不断提高服务效率和质量。"（《国务院关于实施动产和权利担保统一登记的决定》）

上述两例中，通过运用"要"字句，向受文者提出要求，表示出应当怎样去做，语势坚定有力，论断性强，令人不容置疑。

但从实践来看，当前在机关公文中有滥用"要"字句的不良现象。中国写作学会公文写作专业委员会创始人苗枫林举了一个例子，烟台鲁东大学有一个公文研究中心，最近检索了30件公文35万字，最后检索的结果有一项指标让人很吃惊。这30件公文35万字，其中"要"字句就占了44.94%，就是这篇公文全是"要……""要……"。苗枫林认为，公文既要解决做什么的问题，还要解决怎么做的问题。一个要字必须有一批文字来解决怎么办的问题。公文不解决实际问题，就只能做一些陈旧性的、重复性的、假大空的东西出来。

苗枫林认为，假大空这种文风，抄袭的文风，最后的避难所就是领导的官僚主义，领导疏于亲政。如果一个县委书记想办一件事情，他千方百计想把这件事情办好，千方百计想把全县绿化好，如果林业局局长递上来的是从别的县抄来的文件，县委书记可以把它扔到地上，为什么这个文件可以从县委书记那通过，原因就是县委书记不亲政，所以抄袭之风、假大空的文风最后的避难所就是领导的官僚主义和疏于亲政，发一个文件，字数够了就发，发了有用还是没用就不管了。

但是，在上行文的请示、报告及意见等文种中，因其多属叙事、申明和祈使性的，故而只能使用计划、打算、商讨和请求性的语气，而不宜使用"要"字句。否则，就会显得很不得体。

三十一　恰当使用"拟同意"一语

【解答】"拟"有认为、打算、想要、考虑之意，是公文中用于表示谦敬的词语，通常出现于上行文的请示、报告及意见等文种的写作之中。在下行文的批复中，有时也要用到这一词语，且往往与"同意"连用。

值得注意的是，"拟同意"一语的使用具有较为严格的职责限定。它不仅具有"谦敬"之义，而且能够体现出主体的职责权限。有无"拟"字，是有无最后决定权的标志。这就是说，主体对某一事件或问题的处理若有决定权，即只需表明"同意"，而不宜用"拟同意"，以示肯定；而如果只有表态权却没有决定权，则以使用"拟同意"为宜。

三十二　正确使用"亲自"一词

【解答】当前，在公文写作中，特别是在报告、总结、简报等文种的写作中，涉及某位领导同志的活动和言论时，常常出现"亲自"一词，诸如"××同志亲自到会作重要讲话""××局长亲自主持会议""××市长亲自到工地视察"，等等。毋庸讳言，在公文写作中，适当运用"亲自"一词，能够体现出领导同志对某项工作或某项活动的重视程度，并能从一个侧面起到强调、突出之意。但要注意做到适可而止，不可过于堆积，导致滥用。例如一份简报中有这样一段话："在保持共产党员先进性教育活动中，我局各直属分局的主要负责人都亲自主持制定实施方案，亲自作动员讲话，亲自参与交流讨论……"其中的几个"亲自"，看似强调领导同志的事必躬亲，对工作的极端负责，但却给人一种过滥的感觉，显得很不协调。

实际上，不用"亲自"一词，也完全能够体现出某项工作的重要，也能够体现出领导同志对该项工作或活动的重视。上述一段文字中，将"亲自"去掉之后并不会影响"领导同志"对"保持共产党员先进性教育活动"的重视，相反，倒使用语显得简洁朴实、干净利落。由此看来，在公文写作中讲求简明扼要，竭力删去冗词赘句，不用"亲自"也是其中的一个重要内容。对此，中央明文规定，当公文中涉及对领导同志活动的报道时，要慎重使用"亲自"一词，是非常有道理的。

三十三 正确使用"重要讲话"等评价性词语

【解答】公文不是为了欣赏而写，而是为了实用而发，要能够切实解决实际工作中存在的问题，推动公务活动向前发展。公文的实用性决定了它必须言及其实、言及其义、朴实无华、实实在在，来不得半点浮夸藻饰，虚情假意。但目前我们看到有些单位所制发的文件，在谈到今后的工作设想时，动不动就是什么"大举措""大行动""大开发""大数据"等；当谈到具体问题时，动不动就是"特大项目""特大影响""特大效应"；在总结工作成绩时，采用"膨胀法"，什么"三大坚持""四大举措""六大创新""八大变化""十大成果""创历史最好水平""开创了前所未有的大好局面""形成了一道亮丽的风景线"等；在谈到缺点和问题时，又往往采用"障眼法"，如把"生产下降"叫作"负增长"，把上当受骗叫作"缴学费"，把行贿索贿美其名曰"感情投资""友情往来"，把拿着公款游山玩水、大吃大喝称作"社会考察""工作需要"，如此等等。特别值得一提的是，当前在一些地方和部门，不看内容如何，只要职务带个"长"字，就称他的讲话是"重要讲话"，这是很欠妥当的。

"重要讲话"是新闻媒体以及机关（单位）公文中出现频率很高的词语，人们耳熟能详。但毋庸讳言，事实上有很多"讲话"并不"重要"，但却被人们习惯性地添加，大有"重要"泛滥之势。那么，究竟什么样的讲话才称得上是"重要讲话"呢？按理说应当是指那些内容重要、意义重大，具有战略性、前瞻性、创造性和真理性的讲话。

但是，当前在一些地方和部门，不看内容如何，只要是领导同志的讲话，就千篇一律地在讲话前面冠以"重要"二字，他的讲话就是什么"重要讲话"甚至是"重要指示"；众多的新闻媒体在对相关领导同志的讲话进行报道时也千篇一律地冠以"重要"二字，这是很值得关切和研究的。毛泽东在1957年3月12日《在中国共产党全国宣传工作会议上的讲话》中有一段话讲得很精彩："我们现在有些文章，神气十足，但是没有货色，不会分析问题，讲不出道理，没有说服力。……我们应该老老实实地办事，对事物有分析，写文章有说服力，不要靠装腔作势来吓人。"毛泽东在这里虽然指的是写文章，但对讲话也同样具有深刻的指导意义。我们设想一下，如果不讲职务、不论级别、不看内容，只要带"长"字的讲话就说成是"重要讲话"，那么究竟谁的讲话才"重要"？久而久之，也就没有真正意义上的"重要讲话"了。弄不好还要加上"最重要"乃至"最最重要"的讲话，以示区分，岂不成了奇闻！

有的讲话，内容本来非常重要，但并未冠以"重要"二字，而人们却公认它很重要，这样的事例很多。例如，1957年3月2日的《人民日报》第一版的大标题是：最高国务会议举行扩大会议。副标题是：毛主席就正确处理人民内部矛盾问题讲了话。以今天的眼光看，这显然是一篇非常重要的讲话，而当时《人民日报》在发表的时候并未冠以"重要"二字，而只用了"讲了话"三个字，尽管如此，但这丝毫没有影响人们对这一重要讲话的学习和认识。

又如，1957年3月17日，毛泽东在天津人民礼堂做关于"双百"方针问题的讲话，内容十分重要。而会议主持人、中共天津市委第一书记黄火青的开场语不过是一句"请毛主席讲话"，寥寥6个字。听众并不因为他没说"重要"二字而不重视毛泽东这篇具有战略性意义的讲话。

由此可见，讲话重要不重要，关键是要看其内容，而不是靠"说"出来的。实际上，对领导同志的讲话要不要冠以"重要"二字，我们认为还是应当务实一点为好。当年吴官正在担任中共山东省委书记的时候，有一次到《大众日报》去视察，就省委领导同志活动的报道问题与报社领导"约法三章"：指出"省委领导的讲话，从我开始，在报道中不要说'重要讲话'，把'重要'两个字去掉，讲话那么多，哪有那么多重要啊！"这段话讲得是多么切中时弊，又多么深刻有力，令人拍案叫绝。

由此可见，对于公文中的"重要讲话""重要指示"之类的习惯用语必须加以清理，从实质上讲，这是当前公文文风方面所存在问题的具体体现，而文风问题又是党风政风的折射，反映对人民群众的态度，反映领导机关的工作质量和水平，不能不引起我们的高度重视，并切实加以纠正。

三十四　正确运用结构层次序数

【解答】 结构层次序数往往见于内容复杂、篇幅较长的公文。它的使用是否规范、正确，直接关系到公文的条理是否清楚，外在结构是否合理。关于这一问题，《党政机关公文格式》作了明确规定："结构层次序数，第一层为'一'、第二层为'（一）'，第三层为'1'，第四层为'（1）'。"这种结构层次序数标识方法，可以使人清楚地看出一篇公文大的层次及里面所包含的小层次，便于把握公文的脉络，从而为准确地理解和办理公文打好基础。在具体使用时，需要注意把握如下几点：

（1）要准确，不要写错。实践中常见的诸如"（一）、""1,""（1）,"之类的写法都是不符合规范的，应分别改为"（一）""1.""（1）"。在许多公文中，带有序号小标题的一般形式是：一、△△△；二、△△△；三、△△△。不能否定，当汉字序号和阿拉伯数码序号连续排列时，加用顿号是正确的。在公文小标题前使用序号可使层次分明，令人一目了然。但在它之后用顿号却是不科学、不规范的。这是因为：（1）顿号之后已不是序号，而是一些文字，使用顿号已经失去了应有的基础和必要；（2）更主要的是在序号之后使用的顿号与公文其他部分内容表述中使用的顿号完全一样，以致序号与标题文字连为一体，使人难以分辨，容易造成误解。在下列情况下，弊病十分明显：一、二类变三类；二、三次反复；三、四大效果。因此，为使公文小标题中的序号使用不失本义又有显明性，《党政机关公文格式》国家标准规定在序号之后使用"."，以示区别，例如1.××；2.××；3.××；4.××。

（2）要适度，不要过细。公文中使用的结构层次序数，法规中所规定的四个层次，一般而言即已够用。因此，应当尽可能地控制在四层以内。实践中有些公文所使用的诸如"①"、"1)"，甚至A、B、C、D之类的层次序数均为不妥。公文中使用的结构层次序数过细过多，往往会给人以散乱、零碎之感，显得很不紧凑。

（3）要合格，不要旁骛。是指对于结构层次序数的使用，应当采取序数显示的形式，尽可能地不用诸如"首先""其次""再次"，"第一""第二""第三"，"此其一""此其二""此其三"之类的结构层次序数表示法。

三十五　正确表达数目字中的倍数、比例关系、"零"与"点"、"二"与"两"、"以上"和"以下"

【解答】 在公文写作中，要时常用到表达数字的倍数、比例关系、"零"与"点"、"二"与"两"、"以上"和"以下"等，而且往往用得不够规范。正确的做法是：

（1）倍数用于表示数量的增减，常与"为""到""了"配合。增加时，要注意将增加后的和数表述准确，例如"增加""上升""提高""扩大""增长"等词后面附带"到""至""为"字，是用以说明加上增加数的和数；附带"了"或不带"了"字，则不包括本数在内。减少时，如"减少""降低""缩小"等词后面附带"到""至""为"字，是用以说明原数减去减少数的差数，带或不带了"了"字，则不包括本数在内。例如增加了3倍，即原为1，现为4；增加到3倍，则原为1，现为3。降低了60%，即原为100，现为40；降低到60%，即原为100，现为60。要注意不能用降低××倍或减少到××倍的表述，而只能用降低××%或减少了××%。

（2）公文中要经常涉及对有关比例关系的表述问题，撰写时要注意讲求规范。例如降低到过去的70%，是指过去为100，现在为70；提高到过去的130%，是指过去为100，现在为130，现在比过去提高了30；比过去提高了80%，是指过去为100，现在为180；比过去降低80%，是指过去为100，现在为20；由过去的60%提高到80%，是指过去和现在两者的基数均为100，过去为60，现在为80；由过去的80%降低到60%，是指过去和现在的基数均为100，过去为80，现在为60。

（3）"零"和"点"在公文中经常用于表示事物的数量。应当注意的是，凡用汉字并加位数词的数字，除年份可用"○"外，其他应一律用"零"。如"二○二一年"；但"二百零三公里"，不能写成"二百○三公里"。"点"仅用于汉字数字，阿拉伯数字不用。例如"零点六"或"0.6"，不能写作"零.6"或"0点6"。

（4）使用"二"的地方：①自然数。②序数、小数、分数。使用"两"的地方：①一位数的基数。如"两台机器"。②概数。如"三两天"。

（5）"以上""以下"等词与前面的数字连用，这种表达方法的数目概念，习惯上应包括前面的本数在内，百人以上即含百人、千人以下即含千人，不应把本数排除在外。但是，为了使界限的划分清晰准确，应注明本数是否包含在内。如："十四岁、十四岁以上儿童不得入内。""十四岁以下（包括十四岁在内）儿童不得入内。"

三十六　正确运用机关或单位名称的全称与简称

【解答】公文中要经常涉及机关或单位名称的表述问题，不仅版头部分用，发文字号中用，公文标题、落款（发文机关署名）以及印章中也要用。至于正文部分的写作，使用得就更多。但在表述时究竟是用其全称还是规范化简称，并无硬性规定，一般情况下二者是通用的。但有时需要根据具体情况作适当处理。主要是：

（1）在公文的版头部分，对于发文机关标志，按规定既可以使用全称，也可以使用规范化简称。

例如《中国共产党中央委员会文件》，或者用《中共中央文件》；这就是说，下行文的版式中，发文机关名称既可用全称，也可用简称，但上行文版式中的发文机关名称一般只能使用全称。

（2）要根据文字的繁简视情确定使用全称或是简称。

例如公文版头、标题、发文机关署名（落款）中所涉及的发文机关名称，究竟以使用全称还是简称为宜，应当根据实际情况酌定。一般而言，如果机关名称字数较多，特别是一些企业名称往往冠以一二十个字，为简洁起见，则通常应当使用简称，以使行文趋于简洁，并求得文面布局的醒目、匀称、美观。但需要注意的是，发文字号中的机关代字必须是简称，而且是高度浓缩了的称谓；印章中的发文机关名称则应使用全称，以示庄重、严肃。

（3）要根据公文的运行范围和内容性质酌情确定使用全称还是简称。

就一般而言，对于系统或机关单位内部运行的公文，其发文机关名称可以使用简称，既不会令人费解，又使行文显得简练，便于接受；但对于那些政策性、规定性较强的公文以及会议性公文，如公报、决议、会议纪要等，则应以使用全称为宜，以体现行文的庄重性和严肃性。

（4）要注意讲究规范。

根据公文处理法规的规定，在公文写作中第一次使用机关名称时应当使用全称并用括号注明简称，下文再出现相同名称时，则可用简称。

值得注意的是，对于简称的使用必须注意讲求规范，不可随意简化。例如"中共××委员会""中共××乡党委"之类的简称即不符合规范。其中前者的问题在于繁简混杂，"中共"是简称，但"委员会"又不是，故而应改为"中共××委"；后者的问题属于叠床架屋，其缘由已如前述。但实践中，诸如"中共××公安局委员会"之类繁简夹杂的简称人们已经司空见惯，可以视为约定俗成，但并不规范。

三十七　正确对待"此页无正文"

【解答】"此页无正文"属于对公文排版时遇到的特殊情况的处理，在过去的公文处理实践中经常使用。对此，应当注意把握以下两点：

（1）到底在公文中是否允许使用"此页无正文"的编排方式，《党政机关公文处理工作条例》以及《党政机关公文格式》国家标准中并没有作出明文规定。当正文之后所剩空白处不能容下印章或签发人签名章、成文日期时，一般应当采取调整行距、字距的措施解决。具体的调整方法是：当正文之后的空白只有一两行时，可以加宽行距，至少将一行文字移到下一页；如果正文之后的空白仅差一两行便可容下印章位置时，可以缩小行距或缩小一两行字距，挤出能容下印章的空间。这样，使印章与正文务必同处一页，不留任何空白。

（2）如果出现采取调整正文字距或行距的措施仍无法解决的极特殊情况，如多个机关联合下行文，联合行文的机关过多，无法实现正文与所有发文机关的印章同处一页，就应采取"此页无正文"的方法，即将印章加盖在下一页空白上，并在该空白页第一行标注"此页无正文"。这种情况可以通过加强排版的计划性，其目的主要有两点：一是说明正文内容在前页已经完结；二是防止末页被人撕下，伪造他用。

三十八　正确把握公文的行文规则

【解答】行文是公文制发全过程中的重要一环，指的是一个机关给内部机构或者另一个机关发文，这一发一收之间必然构成一对行文关系，通常包括上下级关系、平级关系、业务指导关系等几种情况。行文必须以这种隶属和相互关系为基本原则进行，不可超越这个原则。

按照上述原则，各级机关或单位之间的行文可分为上行、下行、平行三种情况。

(一) 上行文行文规则

上行文是下级机关向上级领导机关（包括有业务指导关系的上级机关在内）的行文。在上行文的行文关系上，应注意把握以下几点。

（1）原则上主送一个上级机关，根据需要同时抄送相关上级机关和同级机关，不抄送下级机关。

（2）党委、政府的部门向上级主管部门请示、报告重大事项，应当经本级党委、政府同意或者授权；属于部门职权范围内的事项应当直接报送上级主管部门。

（3）下级机关的请示事项，如需以本机关名义向上级机关请示，应当提出倾向性意见后上报，不得原文转报上级机关。

（4）请示应当一文一事。不得在报告等非请示性公文中夹带请示事项。

（5）除上级机关负责人直接交办事项外，不得以本机关名义向上级机关负责人报送公文，不得以本机关负责人名义向上级机关报送公文。

（6）受双重领导的机关向一个上级机关行文，必要时抄送另一个上级机关。

(二) 下行文行文规则

下行文是上级领导机关对所属下级机关的行文。在下行文的行文关系上，应注意处理好以下几点。

（1）主送受理机关，根据需要抄送相关机关。重要行文应当同时抄送发文机关的直接上级机关。

（2）党委、政府的办公厅（室）根据本级党委、政府授权，可以向下级党委、政府行文，其他部门和单位不得向下级党委、政府发布指令性公文或者在公文中向下级党委、政府提出指令性要求。需经政府审批的具体事项，经政府同意后可以由政府职能部门行文，文中须注明政府已经同意。

（3）党委、政府的部门在各自职权范围内可以向下级党委、政府的相关部门行文。

（4）涉及多个部门职权范围内的事务，部门之间未协商一致的，不得向下行文；擅自行文的，上级机关应当责令其纠正或者撤销。

（5）上级机关向受双重领导的下级机关行文，必要时抄送该下级机关的另一个上级机关。

（三）平行文行文规则

平行文是不相隶属机关之间的行文。在平行文的行文关系上，应注意以下几点。

（1）要选准文种。用于平行文的文种相对较少，主要有函、周知性的通知以及告知性的意见。

（2）要注意联合行文的条件。根据《党政机关公文处理工作条例》第十七条的规定："同级党政机关、党政机关与其他同级机关必要时可以联合行文。属于党委、政府各自职权范围内的工作，不得联合行文。""党委、政府的部门依据职权可以相互行文。"

（3）要注意行文的态度和语气。在写法上，由于平行文的各机关或部门之间是对等关系，因此要做到态度谦和，语气平缓，不能唯我独尊，强加于人，更不能用指示性的口吻。

（4）不相隶属机关之间一般用函行文。

三十九　怎样正确运用模糊语言

【解答】公文的语言从总体上讲可分为精确语言和模糊语言两大类。精确语言是公文的基础和生命，但在某些特定的语言环境或特定的条件下却又必须使用模糊语言。所谓模糊语言即指外延小而内涵大的语言，例如"通过这次政治学习，使全公司大多数职工受到了深刻教育"，其中的"大多数"即为模糊语言，具有不定指性，其表量是模糊的，但表意却是准确的，这是模糊语言的基本特性。如果将其改为"使全公司1323人全部受到了深刻教育"，反而不够准确，也令人难以置信。

模糊语言在公文中的运用，大致有以下几种情况：

（1）表示时间。常用的有"最近""不久前""近年来""过去""现在""将来""一直""曾经""已经"等。

（2）表示地点。常用的有"附近""一带""周围""左右"等。

（3）表示方式、方法。常用的有"严格认真""逐步""多种形式""合理""斟酌""适当"等。

（4）表示主观评价。即用判断的语言形式，表达一种主观对客观的认识和态度，这种认识往往带有较大的模糊性。例如"这篇报告的主流是好的，是比较符合要求的"，用"好的""比较符合要求的"等模糊语言，对报告进行了恰当的评价。

（5）表示频率。常用的有"反复""多次""往往""再三""三令五申"等。

（6）表示分寸、程度。常用的有"个别""大部分""基本上""显著""更加""相当""大体""较大""十分"等。

（7）表示条件。常用的有"对违反……规定者""视情节轻重""经领导批准后""在可能情况下""符合下列条件者""确因工作需要"等。

需要注意的是，模糊语言不是含糊语言。两者相比，模糊语言具有定向的明确性，委婉、含蓄不是模棱两可，灵活自然不是无拘无束、漫无边际，简明规范不是含混不清、信手拈来。

运用模糊语言应注意以下两点：

第一，要恰当、得体。模糊语言表现力极强，内涵极其丰富，使用时应注意恰当得体，该用则用，切忌随意滥用；否则，将有损于公文的真实性和严肃性。

第二，要注意模糊语言的相对性。在实际写作中，模糊语言往往要与精确语言配合使用，做到虚实结合，相得益彰。否则，模糊语言充斥全篇，势必一塌糊涂，乱人耳目。

四十　正确运用数字

【解答】 公文写作离不开数字。它能够给人以确定无疑的概念，并能使人增强量的直感，从而加深人们对事物本质和规律的认识。可以这样说，凡公文都离不开数字。公文中恰当地运用数字，能够起到文字表达所不能替代的作用，从而极大地增强行文的说服力和论证性；反之，如果运用不当，就会严重影响公文的质量和效用，甚至给实际工作造成难以预料的损失。因此，在公文写作中必须重视对各种数字的使用。

具体地讲，公文写作中运用数字应当注意做到以下几点：

（1）要真实。真实是公文中运用数字的生命，它直接关系到一篇公文的质量和效用，也在一定程度上反映出发文机关及公文写作者的工作作风。唯其真实，才有力量，才能实事求是地反映客观事物。具体而言，真实是指写进公文中的数字，必须是从实践中得来的，是确确实实存在的，而绝不是凭空杜撰甚至弄虚作假胡乱编造的"水数字"。那种为了显示工作"业绩"抑或掩盖工作失误，欺上瞒下而有意编造数字的做法，必须坚决禁止。据报载，有位秘书人员撰写年终总结，由于未作认真细致的调查研究，没有获取确切可靠的数字，但又"报喜"心切，情急之下即随手将本单位的电话号码写了进去。从实质上讲，这是秘书人员政治素质和思维品质的体现，贻害不浅。此外，"大跃进"时期的"浮夸风"，竟能将亩产粮食说成"上万斤"，河北省昌黎县的一棵苹果树竟然结出上万斤苹果，不仅失去了真实性，而且也给工作带来了严重损失，教训十分沉痛。

（2）要准确。准确是公文中运用数字的关键所在，它与真实相辅相成。具体是指写进公文中的数字，必须与客观实际相符合，要准确地反映事物发展变化的程度，绝不能搞"主观推测"，或者使用"大概""也许""差不多""可能"等模糊度强的词语，有一说一，有二说二，绝不能随意夸大或缩小。而要做到这一点，即要求公文写作人员必须深入实际，认真进行调查研究，尽力获取第一手材料。同时，在语言表述上也要力求准确无误，给人以明晰的概念。实践中，有些单位的公文却不如此，例如，某企业的工作总结，其中写到"本月氯化钾产量为300吨，增加了8％"，这样表述，看不出是比上个月还是比去年同期增加了8％，缺少具有可比性的时间，以致数量交代不清不准。应当明确的是，对于诸如"据不完全统计"之类的表述，因其如实反映了客观事物的可靠程度，故而也是一种准确，而不应视为含混不清。此外，公文中涉及的诸如"增加""减少"等词语后面所带"了""到"等表示事物数量增减的词语，表示概数和基数的词语，表示界限阈的词语等，要经常使用，也都要准确地加以表述，不能粗疏。

（3）要统一。即指写进公文中的数字，一定要认真检查，仔细核实，确保前后一致，避免相互"打架"。各个分数之和要与总数相等，统计口径要一致，计量单位的使用也要前后一致，所列举的数字要具有可比性，以确保公文中数字表述的准确性和规范性。同时，对于数字的书写和使用也要保持统一，要严格按公文法规中的规定执行。对于同样的数字，按规定应当使用汉字书写的，就不能随意改换成阿拉伯数字，反之亦然。绝不能此处用汉字，而在彼处又用阿拉伯数字。在这方面，实践中有些单位的公文做得很不够。例如，有一篇关于某市领导班子调整的报告，其中谈到"调整后的领导班子文化水平有了大幅度提高"时，说"大专文化程度的由过去的54％上升到78％，大本文化程度的由过去的29％上升到53％"。前句话由于在"大专"之后丢掉了"以上"二字，结果将本来应当包括在大专以上文化程度"之中"的大本文化程度的那部分人划到了"之外"，使得现在大专文化程度和大本文化程度的78％和53％，这两个分数加在一起，不是小于100％，而是高达131％。两字之差，造成极大矛盾。

（4）要规范。即指对于数字的书写和使用必须符合公文法规和其他有关规定，不能随意而为。哪些情况下要用汉字数字，哪些情况下又要用阿拉伯数字，都有特定的范围和要求。例如根据国家的有关规定，公文写作中当遇到如下所列情形时，必须使用阿拉伯数字：

①用于计量的数字。在使用数字进行计量的场合，为达到醒目、易于辨识的效果，应采用阿拉伯数字，例如－125.03、34.5％、63％～68％、1∶500、97/98等；当数值伴随有计量单位时，如长度、容积、面积、体积、质量、温度、经纬度、音量、频率等，特别是当计量单位以字母表达时，应采用阿拉伯数字。例如523.56km（523.56千米）、346.87L（346.87升）、5.34m^2（5.34平方米）、605g（605克）、34～39℃（34～39摄氏度）、北纬40°（北纬40度）、120dB（120分贝）。

②用于编号的数字。在使用数字进行编号的场合，为达到醒目、易于辨识的效果，应采用阿拉伯数字。例如电话号码：（0315）8898888、邮政编码：063000、通信地址：北京市复兴路10号、汽车号牌：京A00001、公交车号：302路公交车、公文编号：中办发〔2012〕14号、刊物编号：CN11—1399、单位注册号：02050214、道路编号：101国道，等等。

③已定型的含阿拉伯数字的词语。现代社会生活中出现的事物、现象、事件，其名称的书写形式中包含阿拉伯数字，已经广泛使用而稳定下来，应采用阿拉伯数字，例如3G手机、5G手机、MP3播放器、G20杭州峰会、维生素B12、97号汽油、"5·27"事件、"12·5"枪击案。

公文写作中遇到如下所列情形时，又必须使用汉字数字。

①非公历纪年。干支纪年、农历月日、历史朝代纪年及其他传统上采用汉

字形式的非公历纪年等，应采用汉字数字，如丙寅年十月十五日、腊月二十三、八月十五中秋、秦文公四十四年、太平天国庚申十年九月二十四日、日本庆应三年等。

②概数。数字连用表示的概数、含"几"的概数，应采用汉字数字，如三四个月、一二十个、四十五六岁、五六万套、五六十年前、几千、二十几、一百几十、几万分之一等。

③已定型的含汉字数字的词语。汉语中长期使用已经稳定下来的包含汉字数字形式的词语，应采用汉字数字。例如"万一""一律""四书五经""三叶虫""星期五""不管三七二十一""七上八下""半斤八两""八九不离十""白发三千丈""五省一市""五四运动""相差十万八千里""不二法门""二八年华""一·二八"事变、"一二·九"运动等。

还要注意的是，公文写作中在如下所列情况下既可以使用阿拉伯数字又可以使用汉字数字：

根据《出版物上数字用法》（GB/T15835—2011）的规定，在公文写作中如果表达计量或编号所需要用到的数字个数不多，选择汉字数字还是阿拉伯数字在书写的简洁性和辨识的清晰性两方面没有明显差异时，两种形式均可使用，例如 17 号楼（十七号楼）、3 倍（三倍）、第 5 个工作日（第五个工作日）、100 多件（一百多件）、20 余次（二十余次）、约 300 人（约三百人）、40 左右（四十左右）、50 上下（五十上下）、第 4 季度（第四季度）、第 8 天（第八天）、20 世纪 80 年代（二十世纪八十年代）、1997 年 7 月 1 日（一九九七年七月一日）、12 天（十二天）、1/3（三分之一）、0.5（零点五）、120 周年（一百二十周年）、下午 4 点 40 分（下午四点四十分）、第 45 份（第四十五份）等。值得注意的是，如果要突出简洁醒目的表达效果，应使用阿拉伯数字；如果要突出庄重典雅的表达效果，应使用汉字数字。例如北京时间 2008 年 5 月 12 日 14 时 28 分、党的十三届全国人大一次会议（不宜写为"党的 13 届全国人大 1 次会议"）、六方会谈（不宜写为"6 方会谈"）。在同一场合出现的数字，应遵循"同类别同形式"原则来选择数字的书写形式。如果两数字的表达功能类别（比如都是表达年、月、日时间的数字），或者两数字在上下文中所处的层级相同（比如文章目录中同级标题的编号），应选用相同的形式。反之，如果两数字的表达功能不同，或所处层级不同，可以选用不同的形式。例如 2008 年 8 月 8 日、二〇〇八年八月八日，但不写为"二〇〇八年 8 月 8 日"，第一章、第二章……第十二章，不写为"第一章、第二章……第 12 章"，但第二章的下一级标题可以采用阿拉伯数字编号。此外，要特别注意避免相邻的两个阿拉伯数字造成歧义的情况，例如高三 3 个班、高三三个班，不写为"高 33 个班"，高三 2 班、高三（2）班，不写为"高 32 班"。但具有法律效力的文件、公告文件或财务文件中可同时采用汉字数字和阿拉伯数字。例如 35.5 元，也可以写为"三十五元五角""35 元 5 角""叁拾伍圆伍角"。对于这一使用规范，在公文写作中必须认真遵照执行。此外，按《党政机关公文格式》的规定，公文中的结构层次序数也有其特定的规范要求，即第一层为"一"，第二层为"（一）"，第三层为"1."，第四层为"（1）"。要注意严格按照这样四个层级顺序使用，不要越级套用；而且对于结构层次序数的使用尽可能限在四层以内，不要过细过多；还要注意一般不用"首先""其次""再次"，"第一""第二""第三"，"此其一""此其二""此其三"等诸如此类的结构层次序数表示法。对此，实践中不少机关的公文做得很不够，应当加以纠正。需要说明的是，如果一篇公文的结构层次序数只有两层，那么第一层在使用了"一、"之后，第二层则既可以使用"（一）"，也可以使用"1."。

（5）要得当。在公文写作中，运用数字来反映事物的情状或变化来说明有关问题，固然有其独特的作用，一般的说明性文字不能替代，这是毋庸置疑的，但是也要适可而止，要把握其运用的"度"，切不可过多过滥，或者流于玩弄数字游戏；或者恣意堆砌，搞数字罗列，犹如流水账一般，给人以枯燥烦冗之感。随意堆砌数字，将所要说明的问题淹没在数字的烟海里，这是十分有害的。本想能够充分说明问题，结果往往适得其反。例如有一篇关于粮食生产专业户问题的调查报告，为了说明粮食生产专业户的生产水平和经济效益高于一般户，能使有限的耕地提供更多的商品粮，使用了三个乡的总户数、总耕地数，其中粮食专业户的户数、耕地数，2002 年实际和 2003 年预计的三个乡的粮食产量、人均产量、商品粮数量、人均商品粮数量以及粮食专业户这两年相对应的一系列数字，不长的一段文字，用了 20 多个绝对数，啰唆冗长，令人不得要领。

四十一　正确使用专业术语

【解答】公文专业术语是人们在长期的公文写作实践中形成并使用的特殊语言，它对公文内容的准确表达具有十分重要的作用。可以这样说，专业术语的运用是公文门类在林林总总的社会科学领域得以立足的必要条件之一，也是充分发挥公文的社会效用的重要因素。没有这些专业术语，就显现不出公文学科的特色。因此，必须充分重视公文中各类专业术语的使用。

从总体上来看，公文中运用的专业术语主要有如下几类：

一是称谓语。即公文中对不同的行文对象的特定称谓用语。常见的有"贵""该""各""本""我""你""他"，等等。写作时，应当根据不同的行文方向和隶属关系，恰当选用，不可随意为之。

二是起首语。即公文的开篇语，它在文中的位置关系重大。公文写作不可不重视起首语的运用，因为它是行文先锋（开头）的"尖兵"，直接关系到全篇公文的命运。公文中常用的起首语大体上可分为四类：其一，表示目的的，如"为""为了"等；其二，表示根据的，如"根据""遵照""按照""依照"等；其三，表示原因的，如"鉴于""由于""随着"等；其四，表示态度、方式的，如"兹定于""兹有""兹派""兹将""兹介绍""欣闻""欣悉"等。

三是经办语。常用的有"拟""拟定""拟于""拟予""草拟"；"布置""部署""计划""决定""安排""审定""审核""审批""审签""批阅""批复"；"出示""出具""赋予""付诸""会同""会签""会审""会晤"；"实施""施行""公布""颁布""发布""颁发""颁行"；"报请""报告""报批""报呈""呈请""呈阅""呈签"；"递交""申报""递送""送审""传阅""提请"；"准予""签发""签署""签证""签字"；"业已""业经""报经""业于"；等等。这类专业术语数量颇多，不胜枚举。

四是时间语。常用的有"最近""目前""不久前""迅即""时限""时效""时宜""顷刻""过去""现在"等。这些时间语，多系表量模糊而表意准确的模糊语言。

五是期请语。常用的有"请""务请""恳请""即请""请予""请示"；"希""希望""务希""即希""尚希""尚祈""尚盼""尚望"；"接洽""商洽""商定""商议""商酌"；"须即""须经""务须""应予""应当""悉力""悉心"等。

六是询问语。常用的有"当否""妥否""可否""是否可行""是否同意""是否妥当""意见如何"等。

七是表意语。常用的有"应""拟""责成""批准""同意""欠妥""不妥""照办""禁止""取消""力戒""力避""切勿""切记""严惩""严厉"

"查询""查勘""查证""酌定""酌办"等。

八是谦敬语。常用的有"承""承蒙""不胜""大力""通力"等。

九是过渡语。即公文层次或段落以及语句前后之间的连缀语。常用的有"为此""现将""特作""基于""对此""据此""总之""由此观之"等。

十是结尾语。即位于公文结尾部分的固定性语句，具有使行文显得简洁凝练、典雅庄重的功用。常用的有"此令""此复""特此通知""特此报告""希照此办理""请即遵照执行""现予公布""妥否，请批示""请予函复""为荷"等。

公文中常用的专业术语，大体即为以上十类。它们各有其特定的功用，实践中应特别注意把握如下三点。

第一，要真正弄清每一专业术语的确切含义，不可错用。上述诸种公文的专业术语，各有其特定的含义，由此而具有不同的用途。因此，公文写作中必须做到正确使用，绝不能粗疏。例如，何处应用"为荷"，何处应用"为要"，何处应用"为盼"，均有特定的使用要求。如果错用，就会影响乃至损害公文内容的正确表达。对此，应予特别注意。

第二，要严格区分各相近专业术语的使用界限，切忌混淆滥用。上述诸多公文写作专业术语，其在表层意义上极其近似，如不严加区分，使用时极易导致混淆，而这对公文内容的确切表达无疑是有害的。因此，必须予以充分重视。如"签发"与"签署"；"应该"与"必须"；"申请"与"申报"；"审核"与"审签"；"拟定"与"拟订"等，这几组专业术语乍看颇为相近，但其各自的使用功能却有严格限制，不容随意滥用。否则，势必影响公文内容的准确表达。

第三，要根据不同的行文关系和职权范围，恰当选用专业术语。上述诸种专业术语的使用，在很大程度上取决于发文机关的职权范围和不同的行文关系。对上级机关的行文，在专业术语的使用上应当做到尊重、诚恳，如"妥否，请批示""以上报告如有不妥，请指示"等；对下级机关的行文，在专业术语的使用上即应做到坚决、肯定，如"此令""此复""希认真贯彻执行""特此通知"等；对平行机关或不相隶属机关的行文，在专业术语的使用上应当做到委婉、谦和，如"盼函复""为荷""为盼"等。对此，公文写作中如有忽视，造成错乱，将直接影响公文的内容质量及其效用，甚至使行文目的和意图落空，招致不应有的麻烦或损失。

四十二　公文语言运用的"五原则"

【解答】 公文是用来处理公务的文书，它在国家机关、社会团体和企事业单位的公务活动中发挥联系、传达或向社会宣布周知的作用。公文的实用性很强，其内容直接与社会生活的各个领域，与社会各阶层人们的工作、学习和生活紧密相连，并能产生直接的甚至是立竿见影的影响，这就决定了公文存在着与文艺作品及政论文章等有所区别的语言特点。因此，对于公文写作来说，在语言运用上必须达到如下几方面的要求。

（一）真实准确无假话

真实准确是公文的生命。真实准确无假话，这是优良文风的一个最基本要求，也是最重要的要求。

真实指的是确有其事。写进公文中的材料必须来自公务活动和社会主义市场经济建设的实际，来自人民群众的生活实践，不允许虚构和编造；准确指的是在表述时不夸大、不缩小，既不添油加醋、褒贬失当，更不文过饰非、刻意溢美。只有内容真实、准确，才具有说服力。因此，无论撰写何种公文，我们都应该做到"三不写"，即内容不真实的不写，材料没有落实的不写，没有了解清楚的不写。为此，在写作中必须做到：

（1）避免产生歧义。某个说法或者某一段话，可以这样理解，也可以那样理解，这就叫作歧义。例如，某单位发放奖金的规定，其中有一条是："病假、事假三天以上者，扣发当月奖金。"这句话既可以理解为病事假三天不扣发奖金，也可以理解为病事假三天就要扣发奖金。因为公文内容没有对"三天以上"这一基数进行限定，"三天以上"究竟包含不包含"三天"，令人费解。因此，理解与执行也就不同了。

（2）防止褒贬失当。赞扬或贬损某一行为，所用词语超出或者没达到应有的程度，叫作褒贬失当。例如，某人在困难的条件下完成了一项具体任务，如果通报表扬时说成取得了很大成就，就属于评价过高；反之，如果把我国第一次发射航天载人飞船试验成功，仅仅写成社会主义现代化建设中的一个不小的成绩，则属于对它的意义估计不足。又如把"错误"说成"罪行"，就是混淆了问题性质；而"错误极其严重，应当进行批评"之类的行文，则属于错误程度与采取措施不相称，处置不当。这样类似的语言表述都属于分寸不适，褒贬失当。

（3）排除疏忽错漏。公文中的错漏现象多种多样，概括说来，可以分为两类：一类是粗心所致。例如，起草公文过程中，前面说"下边分四点来说"，可实际上只说了三点，或者出现了第五点；前面说"一方面"，后文缺少"另一方面"；前面说"首先"，后面缺少"其次"。有时失之毫厘，差之千里，例如漏掉一个"不"字，意思就截然相反；引用数字时多写一个"零"或少写一个"零"，一差就是十倍；如果把"十万"错成"十"，则是万倍之差。属于粗心造成的错漏，经过认真检查，不难发现并且加以纠正。还有一类错漏是由于思考不严密、分析不细所致，比如有结论而缺少必要的情况和应有的分析，或者列举了情况、数字而没有接着加以论证等。

（4）注意措辞得体。措辞要得体，就是指用语要与所写的公文文种体例相符。颁布政府法令应庄重严肃，报喜祝捷要热烈欢快，批驳错误观点要有理有力，提出希望要求应平和委婉等。报请性公文，用语要谦恭，讲究礼貌，结尾多使用"望""请""给予指示"等，以表示下级对上级的尊重；而意见体公文，则要严谨、周密、明确，不能使用乞求式的语气；命令体公文，其用语则必须斩钉截铁，毫不含糊，避免出现依违两可的毛病，等等。

（二）严谨庄重无虚话

所谓严谨，是指公文中宣事说理要严密周全，交代清楚，合乎逻辑，前后不能自相矛盾，语言含义要确切。这是由公文的实用性和权威性所决定的。任何一份公文，如果写得语言虚浮，说话前后矛盾，不能自圆其说，这样，不仅不能体现机关工作严谨周密的作风，更主要的是会给工作带来损失。例如，用以传达贯彻党和国家的方针、政策，发布行政法规的公文，在语言表达方面若稍有疏漏，就可能被那些有"上有政策、下有对策"想法的人钻空子。因此公文语言要力求达到天衣无缝，令人无懈可击。同样的，处理其他公务的公文，也应力求行文严谨，以避免造成差错。

与严谨直接有关的是公文的语言必须庄重。所谓庄重，就是端庄持重，格调郑重严肃。只有用语庄重，无虚词浮句，无文学气息，所写的公文才更显得严谨确当。

语言严谨，首先是个思想认识问题，认识深邃，思维严谨，才能保证语言表达的严谨；其次还有一个语言修养问题。专业功底深厚，用词准确恰切，也能够保证语言的严谨。因此，在写作过程中，对所选用的词语该限制时必须限制，不该限制时一定不要随便限制，避免节外生枝，出现纰漏。例如"要勤俭节约，避免不必要的浪费"一语，这里的"不必要"就是多余的，因为"浪费"皆为"不必要"，刻意限制，节外生枝，反而出现漏洞。对一些关键性词语的界定也要注意做到严谨周密，防止出现歧义。如"会计员是经济管理人员"，即属定义过宽，应为"会计员是具有一般财务会计专业知识、能担负一般会计工作的人员"，这样定义，内涵更准确，也更严谨。

在长期的写作实践中，公文语言业已逐渐形成了具有特色的庄重语系，主要表现在：一是沿用文言词汇。诸如"兹""兹因""值此""惊悉"等词语，在公文中使用十分普遍，显得文雅庄重。对此，已如前述。二是专用词汇。诸如"任免""免职""呈报""审核"等，除了公文中使用外，其他语体基本不用，带有一种较为浓厚的庄重色彩。三是大量运用偶数音节词语，如"破坏""隐瞒""通报""表扬"等合成词和词组，在公文中使用显得整齐匀称；而违法乱纪、不务正业、助人为乐、克己奉公、为政清廉、大快人心等四字格成语在公文中的运用也显得庄重文雅。四是较多使用对偶句和排比句的修辞手法。例如"转变工作作风，提高办事效率"；"有的……，有的……，有的……"等，显得句式整齐，音节匀称，庄重严谨。五是多用介词结构。通常使用的介词主要有"为了""根据""关于""通过""除了""对"等，恰当地运用，能使行文语气庄重严肃，内容表达清楚。

（三）简明扼要无废话

由于公文是用来反映公务活动情况，解决公务活动中的实际问题的，是发文机关行使职权实施管理的重要工具，因而要尽量写得言之有物，简而不空。简明扼要是指公文使用的语言要精当不繁，忌冗长空泛，又不苟简，即服从行文目的和表现主旨的需要，当详则详，当略则略，力求以最少的文字表达最为丰富的内容。为此，应该注意以下三个方面。

（1）认识明确，抓住实质；陈述事实，抓住关键；阐明观点，提出意见和办法，要抓住中心，契合公务实际。公文文字的简要，是与作者认识明确、内容简要联系在一起的。"始于意格，成于句字"，如果公文作者对所要反映事物的了解失之片面、肤浅，写出的公文必然是言不称物，文不逮意。

（2）善于概括，抓住事物特征。当今世界已经进入"信息时代"，面对大量信息，公文写作人员必须善于概括、提炼，准确地抓住事物特征，这样才能切中肯綮。尤其一些反映大事、要事的公文，更需要概括。

（3）删繁就简，用最经济的文字，精当地表达尽可能多的实际内容。删繁就简的方法很多，诸如删除多余的字、词、句、段，做到"篇无累句，句无累字"；灵活地运用各种专门用语，例如"你局""该厂""本公司"等（称谓用语），"经""业经""兹经"等（经办用语），"近接""悉"等（引叙用语），"希望遵照""拟请"等（期望用语），"照办""可行""不可""不同意""同意"等（表态用语），"当否""是否可行""可行""是否同意"等（征询用语），"请批示""请审核""请回复""请指示"等（期复用语），"为此""对此"（综述过渡用语），"为要""为盼""特此函复"等（结尾用语）。根据实际情况，适当地运用这些专门用语，对于减少冗词赘句大有帮助。

（四）平实易懂无大话

公文用语要求平实易懂，指的是语言平直自然、明白晓畅、恰如其分，不矫揉造作，忌堆砌华丽辞藻，忌滥用辞格，讲求于平淡之中见神奇，多用叙述、说明、议论，少用或者不用描写、铺陈、夸张、渲染、藻饰等手法，这是公文的重要特征。不论哪种公文，都具有一定的广泛性和群众性，这一特点就决定了公文语言不仅应当注意约定俗成，而且尤其需要做到雅俗共赏、平实易懂。主要有以下三点。

（1）不要堆砌辞藻，乱用修饰词语。公文用语要精练确切，修饰语不宜过多。鲁迅先生在《且介亭杂文二集·人生识字胡涂始》中说："倘要明白，我以为第一是在作者先把似识非识的字放弃，从活人的嘴上，采取有生命的词汇，搬到纸上来，也就是学学孩子，只说些自己的确能懂的话。至于旧语的复活，方言的普通话，那自然也是必要的，但一须选择，二须有字典以确定所含的意义。"在公文写作中，要如实地反映事物的本来面目，不允许有类似"燕山雪花大如席""白发三千丈"之类的艺术夸张。妥帖的夸张，在诗歌中会成为名句，而在公文中则会成为笑话。有些公文的作者，为了追求生动性，往往在写作中使用一些修饰语和形象词之类，不仅使公文显得虚泛、空洞，失去说服力，而且形成一种装腔作势、矫揉造作的文风。

（2）不要文白夹杂，故弄玄虚。公文中的遣词造句，应力求大众化，避免使用生僻晦涩的语句。有些公文中常常喜欢使用一些半文半白的词语，例如放着现成的"他"不用，非用"其"；放着现代词"如果"不用，非用"若"等。这种做法，看似富有学究味，其实，其中的酸腐味、变质味很浓。

（3）不要过多地引经据典。一些人在公文写作过程中，喜欢引经据典地说明自己的观点，这在一定条件下是允许的，有时可以增强语言的表达效果。但是引用过多过滥，则会适得其反，使人感觉有卖弄学问、华而不实之嫌。一般而言，引经据典仅限于一些事务性公文中，如领导讲话、调查报告等文种；但在通用性公文中一般不容许引经据典，特别是有些庄重严肃的公文，如请示、命令、通告、批复等是绝对不能使用的。

（五）鲜明生动无套话

公文写作一般要求写得平实、严谨、朴素，这是因为公文具有很强的政策性和实践性的缘故，特别是某些指令性、法规性很强的文件，诸如命令、通报、决议、条例等，更要写得庄重严肃。但这并不排斥公文语言的生动活泼，在保证内容真实的基础上，审慎地运用一些修辞手法可使公文的内容表达显得生动活泼，从而更有效地发挥它的作用。

公文语言鲜明生动，是指其所表现的公务活动内容必须富有新意，而不是人云亦云、平淡庸俗、无制发机关特质的内容。这首先要求制发公文的作者要有新鲜的思想，写进公文中的事例要典型。其次在表达手法上不能穿靴戴帽、套话连篇。公文不一定都是"板着面孔讲官话"，只要有创新的思维及丰富的公务活动内容，有好的文风，并切实掌握了公文写作的语言特点及要求，就可以把公文写得鲜明生动。可以说，空话套话的存在是当今某些公文陷入"长蛇阵"而不能自拔的关键因素。它们的一个共同特点，就是"水分"太大，用很多文字却传达很少的信息，甚至根本不能传达任何信息。或是一些空洞的条条，或是一些枯燥的概念，或是开头"戴帽"，或是结尾"穿靴"，等等，不一而足。例如，写总结报告，不论有否必要，都要在开篇写上"在××××以来的大好形势下，在××××会议精神鼓舞下，认真贯彻了××××精神，反复学习领会了××××文件。通过学习，深刻认识到××××的重要性，进一步明确了××××的重要意义，从而大大提高了贯彻执行××××的自觉性。在提高认识的基础上，狠抓了××××，做到××××，取得了××××"等一系列冗词赘句，以致形成一种固定的模式和僵死套路，读来索然寡味，笼统空泛，令人生厌。此外，诸如"开会没有不隆重的；闭幕没有不胜利的；讲话没有不重要的；鼓掌没有不热烈的；决议没有不通过的；人心没有不振奋的；领导没有不重视的；进展没有不顺利的；接见没有不亲自的；看望没有不亲切的；完成没有不圆满的；成就没有不巨大的；工作没有不扎实的；效率没有不显著的；

领导没有不微笑的;群众没有不满意的;班子没有不团结的;问题没有不解决的;举世没有不瞩目的;反对没有不强烈的;竣工没有不提前的;节日没有不祥和的"等套话,或称"正确的废话"也无不充斥在我们有些单位的公文之中。

四十三 公文写作要力求做到简短

【解答】 公文写作应力求简短,简短是当代公文写作发展的客观需要及必然趋势。对此,无产阶级的革命导师曾经作过许多精辟论述。毛泽东指出:"我们应该研究一下文章怎样写得短些,写得精粹些。……文章太长了,有谁来看呢?"(《毛泽东选集》第3卷,人民出版社1991年版,第834页)他还指出:"要'精兵简政'。讲话、演说、写文章和写决议案,都应当简明扼要。"他很形象地将那种烦冗拖沓、又臭又长的公文喻为"懒婆娘的裹脚"。革命导师列宁也说过:"请写得简短些,采用电报文体,如果必要的话,可以另加附件。"并表示"写长了我根本不看,一定不看。""如果有切实可行的建议,可以写在另一张纸上,要象电报那样写得极其简短。"(《列宁全集》第35卷,人民出版社1959年版,第524页)那么,公文写作何以能"短"?主要应该从以下几方面着手。

(1) 一事一文,主旨明确。公文行文必须做到主旨明确、集中、单一,力戒枝蔓横生,繁冗芜杂。每份公文要解决什么问题,必须首先确立一个明晰的中心,然后再紧紧围绕这一中心去组织材料。除综合性报告以外,一般应采用"一事一文"的方法,特别是请示类公文,更应如此。这样做,既便于承办,又便于事后立卷归档,并能有效地缩短行文篇幅。否则,一文数事,势必形成"多中心",造成冗长杂乱的现象,令人不得要领,从而影响行文目的的顺利实现。

(2) 用语简洁明快,干净利落。公文总要直接地、迅速地传递某种信息,因此,其用语必须做到言简意赅,精练概括。具体包括:

其一,摒弃不必要的解释和说明。在公文写作中,为使阅者准确理解有关内容,有时需要对其进行解释或说明。但要注意遵循"必要"和"适度"的原则,切忌过多过滥,造成篇幅上的烦琐和冗长。这样,对于"亦即""就是说""换言之"等,诸如此类的解释或说明性语句,应尽力避免。

其二,删掉可有可无的字、词、句、段。公文初稿写完后,要反复检查,认真修改,重点应在语言表达方面下些功夫,竭力将可有可无的字、词、句、段删去，毫不可惜。为此，要特别注意：删掉这一字、词、句、段对公文内容有没有影响？会不会使人产生歧义？上下文义是否仍然连贯、顺畅？等等，如无妨碍，则应大胆删削，以省减文字，缩短篇幅。

其三，淘汰层层"套话"，既不要开头"戴帽"，也不能结尾"穿靴"。现行公文写作中，"套话"屡禁不止，其表现有二：一是开头"戴帽"，如"在中央×××文件精神指引下，在上级党委、政府的亲切关怀下，在本单位领导的直接指挥下，经过全体干部和职工的共同努力……"；二是结尾"穿靴"，如"让我们共同奋斗吧！""我们虽然取得了上述成绩，但距离领导要求还相差很远""我们的目的一定能够达到"，等等。这两种倾向，只能导致文字表达上的空洞浮泛，而不具任何实际意义，均应坚决剔除。

（3）贵用"直笔"。《党政机关公文处理工作条例》中明确规定，草拟公文应当做到"直述不曲"，这是由公文本身的性质所决定的。公文具有很强的政策性和指导性，因此在撰写时必须做到直言其事，只要能将有关内容准确清楚地表达即可，力戒拐弯抹角，含蓄隐讳。多用概括性、陈述性的语言，少用或不用描写性、抒情性的语言。对事物或问题的情状作过多铺陈或"渲染"，势必导致篇幅上的冗长杂乱，从而影响公文的质量及效用。

（4）适当运用缩略语。缩略语是语句或语意的概括和浓缩，如能恰当使用，可使公文内容简洁精练，富于概括性和表现力。以数概括省略为例，"全面建成社会主义现代化强国、全面深化改革、全面依法治国、全面从严治党"缩略为"四个全面战略布局"，很显然，后者精练概括，易于记忆，同时又能节省笔墨，缩减篇幅。

（5）要善于运用数字和图表说明问题。在公文写作中，特别是在总结类文体的写作中，往往涉及对事物的特征、性状、本质等的介绍，在这种情况下，如用文字表述，未免过于繁冗。倘能列举数字进行说明，则不仅能使阅者对所述内容有较具体的了解，还可使行文简洁凝练，说服力强。图表说明也是如此，它通常借助于插图、表格、照片等进行说明，能使公文内容集中概括，令人一目了然，可以代替许多烦冗的文字叙述。

四十四　公文写作要力求做到明确

【解答】公文写作要做到直白显露，明确无疑，清晰可鉴，让人一目了然，这是一条最基本的要求，也是顺利实现行文目的、确保公文质量和效用的前提条件。关于这一点，著名教育家叶圣陶在《公文写得含糊草率的现象应当改变》一文中曾经说过："公文不一定要好文章，可是必须写得一清二楚，十分明确，句稳词妥，通体通顺，让人家不折不扣地了解你说的是什么。"这就把公文写作的明确性问题提到了一个很高的地位来认识。大量的公文写作实践告诉我们，离开明确这一基础和前提，就会让受文对象难以理解和把握公文的内容，并给执行环节造成障碍。对此，必须给予足够的重视。

公文写作要做到明确，其基本的要求就是要直来直去，把行文的目的、依据、内容明白无误地传输给受文对象，不使之产生理解和执行上的偏差。而要做到这一点，看似简单实则不凡。但就总体而言，公文写作中的明确主要应当包括如下几个方面内容。

一是观点要明确。公文写作的明确性程度如何，是体现公文质量与水平的重要标志。它要求一篇公文中所提出的观点和主张必须旗帜鲜明，毫不隐讳。赞成什么，反对什么；提倡什么，禁止什么；同意什么，否定什么，都必须直陈己见，让人一目了然。特别是决定、通知、批复等诸多下行文，更需如此。即便是报告、请示等上行文，如提出几种可供选择的建议、办法或措施，也要明确提出发文单位的倾向性意见，这样做有利于信息的传递以及问题的研究和解决。切忌吞吞吐吐、模棱两可，更不能八面玲珑、回避矛盾。

二是叙事要明确。叙述是公文写作中运用最广泛的一种表达方式。除计划体、法规体公文一般不采用叙事和指令性文体较少使用叙事外，其他如通知、通报、报告、请示、会议纪要、调查报告、讲话稿、典型材料等都必须以叙事为基础。而公文叙事的最基本要求就是要"实叙其事，从某年月日而来，从何人何地何证据。一一叙明，语语确凿，不得一辞娇艳，毋庸半句虚浮。"（太平天国《戒浮文巧言谕》）如果叙事失之明确，过于简略，就会令人莫名究竟，难得要领。例如，有一篇关于省政府机关贯彻中纪委《公开信》解决建房分房中的不正之风进展情况的通报，其中只写了检查验收的情况，而对省直机关存在的问题和查处的情况却一笔带过，未加明确而又详尽的叙述，显然与此类通报的写作要求不相符合。

三是逻辑要明确。是指公文写作中所运用的概念、判断和推理必须合乎逻辑规则，让人明确所指。在公文写作实践中，因违反逻辑而导致表意不明的问题时有所见，例如，有一份《中共××县委政法委关于政法部门加强联合，共同搞好社会治安秩序整顿工作的通知》，其中对"政法部门"就使用了诸如

"政法单位""政法机关""政法各部门""公检法司""政法治安管理部门""政法、公安机关"等各种不同的称谓，前后不一，造成混乱。因此，当同一概念在一篇公文中不止一次出现时，必须做到前后一致，明确无误。同时，所运用的判断和推理也都要遵循明确性的原则。

四是结构要明确。由于公文的内容、社会功用以及受文对象不同于一般文章，因而就决定了其结构上的特殊性，既要明确反映每篇公文的策见内容，又要着眼于为实际应用服务。这就要求在谋篇布局上必须注意讲究艺术，突出表现为要普遍使用标题显旨、篇前撮要、分设小标题、提炼段旨句、标示序码等手段，甚至在法规性文件中要专门采用章条款分列的形式等，以使公文结构视觉化，条分缕析，眉目清楚，明确无疑。在具体行文过程中，还要顾及开头结尾的设置、层次段落的划分、过渡照应的安排、背景情况的交代甚至句子结构的设置，等等，都要处理得恰切得体，因为它们是确保公文写作臻于明确所不可缺少的重要因素。

实际上，关于公文写作的明确性问题，中央早就有过明确的规定。1951年2月中共中央颁发的《关于纠正电报、报告、指示、决定等文字缺点的指示》(以下简称《指示》)一文中对诸多文电在文字上所存在的严重缺点，列举出滥用省略、句法不全、交代不明、眉目不清、篇幅冗长五大类，而这些都是直接导致公文失之明确的重要原因和主要表现。值得注意的是，这篇《指示》中不仅提出了"问题"，更重要的是给出了解决"问题"的具体办法，尤其是针对"眉目不清"的现象所作出的开门见山、篇前撮要、段前明旨的规定，意义十分重大，影响深远，对公文写作如何做到明确具有极强的针对性和指导意义。

四十五　公文写作要力求做到庄重

【解答】公文与一般文章和文学作品的一个重要区别，就在于它是党和国家用来传递策令、指挥工作、沟通信息、推动公务的重要工具和手段，具有高度的政策性和实用性，它一经制发，有关单位和人员都有付诸落实的责任，不能稽缓延误。公文的这种特殊性质决定了其用语必须做到庄重，以正确体现其语体特点和功能。

那么，公文写作怎样才能做到庄重呢？就总体来看，主要应从如下几个方面着手。

一是适当运用文言词语和文言句式。在当今公文中，文言词语和文言句式的使用频率很高，它们能使公文语言表达趋于简练和庄重，表现力极强。诸如"此复""收悉""贵（厂、局）""为荷""兹……""业经""即予""凡……者"等，不胜枚举。这些文言词语和文言句式的使用，给公文涂上了一层古朴庄重的色彩。

二是运用规范的书面语言，少用或不用口语和俗语。书面语和口语是两种重要的语言表达形式，它们各有各的特点，各有各的适用场合，各有各的表达效果。其中口语给人的感觉是亲切、自然，而书面语则显得庄重、严肃。正因如此，写进公文中的语言，应当是规范化的书面语言，口语和俗语不能入文。同样一个概念，口语和书面语即应有所区别。如"钱——资金""做小买卖的——商人""媳妇——妻子""奶奶——祖母""上西天——逝世"，等等，这些对应概念，公文写作中只能使用后者，如果用了前者，既不规范，又有失庄重，与公文的语体特点和要求不相协调。

三是要使用通行的标准语言，不用方言土语以及表意模糊的社会流行语。写进公文中的语言，必须是现代汉语的标准语，对于那些大多数人无法弄懂的方言土语要尽可能地避免使用。例如，北方方言的"脑壳"（头）、粤地方言的"马蹄"（荸荠）、"番枧"（肥皂），湘地方言的"里手"（内行）；还有通行于一个地区的土语，如东北的"老屯""头晌""一摸黑""乍起根"，天津的"小玩闹""爷们""大铜壶""二百五""楞子""吃二磨"，山东的"小力把""丫"，河北的"伙计"，广东的"打的"，以及近几年流行的一些若明若暗、半文半白、含义模糊的"大腕""大蔓""影帝""影后""巨星""天王"等，都不应引入公文。因为它妨碍公文信息的准确交流，容易引起误解错用，同时也有损于公文的庄重性。

四是避"虚"就"实"，多用叙述性、陈述性语言，忌用描绘性、抒情性语言。公文写作讲究"直陈其事"，用朴实无华的文字将事情交代清楚即可，决不能随意铺陈、渲染和藻饰，滥用文学语言。在这方面，公文写作中存在的问题并不鲜见，如写某石油公司的一位领导同志坚持深入群众、深入实际时："渤海湾的每座钻井台上都留记着他的脚印，他的胸中装着整个波涛奔腾的渤海湾。"写某一位模范人物的高尚品格时："他的风格之高，高过喜马拉雅山；他的精神之美，美过富春江。"还有一份反映公路上发生重大交通事故的简报，在谈到事故发生当时的情形时写道："……大客车翻下公路边的大沟内，如坠万丈深渊……车厢内的乘客鬼哭狼嚎，滚作一团。"这些都是把文学用语引进公文中来，故使所表达的事物显得有些虚华欠实，读后不免给人一种虚夸的感觉，也显得很不庄重。

四十六 公文写作要正确运用名称

【解答】准确、科学、规范地表述各种事物名称，是公文写作的一项重要内容。关于这一问题，国家历来的公文法规都作出了比较明确、具体的规定。而且，在公文写作实践中，人们对各种名称的表述也逐渐形成了一系列较为固定的规范化要求。综合起来，主要应认真把握和遵循如下几条原则：

（1）统一性。是指在公文写作中，对于名称的运用，必须注意保持行文前后的一致性，不能出现同一名称在一篇或数篇公文中有不同的表述的情况。如果确有变动，则应用括号予以标注说明。此外，统一性原则还表现为对各种译名的表述要一致，亦即凡属外国国名和重要的或常见的人名、地名、党派、政府机构、报刊等的译名，均应以新华社的译名为准。如"朝鲜民主主义人民共和国"可简称"朝鲜"，但不要称为"北朝鲜"；"韩国"不要称为"南朝鲜"等。

（2）明确性。在公文写作中，有些文种如通告，往往需要运用专业术语（名称）。对此，必须准确理解其真正含义，对于那些类似和相关的术语，更要区别清楚，避免用错。难懂的术语能不用的最好不用，以保持名称表述的明确性。否则，就会影响公文内容的正确表达，妨害公文的应有效用。还有，要注意避免出现交代不清的名称。对于那些鲜为人知的物品名称或计量单位名称，如确需使用，应予以加注说明。一篇公文中第一次出现的县、市、地区、军分区、乡、村等名称之前应当冠以所属省份或地区名，但全国闻名的市例外；"组织上""领导上""上级""群众"等是集合名称，只能在泛指的情况下运用。只有这样，才能保证公文中名称表述的明确性。此外，各种名称在公文中第一次出现时，应尽量用全称。如果名称太长确需使用简称，则应在第一次出现全称时，后面用括号加以标注说明。简称要按照一般习惯用法简化，不要随便硬造或苟简。一般而言，一个单位的简称应当由自己的上级单位来确定，但如果是本单位自定的简称，应当明文告知相关的机关和单位，而不能只是自己使用，别人并不知晓。

（3）时效性。即指对于公文中的名称表述，一定要注意其时间效力。有些名称随着时间的嬗递和社会形势的变化而被明令禁用，有些名称又有新的更动，特别是人的职务、级别、单位等可能经常有所变动，这样，其原有的效力就会消失。对此，在公文写作中均应及时作出反应，注意分清场合，不可因循旧有名称不变，否则往往容易铸成错误。但是应该注意，使用新名称时应同时将原名称予以注明。还有，根据有关规定，要特别注意下列几种名称的表述："苏联十月革命"应改为"十月革命"或"俄国十月革命"；"满清"应称为"前清"或"清朝"；"蒙族"应改为"蒙古族"（"蒙文"之称可以保留）；"洋灰""洋钉""洋锹"等带"洋"字的名称除特殊情况（如用作历史提到时），因其含有殖民地的性质，不宜沿用，故应分别改为"水泥""铁钉""铁锹"等；"老革命根据地"应改称"革命老根据地"；"礼拜"系宗教用语，应改为"星期"。此外，长度单位中的"公尺""公分""公厘"等系旧称，现已明令不用，故均应改用国家法定计量单位名称即"米""厘米""毫米"等。还有像"我国的政党制度是中国共产党领导下的多党合作和政治协商制度"就属旧称，规范的表述应当是"我国的政党制度是中国共产党领导的多党合作和政治协商制度"。因为早在第七次全国人代会上，就有不少代表提出过，建议把"中国共产党领导下"的"下"字拿掉，这样更加具有亲和性。因为中国共产党与各民主党派之间的关系是平等互助、休戚与共、风雨同舟、肝胆相照的关系，相互之间的地位是平等的，所以说"下的"就显得欠妥。因此，这就要求我们在起草公文时，一定要注意各种政策性提法的规范表述，有些提法具有很强的时代特性，在写作时必须做到与时俱进，不能因循旧有的提法不变。例如"国营企业"就是旧称，规范的称谓应当是"国有企业"；"自由市场"也是一个不规范的名称，正确的表述应是"农副产品市场"；另外，根据中央的有关文件规定，公文中如果涉及"文化大革命"这个概念时，一定要加引号；"双百方针"即"百花齐放，百家争鸣"只能用一个引号，不能使用两个引号；还有，在公文中，不能把"中港澳台"并称；此外，根据中央的最新规定，在公文中不得将海峡两岸和香港并称为"两岸三地"；"台湾"与"祖国大陆"（或"大陆"）为对应概念，"香港""澳门"与"内地"为对应概念，不得弄混。此外，对于一些涉及的职务名称表述要规范。"中共××省委书记""中共××市委书记"就是规范称谓，而不可称为"中共××省省委书记""中共××市市委书记"等。但对于政府系统的职务称谓则不可直接称为"××省长""××市长"，而应当称为"××省省长""××市市长"。

　　（4）空间性。即指有些名称的使用还要受到地域的限制，因地而异。在不同地区，对于同一名称的使用包括其含义和用法等可能不尽一致。在此种情况下，必须慎重从事，不可草率造次。这就是说，对于名称的使用，应以普遍、能被一般读者或群众所熟悉为宗旨，而不要使用"地方名称"。

（5）程序性。公文写作中对于各种名称的表述还要注意讲求顺序，不可随意而为。主要包括：其一，对于人名的排列，既可按其姓氏笔画为序，也可以其职务级别为序。要特别注意涉及若干人的职务时，应根据场合按照有关规定正确排列；其二，对于地名，应当按照由大到小的顺序排列。如属同一层次的地名，则应按规定的顺序排列；其三，对于同级机关名称的连用，则应按其各自的法律地位和使用习惯排列。如县级机关应是"县委、县人大、县政府、县政协、县纪委"。其他层级机关的排列顺序亦是如此，不可前后错位；其四，各省、市、自治区并称时，必须按照"各省、自治区、直辖市"的顺序排列。

（6）准确性。这是公文写作运用名称的关键所在。名称表述不准确，就失去了其存在的意义和价值。这里，要特别注意各种事物名称连用时其相互之间的逻辑关系，不能彼此包容或相互交叉。如"各机关、单位、工厂、学校"，这种表述就有欠准确，因为"机关""工厂""学校"三个概念之间是并列关系，而"单位"与这三个概念之间则是属种关系。在逻辑学上，具有属种关系的概念（名称）不能并列使用；还有，对于一些具有特殊含义的名称，要做到准确表述。如"左倾""右倾"的错误，要加引号，不容疏漏，但"极左"不加引号；"文化大革命"则必须加引号；"百花齐放、百家争鸣"只用一个引号，不能写成"百花齐放""百家争鸣"；等等。公文中如涉及对有关法律、法规名称的引用，应特别注意其表述的准确性。如《中华人民共和国国家赔偿法》，可写为"我国《国家赔偿法》"，但不得写为"《赔偿法》"，以保持其准确性；同时对有关条款项目的引用亦应做到准确，不能将"第×款"写成"第×项"。此外，还要注意对人名、地名及其他各种专用名称的表述，应当防止误用同音的别字，以保持其准确性。

四十七　正确运用"篇（段）前撮要"写作技法

【解答】 撮要是公文写作中常用的一种重要技法，包括篇前撮要与段前撮要两种情况。其基本含义是用简明扼要的语句将一篇公文或公文中的某一层次或段落的核心内容加以概括，置于公文的篇首或段首。其目的是使公文所要表达的内容更加鲜明、突出、醒目，更加易于读者理解和把握，使之较为直接地领会全文的精神实质，达到提纲挈领、纲举目张之效。

公文写作中要采用撮要的表达方法，是我们党和国家的一贯主张，也是中国公文写作的一个优良传统。早在1951年2月中共中央颁发的《关于纠正电报、报告、指示、决定等文字缺点的指示》一文中就十分明确地强调公文写作要讲究"撮要"，其中规定"除简短者外，一切较长的文电，均应开门见山，首先提出要点，即于开端处，先用极简要文句说明全文的目的或结论（现在新闻学上称为'导语'，亦即中国古人所谓'立片言以居要，乃一篇之警策'），唤起阅者注意，使阅者脑子里先得一个总概念，不得不继续看下去。然后，再作必要的解释。长的文电分为几段时，每段亦应采用此法"。这段文字，除对篇前撮要和段前撮要的方法作出规定外，还点明了其作用，即要通过概括全篇或全段的意旨，或给读者以提示，或给读者以思索、启发，或引导读者有兴致地阅读下去。而要做到这一点，显然又不是一件轻而易举之事。

在"撮要"技法的运用方面，毛泽东为我们树立了光辉的典范。以《中国人民解放军布告》为例，在明令八点主张之前的开端处，毛泽东用了不到200字的篇幅，概括交代了制发本布告的背景、依据和总体要求，这显然就是全文的"撮要"。即使在只有500余字的短文《关于健全党委制》中，毛泽东也巧妙地运用了"撮要"技法，在开篇处起句立意："党委制是保证集体领导，防止个人包办的党的重要制度。"这就鲜明地托出了全文的基本观点和中心意旨。又如在《党委会的工作方法》一文中，总计讲有12个问题，每个问题的开头都有段旨句，如"一、党委书记要善于当'班长'。二、要把问题摆到桌面上来。三、互通情报……"这12个段旨句，不仅在结构上使全文眉清目楚，层次明晰，而且使全文的基本思想与具体观点醒目显豁，易于读者理解和把握。

在当今公文中，这种"撮要"技法的运用也极为普遍。例如《国务院关于实行公民身份号码制度的决定》一文的开头："建立和实行公民身份号码制度，是国家加强社会管理的一项重要基础建设，也是实现社会信息化管理的重要措施，对于促进我国社会主义现代化建设和经济体制改革，方便群众生活和保护公民的合法权益，具有十分重要的作用。"这就将该篇决定的行文目的和意义作出了概括，便于读者顺利地把握全文的精髓。又如在2012年党的十八大上，习近平等七位中央政治局常委就任后，在同中外记者见面会上，习近平发表了一篇短小精悍的演讲词，相信大家记忆犹新。这篇讲话的核心提出"打铁还需自身硬""人民对美好生活的向往，就是我们的奋斗目标""全党同志的重托，全国各族人民的期望，这是对我们做好工作的巨大鼓舞，也是我们肩上沉沉的担子"。紧接着使用三个撮要句提领构成排比修辞"这个重大责任是对民族的责任""这个重大责任是对人民的责任""这个重大责任是对党的责任"。这在公文写作的布局谋篇特别是语言运用上给我们以有益的启示，那就是排比修辞是公文写作最为常见的表达技巧之一，能够增强公文语言的表现力，层次与层次之间、段落与段落之间都使用的是"撮要"技法。还有，在第十二届全国人民代表大会第一次会议闭幕会上，产生了新一届国家机构组成人员，习近平当选为国家主席。他在会上又发表了一篇就职演讲，核心内容提出："面对浩浩荡荡的时代潮流，面对人民群众过上更好生活的殷切期待，我们不能有丝毫的自满，不能有丝毫的懈怠，必须再接再厉，一往无前，继续把中国特色社会主义事业推向前进，继续为实现中华民族伟大复兴的中国梦而努力奋斗。"紧接着也使用三个撮要句提领加以阐述，指出"实现中国梦必须走中国道路""实现中国梦必须弘扬中国精神""实现中国梦必须凝聚中国力量"。在组层构段上也是使用了撮要的表达手法，表述明确，用语精当，令人深得其要，富有很强的表达效果。

公文写作中运用"撮要"表达技法，应当注意做到如下几点：

一要确切。"确切"是撮要的生命所在。无论是"篇前撮要"还是"段前撮要"，其对全篇公文或对公文中某一层次或段落内容的概括务必准确恰当，既不能失之于宽，也不能失之于窄，否则就起不到"撮要"的作用。实践中，这种撮要句概括失准的现象并不在少数，应当加以注意。要对公文所要表达的内容加以确切了解和把握，抓住要害，弄清精髓，并要在用语上仔细揣摩，反复推敲，以求确切。

二要精练。既然是"撮要"，其对语言的运用就必然要十分简要精练。要用高度概括的语句对全篇公文或对其某一层次或段落的内容作出表述，切忌言不及义，拖沓烦冗。特别是段前撮要，有些层次或段落本来就较短，因而其段旨句就更加要求精练，必须做到"立片言而居要"，唯其如此，方能使之成为该段之"警策"，收到应有的表达效果。

三要实在。即指对于篇旨句和段旨句的概括必须契合公文的实际内容，切忌避"实"就"虚"，诸如篇旨句讲些目的、意义之类的"套话"，段旨句为求匀称和谐而有意拟制诸如"关于……问题"构成的排比句式之类，让人产生堆砌、拼凑之感。这里，我们绝不是否定各段旨句之间在布局结构上的匀称搭配，只不过是主张不要过分追求，刻意而为，进而使之成为一种文字游戏，那样会给公文内容的表达造成负面影响。

四十八 公文写作中简称的结构形式和注意事项

【解答】简称又称缩略语，是现代汉语中词组的基本结构形式之一。它是事物的名称或固定词组简化了的称谓。简称不单纯是全称在数量上的减少，而是全称的科学概括和浓缩。使用简称以后，丝毫不影响全称的特定含义。在公文写作中，为使语言表达简洁凝练，富于概括性和表现力，往往要使用简称。特别是那些内容复杂、篇幅较长的公文，诸如会议纪要、工作报告、工作总结、综合性简报等，更是如此。

一般来讲，公文写作中使用的简称，其构成形式主要有以下几种：

（1）标数概括。这种简称具有多种表现形式，其总的特点是由数词加名词或名词化的词、词组这样两部分组成，如"坚定不移维护党中央权威和党中央集中统一领导"简称为"两个维护"，"坚持社会主义道路，坚持人民民主专政，坚持共产党的领导，坚持马列主义、毛泽东思想"简称为"四项基本原则"等；在这一总的特点之下又可将其划分为如下三种类型：一是单重式。这种标数概括简称通常由一个数词加名词或名词化的词、词组构成，例如"两个务必""四个意识""四个自信""四个全面战略布局"等；二是双重式，即由两个数词加名词或名词化的词、词组构成，如"一带一路""双增双减""一个中心两个基本点""一国两制""三大纪律八项注意""三严三实""两学一做"等；三是多重式，即由三个或三个以上的数词加名词或名词性的词组构成，如"五讲四美三热爱""两参一改三结合""五有六定七不准""三级两类一网考""三去一降一补"等。

（2）取前舍后。如"蹲点调查"简称"蹲点"，"蹲坑守候"简称"蹲坑"，"新型冠状病毒感染的肺炎"简称"新冠肺炎"等。

（3）舍前取后。如"中国人民解放军"简称"解放军"，"高致病性禽流感"简称"禽流感"等。

（4）选取全称中有代表性的语素或词。如"中国共产党中央委员会"简称"中共中央"，"全国人民代表大会"简称"全国人大"，"科学技术"简称"科技"，"调查研究"简称"调研"等。

（5）合并相同成分。亦即省略两个词中的一个相同的语素，如"工业、农业"简称"工农业","离休、退休干部"简称"离退休干部","复员军人、转业军人、退伍军人"简称"复转退军人","病害、虫害"简称"病虫害","敌情、社情"简称"敌社情"等。

（6）标义概括。例如公安部颁发的《公安机关办理刑事案件程序规定》简称为"一百二十条"，它没有从表面上将其简称为"规定"，而是根据该法规的条款数目（共计120条）进行归纳，此即所谓"标义概括"。

（7）取全称首尾。亦即将全称的首字和尾字保留，省略其余的内容，如"中华人民共和国"简称"中国"，"扫除文盲"简称"扫盲"，"归国华侨"简称"归侨"，"微型计算机"简称"微机"，"整顿党风"简称"整党"，"外交部长"简称"外长"，"军人家属"简称"军属"，"烈士家属"简称"烈属"等。

（8）舍全称首尾。例如"公文种类"简称"文种"，"适宜居住"简称"宜居"，"中央企业"简称"央企"，"快速记录"简称"速记"，"历史地理"简称"史地"，"人民警察"简称"民警"等。

公文中运用简称，主要应注意以下几个方面问题：

第一，要有可接受性。亦即所使用的简称必须是已经约定俗成或者为公众所认可的，否则不宜使用。

第二，新创简称应力求表意准确、清晰，切忌含糊隐约，生僻晦涩，令人难解其义。例如"整办"，究竟指"整党办公室"，还是"整顿市容办公室"，令人费解。还有像把"核酸检测"简称"核测"，都属于滥造。据报载，"文化大革命"时期，哈尔滨市一机构的门前挂有"三两办"的牌子，"三两办"所指究竟为何，让人莫名其妙。后经询查，方知是"两个阶级、两条道路、两种思想斗争办公室"。这种含混模糊的简称，还是不用为好。

第三，使用简称，尤其是新创或较少使用的简称，除"知名度"较高者如"一带一路""一国两制""四项基本原则""一个中心两个基本点"等，必须先用全称，并用括号标注说明。如不予标注说明，就会给人以突兀之感，不知所指。如有一篇会议纪要写道："五月份除搞好选举和开好人代会外，集中精力，认真抓好经济工作（包括县、乡、镇企业，两户一体和农业）。县四大部门及咨询处的领导同志分片深入下去，直接听取乡、厂长的汇报。重点抓新建厂、大厂、亏损厂、倒退厂和第一季度进展不大的地区。看责任制和'三权''三制'是否落实。要开展时间过半任务完成超半的竞赛活动，对好的单位要进行表彰。"这段简短的文字，总计使用了"两户一体""四大部门""三权""三制"等四个简称。这些简称，其具体含义究竟为何，并非所有人都能理解，如不作出必要的说明，往往容易造成文势不通，前后阻滞，给阅者准确理解和把握公文内容带来困难。

第四，要尽量避免产生歧义。北京报纸近日新出现一个叫"人影办"的政府职能部门，乍一看，还以为是个新增设的专管老百姓看电影相关事务的"人民电影办公室"呢，心想，看咱政府多好，连这等小事都有专设机构。仔细打听后才弄明白，这是一个因为北方地区久旱不雨新设的机构，全称叫"人工影响天气办公室"。

四十九　公文写作要善于运用事例

【解答】在公文写作中，有些文种如情况报告、工作总结、调查报告等，往往与事例有着不解之"缘"。如能正确运用，可使行文的观点或结论更加明确突出，更具说服力和论证性。同时，恰当地运用事例，还可有效地避免抽象、枯燥的弊端，使行文变得有血有肉，充满生气与活力。因此，要提高公文写作质量，特别是寻求情况报告、工作总结和调查报告等文种的高品位，必须注重对事例的运用。

那么，公文写作究竟如何运用事例呢？主要应认真把握如下五"性"：

一是真实性。真实是公文写作运用事例的基础和前提，事例不真实，就会失去其存在的意义和价值，造成不良影响和难以预料的损失。这里，真实包括两层含义：其一，它必须是现实生活中客观存在的，而不是公文写作人员为着某种目的随意杜撰的；其二，它必须能够反映客观事物的一定本质，而不是个别的、偶然的表象。要做到真实，就要求公文写作人员必须深入实际，认真进行调查研究，切实获取和掌握第一手材料，而决不能凭借传闻或者道听途说进行写作，更不允许随意编造。同时，还要有正确的思想意识和思想方法，不能随意扬"善"或隐"恶"。

二是准确性。所谓准确，就是要确凿无疑，可靠无误。它与上述"真实"相辅相成，一本所系。它是公文写作运用事例的生命，特别是对于工作报告、工作总结和调查报告这类文种，在汇报工作、反映情况、总结成绩时，更要求事例运用得准确，包括对人物言论的记述，对有关问题或事件发生的时间、地点、过程、起因、结果和影响等的叙写，对有关数字、名称的表达，等等，均应如此。如是间接材料，必须反复核实，方可运用。要做到准确，首先要求公文写作人员必须具有较强的语言表达能力，要能够用简明扼要的文字将所获取的事例恰如其分地"描述"出来。写入公文中的事例，必须与客观实际相吻合，不容出现差错。这样，用语要肯定，不宜使用诸如"也许""大概""可能"等模棱两可的词语（工作总结文种尤应禁忌），否则就有失准确；但是对于那些如实说明事物可靠程度的词语如"据不完全统计""据约略估计""根据预测"等，不在此列。其次，要求作者必须深入实际，注重调查研究，力争运用第一手材料。对此，上文在阐述事例的真实性要求时已很明确，在此不再赘言。只有在真实的前提下，才能保证事例的准确性。

三是典型性。这是公文写作运用事例的关键。事例不典型，就缺乏说服力。所谓典型，究其含义，应是具有某种代表性的，能够集中反映一般事物的本质和规律的东西，它是同类事物的代表。典型既有正面的、先进的，也有反面的、落后的，还有代表事物的发展趋势或方向以及反映事物一般的、平均的发展水平的典型。由于作者在实践中所获取的事例往往不止一个，但又不能将它们都写入公文，在这种情况下，就应采用比较分析的方法，对这些事例进行认真权衡，反复比较，选用最有代表性、最能说明问题的事例即所谓典型事例入文。例如有一篇题为《临泉县城郊供销社是怎样赔光的？》的调查报告，其中有这样一段结论性文字："临泉县城郊供销社发生的一些事千奇百怪，令人震惊。在那里，不需要招工指标，不需要户口关系，只要某些有权势的人点个头或写张条子、盖个大印，便马上可以摇身一变，成为国家的正式职工。"为了印证此结论的正确性，文中运用了这样的事例："原城郊供销社主任张国均的五个子女，副主任李明国的四个子女和一媳一婿，都在城郊社的'关键位子'上任职。他们中的几个人，来历就十分稀奇。张国均的女儿张秀云、张玲，至今还在农村承包有土地。两个人都是用非法手段'农转非'的。主任这样胡作非为，副主任李进智也不'示弱'。他的女儿李翠兰是农业人口，李进智也搞来一张招工表，轻而易举地被批准分配到城郊社工作。至于城郊社掌管人事大权的副主任李明国，魔术般的手法就更'玄'了……"这段文字，将临泉县城郊供销社主任及两名副主任的不法行为揭露得淋漓尽致。他们凭借手中的权力，置国家政策于不顾，非法为其子女安排工作和办理"农转非"手续。可以肯定，临泉县城郊供销社发生的"千奇百怪"的事绝不止于此，文中所列不过是从张国均们无数非法行为中截取的一组特写镜头而已。应该说，这样的事例是很典型的。

四是针对性。即对事例的运用，必须针对行文的观点或结论来进行，这是公文写作运用事例的目的和宗旨。缺乏针对性，就不足以说明问题。由于公文中的事例是为说明、印证所提观点或作出的结论服务的，因此对于事例的选用，必须紧紧围绕观点或结论进行。当然，观点或结论来源于事例，是从大量的事例中提炼升华而来，又反过来统辖事例。没有事例的扶助和烘托，观点或结论只能是空洞抽象的说教，也难以令人接受。但是，如果所运用的事例与观点或结论的结合不够紧密甚至相悖，即缺乏针对性，就会失去其自身应有的效用，有损通篇公文的质量。为此，就要求对事例的运用，必须能够充分、有力地说明观点或结论，使二者相互印证，互为补充，达到有机统一。

五是生动性。生动性是公文写作运用事例的基本要求。事例不生动，就没有吸引力和可读性。由于事例是客观存在的事实，而事实本身往往就是五光十色、生动感人的，因此，写作时无须过多地刻意渲染、铺陈和藻饰，只要将事实客观、准确地描述出来，就会给人以生动之感。但是，常有这样的情况：原本很是生动的事例，由于作者的不适当描绘，却显得干瘪枯燥，笼统空泛，难以引起阅者的兴趣。这样的事例，也就难以产生应有的效用。为此，就要求公文写作人员在具备较高语言表达能力的基础上，深入实际，准确、具体地了解和把握事实的来龙去脉，对其中的重要细节包括人物的一言一行，都不要轻易放过。例如《中共湖北省委关于各级干部种试验田的报告》一文，在说明干部官僚主义严重，工作作风不扎实时，运用了这样的事例："曾三次申请调离农村的高桥区指导组长王树昌和农场乡支部书记邓开志，穿着鞋袜在田岸上'检查生产'，一个群众对他俩大声叫骂：'娘妈瘟的，摇摇摆摆，像个相公，莫把我们的田埂子踩坍了！'王树昌问：'你骂谁？'那个群众说：'我骂你！'王树昌把这个情况向当时在乡下工作的县委副书记张××同志反映，张××同志说：'骂得对！这是因为我们没有参加生产，领导生产！'"这段文字，通过人物对话和言论，将事例描绘得有声有色。人物性格也很鲜明，使人如临其境、如闻其声、如见其人。这样的事例是极其生动的，具有很强的感染力和说服力。胡乔木《在写文件方法座谈会上的讲话》中，在谈到文件的生动性问题时，也曾引用这一事例。并且指出该事例："人物选得好，话也很生动。……单讲道理，报告就减色，动员的作用也就没有这么大。"

综上所述，真实性、准确性、典型性、针对性和生动性是公文写作运用事例必须遵循的基本原则。这五"性"之间彼此渗透，互为依存，互相补充，共同构成一个不可分割的整体。忽视其中任何一"性",所运用的事例就会变得暗淡无光。

五十 公文写作快写的诀窍

【解答】在行政公文写作中,经常会遇到一些"十万火急"的特殊情况,或因上级机关领导前来视察、指导、调查研究,或召开紧急会议,需要为领导起草讲话稿以及相关文件,有些文件需要在一两天甚至三五个小时内完成,往往令机关写作人员措手不及。在这种情况下,有经验的机关写作快手,写作速度极快,而且能写出令领导满意的公文。有些出手"不快"的机关写作人员,却感到文思不济,一筹莫展。领导越催心里越慌,情况越急越写不出东西来。可见临时应急写作公文对机关文秘人员来说,是一项"刺刀见红"的硬任务,是一种必备的看家本领。机关写作人员要有应急快写的本领,除了要具备深厚的公文写作功底外,还得掌握一些公文写作技术方面的诀窍。

(一)厘清思路,定准主旨

机关公文写作应听命于领导安排,把握领导的意图,遇到应急写作任务时,更应当准确地把握领导意图。因此,在短时间内吃透领导意图,厘清写作思路,定准主旨,搭好写作框架,便成为"快写"的第一道难关,闯过这一关要把握好"三准"。

第一,领导意图要吃准。应急写作前的理解领导意图与平时写作有所不同。不但需要领导简单交代清楚应写什么,而且要凭机关文秘人员平时对领导思路的把握,与领导一道确定写作的框架等。

第二,文稿主旨要定准。应急写作主旨的确定不仅要考虑领导意图,而且要研究实际需要。应当迅速摸清紧急会议或活动本身的背景、内容、要求和重点。明确紧急会议解决的是什么问题,上级领导视察重点了解哪方面情况等,在领导思路和本次活动要求的结合上动脑筋。这样吃准了"两头",确定的主旨才会有较强的针对性和实用性。如果偏离会议或活动的中心,南辕北辙,文稿就失去使用效益,成为次品和废品。

第三,需求心理要摸准。应急写作前,要努力吃透对象对材料的需求心理。因为,公文写作材料既是供本单位领导用的,更是供受文对象看的或听的。只有掌握受文对象的期求心理，文稿才能写到要害处，说到点子上，才会有使用效益。比如，撰写一份向上级汇报工作的材料，就需要仔细揣摩，研究上级领导近期所关注的重点是什么；哪些情况属于一般化的情况，引不起领导的兴趣，哪些情况有本单位的特色，有创造性，可能会引起领导注意，等等，做到知其所好。总之，只有吃透用文的意图，同时掌握受文对象的期求，写起来才能有所遵循，有的放矢，文稿才能适时适用，一举成功。

（二）调动积累，参考借鉴

平时积累是快写的基础。俗话说："养兵千日，用兵一时。"公文写作也是如此，如果平时没有各种写作材料的大量积累和储备，遇到应急写作就难免要"无米下锅"。应急写作对于材料的调用，不同于平时写作对材料的收集使用，它主要是为了借鉴、参考和比照。

一是借鉴平时积累，迅速凝练主旨。公文写作的基本任务和要求是，要根据上级的指示，结合下面的实际情况，提出问题，分析问题。要抓准问题、拿出解决问题的好意见、好办法就必须有一个科学的思维方法。平时积累的材料只是反映过去某一时期、某一阶段的材料，即使质量再高，也不可能照搬照用。应急写作用它，主要是为了拿出与本次写作相关的或所需情况相类似的材料进行分析、比较，从而启发写作思路，以便对当前工作的实际情况进行更好的综合、抽象和概括，凝聚新的主旨和观点。

二是参考平时积累，选取所需材料。确定写作主旨后，需要围绕主旨选取真实性、具有典型意义和现实意义的材料。由于时间关系，应急写作需用的材料，不可能全部使用临时收集的现成材料。事实上有些材料，也无须现时收集。如年度工作总结、单项工作经验、近期专题汇报材料等，可以根据需要截其断面，在文字上进行修改、使用。同时，翻阅平时的旧材料，还可以从中受到启发，顺着某一思路和线索迅速收集一些新材料和例证。应急快写材料是有其规律的。一般是急用的主要材料要靠现时收集，而次要材料则要利用积累的资料；应急快写直接需要的材料要靠直接收集，而一些间接材料就可以利用以往的积累；应急快写需要的专题材料或个性材料要现时提供，而一些反映情况的材料则可以参照平时的积累。

三是比照以往积累，衬托说明主题。平时积累的材料中有大量基础性的情况数据和曾经发生过的生态性情况数据，比如，本单位的工作范围、基础性的情况数据，可以直接选用。动态性的情况和数据及工作的进度，事物的发展、变化，工作的进展等材料，可以作为对比情况和比照数据加以使用。

（三）巧用"套路"科学组合

临时应急快写，对机关文秘人员的写作功底无疑是一个最直接、最现实的考验和检阅。要适应快写的需要，文秘人员必须对公文的写法和要求十分熟悉。平时要摸索出一些公文写作的路数。掌握一些写法上的"样式"，紧急情况下可以急中生智，拿来使用。综合一些实践中的经验，套用"模式"写作主要有以下五"法"。

1. 选用法

就是根据各种文稿的不同要求，有针对性地选择某些常用手法。公文的种类不同，文头文尾有突出的文体特点，对于这些特点，机关写作人员一般容易掌握，只要留意通常是不会出错的。在正文内容的写法上，各种文体也有明显的区别，机关写作人员要善于把握其特点，遵循其规律。掌握了规律，写起来就会顺手，就能加快写作的速度，提高写作的效率。

2. 套用法

公文内容各有不同，但在写作框架上往往形成一些相对固定的模式。有人说："天下文章一大套，就看会套不会套。"这种说法不一定正确，生搬硬套不会写出什么好文章，可是在实际写作中，某些类型的公文稿框架结构的确是可以套用的。在时间比较紧迫、来不及创新构思的情况下，写作人员完全可以从篇章结构、格式布局上参考、借鉴或套用现成文稿的写法。

3. 搬用法

就是将以往所写的文字材料中某些内容搬来使用。一些重要的理论观点和政策提法是相对稳定的，在一个时期内不会有什么大的变化。大的观点如"一带一路"的基本倡议，习近平新时代中国特色社会主义思想，"四个全面战略布局""十四五"规划等，在应急文稿写作中涉及这类理论性、政策性的提法和阐述时，完全可以搬用以往的材料而不必另找另写。

4. 泛用法

有些综合材料，可以在广泛的领域里或场合中反复使用。比较大型的主要的扩大会、工作会、表彰会及一些专业性会议的文稿，在本年度内完全可以作为全面工作或某一部门工作情况的写作材料，其中的一些内容在这个会上可以讲，在那个会上也可以说，能在这一次汇报，也能在另外场合汇报。对于这类材料，应急写作时拿来一截使用即可，不必每次都有"新套路"。

5. 调用法

就是对现有材料，按照新的要求，重新调整，结合使用。如有些文稿的基础很好，与应急需用的文稿又相似，在这种情况下，只要从内容详略、布局轻重、层次先后等方面加以调整，或者加上一些新掌握的具体实例，交换一些反映最近工作进度的数字，稍加改头换面即可应急使用。

以上所述的仅仅是公文应急写作中的一些应急办法，绝非教人投机、偷懒或抄袭，其中有些做法在平时的公文撰写中不宜套用。写文章是老老实实的学问，来不得半点虚伪和含糊。在日常的公文写作中，机关文秘人员无论如何不能养成照抄、照套的毛病，应当积极投身于艰苦的写作实践之中，研究公文写作规律，摸索公文写作技巧，努力写出构思精巧、结构合理、立意新颖、语言精确的高质量公文，练就一手对文字材料锤炼、推敲、精琢细磨的真功夫。只有具备了公文写作的真功夫，才会成为应急快写的高手。

下编

常用公文文种的结构模式和范例简析

五十一　决议的写作与范例简析

（一）适用范围

决议是现行党的机关专用的一种公文。根据《党政机关公文处理工作条例》的规定，"决议"适用于经会议讨论通过的重要决策事项。从实质上讲，决议主要起着一种动员令的作用，能够较快地统一大家的思想和行动，使各方面的力量有机地协调起来，为一个总的目标而奋斗。

决议按其内容主要有审议批准性决议、方针政策性决议、专门问题性决议和公布号召性决议等。

（二）主要特性

与决定一样，决议也属决策性文件，与决定所反映的内容基本相同。但它与决定也有一定的区别。其中最主要的区别表现在产生的形式上，即决议必须产生于会议，它所要贯彻的决策事项，是会议集体讨论通过的；而决定则不然，有的产生于会议，是会议集体讨论并按照法定程序表决的结果，有的则由领导机关直接做出。

（三）结构模式

决议的格式一般都由标题、正文、发文机关、发文日期等组成。

1. 标题

一般为完全式标题，三要素齐全。即由发文机关、事由和文种组成。例如《中国共产党第十七次全国代表大会关于〈中国共产党章程（修正案）〉的决议》。

2. 正文

根据不同类型的决议，分别采用不同的写作方法：

一是"倒悬式"的写法。之所以称为"倒悬法"，是因为按照正常的层次安排，一般是先叙事再说理，最后得出目的式结论，这样人们只能是在阅完全文之后，才可了解公文总的精神实质。而采用"倒悬法"，起句立意，开宗明义，一看开头就使人得到一个总的概念，一下子就抓住了要领，把握了全文的中心内容，从而起到提纲挈领的作用。从结构布局上讲，这种决议的正文部分由"导语"与"分段"组成,形成"倒悬式",也可叫作"撮要分条式"。

例文《中国共产党第十七次全国代表大会关于〈中国共产党章程(修正案)〉的决议》[以下简称《党章(修正案)》]在结构布局上即属于这种"倒悬式"安排方式,正文部分首先开门见山,揭示全篇的核心内容:"中国共产党第十七次全国代表大会审议并一致通过十六届中央委员会提出的《中国共产党章程(修正案)》,决定这一修正案自通过之日起生效。"紧接着用七个"大会认为"提领,分别从《党章(修正案)》产生的历史背景、具体内容、意义和作用等几个方面,将决议的基本内容一一作出表述。最后提出要求,发出号召。

二是"豆腐块式"的写法。采用这种写法的大都是空间辐射面宽、时间跨度大的决议,如《关于建国以来党的若干历史问题的决议》,这份决议长达35000字,正文由八大部分组成,各部分之间相互独立存在,每一部分都有一个揭示中心内容的小标题置于上面中心位置。

三是"分条列段式"的写法。即把正文主体并列分成几个段落,段落之间既各自独立表达一个完整的意思,又相互依存、相辅相成。这种写法比较适用于有关专门性问题的决议。

3. 结尾

决议通常要有一个鼓舞号召性的结尾。写好结尾很重要,主要表现在两个方面:一是头尾照应,加深认识,给阅者一个完整的印象;二是鼓舞士气,循此前进,有利于决议内容的宣传贯彻与执行。

在语言表达上,决议的用语应当富有概括性,简明准确,具有强大的逻辑力量和感召力。在这方面,例文堪称典范。例如"科学发展观,是对党的三代中央领导集体关于发展的重要思想的继承和发展,是马克思主义关于发展的世界观和方法论的集中体现,是同马克思列宁主义、毛泽东思想、邓小平理论和'三个代表'重要思想既一脉相承又与时俱进的科学理论,是我国经济社会发展的重要指导方针,是发展中国特色社会主义必须坚持和贯彻的重大战略思想"。这里,运用排比句(以"是"作提示语)对"科学发展观"进行解释和评价,十分严谨周密;又如"按照民主法治、公平正义、诚信友爱、充满活力、安定有序、人与自然和谐相处的总要求和共同建设、共同享有的原则,以改善民生为重点,解决好人民最关心、最直接、最现实的利益问题,努力形成全体人民各尽其能、各得其所而又和谐相处的局面""坚持立党为公、执政为民,做到科学执政、民主执政、依法执政,不断推进马克思主义中国化，坚持权为民所用、情为民所系、利为民所谋，保障党员民主权利，坚持标本兼治、综合治理、惩防并举、注重预防的方针，建立健全惩治和预防腐败体系，是十六大以来我们党在党的建设方面取得的重大认识和成果"。其中多处运用四字格词组，使行文简洁凝练，富有节奏，具有很强的修辞表达效果。

（四）范例简析

中共阳新县委十四届十四次全体会议决议

（2021年8月25日中国共产党阳新县第十四届委员会
第十四次全体会议通过）

中国共产党阳新县第十四届委员会第十四次全体会议于2021年8月25日召开。出席这次全会的有县委委员36人。有关方面的负责同志和部分基层党代表列席会议。

全会由县委常委会主持。全会审议通过了《中共阳新县委、阳新县人民政府关于新时代推动阳新高质量发展加快建成武汉城市圈同城化发展示范县的实施意见》，审议了《中共阳新县委常委会关于深化新时代党建引领加强基层社会治理工作情况的报告》《中共阳新县委常委会关于推进疾病预防控制体系改革和公共卫生体系建设工作情况的报告》。县委书记万鼎作了讲话，并就《实施意见（讨论稿）》起草情况向全会作了说明。

全会充分肯定了县委十四届十一次全会以来深化新时代党建引领、加强基层社会治理、推进疾病预防控制体系改革和公共卫生体系建设取得的成绩。一致认为，阳新县坚持党建引领，深化基层治理体系改革，打造共建共治共享的社会治理格局，推动力量下沉、全力打造数量充足素质过硬的基层社会治理骨干队伍，坚持城乡统筹、加强党建引领乡村治理促乡村振兴，夯实了县域治理现代化基层基础。坚持人民至上、生命至上，系统谋划疾控体系改革和公共卫生体系建设，健全公共卫生应急指挥体系，全面提升公共卫生事件应急响应能力，织密织牢公共卫生服务体系防护网，建立健全公共卫生医疗救治体系，全面加强公共卫生专业队伍建设，为保护人民生命健康提供了更有力的保障。

全会提出了新时代推动阳新高质量发展、加快建成武汉城市圈同城化发展示范县的总体要求。强调要以习近平新时代中国特色社会主义思想为指导，深入学习贯彻习近平总书记在庆祝中国共产党成立100周年大会上的重要讲话和习近平总书记考察湖北、参加湖北代表团审议时的重要讲话精神，认真落实省委十一届七次、八次、九次全会精神和市委十三届十三次全会精神，立足新发展阶段，完整、准确、全面贯彻新发展理念，服务和融入新发展格局，以推动高质量发展为主题，贯彻落实全省"一主引领、两翼驱动、全域协同"区域发展布局，全面融入黄石武汉城市圈同城化发展示范区建设，充分发挥阳新比较优势，提高县域发展质效，对标示范、务实重行，解放思想、抢抓机遇，加快建成武汉城市圈同城化发展示范县，奋力冲刺全国县域经济百强。

全会明确了新时代推动阳新高质量发展、加快建成武汉城市圈同城化发展示范县的发展定位和主要目标。强调要持续推进高质量发展，打造全国县域经济百强县；持续推进创新转型，打造全省改革创新示范县；持续扩大对外开放，打造国家县城新型城镇化建设示范县；持续推进"五大振兴"，打造全省乡村振兴示范县；持续贯彻"两山"理念，打造全省生态文明建设示范县；持续提升县域治理，打造全省"好正实优"示范县。

全会提出，到2025年，推动阳新高质量发展、加快建成武汉城市圈同城化发展示范县取得实质性进展。产业发展取得新突破，经济结构更加优化，产业规模、产业链条水平、产业质量全面提升，现代产业体系基本建成，全县地区生产总值达到600亿元，地方财政收入达到60亿元。"四园驱动、多镇并进、城乡一体"的发展格局初见成效。单位GDP能耗和二氧化碳排放得到较好控制。城镇化率达到50%以上，居民人均可支配收入比2020年翻一番。到2035年，全县经济实力、内生动力和综合竞争力大幅跃升，现代化经济体系基本建成，城乡区域协调发展达到较高水平，绿色低碳生活方式基本形成，共同富裕取得更为明显的实质性进展，基本实现社会主义现代化。

全会强调，要坚持工业强县，做大做强主导产业，推进工业智能化持续发展，培育发展战略性新兴产业，推动镇域经济突破性发展，打造全国县域经济百强县。要坚持创新驱动，培育建强创新主体，集聚用好创新要素，深化重点领域改革，打造全省改革创新示范县。要坚持扩大开放，提升城市功能品质，构建高质量综合交通网，打造国家县城新型城镇化建设示范县。要坚持农业农村优先发展，实现巩固拓展脱贫攻坚成果与乡村振兴有效衔接，推进农业产业化，实施乡村建设行动，提升民生保障水平，打造全省乡村振兴示范县。要坚持生态优先，持续推进长江保护，持续加强生态环境治理，持续推进绿色低碳发展，持续发展全域旅游，打造全省生态文明建设示范县。要坚持党建引领，积极营造良好政治生态，坚持正确用人导向，弘扬求真务实作风，营造良好发展环境，打造全省"好正实优"示范县。

全会明确，中国共产党阳新县第十五次代表大会定于2021年10月在阳新县城召开。全会强调，要扎实做好党代会筹备工作，形成一个好报告，选出一个好班子，营造一个好氛围，把县第十五次党代会开成一个凝聚共识、团结鼓劲、求真务实、风清气正的大会。

全会号召，全县各级党组织和广大党员干部要更加紧密团结在以习近平同志为核心的党中央周围，不忘初心、牢记使命，解放思想、担当实干，推动阳新高质量发展、加快建成武汉城市圈同城化发展示范县！

写作技法简析

决议在《党政机关公文处理工作条例》所规定的15个主要文种中居于第一位，这本身就说明了这一文种的重要性。《条例》明确规定，决议"适用于会议讨论通过的重大决策事项"。对党的十九大报告进行评断，用语应当简明扼要，准确精练。而且要开门见山，起句立意直接表明行文的观点即"批准这个报告"，给人以单刀直入、简洁明快之感。这里，特别需要注意的是，决议的写作不能用第一人称的语气，而应采用把会议作为第三人称的语气来写作。具体地说，写作中应使用"会议听取了""会议研究了""会议认为""会议强调""会议号召"等惯用语，以会议的语气来写。在这方面，此决议堪称典范。

从实践来看，几乎所有决议都会数量不等地选用传达、介绍、听取、回顾、交流、分析、研究、审议、通过、提出、讨论、认为、指出、决定、同意、明确、要求、强调、希望、号召等常用动词，将"会议"或"大会"二字冠于其前，写成"会议传达了""会议审议了""大会回顾了""会议指出""会议决定""会议同意""会议强调""会议认为""会议提出"等标志性惯用语。这与纪要文种有异曲同工之效。现代汉语中的动词不计其数，决议偏偏常用这些动词，是因为它们在处理经"会议讨论通过的重大决策事项"中具有不可替代的作用。

（五）要点撷萃

1. 要把握会议的中心

决议是会议产生的成果之一，体现着会议的中心思想及结论性意见，代表着与会者的群体态度。因此，要写好决议，首先要吃透会议精神，了解会议的背景、形势及目的；理解会议的主旨，掌握会议的肯定性意见和其他不同意见及要求，知晓会议的多种状态及其中的最佳方案。

2. 要注意成文的时效性

有的决议时限性很强，即使有些大型会议事先可以拟出提交会议进行讨论的决议稿，但也要在会议进行期间不断进行修改、补充和调整，以便按时提交会议讨论和通过。所以，要求成文迅速、及时。

3. 要注意做到叙议结合

在写法上要注意做到叙议结合，定性准确，评价恰当，切忌纠缠细节。行文要富有逻辑力量，激发人们执行决议的积极性和自觉性。

五十二　决定

（一）适用范围

根据《党政机关公文处理工作条例》的规定，决定是对重要事项作出决策和部署，奖惩有关单位和人员，变更或者撤销下级机关不适当的决定事项时而制定的一种指挥性公文，属于下行文种。上至党和国家的重大方针决策和战略部署，下至基层单位的奖惩事宜均可使用。

按其内容和使用情况，可分为方针政策性决定、部署指挥性决定、决策知照性决定和表彰处分性决定等情形。

决定的适用范围很广泛，各级党政机关、企事业单位和人民团体均可使用，体现了发文机关对某些重大问题或事项的认定、判断和决策，并且要求受文单位坚决遵照执行。

（二）主要特性

决定具有以下几个特点：一是事关重大。只有对"重要问题"及"重要事项""重大行动"作出"安排"时才使用"决定"。属于一般性的问题、事项与活动不宜采用"决定"。二是事关决策。决定所涉及的事项直接为决策服务，非决策性的问题，不用"决定"行文。三是安排具体。即决定必须对"重要问题"及"重要事项""重大行动"做出明确具体、切实可行的决策性安排。

根据公文法规的规定，撤销下级机关不适当的命令、决定、决议等事宜不再使用命令，而使用决定。

（三）结构模式

决定的内容结构一般由以下几部分组成：

1. 标题

决定是典型的下行文种，其标题一般应写成三项式的形式，即"发文机关＋事由＋文种"，如《国务院关于实施动产和权利担保统一登记的决定》。

2. 成文日期

决定的成文日期有两个标注位置：

（1）标注在标题下方居中位置。如果决定是正式会议通过或批准的，其成文日期务必作为题注置于标题下方居中位置，由"日期＋会议名称＋'通过'字样"三项组成，前后加圆括号。公文如果有了题注，就不必在正文结束后再标注成文日期；如果决定并非正式会议通过或批准的，但其正文之前的抬头位置没有标注主送机关，也可把成文日期一项放在标题下方居中位置，前后加圆括号。

（2）标注在正文结束之后的右下方。如果决定的成文日期没有标注在标题下方，则应置于正文结束之后这一位置。

3. 主送机关

决定的主送机关表现为以下两种情况：

（1）省略主送机关。如是公开发布的周知性决定和标有发至阅读传达范围的普发性决定，都可在正文的抬头部分省略主送机关。

（2）标注主送机关。如是具有特定主办、执行机关的决定，都必须明确标注主送机关。标注的位置有两处：

① 在正文之前的抬头位置。

② 标注在版记部分，将主送机关置于抄送机关之上。主送机关较多易于影响公文首页显示正文时，通常都把主送机关后置于此。

4. 正文

各种决定的正文在写法上不尽相同。

（1）部署指挥性决定。部署指挥性决定作为部署某项重大工作的决定，其篇幅通常长于其他类别的决定。其结构包括三部分：

① 简要说明作出决定的意义、目的、背景和根据等。若是部署一项新工作，一定要说明开展该项工作的意义、目的，以体现决定的必要性；若是对一项重要的常规工作再作部署，通常应对一个时期以来该项工作的情况作一简要评价，一般是在肯定成绩的前提下指出差距和问题，为消除差距、解决问题，进一步做好该项工作而"特作如下决定"。

② 决定的内容、事项。对某项工作的安排部署尽在其中，篇幅也就长在这里。可以把这项工作的组成部分及相关内容分成若干小部分来写。写作中，要排列好各小部分的逻辑顺序，利用好小标题及中心句以突出重点，让人一看即明，这是写好此类决定的关键所在。

③ 决定的结尾。通常利用最后的自然段强调这项工作的重要性、艰巨性或各有关单位的相关责任，同时对各有关方面提出执行要求。

（2）决策知照性决定。知照性决定以发布信息、告知事项为行文目的，内容单一，篇幅不长。正文有两种写法：

① 开门见山宣布决定的内容；

② 先写决定的理由、根据、目的，再写决定的事项。

（3）表彰处分性决定。这种决定包含两类：

① 奖励决定，正文包括三层：

一是表彰奖励的根据、目的。如被表彰的是某一对象或相关联的几个对象，通常需要介绍其先进事迹并给以评价；如被表彰的是数个对象，可以直接写明表彰的目的。

二是表彰奖励的决定，要写明给予被表彰对象何种名目、何种等级的奖励。

三是结尾，通常是对被表彰者再接再厉的希望以及对广大群众学习先进的号召。

② 处分决定，正文一般有如下三个层次：

一是惩戒处理的根据、原因及目的，通常要简要介绍事故或错误事实及其原因、后果和危害。

二是处分决定，要写明处分的内容、处分的名称。

三是结尾，可以提出普遍性的要求。

（四）范例简析

范例 1

国务院关于实施动产和权利担保统一登记的决定

国发〔2020〕18号

各省、自治区、直辖市人民政府，国务院各部委、各直属机构：

为贯彻落实党中央、国务院决策部署，进一步提高动产和权利担保融资效率，优化营商环境，促进金融更好服务实体经济，现作出如下决定：

一、自2021年1月1日起，在全国范围内实施动产和权利担保统一登记。

二、纳入动产和权利担保统一登记范围的担保类型包括：

（一）生产设备、原材料、半成品、产品抵押；

（二）应收账款质押；

（三）存款单、仓单、提单质押；

（四）融资租赁；

（五）保理；

（六）所有权保留；

（七）其他可以登记的动产和权利担保，但机动车抵押、船舶抵押、航空器抵押、债券质押、基金份额质押、股权质押、知识产权中的财产权质押除外。

三、纳入统一登记范围的动产和权利担保，由当事人通过中国人民银行征信中心（以下简称征信中心）动产融资统一登记公示系统自主办理登记，并对登记内容的真实性、完整性和合法性负责。登记机构不对登记内容进行实质审查。

四、中国人民银行要加强对征信中心的督促指导。征信中心具体承担服务性登记工作，不得开展事前审批性登记。征信中心要做好系统建设和维护工作，保障系统安全、稳定运行，建立高效运转的服务体系，不断提高服务效率和质量。

五、国家市场监督管理总局不再承担"管理动产抵押物登记"职责。中国人民银行负责制定生产设备、原材料、半成品、产品抵押和应收账款质押统一登记制度，推进登记服务便利化。中国人民银行、国家市场监督管理总局应当明确生产设备、原材料、半成品、产品抵押登记的过渡安排，妥善做好存量信息的查询、变更、注销服务和数据移交工作，确保有关工作的连续性、稳定性、有效性。

各地区、各相关部门要相互协作、密切配合，认真落实本决定部署的各项工作，努力优化营商环境。

国务院

2020年12月22日

写法简析

这是一篇部署指挥性决定。行文开门见山，直截了当地交代出了行文的目的，引出决定事项。主体部分以分条列项的形式，分别从五个大的方面，从不同的角度，涵盖不同的系统，对在全国范围内实施动产和权利担保统一登记的集体时间、纳入动产和权利担保统一登记范围的担保类型以及对主管部门等都作出了明确规定，提出了具体要求，内容集中，条理清晰，结构紧凑，堪称范例。

范例 2

中共中央　国务院
关于授予全国脱贫攻坚楷模荣誉称号的决定

（2021年2月25日）

党的十八大以来，以习近平同志为核心的党中央把脱贫攻坚摆在治国理政突出位置，团结带领全党全国各族人民，采取了一系列具有原创性、独特性的重大举措，组织实施了人类历史上规模最大、力度最强、惠及人口最多的脱贫攻坚战。习近平总书记亲自指挥、亲自部署、亲自督战，作出一系列重要指示批示，为脱贫攻坚提供了根本遵循和科学指引。经过8年持续奋斗，脱贫攻坚取得全面胜利，现行标准下近1亿农村贫困人口全部脱贫，贫困县全部摘帽，困扰中华民族几千年的绝对贫困问题得到历史性解决，书写了人类减贫史上的奇迹，为全面建成小康社会作出了重要贡献，为开启全面建设社会主义现代化国家新征程奠定了坚实基础。

在波澜壮阔的脱贫攻坚伟大实践中，涌现出一批政治坚定、表现突出、贡献重大、精神感人的杰出典型。他们的事迹，充分彰显了中国共产党领导和我国社会主义制度的显著优势，集中体现了中华民族扶贫济困、守望相助的传统美德和社会主义核心价值观，生动诠释了中国人民改革创新、攻坚克难的精神风貌，充分反映了共产党人不忘初心的使命担当和全心全意为人民谋幸福的深厚情怀，感人至深、催人奋进。

为隆重表彰激励先进，大力弘扬民族精神、时代精神和脱贫攻坚精神，充分激发全党全国各族人民干事创业的责任感、使命感、荣誉感，汇聚更强大的力量推进全面建设社会主义现代化国家，党中央、国务院决定，授予毛相林等10名同志，河北省塞罕坝机械林场等10个集体"全国脱贫攻坚楷模"荣誉称号。

当前，我国进入新发展阶段，贯彻新发展理念，构建新发展格局，推动高质量发展，任务艰巨、责任重大、使命光荣。党中央号召，全党全国各族人民要以习近平新时代中国特色社会主义思想为指导，全面贯彻党的十九大和十九届二中、三中、四中、五中全会精神，以全国脱贫攻坚楷模为榜样，增强"四个意识"、坚定"四个自信"、做到"两个维护"，更加紧密地团结在以习近平同志为核心的党中央周围，不忘初心、牢记使命、开拓进取、奋发有为，为全面推进乡村振兴、巩固拓展脱贫攻坚成果，为全面建设社会主义现代化国家、实现中华民族伟大复兴的中国梦作出新的更大贡献！

附件：全国脱贫攻坚楷模名单（略）

写法简析

这是一份针对众多单位和个人发布的表彰性决定。正文开头部分先用一个自然段高度概括党的十八大以来我们党和国家在全面推进脱贫攻坚过程中所采取的重大战略措施以及取得的重大成就，并做出高度概括性评价，此即行文的依据和背景情况，在此基础上引出予以表彰的事项。文中紧接着用一个极其简要的自然段表明表彰的目的和受到表彰的对象，最后用一个自然段进一步对全党全国各族人民提出总体希望和号召，句子长短交替使用，读起来铿锵有力，和谐悦耳，诸如"经过8年持续奋斗，脱贫攻坚取得全面胜利，现行标准下近1亿农村贫困人口全部脱贫，贫困县全部摘帽，困扰中华民族几千年的绝对贫困问题得到历史性解决，书写了人类减贫史上的奇迹，为全面建成小康社会作出了重要贡献，为开启全面建设社会主义现代化国家新征程奠定了坚实基础"。"贯彻新发展理念，构建新发展格局，推动高质量发展，任务艰巨、责任重大、使命光荣""不忘初心、牢记使命，开拓进取、奋发有为"，等等，这些经典型的语句，体现出了鲜明的时代特色，也使表彰决定的文外意义更加彰显。读后令人心情激荡，深受鼓舞。从总体上看，全文写得层次清楚，条明理晰，布局严谨，用语得体，是一篇值得细细品味的表彰性决定的佳作。

范例 3

关于对我校教师××给予除名处理的决定

××，男，现年41岁，研究生学历，博士学位，教授职称，我校经济学院教师。近期，××因"一稿多投"等问题在学术界及互联网上受到广泛而激烈的批评，对我校声誉造成极为恶劣的影响。为严肃校纪，挽回××学术腐败行为对我校造成的声誉损失，经学校研究，决定对××作公开除名处理。

××大学

20××年9月17日

写法简析

这是某高校制发的一则对教师除名的决定。处分决定的写作与表彰决定在结构上不同，表彰性的决定重在介绍事迹的经过，对涉及的人无须作基本情况的说明；但是处分决定则不同，因为不介绍涉及的人，就会对受处分的人搞不清楚其性别、职务、身份等与需要接收信息有关的内容。

本处分性决定的结构包括三部分：一是受处分人的基本情况，包括姓名、性别、年龄、籍贯、职务、职称、身份等；二是受处分原因，即发生的违反规定的行为，因所犯的是某种性质的行为，所以这里采用了概述的写法，无论时间还是行为都使用了模糊词语，如"近期""等""广泛""激烈""恶劣"等；三是处分的内容，即受到单位所规定的何种处分。这里是用"为"字句表示目的，用"经学校研究"表示处理的依据以及处理的严肃性和合法性，"对××作公开除名处理"是处分内容。

对有关个人的处分，尤其是开除的处分，一般写到处分内容即可结束。这是因为，它不像表彰决定那样具有示范意义，号召大家向他（她）学习，给予处分是最后的结果。再写就会给人以画蛇添足之感。

（五）要点撷萃

（1）要注意把握决定事项的历史和现实背景。撰写决定既要了解历史，掌握政策的连贯性，又要了解现实，掌握有关现实情况，并进行定性和定量分析，抓住问题的实质和焦点，据此做出切合实际的判断和决策。只有这样，才有利于受文者遵照执行。

（2）要注意把握决定的多种结构形式。要根据不同类型的决定，恰当地运用适宜的结构形式。一般而言，分条列述式结构往往适用于法规政策性决定；篇段合一式结构往往适用于决策知照性决定；而撮要分条式或分部分式的结构则往往适用于方针政策性和部署指挥性的决定。至于表彰或者处分性的决定，则通常是采用"分列自然段"的写法。在具体写作过程中，要视情选用，以使决定的内容得以圆满的表达。

（3）要注意处理好内容的详略，做到该详则详，当略则略，详略得当。例如知照性的决定，往往要用较多的笔墨去写决定的缘由和依据，而决定事项部分文字相对较少；反之，部署指挥性和法规政策性的决定，缘由和依据部分往往用字较少，而具体事项部分则用字较多。奖惩性的决定，由于其主体部分要写出先进或者错误的事实，故而用字较多，而决定依据及决定事项部分则用墨较少。

（4）要注意合理安排各种不同类型决定的结构。首先，要准确地写明标题。决定的标题通常由作出决定的机关或通过决定的会议名称、决定的事项（即内容）和文种三部分组成，这三部分应当齐全、准确、简明。如果是由某次会议通过的决定，还应在标题下面标明该决定是在什么时间、什么会议上通过的；其次要注意如果是普发性的决定，一般不写主送机关名称，制发决定的机关名称在标题中标明，发文时间一般标注于标题之下，外加圆括号；最后，要注意根据不同类型的决定恰当地运用适宜的结构形式。一般说来，决定正文部分的结构形式主要有篇段合一式、分条列述式、段旨撮要式、分列小标题式以及分块式等多种形式，要按照内容的多少和工作的实际需要来恰当安排。

五十三 命令（令）

（一）适用范围

命令（令）是法定的领导机关或领导人对下级发布的一种具有强制执行效力的指挥性公文。它适用于公布行政法规和规章、宣布施行重大强制性措施；批准授予和晋升衔级，嘉奖有关单位及人员。

（二）主要特性

命令（令）具有如下特性：

（1）内容的权威性和强制性。它是公文中最具有权威性和强制性的文种。一经发出，其下级机关必须坚决遵照执行，绝无通融商洽的余地。

（2）制发机关的规定性。这是由命令的权威性和强制性决定的。它是一种下行文，但不是所有上级机关或领导都可以对下级机关或个人发布命令（军事部门例外）。根据《中华人民共和国宪法》的规定，中华人民共和国主席，中华人民共和国全国人民代表大会常务委员会委员长、国务院总理、国务院所属各部部长、各委员会主任以及各级人民政府及其他法定机关和人员，才有发布命令的职权。

（3）篇幅的简短性。它是所有公文中最简短的文种。全文有时常常只有一句话或一段文字。

（4）很强的时间性。时间性通常表现在两个方面：一是公布性命令，均标明实施时间；二是针对某种特殊且重大的事项而采取的强制性行政措施时发布的命令（令），一旦完成任务应自动失效。

（三）结构模式

命令（令）的结构通常由标题、编号、正文、签署、日期等组成。

1. 标题

命令的标题有四种形式。第一种，由发令机关和文种组成。例如《中华人民共和国国务院令》；第二种，由发令人的职务和文种组成；第三种，由发令机关、事由和文种组成。如《国务院、中央军委关于授予钱学森同志国家杰出贡献科学家荣誉称号的命令》；第四种，由事由和文种组成。如《戒严令》《向全国进军的命令》。

2. 编号

命令的编号不同于其他公文。它不按年度编排，而是从国家领导人任职开始依次编排的流水号，第一号、第二号……第二十六号直至任职期满为止。下届新的领导人任职开始，重新编号。国家机关令文的编号同样如此。

3. 正文

命令正文的写法，因种类不同而有所差异。如公布令一般由公布对象、公布根据、公布决定和执行要求几部分内容组成；行政令内容大致分为三部分：一是发令原因（目的、根据）；二是命令的事项；三是执行要求。任免令可以直接写出任免的根据、任免事项、任免人的姓名及职务。嘉奖令与前两种又不相同。从总体上看，不论哪种命令（令），其正文均由三部分组成：

一是命令的原因。命令的原因即发布命令的原因。说明为什么发布命令以及发令的根据。常用"为……特命令"，或者"为此，发布命令如下"，或者"根据……为……特发此令"。

二是命令的事项。这是正文的主体部分。不同类型的命令，主体有不同的内容。有的简单到全文只有一句话或一段文字，如公布令；但有的较为复杂的命令，如行政令、动员令、戒严令、嘉奖令的正文，可以采取分段或者分条列项的形式进行表述。例如《中国人民解放军驻澳门部队进驻澳门特别行政区的命令》的第一部分，先说明解放军进驻澳门特别行政区的依据，"根据《中华人民共和国宪法》赋予中国人民解放军的使命，依照《中华人民共和国澳门特别行政区基本法》《中华人民共和国澳门特别行政区驻军法》有关规定"，随即提出进驻的要求："命令你们进驻中华人民共和国澳门特别行政区，于1999年12月20日开始履行防务职责。"接着另起一段文字阐明了解放军进驻澳门担负防务的重大意义："我国政府对澳门恢复行政主权，是继香港回归祖国后中华民族的又一盛事，标志着中国人民按照'一国两制'的方针，在实现祖国统一大业的道路上又迈出了坚实的一步。中国人民解放军驻澳门部队担负澳门特别行政区区域的防务，是中国政府对澳门恢复主权的重要象征，使命神圣，责任重大。"最后对人民解放军驻澳门部队提出的要求："你们进驻澳门特别行政区后，要坚持人民解放军全心全意为人民服务的宗旨，发扬优良传统，忠实履行职责，遵纪守法，把部队建设成'政治合格，军事过硬，作风优良，纪律严明，保障有力'的威武文明之师，为维护祖国统一，捍卫国家主权和领土完整，保持澳门的稳定和发展作出积极的贡献。"

三是执行要求。是指要求有关单位和人员在执行命令时必须遵守的规定。发布令，常写出"从××××年×月×日起施行"；行政令常用"以上各项，希遵照执行"。

4. 签署

位于正文的右下方，写明发令单位名称或单位负责人的职务及姓名。

5. 成文日期

写在正文之后，签署之下。年、月、日要齐全。

（四）范例简析

范例 1

唐山市人民政府公布令
【2021】第 2 号

《唐山市人民政府关于修改〈唐山市住房专项维修资金管理办法〉的决定》已于 2021 年 2 月 25 日经市政府第十五届第四十五次常务会议审议通过，现予公布，自 2021 年 3 月 16 日起施行。

市长　陈××

2021 年 3 月 6 日

写法简析

这是一篇非常规范的发布令。公布令是（命令、令）的一种，它是国家机关用于公开发布法律、法令、法规和规章（如条例、规定、办法、细则等）而使用的一种命令（令）。在发布形式上，一般都是复体行文，即法随令出。发文机关标志采用"发文主体加文种"的结构形式，题下标明令号；正文部分采用篇段合一的结构形式，将发布命令的依据及施行日期明确具体地交代出来，便于受文单位贯彻执行。从中可以看出，公布令的写作思维方式为：为了强调所发布的法律、法规或规章，采用倒装句的形式，即先把法律、法规或规章放在句首，以使阅者明白该文的主旨是什么；再具体说明该法律、法规或规章通过的依据，即是在什么时间、由什么会议研究通过的；最后说明该法律、法规或规章的发布日期和实施时间。有的法律、法规或规章的发布时间和实施时间一致，即自发布之日起施行；也有的不一致，则应分别说明，先说"现予发布"，然后标明自何时施行。还有的只说"现予公布"。若在发布新法律、法规或规章的同时，涉及原有的法律、法规或规章的效力问题，还需要说明旧法律、法规或规章的废止时间，以体现法律、法规或规章的时效性。在发布形式上，有的系单独行文，有的则采用联合行文的形式。由于公布令的写作在结构上使用了倒装的强调句式，体现了对古代汉语中一些句式的借鉴和继承，句中使用的"已经……通过"和"现予……""自……之"句式或介词结构的使用形式，充分说明"命令"这个早在《尚书》中就已出现的文种，在表达方式上使用固定的古汉语句式或介词最能体现它的权威性和庄重性。这给我们发布法律、法规或规章提供了一种可以借鉴的表达方式。本文是公布《民法典》的，采取"法随令出"的方式，充分体现了法律的庄重性和严肃性。

范例 2

嘉奖令

各乡镇人民政府，县人民政府各部门：

近年来，县林业发展服务中心等 12 个单位在湿地公园试点建设中，坚持"保护优先，科学恢复，合理利用，持续发展"的原则，真抓实干、团结一致、全力推进，为湿地公园试点建设投入了大量人力、物力、财力。2020 年 12 月，河南虞城县周商永运河国家湿地公园顺利通过国家林业和草原局验收，对建设生态虞城、和谐虞城、美丽虞城作出了积极贡献。为树立榜样，激励先进，发挥示范带动作用。经县政府研究决定，对申报试点建设的县林业发展服务中心和配合建设的财政局、人力资源和社会保障局、自然资源局、卫健委、城管局、水利局、环境保护局、高新区、市场监督管理局、城郊乡、城关镇予以通令嘉奖，对张奎同志记个人三等功一次。

希望以上受表彰的先进单位和个人珍惜荣誉，再接再厉，再创佳绩。全县各部门要以先进为榜样，振奋精神，扎实工作，为实现我县生态文明建设作出新的更大的贡献。

虞城县人民政府
2021 年 2 月 2 日

写法简析

嘉奖令也是命令（令）的一种。它是用于表彰、奖励在新时代中国特色社会主义建设事业中做出突出贡献的有功单位和个人时使用的一种命令（令）。这篇例文是对重大贡献的表彰，采用命令这一文种，说明县林业发展服务中心等 12 个单位在湿地公园试点建设中所作出突出贡献的先进事迹予以嘉奖有着非同一般的重大影响和激励作用。

由例可见，嘉奖令的正文通常包括三层内容：（1）"受令的原因和根据"，即被嘉奖的原因；（2）"受令的内容"，即授予何人何荣誉称号或提职、晋级、物质奖励等；（3）"受令的要求"，一般在结尾处发出普遍性的号召和要求。

五十四　公报

（一）适用范围

公报是党政机关主要公文种类之一，《党政机关公文处理工作条例》规定其适用于"公开发布重要决定或者重大事件"。公报主要用于党的机关，国家行政机关通常也就国民经济和社会发展情况发出统计公报。

（二）主要特性

公报作为党政机关使用的一种重要的公布体公文，具有以下几个突出特性：

1. 内容上的庄严性

从公报文种的适用范围来看，它所涉及的内容有两项，一是重要决定、重大决策；二是重大事件。由于它的使用者是党和国家高级管理机关，而且内容重大，因此就使得这一文种具有很强的庄重性和严肃性，一经发布，即在国内外引起强烈反响。

2. 形式上的多样性

从实践来看，公报的发布往往既不同于一般的例行公文，也不同于用于张贴的布告，而多是通过新闻渠道刊登和播发。在这一过程中，如果以新闻形式发布，则称《新闻公报》；以党和国家机关名义直接发布重要决定或重大决策的，称为《发布公报》；将两个或两个以上的政党、国家、社会团体的代表会谈达成的协议通过正式文件公之于世，则称为《联合公报》。正因如此，就使得公报在发布形式上呈现出一种多样化的特征。

3. 使用上的习惯性

从文种的适用范围上看，公报与行政公文中的公告极其相近，其所涉及的内容均为党和国家的重要事项，而且辐射范围也相同，均是面向国内外发布。但从实际情况看，二者仍然存在差别，其中在很大程度上取决于使用上的习惯性。诸如公布重要会议情况，多用"公报"；公布党和国家领导人的重要出访活动及人事变动，多用"公告"；公布重大事件，多用"公报"，而公布重要消息，则多用"公告"；公布有关人口普查、经济发展和国家计划执行情况，多用"公报"，公布重要事项，则多用"公告"。

（三）结构模式

公报的内容结构一般由以下几个部分组成：

1. 标题

通常有三种写法：一是由"会议名称"与"文种"组成，并在其下用括号标明会议通过的日期，如《中国共产党第十九届中央委员会第五次全体会议公报》(2020年10月29日中国共产党第十九届中央委员会第五次全体会议通过)；二是直接点明公报的"发布形式"与"文种"，如《新闻公报》《联合公报》；三是由公报的"发布机关""内容"与"文种"组成，如《中华人民共和国国家统计局关于国家经济及社会发展第十三个五年计划执行情况的公报》等。

2. 正文

由于公报内容及发布形式的不同，各种公报正文的写法也不尽相同。

一是发布会议情况的"公报"。其正文主要是由"引言"（即会议召开的时间、地点等）、"基本情况"（即出席会议的人员、议题及主要活动内容）、"决定事项"与"会议的号召与要求"四方面内容组成。

二是新闻公报。一般都非常简明扼要、精练概括，包括"导语""主体"

与"结尾"三方面内容。例如《中华人民共和国与秘鲁共和国联合新闻公报》。新闻公报具有新闻报道的性质，必须遵循新闻的写作原则，做到内容新、速度快、让事实说话。其写法类似动态消息。

三是统计公报。统计公报的正文及写法与会议公报的写法大不相同，往往篇幅较长、内容全面。正文一般分为前言、主体两部分。前言部分可说明公报的依据和主要内容。主体部分是公报的主要内容，要着力写好。一般采用分项列述的方法。例如2020年7月1日中共中央组织部发布的《2019年中国共产党党内统计公报》，开头部分先交代了党员队伍和党组织建设的基本情况，作为前言；主体部分从党员队伍结构情况、发展党员情况、党内表彰情况、申请入党人情况、党组织情况以及建制村党组织、村委会情况等六大部分公布了统计的结果，条理清楚，内容全面、具体。

四是联合公报。标题直接点明公报的发布形式和文种名称；主文部分首先交代了发布公报的背景情况，紧接着用"××强调""××指出""××认为"等作提领语句，在一些重大国际和地区问题上的态度和立场作出了明确、具体的阐述。由于联合公报事关重大，故而在用语上极其讲究准确精练，恰当得体，这是写好此类公报的重要一环。

（四）范例简析

中国共产党第十九届中央委员会第六次全体会议公报

（2021年11月11日中国共产党第十九届
中央委员会第六次全体会议通过）

中国共产党第十九届中央委员会第六次全体会议，于2021年11月8日至11日在北京举行。

出席这次全会的有，中央委员197人，候补中央委员151人。中央纪律检查委员会常务委员会委员和有关方面负责同志列席会议。党的十九大代表中部分基层同志和专家学者也列席会议。

全会由中央政治局主持。中央委员会总书记习近平作了重要讲话。

全会听取和讨论了习近平受中央政治局委托作的工作报告，审议通过了《中共中央关于党的百年奋斗重大成就和历史经验的决议》，审议通过了《关于召开党的第二十次全国代表大会的决议》。习近平就《中共中央关于党的百年奋斗重大成就和历史经验的决议（讨论稿）》向全会作了说明。

全会充分肯定党的十九届五中全会以来中央政治局的工作。一致认为……

全会认为，总结党的百年奋斗重大成就和历史经验，是在建党百年历史条件下开启全面建设社会主义现代化国家新征程、在新时代坚持和发展中国特色社会主义的需要；是增强政治意识、大局意识、核心意识、看齐意识，坚定道路自信、理论自信、制度自信、文化自信，做到坚决维护习近平同志党中央的核心、全党的核心地位，坚决维护党中央权威和集中统一领导，确保全党步调一致向前进的需要；是推进党的自我革命、提高全党斗争本领和应对风险挑战能力、永葆党的生机活力、团结带领全国各族人民为实现中华民族伟大复兴的中国梦而继续奋斗的需要。全党要坚持唯物史观和正确党史观，从党的百年奋斗中看清楚过去我们为什么能够成功、弄明白未来我们怎样才能继续成功，从而更加坚定、更加自觉地践行初心使命，在新时代更好地坚持和发展中国特色社会主义。

全会提出，中国共产党自1921年成立以来，始终把为中国人民谋幸福、为中华民族谋复兴作为自己的初心使命，始终坚持共产主义理想和社会主义信念，团结带领全国各族人民为争取民族独立、人民解放和实现国家富强、人民幸福而不懈奋斗，已经走过一百年光辉历程。党和人民百年奋斗，书写了中华民族几千年历史上最恢宏的史诗。

全会提出，新民主主义革命时期，党面临的主要任务是……

全会提出，社会主义革命和建设时期，党面临的主要任务是……

全会提出，改革开放和社会主义现代化建设新时期，党面临的主要任务是……

全会提出，党的十三届四中全会以后，以江泽民同志为主要代表的中国共产党人，团结带领全党全国各族人民，坚持党的基本理论、基本路线，加深了对什么是社会主义、怎样建设社会主义和建设什么样的党、怎样建设党的认识，形成了"三个代表"重要思想，在国内外形势十分复杂、世界社会主义出现严重曲折的严峻考验面前捍卫了中国特色社会主义，确立了社会主义市场经济体制的改革目标和基本框架，确立了社会主义初级阶段公有制为主体、多种所有制经济共同发展的基本经济制度和按劳分配为主体、多种分配方式并存的分配制度，开创全面改革开放新局面，推进党的建设新的伟大工程，成功把中国特色社会主义推向21世纪。

全会提出，党的十六大以后，以胡锦涛同志为主要代表的中国共产党人，团结带领全党全国各族人民，在全面建设小康社会进程中推进实践创新、理论创新、制度创新，深刻认识和回答了新形势下实现什么样的发展、怎样发展等重大问题，形成了科学发展观，抓住重要战略机遇期，聚精会神搞建设，一心一意谋发展，强调坚持以人为本、全面协调可持续发展，着力保障和改善民生，促进社会公平正义，推进党的执政能力建设和先进性建设，成功在新形势下坚持和发展了中国特色社会主义。

全会强调，在这个时期，党从新的实践和时代特征出发，坚持和发展马克思主义……

全会提出，党的十八大以来，中国特色社会主义进入新时代。党面临的主要任务是，实现第一个百年奋斗目标，开启实现第二个百年奋斗目标新征程，朝着实现中华民族伟大复兴的宏伟目标继续前进。党领导人民自信自强、守正创新，创造了新时代中国特色社会主义的伟大成就。

全会强调，以习近平同志为主要代表的中国共产党人，坚持把马克思主义基本原理同中国具体实际相结合、同中华优秀传统文化相结合，坚持毛泽东思想、邓小平理论、"三个代表"重要思想、科学发展观，深刻总结并充分运用党成立以来的历史经验，从新的实际出发，创立了习近平新时代中国特色社会主义思想。习近平同志对关系新时代党和国家事业发展的一系列重大理论和实践问题进行了深邃思考和科学判断，就新时代坚持和发展什么样的中国特色社会主义、怎样坚持和发展中国特色社会主义，建设什么样的社会主义现代化强国、怎样建设社会主义现代化强国，建设什么样的长期执政的马克思主义政党、怎样建设长期执政的马克思主义政党等重大时代课题，提出一系列原创性的治国理政新理念、新思想、新战略，是习近平新时代中国特色社会主义思想的主要创立者。习近平新时代中国特色社会主义思想是当代中国马克思主义、21世纪马克思主义，是中华文化和中国精神的时代精华，实现了马克思主义中国化新的飞跃。党确立习近平同志党中央的核心、全党的核心地位，确立习近平新时代中国特色社会主义思想的指导地位，反映了全党全军全国各族人民的共同心愿，对新时代党和国家事业发展、对推进中华民族伟大复兴历史进程具有决定性意义。

全会指出，以习近平同志为核心的党中央，以伟大的历史主动精神、巨大的政治勇气、强烈的责任担当，统筹国内、国际两个大局，贯彻党的基本理论、基本路线、基本方略，统揽伟大斗争、伟大工程、伟大事业、伟大梦想，坚持稳中求进工作总基调，出台一系列重大方针政策，推出一系列重大举措，推进一系列重大工作，战胜一系列重大风险挑战，解决了许多长期想解决而没有解决的难题，办成了许多过去想办而没有办成的大事，推动党和国家事业取得历史性成就、发生历史性变革。

全会强调，党的十八大以来，在坚持党的全面领导上，党中央权威和集中统一领导得到有力保证，党的领导制度体系不断完善，党的领导方式更加科学，全党思想上更加统一、政治上更加团结、行动上更加一致，党的政治领导力、思想引领力、群众组织力、社会号召力显著增强。……

全会指出了中国共产党百年奋斗的历史意义：……

全会提出，一百年来，党领导人民进行伟大奋斗，积累了宝贵的历史经验，这就是：坚持党的领导，坚持人民至上，坚持理论创新，坚持独立自主，坚持中国道路，坚持胸怀天下，坚持开拓创新，坚持敢于斗争，坚持统一战线，坚持自我革命。以上十个方面，是经过长期实践积累的宝贵经验，是党和人民共同创造的精神财富，必须倍加珍惜、长期坚持，并在新时代实践中不断丰富和发展。

全会提出，不忘初心，方得始终。中国共产党立志于中华民族千秋伟业，百年恰是风华正茂。过去一百年，党向人民、向历史交出了一份优异的答卷。现在，党团结带领中国人民又踏上了实现第二个百年奋斗目标新的赶考之路。全党要牢记中国共产党是什么、要干什么这个根本问题，把握历史发展大势，坚定理想信念，牢记初心使命，始终谦虚谨慎、不骄不躁、艰苦奋斗，不为任何风险所惧，不为任何干扰所惑，决不在根本性问题上出现颠覆性错误，以咬定青山不放松的执着奋力实现既定目标，以行百里者半九十的清醒不懈推进中华民族伟大复兴。

全会强调，全党必须坚持马克思列宁主义、毛泽东思想、邓小平理论、"三个代表"重要思想、科学发展观，全面贯彻习近平新时代中国特色社会主义思想，用马克思主义的立场、观点、方法观察时代、把握时代、引领时代，不断深化对共产党执政规律、社会主义建设规律、人类社会发展规律的认识。必须坚持党的基本理论、基本路线、基本方略，增强"四个意识"，坚定"四个自信"，做到"两个维护"，坚持系统观念，统筹推进"五位一体"总体布局，协调推进"四个全面"战略布局，立足新发展阶段、贯彻新发展理念、构建新发展格局、推动高质量发展，全面深化改革开放，促进共同富裕，推进科技自立自强，发展全过程人民民主，保证人民当家作主，坚持全面依法治国，坚持社会主义核心价值体系，坚持在发展中保障和改善民生，坚持人与自然和谐共生，统筹发展和安全，加快国防和军队现代化，协同推进人民富裕、国家强盛、中国美丽。

全会强调，全党必须永远保持同人民群众的血肉联系，践行以人民为中心的发展思想，不断实现好、维护好、发展好最广大人民的根本利益，团结带领全国各族人民不断为美好生活而奋斗。全党必须铭记生于忧患、死于安乐，常怀远虑、居安思危，继续推进新时代党的建设新的伟大工程，坚持全面从严治党，坚定不移推进党风廉政建设和反腐败斗争，做到难不住、压不垮，推动中国特色社会主义事业航船劈波斩浪、一往无前。

全会决定，中国共产党第二十次全国代表大会于2022年下半年在北京召开。全会认为，党的二十大是我们党进入全面建设社会主义现代化国家、向第二个百年奋斗目标进军新征程的重要时刻召开的一次十分重要的代表大会，是党和国家政治生活中的一件大事。全党要团结带领全国各族人民攻坚克难、开拓奋进，为全面建设社会主义现代化国家、夺取新时代中国特色社会主义伟大胜利、实现中华民族伟大复兴的中国梦作出新的更大贡献，以优异成绩迎接党的二十大召开。

党中央号召，全党全军全国各族人民要更加紧密地团结在以习近平同志为核心的党中央周围，全面贯彻习近平新时代中国特色社会主义思想，大力弘扬伟大建党精神，勿忘昨天的苦难辉煌，无愧今天的使命担当，不负明天的伟大梦想，以史为鉴、开创未来，埋头苦干、勇毅前行，为实现第二个百年奋斗目标、实现中华民族伟大复兴的中国梦而不懈奋斗。我们坚信，在过去一百年赢得了伟大胜利和荣光的中国共产党和中国人民，必将在新时代新征程上赢得更加伟大的胜利和荣光！

写法简析

由于是会议公报，涉及的是对会议全部内容的反映，代表全体与会人员的意志，因此文中通常使用"全会听取""全会指出""全会强调""会议审议""会议决定""全会提出""全会号召"等标志性语句，并以之提领一项议题内容，这是会议公报常用的一种表达方式。如例文《中国共产党第十九届中央委员会第六次全体会议公报》就是如此，第一自然段为引言，交代了召开会议的时间、地点，紧接着陈述会议的基本情况，交代了出席会议的人员以及会议的主要议题，然后集中反映会议的决定事项，并用"全会一致认为""全会指出"

"全会认为""全会提出""全会强调"等语句提领,从不同的侧面、不同的领域全面反映出会议的议定事项和主要精神,从文中可以看出,对于会议取得的主要事项的表述,分别使用了5个"全会强调"和5个"全会提出",对我们党自成立以来的各个历史时期的主要成就包括对新民主主义时期、社会主义革命和建设时期、改革开放和社会主义现代化建设时期以及党的十三届四中全会、党的十六大特别是党的十八大以来所取得的举世瞩目的伟大成就进行了高度概括性评价,并对党从成立百年奋斗的历史意义所取得的宝贵经验进行了精要总结,内容十分完善全面,表述清晰到位,让人确信无疑。最后,专门使用了"全会号召"提领,向全党全军全国各族人民发出号召,为实现第二个百年奋斗目标、实现中华民族伟大复兴的中国梦而不懈奋斗,撼人心魄,催人奋进。

(五)要点撷萃

1. 要注意区别公报与公告,不要混用

从文种的适用范围上看,公报与行政公文中的公告极其相近,其所涉及的内容均为党和国家的重要事项,而且辐射范围也相同,均是面向国内外发布。但从实际情况看,二者仍然存在差别,其中在很大程度上取决于使用上的习惯性。

2. 要做到重点明确,主旨突出

有些公报,特别是会议公报和涉及统计情况的公报,内容往往比较繁杂,因此,在撰写时必须抓住重点,突出行文的主旨。要把写作重点放在对事件的陈述和观点的阐述上,而且要紧扣全文的核心内容来写,切忌杂芜并陈,令人难得要领。

3. 要注意用语的准确性和概括性

公报作为党和国家高级管理机关使用的公文,用以公布重大事件或重要决策,因此它十分讲究用语的准确性和概括性。是什么,不是什么;应当怎样做,不应怎样做,必须确切无误地传输给读者,而且要最大限度地使用低密度的语言;用较少的文字涵盖丰富的内容,做到言约意丰。只要认真品味党的十九届五中全会公报中的语言,我们就不难体会和理解公报文体的语言特性和要求。

五十五　公告

（一）适用范围

根据公文法规的规定，公告是向国内外宣布重要事项或者法定事项时使用的一种公文。所谓"重要事项"，是指国内外关注的大事、要事，诸如国家权力机关的重要决策、需要国内外周知的事项、对国内外有重大影响的活动等；所谓"法定事项"，是指国家机关包括立法、行政、司法、检察等机关向国内外宣布有关事件的处理情况。

（二）主要特性

公告与命令（令）、公报、通告等共同组成公布体公文。就总体来看，此类公文具有公开性、庄重性和告知性，但相比之下，公告又具有以下明显特点：

一是主体级别高。在我国，可以使用公告这一文种来宣布重大事项或法定事项的机构都是层次级别较高，尤其是最高层的国家机关及其职能部门。具体来说，国家及省一级的国家权力机关（人大及其常委会）、国家行政机关（国务院及其组成部门或被其授权的机构，各省、自治区、直辖市人民政府）、国家司法机关（人民法院、人民检察院）都具有发布公告的权力。层次级别较低的国家机关，由于不具有影响国内外的重大事项和法定事项的决策权，通常也就没有制发公告的权力。一般的社会团体、企事业单位不能制发公告。因此说，公告具有严格的制发权限要求。

二是告知范围广。在党政公文中，公告是告知范围最广的文种。其行文方式不例行一般公文的发送程序，而多是通过新闻媒介诸如报纸、广播电台、电视台以及网络等公开发布，其告知范围要比通告、通知、通报等文种广泛得多，既可面向国内，也可面向国外。

三是内容影响大。公告所发布的事项，必须是对国内外普遍关注而且会产生重大影响的"重要事项"或者"法定事项"。这种事项一经公布，必然在国际国内引起不同程度的反响。因此，不属于这类性质的事项，就不可使用公告来发布。

(三) 结构模式

公告一般由标题、发文字号、正文、结尾等几部分组成。

1. 标题

有两种构成形式：一是"发文机关＋文种"。如《国务院办公厅公告》。由于公告的正文一般较为简短，因此这种形式的标题最为常用。二是"发文机关＋事由＋文种"。如《中国人民银行关于国家货币出入境限额的公告》。这种标题多用于正文稍长、事由相对复杂的公告。

2. 发文字号

发文字号不是公告的必备要素。如果针对同一事件只发一次公告，则不用标注文号；如果同一发文机关在短时间内发布多份公告，为清楚起见，即应标注文号。

公告不属于常规的带有固定版头的文件，因此其发文字号不必标注机关代字等要素，只在标题下方居中标注序号"第×号"即可。

此外，由于公告是公开发布的周知性文件，因而都省略主送机关。

3. 正文

公告的正文一般包括两层内容：

（1）发布公告的缘由。可以有选择地交代公告发布的背景、根据、目的等，要写得简明扼要。如《中华人民共和国财政部公告》（20××年第53号），其正文开头即交代出了发布公告的依据"根据国家国债发行的有关规定，财政部决定发行20××年凭证式（二期）国债（以下简称本期国债）"，并用过渡句"现将发行等有关事宜公告如下"引出公告事项部分。

（2）发布的事项。这是公告的核心部分，必须用精练、准确、得体的语言把需要公布的事项表述清楚。如果这部分内容稍多，可以分段列项来写。例如《中华人民共和国财政部公告》（20××年第53号）的事项部分：

①本期国债最大发行总额300亿元，其中，3年期150亿元，票面年利率3.9%；5年期150亿元，票面年利率4.32%。

②本期国债发行期为20××年5月10日至20××年5月19日。

③投资者提前兑取本期国债按实际持有时间和相对应的分档利率计付利息，具体为：从购买之日起，本期国债持有时间不满半年不计付利息，满半年不满1年按年利率0.64%计息，满1年不满2年按2.37%计息，满2年不满3年按3.39%计息；5年期本期国债持有时间满3年不满4年按3.91%计息，满

4年不满5年按4.05%计息。

其他事宜按《中华人民共和国财政部公告》（20××年第24号）规定执行。

可见，例文从发行债券的数额、期限、方式、方法等几个方面明确清晰地说明了公告的事项，每条分别为一个单独自然段，层次清晰，重点分明。

4. 结尾

有几种情况：如果需要提出要求或者说明事项，可以写一个要求式或者说明式尾语；如果公告篇幅较短、内容简约，就应另起一行、前空两格以"特此公告""现予公告"等专用尾语作结，结尾以"特此公告"作结，注意其后不加句号；如果公告篇幅稍长、内容较多已无专写尾语的必要或加上专用尾语有画蛇添足之嫌，就不必再加尾语。

（四）范例简析

范例 1

国家综合性消防救援队伍2021年度
考试录用面试递补人员公告

国家综合性消防救援队伍2021年度考试录用面试人员资格复审工作已经完成，因部分考生放弃面试资格或复审不合格，根据公务员考录规定，各招录总队从报考同职位符合条件考生中，按照公共科目笔试总成绩由高到低的顺序，确定面试递补人员552名。

请面试递补人员按照《国家综合性消防救援队伍2021年度考试录用干部面试公告》和各招录总队电话通知要求，参加后续资格复审和考核选拔，有关事项请通过面试公告公布的联系电话咨询了解。

附件：国家综合性消防救援队伍2021年度考试录用面试递补人员名单

应急管理部政治部
2021年2月7日

写法简析

这是内容较为简短的一类公告。标题由事由和文种两个要素组成；正文部分采用直接陈述的形式，简明扼要地交代出了发布的公告事项，包括发布公告的缘由及依据，并向相关人员提出具体要求。从行文的语势上看，显得严谨庄重，干净利落。

范例 2

财政部　税务总局　民政部关于公益性捐赠税前扣除资格确认有关衔接事项的公告

财政部　税务总局　民政部公告2021年第3号

为鼓励社会公益性捐赠，做好《财政部　税务总局　民政部关于公益性捐赠税前扣除有关事项的公告》（财政部　税务总局　民政部公告2020年第27号）与相关文件的衔接工作，并考虑新冠肺炎疫情影响，现就有关事项公告如下：

一、确认2020年度—2022年度公益性捐赠税前扣除资格时，部分条件可按照以下规定执行：

（一）在民政部门依法登记的慈善组织和其他社会组织（以下统称社会组织）2018年和2019年的公益慈善事业支出和管理费用比例，可按照《民政部　财政部　国家税务总局关于印发〈关于慈善组织开展慈善活动年度支出和管理费用的规定〉的通知》（民发〔2016〕189号）有关规定执行。

（二）社会组织2018年至本公告发布之日最近一期的评估等级达到3A以上（含3A）。对于2019年成立的社会组织，以及2019年至本公告发布之日已接受评估但尚未出具结论的社会组织，确认资格时可暂不考虑其评估等级。

（三）确认公益性捐赠税前扣除资格时，可暂不考虑社会组织的非营利组织免税资格。

（四）按照本条取得公益性捐赠税前扣除资格的，在资格有效期内，应取得3A以上（含3A）评估等级，且取得非营利组织免税资格。

二、确认2021年度—2023年度公益性捐赠税前扣除资格时，社会组织2019年和2020年的公益慈善事业支出和管理费用比例，可按照《民政部　财

政部　国家税务总局关于印发〈关于慈善组织开展慈善活动年度支出和管理费用的规定〉的通知》（民发〔2016〕189号）有关规定执行。

三、本公告自2020年1月1日起执行。

特此公告

财政部　税务总局　民政部
2021年2月4日

写法简析

这是财政部、税务总局和民政部联合发布的公告。与前例相比，这篇公告在结构布局上更为完整。开头部分首先概述行文的目的，并用"现就有关事项公告如下"提领下文。主体部分采用分项表述的形式，从三个不同方面将确认2020年度—2022年度公益性捐赠税前扣除资格时，部分条件可执行的依据；确认2021年度—2023年度公益性捐赠税前扣除资格时，社会组织2019年和2020年的公益慈善事业支出和管理费用比例以及本公告正式生效的时间予以明确，最后以惯用结尾语"特此公告"作结，十分明确具体，便于理解和掌握。

（五）要点撷萃

（1）公告的内容表述应简明扼要，直陈其事，就实避虚，一事一告。

（2）公告的语言要庄重严肃，朴实无华，不发表议论，也不加说明和解释，更不能使用渲染性的语言或形容词进行带有感情色彩的夸张描述。

（3）由于公告具有新闻性的特点，故应及时、迅速地将所发生的重大事项向社会公布，以发挥其应有的作用。

（4）严肃对待，不可乱用。什么是"公告"中的"公"？一些人用汉语词典的一般释义去套用公文的专用名称，把它简单地理解为"公开"，是不合适的。这里的"公"与"公文"中的"公"都不可作"公开"来解释，要知它们具有特殊的政治含义，是党和国家权力的象征，因此，它的使用者势必是党和国家的高级管理机关。而且在内容上，必须是"重要事项"或者"法定事项"。一般的基层机关，地方各级行政主管部门和企事业单位不得使用"公告"来发布遵守或周知事项，公民个人更无权使用"公告"。至于目前我们在媒体上所看到的那些令人眼花缭乱的"公告"（如疫情防控、迁址、变更电话号码、商品促销、清仓大甩卖、注销账号、丢失证件、发票被窃、增资减资、饭店开业、酒楼开张、迪厅关闭、舞厅大修、招聘人员、出租房屋、招收学员……），理应加以杜绝。地方各级行政主管部门（如金融、工商、公安、税务、物价、教育、卫生、司法、文化、房地产、消防、交通、市政、城管、环保、财政、审计等），根据职权发布周知事项，按照公文处理法规的规定，应用"通告"，切不可随心所欲地滥用"公告"。

（5）"告"当"公"之告。发布公告，在内容的选择上必须注意符合两个方面：一是重要事项，二是法定事项。所谓"重要事项"，就是国内外关注的，尤其是有必要让国外了解的大事。施行新《宪法》、国家机关作出重大决策、国家机关重要人事任免、国家领导人的病情及治丧情况等都属于这类事项，应该使用公告来公布；所谓"法定事项"，既包括由国家立法、司法等机关依法决定的事项，也包括依照我国有关法律的规定，应该使用"公告"这一文种予以公布的事项。

五十六　通告

（一）适用范围

按照《党政机关公文处理工作条例》的规定，通告适用于在一定范围内公布应当遵守或周知的事项，属于一种告知性公文。

通告一般可分为法规性通告和具体事项性通告。

（1）法规性通告。这是在一定范围内公布政府有关法令、法规、政策，要求有关人员遵守、执行的通告。

（2）事项性通告。这类通告主要是专业性部门用于公布具体的事务，诸如停水、停电、停气，因道路维修等原因禁止车辆通行、出租车验照、单位更名、疫情防控健康码查验等具体事项。

（二）主要特性

（1）制发主体必须具有所通告事务的相关决定权或执行权，通常应是各级人民政府及其职能部门。例如，只有税务局适于发布与征税有关的通告、公安局适于发布收缴非法枪支的通告。否则，便无权发布相关通告。有一个市公安局在门前发布关于禁止越级上访和非法聚集闹事的通告，应当说是可以的，但其正文部分都是以市政府的口吻进行表述，就属于主体错位。

（2）发布事项必须"一文一事"，即在一篇通告中决定与安排一项社会事务。一篇通告只能公布一个事项，这一事项体现了社会管理的一个侧面，范围是明确的，对象是确定的。不能把社会管理几个方面的工作写入一篇通告之中。

（3）发布的目的和要求必须明确。通告对于有关方面、有关人员的要求，通常都是知晓前提下的遵守执行，或直接、或间接，都不同程度地要求确定人群"知且行"。

实践中，仅仅要求阅文者"周知"的通告少之又少。

（三）结构模式

通告的写作格式通常由以下几部分组成：

1. 标题

通告的标题通常由发文机关名称、事由和文种三个要素组成，例如《河北省人民政府关于认真做好2021年春节期间疫情防控工作的通告》；也可只标发文机关名称和文种，如《中华人民共和国公安部通告》等。

2. 发文字号

通告的发文字号标识方法与公告完全相同。

3. 正文

通告的正文在结构上与公告相似，但在内容上一般更为具体、充实，篇幅也略长，主要包括如下两部分：

（1）通告缘由。主要写明发布通告的目的、原因、根据、背景等，这一部分多用第一自然段，并常用公文的特定承启句式"为……，特通告如下"或者"根据……，决定……，现将有关事宜通告如下"引出通告的事项，这是通告开头部分的最基本写法。

（2）通告事项。这是通告全文的核心。

撰写这部分，首先，条理必须清晰分明。如果内容简单，则可采用篇段合一的形式；如果内容较多，应该分段列项，按照一定的逻辑顺序加以排列。例如《中华人民共和国公安部通告》：

（一）严禁将武器、凶器、弹药和易燃、易爆、剧毒、放射性物品以及其他危害飞行安全的危险品带上飞机。

（二）除经特别准许者外，所有旅客一律通过安全检查，必要时可进行人身检查和开箱检查。拒绝检查者，不准登机，损失自负。

（三）检查中发现携带上述危险品者，由机场安全检查部门进行审查处理；对有劫持飞机和其他危害飞机飞行安全嫌疑者，交由当地公安机关处理。

可以看出，上述三条从三个不同侧面即禁止规定、检查规定和处理规定依次撰写，环环相扣，周详而不疏漏，简洁而不繁冗。其次，内容应该明确具体。绝大多数通告是要求有关人员"知且行"的，因此通告内容必须使人便于理解、易于执行。即使是有些专业性比较强的通告，可能涉及一些专业术语，也应当在内容表述准确精练的基础上尽量让人"读得懂"，以确保通告的执行效力。再次，措施务必全面周详。比如向群众公布某项工作的新规定，既要说明执法者如何操作，又要把对违反通告者的处罚办法公之于众，可操作性要十分突出，而这对于确保通告内容事项的贯彻执行显然是极为必要的。

4. 结尾

通告的结尾部分通常以"特此通告"等习惯用语作结；也可明确执行时间、执行范围和有效期限，例如"本通告自发布之日起实施"等。

（四）范例简析

范例 1

贵州省人民政府征兵办公室关于
2021年兵役登记工作的通告

根据《中华人民共和国兵役法》《征兵工作条例》规定，现对2021年兵役登记工作通告如下：

一、兵役登记时间自2021年1月1日开始，至6月30日止。

二、2021年12月31日前年满18周岁的男性公民，均应参加登记。往年参加过兵役登记的，可登录网站对个人登记信息进行核验更新并申请报名应征。

三、登记在"全国征兵网"进行（网址：http://www.gfbzb.gov.cn/），不具备上网登记条件的青年，可到常住户籍所在地的县（市、区）人民政府征兵办公室或乡（镇、街道、社区、高校）武装部，由工作人员协助进行网上兵役登记。本人因特殊情况不能亲自前往登记的，可以委托亲属或者所在单位代为登记。

四、兵役登记是《兵役法》规定的基本制度，适龄男青年都要自觉依法登记。公民有拒绝、逃避兵役登记和征集等行为的，由县级人民政府强制其履行兵役义务，并可依法追究其法律责任和处以罚款；机关、团体、企事业单位和其他社会组织，应当依法组织或督促本单位男性适龄公民参加兵役登记。

贵州省人民政府征兵办公室
2020 年 12 月 20 日

写法简析

这篇通告的正文由两层内容组成。第一层为发布通告的依据及具体事项；第二层为通告事项，是采用分条的形式来写的，分别列出兵役登记时间范围、等级对象、登记办法，以及相关要求等 4 条事项，表意明确，条理清楚，前后衔接，内容具体。

范例 2

洛阳市新冠肺炎疫情防控指挥部
关于做好 2021 年春节期间疫情防控工作的通告

当前，全球疫情加速蔓延，国内疫情呈现多点散发和局部聚集性相互叠加态势。为进一步做好 2021 年春节期间疫情防控工作，结合我市疫情防控实际，现就春节期间疫情防控有关事项通告如下：

（1）减少人员流动。倡导市民就地过年，非必要不返乡、非必要不远行，无特殊情况不要前往中高风险地区；国内疫情中高风险地区人员暂缓返洛来洛，待所在地区风险等级降至低风险后可返洛来洛。

（2）减少人员聚集。大型会议活动非必要不举办，谁举办谁负责，举办 50 人以上聚集性活动的，应当制订疫情防控方案和应急预案，报辖区疫情防控部门备案；取消庙会、年会、集体团拜及大型慰问、联欢、聚餐、培训等活动；倡导"红事"延期、"白事"简办、"宴请"不办等新风尚，家庭私人聚会聚餐控制在 10 人以下。

（3）加强重点人员管理。全市社区（村）、单位、学校和宾馆加强对返洛来洛人员信息登记、体温测量和"洛康码"查验；中高风险地区返洛来洛人员一律实施"14＋2"天"集中隔离医学观察＋核酸检测"，所需费用自理；低风险地区从事冷链相关工作的返洛来洛人员，应持有抵洛前7日内核酸检测阴性证明。

（4）加强重点场所管理。公园景区、演出场所、娱乐场所、网吧、电影院、图书馆、博物馆、美术馆等场所要落实"限量、预约、错峰"等要求，接纳消费者人数原则上不得超过核定人数的75%，严格落实进入人员佩戴口罩、测量体温、查验"洛康码"或健康码等防控措施，所有工作人员必须全程佩戴口罩，做好日常监测和定期核酸检测。严格落实养老院、福利院、监所等特殊场所封闭半封闭管理措施。

（5）加强健康管理。出现发热、咳嗽等症状的市民，应主动到设有发热门诊的医疗机构就诊；零售药店对购买发热、止咳类药品人员实名登记，引导患者及时就医排除风险，对拒绝实名登记的不得销售相关药品。

（6）加强个人防护。广大市民要牢固树立"做自己健康管理第一责任人"的理念，理解服从配合各项防控要求，做好食、住、行、游、购、娱各环节个人防护，养成"戴口罩、勤洗手、常通风、少聚集、一米线、用公筷"等良好个人卫生习惯。

2021年1月14日

写法简析

这篇通告的正文由两层内容组成。第一自然段为第一层，交代了发布通告的背景、目的和依据；第二层为通告事项，是全文的主体和核心，也是行文的重点所在，采用分条列项和撮要标目的形式，具体阐述通告的事项。分别从减少人员流动、减少人员聚集、加强重点人员管理、加强重点场所管理、加强健康管理以及加强个人防护六个方面作出规定，其中较多使用了"原则上""严禁""要""应当"等词语，使所涉及的人员和场所界限十分明确具体，从行文技巧上看，全文条理清楚，前后衔接顺畅，堪称通告写作的范例。

（五）要点撷萃

（1）要注意讲究政策性、法规性。通告的事项是国家法律、法令、法规和党的方针政策在某些事项上的具体体现。因此撰写通告必须注意政策性、法规性，使每一项措施、规定和要求都符合法律、法规和政策规定精神，体现党和人民的利益。只有这样，才能保证通告的权威性。

（2）内容要突出、集中，给人留下深刻印象。无论通告中涉及多少事项，都应紧扣中心，使主题突出和集中，凡与通告的事项关系不大，或虽有一定联系但是对通告对象不会造成什么影响的，都不应写进通告之中。

（3）事项要明确具体，表态应鲜明。通告的目的在于让公众知晓其内容，以便遵守和执行。因此，在写作通告时，提倡什么，反对什么，态度要鲜明，事项要具体，切忌事项和要求抽象笼统，使公众不得要领，无所适从。

（4）语言通俗易懂，便于公众理解。因为通告专业性较强，在写作时可以使用一定的专业术语，但要考虑被告知对象的接受能力，必要时应作出注释，以便能够为公众所理解，有利于贯彻执行。同时，由于通告多是在某些特定地区发布，故应尽量避免使用难懂的方言土语。

（5）要正确区分"公告"与"通告"，切忌混用或错用。公告、通告虽都是公开发表的广泛告知性公文，但它们之间也存在一定的差异。首先在发布的形式上，它既可以采用公开张贴或报纸刊登、电台广播、电视转播的形式予以公开发布，有时也可采用内部行文的方式，这与"公告"等告知性文种是不同的；其次是在发布的范围上，"公告"一般没有限制，其所涉及的内容事项往往是知道的人越多越好，范围越广越好，而通告只是向一定范围内的人民群众公布；最后，从发布机关的权限及所涉及的内容来看，"公告"是党和国家机关使用的，"通告"的使用者虽较前面"公告"广泛，但一般也是具有一定权威的机关及管理部门。在内容上除一部分是为了周知用的，较多的是用以规范人们的社会行为，要求人们不但要知晓，而且要严格遵守与服从，这在某种程度上与法规很近似。

五十七　意见

（一）适用范围

根据公文法规的规定，意见是对重要问题提出见解和处理办法时使用的一种公文。所谓"重要问题"，应当是当前工作中所遇到的涉及全局性、方针政策性的重大事项和主要问题，特别是新问题。"重大"是就"一般"而言，"主要"是就"次要"而言,"新"是就"常规"而言。意见的写作,对这些"重要问题"不仅要"有所见解",而且要提出"处理办法"。"见解"就是对问题要做出全面中肯的分析,提出自己的看法和观点。然后,在分析认识的基础上,拿出切实可行的解决办法和措施。

根据意见文种的实际使用情况,可将其分为呈转性意见、建议性意见和直发性意见等几种。

(二) 主要特性

从行文方向的角度看,意见属于多向行文,既可上行,又可下行,还可平行。用于上行的意见,具有建议性。用于下行的"意见",具有较强的"指示"性,而且在实践中业已取代了"指示"等指令性强的文种。用于平行的"意见",即不相隶属单位之间使用的意见,主要是供对方参考之用。

(三) 结构模式

1. 下行意见

下行意见的结构通常由以下几部分组成:

(1) 标题。

一般应由发文机关名称、事由和文种三个要素构成,如《国务院办公厅关于进一步加强督促检查切实抓好工作落实的意见》。视具体情况,也可省略发文机关名称,如《关于发展我市观光旅游农业的意见》。

(2) 主送机关。

下行意见的主送机关与上行意见不同,其多少应视实际情况而定,一般而言问题涉及的有关单位都可作为行文对象;也有一些意见没有特定的主送机关。

(3) 正文。

下行意见的正文应当载明如下几个层次的内容:

一是提出意见的依据、目的和缘由,主要回答的是"为什么提出意见"。要写得简明扼要,精练概括,然后用一过渡语"为此,特提出如下意见""为促进……的健康发展,特提出如下意见"等提领下文。

二是有关问题的部署、安排和措施,即意见的具体内容。要针对不同情况,阐明贯彻落实某项工作或解决某一问题的意义,提出做好此项工作的基本原则、要求、措施,有的还提出实施的具体步骤。要紧紧围绕行文的主旨,对所提出的问题作出全面中肯的分析,在此基础上提出见解和解决的办法。要注意内容的层次性，从不同角度、不同侧面对有关工作如何开展进行指导，并对加强工作的领导和执行等提出总体要求，既要讲清道理，又要注意所提的措施要求等具有合理性和可操作性。可采用撮要显旨的表达手法，以求眉目清楚，易于理解和执行。

三是执行要求，即对实施布置、安排的原则性要求，也可强调意义、发出号召、提出希望，如"以上意见，各单位要结合本部门的实际情况，制定相应的措施并报×××，认真贯彻执行"。

(4) 结尾。

在正文右下侧，载明成文日期，并加盖公章。由于意见具有较强的规范性，有时往往将发文机关名称和成文日期置于标题之下。

2. 上行意见

上行的"意见"，一般要载明如下几项内容要素：

(1) 标题。

由发文机关、事由和文种三个要素组成，例如《四川省农业厅关于加强农村统一灭鼠的意见》。

(2) 正文。

这部分是意见的主体。多采用"撮要分条"的结构写法，例如：

四川省农业厅关于加强农村统一灭鼠的意见

省人民政府：

近几年，我省农村害鼠正处于繁殖高峰期，农田害鼠密度回升较快，鼠害猖獗，部分地区危害程度超过历史水平。据各鼠情监测点和各地调查，××年—××年鼠害高峰期农田鼠密度超过防治指标的×倍～×倍（控制标准为×%以下），粮食作物严重受害，一般产量损失达×%，重者达×%以上，鼠传疾病也有所抬头。严重的农村鼠害对农业生产和农民群众健康构成很大威胁。

加强农村灭鼠是发展农村经济的一项重要工作。实践证明，开展大面积农田统一灭鼠是控制鼠害的有效措施。近年全省按照省农牧厅、省爱卫会川农牧植保字［××］×号文件和省政府办公厅川府办电［××］×号文要求，开展农村统一灭鼠，取得了明显成效。每年农田灭鼠面积达×万公顷，占害鼠发生面积的×%以上，挽回粮食损失×亿公斤，并抑制了鼠传疫病的流行。

为了长期控制农村鼠害，提高农村灭鼠的效果和效益，保障农业生产安全，控制鼠传疾病的传播，现就加强农村统一灭鼠提出以下意见：

一、加强领导，坚持农村统一灭鼠

各级政府要引起高度重视。切实加强对农村灭鼠工作的领导。要把灭鼠防病保粮作为政府行为，纳入当地农村经济发展规划和年度计划，统筹安排，在人力、物力、财力等方面给予必要保障。农村灭鼠必须坚持"一集中、六统一"，即集中在春、秋两季，实行统一组织指挥，统一宣传培训，统一筹集资金，统一供应鼠药，统一投饵技术，统一检查验收，确保农村灭鼠工作长期有效地坚持下去。

二、明确职责，落实任务

根据省政府职能划分，农田灭鼠由农业部门主管。各级农业植保部门，必须在各级政府的统一领导下，与爱卫会紧密合作，认真实施，狠抓落实。要做好农田鼠情监测与鼠传疫病疫情的监测工作，抓好灭鼠技术的宣传培训工作，组织灭鼠所需药、械的供应，指导农民科学灭鼠。灭鼠面积要以县为单位，达到×%以上，药物灭鼠必须使用经主管部门批准使用的灭鼠药物，严禁使用含有氟乙酰胺的各种剧毒鼠药，防止人、畜中毒事故发生。凡乱用不合规定的鼠药而造成严重后果的要追究行政及法律责任。工商、技术监督、市场管理等部门要密切配合，加强农药市场管理，取缔个体鼠药贩子销售假冒伪劣鼠药。林业等有关部门要加强对害鼠的天敌（如蛇、黄鼬等野生动物）的保护，以恢复自然生态平衡，控制害鼠危害。

三、加强督促检查，保证灭鼠效果

农村灭鼠防病保粮是关系到政府声誉和农村经济发展的大事，认真抓好这项工作，有利于密切党和政府与人民群众的血肉联系，树立起党和政府的良好形象，各有关部门要认真抓好。各地要把农田灭鼠纳入农作物病虫草鼠统防统治的议事日程，认真考核，在灭鼠结束后及时做好效果检查和工作验收。省农业厅、省爱卫会根据各地工作情况和验收结果，对验收合格的将发给合格证，对工作出色成效显著的单位和个人，予以表彰和鼓励。

以上意见，如无不妥，请批转各地贯彻执行。

四川省农业厅

××年×月×日

例文开头先用两段文字，交代了加强农村统一灭鼠的缘由、背景与必要性："近几年，我省农村害鼠正处于繁殖高峰期，农田害鼠密度回升较快，鼠害猖獗，部分地区危害程度超过历史水平。……加强农村灭鼠是发展农村经济的一项重要工作。……"这就是提出与分析问题，此谓"撮要"。然后通过一个过渡句"为了长期控制鼠害，……保障农业生产安全，现就加强农村统一灭鼠提出以下意见："进入主体部分。主体部分采用"分条"的方法，并列讲了"加强领导，坚持农村统一灭鼠""明确职责，落实任务""加强督促检查，保证灭鼠效果"三点意见，这属于解决问题。最后以"以上意见，如无不妥，请批转各地贯彻执行"结束全文。这种结构是上行"意见"正文部分的基本形式，它的特点是主旨显露、要求清楚、一目了然。

（3）结尾。

标明意见的成文日期，要用公元全称，用阿拉伯数字表述。

（四）范例简析

范例 1

国务院办公厅关于推动药品集中带量采购工作常态化制度化开展的意见

国办发〔2021〕2号

各省、自治区、直辖市人民政府，国务院各部委、各直属机构：

　　药品集中带量采购是协同推进医药服务供给侧改革的重要举措。党的十九大以来，按照党中央、国务院决策部署，药品集中带量采购改革取得明显成效，在增进民生福祉、推动三医联动改革、促进医药行业健康发展等方面发挥了重要作用。为推动药品集中带量采购工作常态化制度化开展，经国务院同意，现提出如下意见。

　　一、总体要求

　　（一）指导思想。以习近平新时代中国特色社会主义思想为指导，全面贯彻党的十九大和十九届二中、三中、四中、五中全会精神，坚持以人民为中心的发展思想，完善以市场为主导的药品价格形成机制，发挥医保基金战略性购买作用，推动药品集中带量采购工作常态化制度化开展，健全政府组织、联盟采购、平台操作的工作机制，加快形成全国统一开放的药品集中采购市场，引导药品价格回归合理水平，有力减轻群众用药负担，促进医药行业健康发展，推动公立医疗机构改革，更好保障人民群众病有所医。

（二）基本原则。一是坚持需求导向，质量优先。根据临床用药需求，结合医保基金和患者承受能力，合理确定集中带量采购药品范围，保障药品质量和供应，满足人民群众基本医疗用药需求。二是坚持市场主导，促进竞争。建立公开透明的市场竞争机制，引导企业以成本和质量为基础开展公平竞争，完善市场发现价格的机制。三是坚持招采合一，量价挂钩。明确采购量，以量换价、确保使用、畅通采购、使用、结算等环节，有效治理药品回扣。四是坚持政策衔接，部门协同。完善药品质量监管、生产供应、流通配送、医疗服务、医保支付、市场监管等配套政策，加强部门联动，注重改革系统集成、协同高效，与药品集中带量采购制度相互支持、相互促进。

二、明确覆盖范围

（三）药品范围。按照保基本、保临床的原则，重点将基本医保药品目录内用量大、采购金额高的药品纳入采购范围，逐步覆盖国内上市的临床必需、质量可靠的各类药品，做到应采尽采。对通过（含视同通过，下同）仿制药质量和疗效一致性评价（以下简称一致性评价）的药品优先纳入采购范围。符合条件的药品达到一定数量或金额，即启动集中带量采购。积极探索"孤儿药"、短缺药的适宜采购方式，促进供应稳定。

（四）企业范围。已取得集中带量采购范围内药品注册证书的上市许可持有人（药品上市许可持有人为境外企业的，由其依照《中华人民共和国药品管理法》指定履行药品上市许可持有人义务的中国境内的企业法人），在质量标准、生产能力、供应稳定性等方面达到集中带量采购要求的，原则上均可参加。参加集中带量采购的企业应对药品质量和供应保障作出承诺。

（五）医疗机构范围。所有公立医疗机构（含军队医疗机构，下同）均应参加药品集中带量采购，医保定点社会办医疗机构和定点药店按照定点协议管理的要求参照执行。

三、完善采购规则

（六）合理确定采购量。药品采购量基数根据医疗机构报送的需求量，结合上年度使用量、临床使用状况和医疗技术进步等因素进行核定。约定采购比例根据药品临床使用特征、市场竞争格局和中选企业数量等合理确定，并在保障质量和供应、防范垄断的前提下尽可能提高。约定采购量根据采购量基数和约定采购比例确定,在采购文书中公开。鼓励公立医疗机构对药品实际需求量超出约定采购量以外的部分,优先采购中选产品,也可通过省级药品集中采购平台采购其他价格适宜的挂网品种。

(七)完善竞争规则。对通过一致性评价的仿制药、原研药和参比制剂不设置质量分组,直接以通用名为竞争单元开展集中带量采购,不得设置保护性或歧视性条款。对一致性评价尚未覆盖的药品品种,要明确采购质量要求,探索建立基于大数据的临床使用综合评价体系,同通用名药品分组原则上不超过2个。按照合理差比价关系,将临床功效类似的同通用名药品同一给药途径的不同剂型、规格、包装及其采购量合并,促进竞争。探索对适应症或功能主治相似的不同通用名药品合并开展集中带量采购。挂网药品通过一致性评价的仿制药数量超过3个的,在确保供应的前提下,集中带量采购不再选用未通过一致性评价的产品。

(八)优化中选规则。基于现有市场价格确定采购药品最高有效申报价等入围条件。根据市场竞争格局、供应能力确定可中选企业数量,体现规模效应和有效竞争。企业自愿参与、自主报价。通过质量和价格竞争产生中选企业和中选价格。中选结果应体现量价挂钩原则,明确各家中选企业的约定采购量。同通用名药品有多家中选企业的,价格差异应公允合理。根据中选企业数量合理确定采购协议期。

(九)严格遵守协议。各方应严格遵守法律法规和协议约定,落实中选结果,依法享有权利、履行义务并承担相应责任。采购协议期满后,应着眼于稳定市场预期、稳定价格水平、稳定临床用药,综合考虑质量可靠、供应稳定、信用优良、临床需求等因素,坚持招采合一、量价挂钩,依法依规确定供应企业、约定采购量和采购协议期;供求关系和市场格局发生重大变化的,可通过竞价、议价、谈判、询价等方式,产生中选企业、中选价格、约定采购量和采购协议期。

四、强化保障措施

(十)加强质量保障。严格药品质量入围标准,强化中选企业保证产品质量的主体责任。落实地方政府属地监管责任,将中选药品列入重点监管品种,按照"最严谨的标准、最严格的监管、最严厉的处罚、最严肃的问责"要求,加强生产、流通、使用的全链条质量监管。医疗机构应加强中选药品不良反应监测,发现疑似不良反应及时按程序报告。完善部门协调和监管信息沟通机制,加快推进药品生产流通使用全过程追溯体系建设,基本实现中选药品全程可查询、可追溯。依法依规处置药品质量问题。

（十一）做好供应配送。中选企业应做好市场风险预判和防范，按照采购合同组织药品生产，按要求报告产能、库存和供应等情况，确保在采购周期内及时满足医疗机构的中选药品采购需求。中选药品由中选企业自主委托配送企业配送或自行配送，配送费用由中选企业承担。配送方应具备药品配送的相应资质和完备的药品流通追溯体系，有能力覆盖协议供应地区，及时响应医疗机构采购订单并配送到位。加强偏远地区配送保障。出现无法及时供应的，除不可抗力因素外，中选企业应承担相应责任和由此产生的所有费用，否则将被视为失信违约行为。

（十二）确保优先使用。医疗机构应根据临床用药需求优先使用中选药品，并按采购合同完成约定采购量。医疗机构在医生处方信息系统中设定优先推荐选用集中带量采购品种的程序，临床医师按通用名开具处方，药学人员加强处方审核和调配。将医疗机构采购和使用中选药品情况纳入公立医疗机构绩效考核、医疗机构负责人目标责任考核范围，并作为医保总额指标制定的重要依据。

五、完善配套政策

（十三）改进结算方式。医疗机构应承担采购结算主体责任，按采购合同与企业及时结清药款，结清时间不得超过交货验收合格后次月底。在医保基金总额预算基础上，建立药品集中带量采购预付机制，医保基金按不低于年度约定采购金额的30%专项预付给医疗机构，之后按照医疗机构采购进度，从医疗机构申请拨付的医疗费用中逐步冲抵预付金。在落实医疗机构采购结算主体责任的前提下，探索通过在省级药品集中采购机构设立药品电子结算中心等方式，推进医保基金与医药企业直接结算。医保经办机构对医疗机构申请结算的医疗费用要及时审核，并足额支付合理医疗费用。

（十四）做好中选价格与医保支付标准协同。对医保目录内的集中带量采购药品，以中选价格为基准确定医保支付标准。对同通用名下的原研药、参比制剂、通过一致性评价的仿制药，实行同一医保支付标准。对未通过一致性评价的仿制药，医保支付标准不得高于同通用名下已通过一致性评价的药品。

（十五）完善对医疗机构的激励机制。对因集中带量采购节约的医保资金，按照相关规定给予医疗机构结余留用激励。在集中带量采购覆盖的药品品种多、金额大、涉及医疗机构多的情况下，要开展医疗服务价格动态调整评估，符合条件的及时调整医疗服务价格。定点医疗机构应完善内部考核办法和薪酬机制，促进临床医师和药学人员合理用药，鼓励优先使用中选产品。

六、健全运行机制

（十六）完善药品集中采购平台功能。省级药品集中采购机构要依托药品集中采购平台，以医保支付为基础，在药品集中采购主管部门领导下，对招标、采购、交易、结算进行管理，提高透明度。省域范围内所有公立医疗机构应在本省（自治区、直辖市）药品集中采购平台上采购全部所需药品。加强药品集中采购平台规范化建设，统一基本操作规则、工作流程和药品挂网撤网标准，统一医保药品分类和代码，统一药品采购信息标准，实现省级药品集中采购信息互联互通，加快形成全国统一开放的药品集中采购市场，建立健全医药价格和招采信用评价制度，依法依规实行全网动态守信激励和失信惩戒。促进医保信息平台、国家药品供应保障综合管理信息平台、区域全民健康信息平台和全国信用信息共享平台信息共享。

（十七）健全联盟采购机制。按照政府组织、联盟采购、平台操作的要求，推进构建区域性、全国性联盟采购机制。医疗保障部门会同有关部门指导或组织相关地区和医疗机构形成药品集中采购联盟，加强工作协调，部署落实重点任务；联盟地区药品集中采购机构共同成立跨区域联合采购办公室，代表联盟地区医疗机构实施药品集中带量采购，组织并督促执行采购结果。进一步完善国家组织药品集中带量采购的常态化、专业化运作机制，由上海市医药集中招标采购事务管理所承担国家组织药品联合采购办公室日常工作并负责具体实施。

七、强化组织保障

（十八）加强组织领导。国家医保局、国家卫生健康委、国家药监局、工业和信息化部要完善药品集中带量采购工作机制，相互协调、密切配合。国家医保局要切实担负起药品集中带量采购工作常态化制度化开展的统筹协调和督促指导责任，完善相关政策措施，适时开展监测分析、督导检查、总结评估。财政部、商务部、市场监管总局等有关部门要加强政策协同和工作配合，形成合力。地方人民政府要加强对本地区药品集中带量采购工作的组织领导，深入落实各项政策措施，积极开展探索创新，确保药品集中带量采购工作有序推进。

（十九）分级开展工作。国家组织对部分通过一致性评价的药品开展集中带量采购，根据市场情况开展专项采购，指导各地开展采购工作。各省（自治区、直辖市）对本区域内除国家组织集中带量采购范围以外的药品独立或与其他省份组成联盟开展集中带量采购，并指导具备条件的地市级统筹地区开展采购工作。地市级统筹地区应根据所在省（自治区、直辖市）安排，就上级组织集中带量采购范围以外的药品独立或与其他地区组成联盟开展集中带量采购。对尚未纳入政府组织集中带量采购范围的药品，医疗机构可在省级药品集中采购平台上自主或委托开展采购。集中带量采购中选价格应及时报上级医药价格主管部门备案。

（二十）做好宣传引导。各地区各有关部门要全面准确解读药品集中带量采购政策，大力宣传集中带量采购取得的成效、典型案例、创新做法，以及不断增强人民群众获得感、幸福感、安全感的重要作用。充分发挥医务人员在临床用药中的作用，做好解释引导工作。完善重大舆情监测和应对处置机制，主动回应社会关切，凝聚社会共识，营造良好舆论氛围。

国务院办公厅
2021年1月22日

写法简析

从现实使用情况看，意见的篇幅一般比较长，这是由意见的内容所决定的，因为它是用于对重要问题提出见解或处理办法，所以不是简单的一段或几段所能承载的。这篇意见紧紧围绕"推动药品集中带量采购工作常态化制度化开展"这一主题，首先在开头部分开宗明义，表明药品集中带量采购的重要性和意义，紧接着使用目的和依据句"为推动药品集中带量采购工作常态化制度化开展，经国务院同意，现提出如下意见"提领下文，属于"提出问题"，非常简洁，开门见山，直接切入主题。

主体部分从"总体要求""明确覆盖范围""完善采购机制""强化保障措施""完善配套政策""健全运行机制""强化组织保障"七个方面加以展开，可以看出，行文既有总体要求，又有工作任务和重点；既有工作制度、方式方法的明确规定，又有组织保障方面的措施，从不同侧面、不同角度加以阐述，使意见的主旨具体化，既提出了问题，又对问题进行了简明扼要的分析，并着重给出了解决问题的办法和措施。

从表现形式上看，全文虽然是从七个大的方面进行阐述，但更注重条理的统一性，即各部分之间是紧密相连的。本意见是针对"推动药品集中带量采购工作常态化制度化开展"的主题而言的，从不同方面的内容来依次展开，而且采用了条项贯通的结构形式，七个大问题下面包括20个小项目，用序号贯通起来，前后相连，浑然一体，这种写法对于处理重要问题着重从办法上来提出解决措施的意见具有参考价值。

范例 2

××市公安局××分局
关于进一步强化社区警务工作的意见

市公安局：

在刚刚过去的一年，我分局在市局的正确领导下，立足于建立打防控一体、警企民联动的治安防范体系，大力推进社区警务战略，全面强化基础工作和队伍建设，突出解决让人民不满的问题。特别是通过警力的整合、阵地的前移、打防布局的调整和民力资源的开发，切实提高了对社会治安的控制能力，初步实现了市委提出的"社会治安要打翻身仗"的目标。

新年伊始，万象更新，公安工作任重而道远。作为××市管辖区域面积最大、人口最多、地理位置最为重要的龙头分局将如何把握机遇，迎接挑战，与时俱进，是摆在我们面前的现实问题。早在去年年末，分局党组已着手对新一年的公安工作进行了分析和研究，并提出了"整体工作上水平、重点工作搞突破"的工作思路。与此同时，分局按照市局提出的"打防要有新力度，改革要有新突破，服务要有新举措，形象要有新变化"的工作要求，一方面，由党组成员深入基层单位，进行深入的调查研究，认真查摆，及时发现当前工作特别是社区警务工作中存在的问题和不足；另一方面，责成××同志组织有关人员赴外地市公安机关进行考察和学习，用先进的经验和做法来完善自身的不足。经过一系列的调查和论证，分局党组在立足现有，深挖潜能，通过调整人口管理手段和方式来推进社区警务工作的深入开展这一问题上达成了共识，并准备先行启动，先期试点。

一、当前人口管理方式的不足之处

（一）实效性不强。我们对社区民警人口管理的要求是"两知"和"两熟悉"。"两知"，即社区民警对在责任区居住年满16周岁以上和45周岁以下的男性，以及有违法犯罪经历的女性要普遍熟悉，要达到知身份、知现实表现；

"两熟悉",即责任区民警和群众互相认识、互相熟悉。在责任区工作半年以上的民警熟悉率要达到××%,一年以上的要求达到××%,两年以上的要求达到××%以上。另外,对暂住人口、出租房屋、重点人口、"五种"监视对象、邪教组织成员及轻微违法犯罪人员等均有详细的较高标准的熟悉规定。

从我们实际工作情况看,存在两个问题。一是由于社区民警在人口熟悉上的工作量大,很难达到规定的标准。社区民警在熟悉并管理人口的同时,还要负责辖区安全防范、治安管理及刑事犯罪的打击工作,特别是治安案件的查处工作牵扯了民警很大一部分精力,使其难以真正沉到社区开展人口熟悉工作,更谈不上达到上级规定的人口熟悉标准。由于工作负担大,责任区民警的思想压力沉重,工作态度消极。多数民警都是临阵磨枪,在考核时下"功夫",想"办法",应付现象突出。另外,由于工作量大,导致工作的重点不突出,以至于削弱了需要管好的几类特殊人口的管理力度,失去了人口管理的效力,难以实现管理人口的目的。二是现行的人口管理方法在实际工作中发挥作用不明显。现行的人口管理办法是计划经济条件下人口管理方式的延伸,至今也没有做大幅度的调整和改进。由于当时人员的流动极小,流窜犯罪少,因此此种管理方式有效。但随着形势的发展变化,随着人口流动大潮的出现,流窜犯罪的问题突出。20××年,本区人员违法的共有××名,仅占全区实有人口的××。从破案情况看,本区人员在本区作案的有××起,仅占全区破案的××%。因此,将工作的重点放在本区的人口管理上,只能是事倍功半,效果不明显。

(二)警力耗损问题突出。20××年4月警力整合后,我局初步实现了"小机关,大基层"的警力分布格局,基层派出所的警力也由过去的××名增至××名,占全局总编制的××%,有效解决了基层警力不足的问题。目前,我局共有××名社区民警(不包括××名兼片副所长)。以我区实有的××户计算,平均每名社区民警管理××户。这部分人员主要负责人口管理和居民区的安全防范。从去年的统计数据来看,一方面,居民区可防性案件共发××起,仅占全区发案总数的××%。用全局××%多的警力来控制仅占全区发案××%的可防性案件,即使是可防性案件大幅下降,也不能不说是一种警力的浪费。另一方面,路面案件发生××起,占全区发案总数的××%,由于没有专业巡防力量,仅靠社区民警兼职工作,难以得到有效控制。与此同时,治安案件日益增多。由于程序复杂,查处的难度较大,在没有专职治安民警的前提下,为了使这些案件及时得到查结,社区民警要付出很大的精力,以至于人口管理和社会面控制的力度不强，顾此失彼。

二、调整人口管理方式的设想及可行性

（一）改变现有的人口管理方式。借鉴外地市人口管理的成功经验，我们将对现行的人口管理方式进行调整。具体的管理方法为"三管三到位"：重点人口重点管，即管好两头，一头是党政领导、人大代表、政协委员、著名企业家、知名人士等，主要是保证上述易受侵害目标的安全；另一头是有前科劣迹和刑嫌人员、治安危险分子及其他重点人员，对于上述人员必须全部熟悉，预防并控制其实施犯罪；一般人口微机管，也就是通常所说的中间段的人员，主要是通过输入微机和警务通，便于查询即可，另外，输入的过程，也就是对人口的一种熟悉；流动人口和暂住人口必须管。对这部分人员，由社区民警加上辅警人员对其进行动态式管理，及时发现、登记、照相、办证，跟踪管控。此种管理方式可以将社区民警从繁重而又不必要的工作中解脱出来，充分体现了"优化筛选、突出重点、提高效率，为打击和管理服务"的原则。

（二）扩大责任区民警的管理户数。由于人口管理方式的改变，工作效率的提高，使扩大责任区民警的管理户数的设想变为现实。以每名民警管理××户计算，仅需××名警力。以荣市派出所和王岗派出所为例：荣市派出所辖区人口有××户，按新的人口管理办法，需要重点管理的人口仅有××名，其中需要重点保护的对象××名，重点人口××名；王岗派出所辖区人口有××户，按照新的人口管理办法，需要重点管理的人口有××名，其中需要重点保护的对象××名，重点人口××名。虽然责任区民警的管理户数增加了一倍，但实际需要管理的人员总量大幅减少。在警力减半的前提下，由于重点突出，工作效率有所提高。至于责任区民警管理的具体户数，可以××户为标准，结合实际情况上下浮动。

（三）增设派出所领导下的巡防警和治安警。从我区情况看，路面案件虽然有所下降，但是仍然没有得到很好的控制，要想拉动发案总量的大幅下降，必须在控制路面案件上下大功夫。同时，由于形势的要求，治安案件的查处工作也应当作为派出所的一项重要工作予以加强。因此，在条件允许的前提下，通过设立派出所领导下的巡防警和治安警，来加大社会面巡控和治安案件的查处力度，实属必要。如果按新的人口管理办法，在不影响管理效果的前提下，我们可以从社区民警中抽出××名警力，平均每个派出所××名。根据派出所的工作实际，科学安排巡防警和治安警的人数，分别负责社会面的巡控和治安及刑事案件的查处。

（四）对派出所领导下的各警种实行捆绑式考核，强化彼此间的协作与配合。将巡防警和治安警沉入社区，与社区民警一同工作，实行警长负责制。一方面在警种职能各有侧重的前提下，实现了警力资源的集中共享；另一方面便于加强警种之间的协作与配合。真正做到社区防范一起搞，刑事案件一起破，治安案件一起查，通过打击发现防范中的薄弱环节，通过巡防为打击服务，通过查处案件提高民警化解矛盾的能力。也就是说，通过挖掘自身潜能，发挥警务区内各警种的整体合力，实现"一专多能"，真正将派出所和社区建设成为机动灵活的战斗实体。

××市公安局南岗分局（公章）
20××年1月14日

写法简析

这是一篇建议性意见，写得很规范。全文就如何进一步强化社区警务工作问题表明见解，进行精当而切实的阐述，并提出了具体的处理办法。首先对过去一年的工作进行扼要回顾，明确新一年工作的主要任务和设想，以此作为行文的依据和缘由，转入主体部分。主体部分分为两大层次，一是"当前人口管理方式的不足之处"，从实效性不强和警力耗损问题突出两个方面加以阐述；二是"调整人口管理方式的设想及可行性"，针对所存在的问题，提出了"改变现有的人口管理方式""扩大责任区民警的管理户数""增设派出所领导下的巡防警和治安警""对派出所领导下的各警种实行捆绑式考核，强化彼此间的协作与配合"四条解决办法，理据充分，富有说服力。从写作手法上看，全文以介绍背景和缘由开篇，采用撮要句提领各个层次内容，然后自然引出解决措施，而且善于运用数字来说明问题，从而使得全文的内容安排及结构布局十分严谨有序，用语精练流畅。

（五）要点撷萃

（1）要注意用于下行的意见与指示性通知之间的差异。向下行文，凡涉及的内容是工作中的"重要问题"，但不需作较多理论分析，且对下级规定性较强、要求性很具体的，应用"指示性通知"而不用"意见"。

（2）要注意下行的意见在用语上的特性。下行的"意见"与上行的"意见"在用语上有所不同，它较多使用一些带有祈使语气表示肯定或带有禁止语气以示否定的指令性语气。意在对所提出的问题及解决办法予以强调，常用"要××"等用语，有的在引言中用"提出如下贯彻意见"等过渡语表明发文机关的态度。

（3）要注意把握上行的意见在用语上的特性。由于"意见"的行文方向不同，其用语也截然不同。其中上行的"意见"，要使用下级对上级汇报见解、陈述办法的语气，诸如"我们考虑""我们认为""我们建议""我们要求""我们意见"以及"请""敬""望""应××""可××"等期请和建议性词语，用语比较婉转，结尾常用"以上意见供参考""以上意见如无不妥，请批转……贯彻执行"等，意在以体现对上级机关的尊重。

（4）要注意意见行文方向的多角度性。如前所述，"意见"这一文种，既可以是下级写给上级，类似一种建议；又可以是上级发给下级，似同指示性通知；还可以发给平级，所提意见供对方参考。显然它是上、平、下三种行文方向兼而有之，其行文方向具有明显的多角度特性。

（5）要注意把握意见的内在结构形式。在结构布局上，"意见"与相近文种包括"请示""情况报告"等有所不同，它们并不要求必须首先"提出问题"，随即"分析问题"，然后要"解决问题"。有的"请示"基本上是"提出问题——解决问题"的单一内在结构形式；而一些"情况报告"，往往是"提出与——分析问题"，而不存在"解决问题"的内容。但"意见"则不同，它不仅要"提出问题"，而且要对问题作出分析，并在分析的基础上，有针对性地提出解决问题的办法。也就是说，"意见"的内在结构必须是"提出——分析——解决"三个"问题"的"珠联璧合"，缺少其中任何一个"问题"，都不符合"意见"写作的内在规律。

五十八　通知

（一）适用范围

通知是党政机关公文处理实践中发文数量最多、使用频率最高的文种，属于知照体公文。按照《党政机关公文处理工作条例》的规定，通知适用于发布、传达要求下级机关执行和有关单位周知或者执行的事项，批转、转发公文。由此可以看出，通知文种的适用范围极广，呈现出一种明显的多功能的特性。

通知的类型多种多样，主要有转发性通知；批转性通知；发布性通知；指示性通知；任免性通知；事项性通知。

（二）主要特性

通知文种的适用范围极广，呈现出一种明显的多功能的特性。

首先是发布性。即用通知来发布有关法规和规章，它一般用于机关内部行文，此种通知称为"发布性通知"。例如《中共中央　国务院关于印发〈国家综合立体交通网规划纲要〉的通知》。

值得注意的是，在 2000 年 8 月 24 日国务院发布的《国家行政机关公文处理办法》（以下简称《办法》）中，将通知原有的"发布规章"的功用表述删掉了，从表面上看似乎只能用命令（令）来发布行政法规和规章，但实际上命令（令）这一文种的使用主体级别和所涉及的内容范围有很大的局限性。因此，"删掉"并不等于不用，上述国务院发布的《办法》，就仍然使用的是"通知"文种。2012 年 4 月 16 日中共中央办公厅和国务院办公厅联合印发的《党政机关公文处理工作条例》依然是以"通知"文种发布。所以，对于公文法规中的规定，我们决不能机械地去"咬文嚼字"，以致流于绝对化、简单化。

其次是指示性。即指用通知来发布要求下级机关办理和需要有关单位周知或者执行的事项，此种通知称为"指示性通知"。这种指示性通知，一般是以机关办公部门名义行文。这里又有一个问题值得注意，即使用通知"发布要求下级机关办理"的事项，从文意上看显然是下行文，但它还可以发布"需要有关单位周知或者执行的事项"，从这个角度看，说明通知有时还可以用于平行文。也就是说，通知兼有下行文和平行文的双重特点和使用功能。

最后是中转性。即指用于批转下级机关的公文，转发上级机关和不相隶属机关的公文。具体分为三种情形：一是"下转上"，即将某一下级机关的公文批转给所属上级机关；二是"上转下"，即将上级机关的来文转发给所属下级机关；三是"平转平"，即将不相隶属机关的来文转发给所属下级机关。其中"上转下"称为"批转性通知"，"下转上"和"平转平"统称为"转发性通知"。

从作者的角度来说，通知是发文机关中受限最少的文种之一。它的发文机关不受性质与级别的限制，无论是最高层的党政机关，还是基层的企事业单位，都可以使用。在这一点上，通知与命令、公告、议案等文种截然不同。

（三）结构模式

通知由于功能的多样性，其写作模式及要领也不尽相同。现将几种主要通知的写作技法分述如下：

1. 发布性通知

发布性通知的内容结构一般由以下几部分组成：

（1）标题。这类通知的标题通常由发文机关名称、被发布的法规或规章名称和文种三要素组成，例如《中共中央办公厅　国务院办公厅关于印发〈党政机关公文处理工作条例〉的通知》。

（2）正文。正文一般应当载明两层内容：一是明确指出所发布的是什么法规，该法规的施行或生效日期及相关事项说明；二是提出贯彻执行的希望或要求。一些十分重要的法规，文中还要强调它的重大意义。在具体表达次序上，开头都要通过一个"提前"句式，使用"现将"二字引领，把所要发布的法规、规章展现给阅者。

在主体部分，一方面可强调它的重要性及重大意义，另一方面要提出贯彻执行的要求。一些内容比较简单的发布性通知，在写作上一般只发布具体法规规章及其时效两个方面的内容。

（3）结尾。主要有两种情形，或是要求下级机关反馈贯彻执行的情况，但在多数情况下，是用来宣布法规及规章的时效，其写法有的是"从即日起施行"，也有的是"自某年某月某日起施行"，并写明原有相同的法规、规章同时废止等。

2. 指示性通知

指示性通知的内容结构一般由以下几个部分组成：

（1）标题。这类通知的标题都是标准式的，即由"发文机关名称""事由"与"文种"三个要素组成，例如《国务院办公厅关于建设第三批大众创业万众创新示范基地的通知》。

（2）正文。正文的写法主要有两种形式：

一是既有一个独立且简短的开头"撮要"，又有一个总括全文中心并要求下级及时反馈执行情况的结尾，中间主体部分由若干并列的内容组成，呈现"总——分——总"的结构模式。这是内容复杂一些的指示性通知相当普遍的一种写法。以《国务院办公厅关于进一步加强城市居民最低生活保障工作的通知》为例，开端处写有约240多字的"撮要"，用来讲明制发本通知的背景、缘由与目的："自国务院决定在全国建立城市居民最低生活保障制度以来，在各级政府的高度重视和有关部门的积极努力下，我国城市居民最低生活保障工作取得了较大进展。但是，这项工作发展不平衡，一些地方存在着财政收入不足、属地管理原则没有完全落实、管理工作不够规范、基层日常管理、服务工作不适应以及最低生活保障与其他保障措施衔接不够紧密等问题。为切实加强城市居民最低生活保障工作，进一步完善保障体系，尽快使符合条件的城市贫困人口都能享受最低生活保障，经国务院同意，现就有关问题通知如下：……"

在开头"撮要"的统领下，正文部分写了五个大问题，形成五个部分：一、进一步提高认识，认真抓好城市居民最低生活保障工作；二、认真贯彻属地管理原则，全面落实城市居民最低生活保障制度；三、加大财政投入力度，管好用好城市居民最低生活保障资金；四、建立健全法规制度，推进城市居民最低生活保障工作的规范化管理；五、加强组织领导，确保城市居民最低生活保障制度落到实处。这五个问题不是相互孤立的并存，而是体现了一种先务"虚"后务"实"，以"虚"带"实"的逻辑关系。还有一个值得注意的地方，即不论写几个部分，通常第一部分都是讲提高思想认识方面的问题，而最后一个部分则是讲有关组织领导的问题，这也算是这类通知写作的一大特点。

二是开头有一个开宗明义，交代缘由、背景的"撮要"，然后分条列项提出要求，其结构形式表现为"撮要分条式"，这是较前者内容简单一些的指示性通知的写法。例如《国务院办公厅关于加快推进"五证合一、一照一码"登记制度改革的通知》一文的开头部分："在全面实施工商营业执照、组织机构代码证、税务登记证'三证合一'登记制度改革的基础上，再整合社会保险登记证和统计登记证，实现'五证合一、一照一码'，是继续深化商事制度改革、优化营商环境、推动大众创业万众创新的重要举措。为加快推进这项改革，经国务院同意，现就有关事项通知如下："在以上开端"撮要"的前提下，通过一个短语"为加快推进这项改革，经国务院同意，现就有关事项通知如下"交代行文的目的，并由此过渡到此通知的"主体事项"部分，紧紧围绕"加快推进'五证合一、一照一码'登记制度改革"这一主旨，并对"总体要求""主要任务""工作措施"3个方面的内容事项加以展开，既有原则性要求，又有具体部署，任务目标十分明确，最后就如何贯彻落实提出了具体要求。在写法上，采用了撮要标目的方式，先用序号标明层次，随即列出段旨句，使行文条理清晰，眉目清楚，便于领会、理解和执行。同时，对每项规定要求的阐述都很明确具体，具有很强的针对性和可操作性。为了便于理解，我们将该通知的正文部分列述如下：

一、总体要求

贯彻落实国务院关于深化简政放权、放管结合、优化服务改革的部署要求，统筹协调推进，精心组织实施，从2016年10月1日起正式实施"五证合一、一照一码"，在更大范围、更深层次实现信息共享和业务协同，巩固和扩大"三证合一"登记制度改革成果，进一步为企业开办和成长提供便利化服务，降低创业准入的制度性成本，优化营商环境，激发企业活力，推进大众创业、万众创新，促进就业增加和经济社会持续健康发展。

推进"五证合一、一照一码"登记制度改革的指导原则是：

——标准统一规范。建立健全并严格执行企业登记、数据交换等方面的标准，确保全流程无缝对接、流畅运转、公开公正。

——信息共享互认。强化相关部门间信息互联互通，实现企业基础信息的高效采集、有效归集和充分运用，以"数据网上行"让"企业少跑路"。

——流程简化优化。简化整合办事环节，强化部门协同联动，加快业务流程再造，务求程序上简约、管理上精细、时限上明确。

——服务便捷高效。拓展服务渠道，创新服务方式，推行全程电子化登记管理和线上线下一体化运行，让企业办事更方便、更快捷、更有效率。

二、主要任务

（一）完善一站式服务工作机制。以"三证合一"工作机制及技术方案为基础，按照"五证合一、一照一码"登记制度改革的要求加以完善。全面实行"一套材料、一表登记、一窗受理"的工作模式，申请人办理企业注册登记时只需填写"一张表格"，向"一个窗口"提交"一套材料"。登记部门直接核发加载统一社会信用代码的营业执照，相关信息在全国企业信用信息公示系统公示，并归集至全国信用信息共享平台。企业不再另行办理社会保险登记证和统计登记证。积极推进"五证合一"申请、受理、审查、核准、发照、公示等全程电子化登记管理，加快实现"五证合一"网上办理。

（二）推进部门间信息共享互认。制定统一的信息标准和传输方案，改造升级各相关业务信息系统和共享平台，健全信息共享机制，做好数据的导入、整理和转换工作，确保数据信息落地到工作窗口，并在各相关部门业务系统有效融合使用。登记机关将企业基本登记信息及变更、注销等信息及时传输至信息共享平台；暂不具备联网共享条件的，登记机关限时提供上述信息。对企业登记信息无法满足社会保险和统计工作需要的，社会保险经办机构和统计机构在各自开展业务工作时补充采集。社会保险经办机构在用人单位为其职工办理社会保险登记后,统计机构在完成统计调查任务后,要及时依法将涉及企业的相关基础信息反馈至信息共享平台。健全部门间信息查询、核实制度。

(三)做好登记模式转换衔接工作。已按照"三证合一"登记模式领取加载统一社会信用代码营业执照的企业,不需要重新申请办理"五证合一"登记,由登记机关将相关登记信息发送至社会保险经办机构、统计机构等单位。企业原证照有效期满、申请变更登记或者申请换发营业执照的,登记机关换发加载统一社会信用代码的营业执照。取消社会保险登记证和统计登记证的定期验证和换证制度,改为企业按规定自行向工商部门报送年度报告并向社会公示,年度报告要通过全国企业信用信息公示系统向社会保险经办机构、统计机构等单位开放共享。没有发放和已经取消统计登记证的地方通过与统计机构信息共享的方式做好衔接。

(四)推动"五证合一、一照一码"营业执照广泛应用。改革后,原要求企业使用社会保险登记证和统计登记证办理相关业务的,一律改为使用营业执照办理,各级政府部门、企事业单位及中介机构等均要予以认可,不得要求企业提供其他身份证明材料,各行业主管部门要加强指导和督促。积极推进电子营业执照的应用。

(五)加强办事窗口能力建设。围绕"五证合一、一照一码"登记制度改革涉及的法律法规、技术标准、业务流程、文书规范、信息传输等,系统加强业务培训,使办事窗口工作人员准确把握改革要求,熟练掌握业务流程和工作规范,提高服务效率。加快办事窗口服务标准化、规范化建设,突出问题导向,进一步完善窗口服务功能,真正实现一个窗口对外、一站式办结。加强办事窗口人员力量和绩效考核。健全行政相对人评议评价制度,不断提升窗口服务能力。

三、工作措施

(一)加强组织领导。各有关部门和地方各级政府要高度重视,按照任务分工和进度安排,把改革工作做扎实、做到位。主要领导要亲自抓,及时协调解决改革中遇到的问题。"三证合一"登记制度改革中落实不到位、衔接不顺畅等问题,要在推进"五证合一、一照一码"登记制度改革中认真研究、一并解决。工商、人力资源社会保障、统计、机构编制、发展改革、法制等部门要各负其责、协同配合,确保改革顺利推进。对改革涉及的法律、法规、规章及规范性文件,及时按程序修订和完善。

(二)加强督促检查。相关部门要组织联合督导,有针对性地对改革进展情况进行监督检查。国务院适时组织专项督查。畅通社会监督渠道。对工作积极主动、成效明显的予以表扬和激励，对落实不力、延误改革进程的要严肃问责。

（三）加强宣传引导。相关部门要对改革政策进行全面准确解读，对行之有效的经验做法加以推广，对相关热点难点问题及时解答和回应，让企业和社会公众充分了解改革政策，形成推动改革落地见效的良好氛围。

（3）结尾。结尾部分主要是对有关单位提出贯彻执行的希望和要求。例如上述通知，在主体部分之后，单独写了一段文字，强调"各地区、各部门在改革推进过程中遇到的新情况、新问题，要及时报告国务院"，这个结尾既与开头的"撮要"相互照应，使全文达到圆润缜密，勾连紧密，又起总括收束之作用，以进一步提高人们的认识。可见这份通知的写作是非常严密的。

3. 批转、转发性通知

批转、转发性通知的内容结构一般由以下几个部分组成：

（1）标题。此种通知的标题，通常由批转（转发）文件的机关名称、主要内容与文种三个要素构成。这里讲的主要内容即被批转（转发）文件的标题，例如《国务院办公厅转发国家发展改革委等部门关于加快推进快递包装绿色转型意见的通知》。如果被批转对象系法规性文件，要注意加注书名号。在实际写作中，由于批转、转发性通知都要涉及对原文标题的引用，因而就容易使其标题字数较多，排列起来较长。在此种情况下，如不妥善处理，就会导致整个标题繁杂冗长，烦琐累赘，令人生厌。实践中，经常见到类似"一字长蛇阵"式的标题。这种现象，不利于公文写作的规范化和庄重性。

（2）正文。此种通知的正文，多数情况下要写明两层意思。一是表明对被批转文件的态度；二是提出贯彻执行的希望和要求。也有的内容相对复杂一些，在表明态度之后，还要强调阐述批转或转发该文件的重要性和必要性。例如《国务院批转财政部、国家计委关于进一步加强外国政府贷款管理若干意见的通知》一文，先是表明态度，紧接着指出"利用外国政府贷款是我国引进外资的一种重要方式，进一步加强外国政府贷款管理工作，是在新形势下认真贯彻中央关于积极、合理、有效地利用外资，更好地使用国外资金，防止和化解国家主权外债风险，维护我国政府对外信誉的重要举措"。强调阐述了批转该文件的重要性和必要性，最后提出了希望和要求。

（3）结尾。要写明本通知的制发日期，并加盖公章。

(四)范例简析

范例 1

国务院办公厅关于印发
《公共企事业单位信息公开规定制定办法》的通知

国办发〔2020〕50号

各省、自治区、直辖市人民政府,国务院各部委、各直属机构:

《公共企事业单位信息公开规定制定办法》已经国务院同意,现印发给你们,请认真贯彻执行。

国务院办公厅
2020年12月7日

写法简析

这是一篇印发性通知。标题采用三要素具备的形式,交代出发文机关名称、发布对象和文种;主体部分采用篇段合一的结构模式,开门见山表明印发该《办法》的依据,并提出明确具体的要求。

范例 2

国务院办公厅关于进一步做好困难群众
基本生活保障有关工作的通知

国办发明电〔2021〕2号

各省、自治区、直辖市人民政府,国务院各部委、各直属机构:

党中央、国务院高度重视困难群众基本生活保障工作。2020年以来,各地各有关部门克服新冠肺炎疫情、洪涝灾害、罕见低温等不利影响,扎实做好"六稳"工作,全面落实"六保"任务,广大困难群众基本生活得到了较好保障。当前,春节临近,为进一步保障好困难群众生活,确保他们度过一个温暖祥和的春节，经国务院同意，现通知如下：

一、保障市场供应充足和价格平稳

全面落实粮食安全省长责任制和"菜篮子"市长负责制，做好重要商品的保供稳价工作，加强价格监测和市场监管，确保春节期间米面油、蔬菜、肉蛋奶等生活物资生产正常、运输畅通、供应充足、价格平稳、质量可靠，保障城乡居民过节物资需求。根据食品等物价波动情况，视情启动社会救助和保障标准与物价上涨挂钩联动机制。加强资金保障，确保价格临时补贴及时足额发放到位，低保对象、特困人员的价格临时补贴从地方困难群众救助资金列支或由地方财政另行安排；领取失业保险金人员的价格临时补贴从失业保险基金列支；享受国家定期抚恤补助待遇的优抚对象的价格临时补贴由地方财政安排。

二、加强困难群众基本生活保障

扎实做好春节期间困难群众救助保障和关爱服务，及时足额发放低保、特困供养等救助金。各地可根据实际情况，为低保对象、特困人员、孤儿、事实无人抚养儿童等困难群众发放节日补助或临时生活补助。开展取暖救助，确保寒冷地区的困难群众冬天不受冻。全面开展低收入家庭认定工作，根据困难群众实际情况按规定给予基本生活救助或医疗、教育、住房、就业等专项救助。以低保对象、特困人员、低收入家庭等信息为基础，建立健全低收入人口信息库，加强民政与教育、人力资源社会保障、住房和城乡建设、医疗保障等部门数据的共享比对，主动发现、精准识别困难群众，对符合条件的及时给予社会救助。加强对已脱贫人口和边缘人口的监测排查，确保社会救助兜底保障不遗漏。对经济困难的高龄、失能、独居（留守）老年人和孤儿、事实无人抚养儿童、农村留守儿童、流浪乞讨人员、残疾人、精神障碍患者等特殊困难群众，开展巡访探访，提供针对性帮扶和关爱服务。保障特困人员供养服务机构基本运转，做好有集中供养意愿且生活不能自理特困人员的集中供养工作。加强贫困重度残疾人照护服务，落实经济困难的高龄、失能老年人补贴等政策，实施困难残疾人生活补贴和重度残疾人护理补贴标准动态调整机制，合理确定孤儿基本生活费和事实无人抚养儿童基本生活补贴标准。切实做好生活无着的流浪乞讨人员"寒冬送温暖"专项救助工作，重点巡查露天广场、地下通道、闲置房屋等流浪乞讨人员易集中区域和部位，夜间及恶劣天气时增加巡查频次。

三、妥善做好受灾人员基本生活救助

加快中央冬春临时生活困难救助资金发放进度，确保春节前全面发放到受灾群众手中。加强冬春临时生活困难救助与其他社会救助、走访慰问活动等有序衔接，进一步突出救助重点、增强救助实效。积极推进因灾倒损民房恢复重建，用好用足各类重建政策和资金，有效形成帮扶合力，支持受灾群众尽快恢复重建住房，早日入住新居。对因灾房屋倒损需过渡安置的受灾群众继续做好帮扶救助，规范有序发放过渡期生活救助资金等款物，确保受灾群众通过投亲靠友、自行租房、借住公房等方式得到妥善安置。做好冬春期间各类灾害防范应对准备，及时启动应急响应机制，快速下拨发放救灾款物，确保受灾群众得到及时有效救助。

四、防范化解各类特殊困难群众服务机构安全隐患

压实各类特殊困难群众服务机构主体责任，健全预警机制和应急处置预案，增强安全意识和安全防范能力，严密防范各类安全事故发生，确保所有服务机构健康有序运行。加强各类养老服务机构、儿童福利机构、未成年人救助保护机构、流浪乞讨人员救助管理机构、精神卫生福利机构等特殊困难群众服务机构的安全管理，分区分级严格落实相关疫情防控措施，从严从细排查消除消防、食品卫生等方面的安全隐患。加强冬季供暖保障，防止发生煤气、煤烟中毒和冻伤、冻死事故。进一步做好机构内服务对象照护管理和日常巡查，密切关注服务对象身心健康，及时做好送医就医、精神慰藉和心理疏导等工作。切实加强节日期间值班值守工作，严格执行专人值班值守制度。

五、全力做好受疫情影响困难群众兜底保障工作

当前，各地区、各部门要毫不松懈做好疫情防控有关工作，认真落实党中央、国务院出台的疫情防控期间困难群众兜底保障各项政策措施，努力降低疫情对困难群众生活的影响。对患新冠肺炎的低保对象、特困人员、低收入家庭成员等，按规定及时给予临时救助，可一事一议加大救助力度。对受疫情影响无法外出务工、经营、就业，导致收入下降、基本生活出现困难的城乡居民，简化低保申请确认程序，及时将符合条件的纳入救助范围。受疫情影响严重的地区，可采取增发救助金、发放临时生活补助和生活物资、暂缓退出低保等方式，保障困难群众基本生活。对受疫情影响陷入生活困境的群众，急难发生地直接实施临时救助。对失业农民工等生活困难未参保失业人员，符合条件的由务工地或经常居住地发放一次性临时救助金，帮助其渡过生活难关。对因疫情防控影响缺乏监护或照料的老年人、残疾人、儿童等特殊群体，加强走访探视、摸底排查，做到妥善照顾、服务到位。

做好留在当地农民工、留校学生等的生活安排，对生活困难的及时提供临时住宿、饮食、御寒衣物等救助帮扶。

六、确保各项救助帮扶政策落到实处

各地区、各有关部门要进一步提高政治站位，加强组织领导，压实主体责任，守住民生底线，坚决防止发生冲击社会道德底线的事件。各级财政要把保障困难群众基本生活放在突出位置，优先安排、打够打足基本民生保障资金。按照资金直达要求，加强监管、防止挪用，及时足额将各类救助和补贴资金发放到困难群众手中。充分发挥县级困难群众基本生活保障工作协调机制作用，统筹整合救助资源，解决好困难群众急难个案问题。畅通社会救助服务热线，加强热线电话值守，规范办理流程，提高办理效率，确保困难群众求助有门、受助及时。发挥好临时救助的救急难作用。对非因主观故意将不符合条件人员纳入救助帮扶范围的，可免予追究相关责任，激励党员干部、一线工作人员担当作为。春节期间，各地区、各有关部门要精心组织走访慰问活动，加强对困难群众的关心关爱，妥善解决困难群众生产生活实际问题，确保困难群众安心过年、温暖过冬。

国务院办公厅
2021 年 1 月 18 日

写法简析

这是一篇指示性通知。全文先用一个独立且简短的开头"撮要"，表明发布通知的相关背景情况以及行文目的和依据，并用"现通知如下"这一惯用过渡语句提领下文，转入主体部分。从结构布局上讲，全文采用"总——分"的结构形式，开头部分为"总"，然后分别从保障市场供应充足和价格平稳、加强困难群众基本生活保障、妥善做好受灾人员基本生活救助、防范化解各类特殊困难群众服务机构安全隐患、全力做好受疫情影响困难群众兜底保障工作以及确保各项救助帮扶政策落到实处六个方面进行具体阐述，此为"分"。为了显明段旨，每一条具体意见之前都有一个小标题，用以揭示该层次的核心内容，给人以非常深刻而明晰的印象。

这篇通知内容不是很长，但对解决问题的途径却提出得相当原则，有非常强的指导性和操作性。从整体上看，全文内容严整，结构顺畅，层次分明，用语严谨，是指示性通知写作的典范。

范例 3

国务院办公厅转发国家发展改革委等部门关于清理规范城镇供水供电供气供暖行业收费促进行业高质量发展意见的通知

国办函〔2020〕129号

各省、自治区、直辖市人民政府，国务院各部委、各直属机构：

　　国家发展改革委、财政部、住房和城乡建设部、市场监管总局、国家能源局《关于清理规范城镇供水供电供气供暖行业收费促进行业高质量发展的意见》已经国务院同意，现转发给你们，请结合实际认真组织实施。

国务院办公厅
2020年12月23日

写法简析

　　这是一篇转发性通知。无论批转还是转发性通知在写法上一般包含两层意思：一是批转或转发的原因、依据或目的；二是批转或转发的一般性要求。常用"现转发给你们，请认真贯彻执行""现转发给你们，请结合实际情况参照执行"等固定性语句。内容复杂一些的则提出具体的执行要求。

范例 4

关于召开全省高等教育工作会议的通知

各市人民政府、行署，省直有关部门，各普通高校、省属成人高校及高级技工学校：

　　经省委、省政府同意，定于12月20日至21日在××召开全省高等教育工作会议，贯彻全国普通高等教育工作会议精神，研究部署今后一个时期的高教工作。现将有关事项通知如下：

一、参加会议人员：各地市分管教育工作的副市长、副专员，教育局局长（教委主任），省直有关部门负责人，各普通高校党委书记、校长，省属成人高校、高级技工学校主要负责人。

邀请省委办公厅、宣传部、研究室、高校工委，省人大教科文卫委，省政协文教卫生委及驻×新闻单位的负责同志出席会议。

二、请与会人员于12月19日到××饭店报到。需接站者，请提前告知××省教育委员会办公室，联系电话：××××××××。

三、请各市通知驻地高校。

附：与会单位名单

××省人民政府办公厅
20××年××月××日

写法简析

这是一份会议通知。会议通知通常在开头处要讲在什么时间、什么地点、由什么单位召开什么会议（即会议名称），然后再分列几条交代会议的具体事项，如参加人员范围、会议的具体日程及主要活动内容、报到方法、携带物品、注意事项、联系人及传真、电话等。写会议性通知的标题，要写明会议的名称和文种。切忌只写"开会通知""会议通知"等字样。

范例 5

××市人民政府文件×政发〔2020〕164号
××市人民政府关于公布
××等工作人员职务的通知

各区县人民政府，市政府各部门：

2020年6月15日，经××市第九届人民代表大会常务委员会第三次会议决定，任命：

　　×××为××市人民政府秘书长；
　　×××为××市教育委员会主任；
　　×××为××市经济委员会主任；
　　×××为××市科学技术委员会主任；
　　×××为××市商业委员会主任。
　　……

××市人民政府（印章）
2020 年 6 月 18 日

写法简析

　　例文系一份任免性通知。总的写法是先讲明决定的依据（如什么时间、什么会议做出任免的决定），再写任免的内容。在同一人有任有免或同一职位有任有免时，要先写免再写任，以保持逻辑的严密性和事理的准确性。另此类通知的标题要写明任免的主要内容，不可苟简为"任免通知"四个字。

范例 6

××市人民政府办公室关于印发
张×同志在市环保工作会议上的讲话的通知

各县（区）环保局，各处（室），各直属单位：

　　环境保护，是我国的基本国策之一，是为人类和子孙后代造福的伟大事业。为切实贯彻《中华人民共和国环境保护法》和《××省环境保护条例》，我市于 8 月 12—14 日召开了××市认真贯彻"一法一例"工作会议（简称市环保工作会议），张×市长在会上作了重要讲话。现将"张×同志在市环保工作会议上的讲话"发给你们，望认真组织学习，切实贯彻施行。

××市环保局
20××年 8 月 18 日

写法简析

此例也是一篇印发性通知，这篇例文的针对范围较大，而且是在专门会议上的重要讲话，所以先是强调了与会议内容相关的问题的重要性"环境保护，是我国的基本国策之一"，然后说明召开会议的目的和原因，会议召开的时间、名称及领导讲话的内容，最后提出了贯彻执行的要求。与单纯直接下发领导讲话的内容相比，更强调了讲话的针对性和重要性。由于多了一些背景性的介绍，因此使行文显得更加完整和充实。

（五）要点撷萃

（1）要讲求实效，切忌滥发通知。由于发布通知是要求所属机关单位贯彻执行或周知的，其目的在于指导和推动工作的深入开展，因此，要特别注意发布的必要性和可行性，讲求实效，严禁随意滥发。要严格控制发文的数量，做到量度适中。实践中，有些机关和单位不分巨细，逢事必发"通知"，有些事项通过电话形式就可以解决的也要发"通知"，以致过多过滥，有损通知的严肃性，必须加以纠正。

（2）要把握内涵，切忌越俎代庖。由于通知具有多功能的特性，因而在实践中往往备受"偏爱"。有些公文，按其内容性质及发文的目的要求本来应当用"函""意见"或"通告"，却往往被"通知"代替。甚至有些本来应用"启事""声明"之类的日常应用文也随意用"通知"行文，既失严肃，又有悖法规规定，应当引起高度注意。

（3）要明确无疑，切忌阻滞含混。发布通知是为了解决实际问题并且需要贯彻执行的，因此，在写作时必须做到主旨明确，结构严谨，用语通畅，令人一目了然。同时，在内容上必须符合国家法律法规规定以及党和国家的方针政策和上级机关的文件指示精神，还要合乎本地区、本部门的实际情况。否则，就会从根本上损害通知的质量和效用。

（4）要注意写好不同类型通知的习惯性结尾用语。无论哪种类型的通知，其结尾部分往往都要使用较为固定的习惯性用语，诸如"请遵照执行""请认真贯彻执行""请参照执行""请认真贯彻落实""请研究试行"等。撰写时要注意根据不同的行文目的和内容，选择使用恰当的结尾用语。一般而言，如果通知的内容涉及全局性的重大方针政策、规定或准则等，必须令行禁止、照章办事，结尾用语一般写为"请认真贯彻执行""请依照执行""请遵照办理"

"请立即贯彻执行"等；通知内容虽然提出了政策性的要求，但又允许下级机关结合本地区、本单位的实际情况办理的，结尾用语一般写为"请研究试行"；如果通知中的内容属于探索性的，或是一些政策性的问题，其法律手续尚不完备，需要下级机关边执行边修改的，结尾用语一般写为"请研究试行"；如果通知中的要求只是根据一定地区的特点，或是批转下级机关的报告，具有参考价值的意见、建议等，结尾用语一般写为"请参照执行"。

五十九 通报

（一）适用范围

通报属于陈述体公文。按照《党政机关公文处理工作条例》的规定，它适用于表彰先进、批评错误、传达重要精神和告知重要情况。由此可见，这一文体肩负着特殊的使命，具有其他文种所不能代替的功用。主要体现为三个方面：一是提倡和褒奖作用。即通过表彰先进、弘扬正气、树立典型，使有关单位和广大干部群众见贤思齐，从而尽心竭力地做好本职工作；二是告诫和教育作用。即通过批评错误行为和告知典型事故，使有关单位和人员吸取教训，引以为戒，从而尽力避免类似问题的再次发生；三是提醒和启示作用。即通过传达重要精神或情况，使有关单位或组织了解和把握工作进程、工作重点和必须予以关注的问题，从而树立整体观念和全局思想，妥善周密地安排和布置自己的工作。

（二）主要特性

与其他公文相比，通报具有自己的特性，突出表现为两点：

首先，它不是像通知、通告、决定等文种那样，在表达手法上基本是以说理为主来直陈要求，而是重在叙述事实，让事实说话，寓理于事，以事明理。它要通过对社会实践中发生的正反两个方面事实的陈述，对人们起到示范、指导、教育、警诫和告知作用。

其次，通报文种的特性还表现在它的发布形式上。从其使用情况来看，有时是由发文机关直接进行表述，称为"直述式通报"；有时则由发文机关将下级机关的报告、总结、计划、简报、经验介绍等以"通报"名义加以批转，称为"转述式通报"。其中前者的特点是单体行文，而后者则是复体行文，即将下级机关的来文以"通报"的形式加以转发，表述一些发文机关的评价性意见。而将报告、总结、计划、简报、经验介绍等直接附在其后，这点与批转性通知有异曲同工之处。

（三）结构模式

不同类型的通报，其写法也有所不同：

1. 表彰性通报

此类通报是上级机关用来表彰先进集体或个人，介绍其先进事迹，推广其典型经验，宣传其先进思想，号召有关单位及广大群众见贤思齐、学习先进，借以推动工作进一步开展的通报。此类通报的正文一般由"情况"——"决定"——"希望"三个部分内容组成。所谓"情况"，即表彰的缘由，也就是"为什么要表彰"，在这个部分中要采用概括的手法，介绍被表彰单位或个人的先进模范事迹，以此作为制发本通报的依据；如果被表彰的是个别对象（包括个人或集体）的具体行为，应该把事迹介绍清楚，要写清被表彰者于何时何地遇到何种情况，是如何处理的，结果如何，有何影响；如果被表彰的是事迹相近的多个对象，应将其事迹进行归纳概括，集中进行介绍；所谓"决定"，即表彰的具体内容，要写清何机关决定给予被表彰对象何种表彰奖励。如立功受奖、授予的荣誉称号等，这是正文的第二层内容；最后是提出希望与要求，这部分是表彰性通报写作的出发点和落脚点。既包括对被表彰者的有关戒骄戒躁、再接再厉的要求，也包括对别人别单位向被表彰者学习的要求。

2. 批评性通报

这是上级机关针对工作中出现的具有较大影响的事件或错误做法予以批评，揭露反面典型，总结教训，以示警戒的通报。

此类通报开头部分一般先要概述事情的基本情况，亦即"问题"；如果是对个别人员的错误进行通报，首先应交代其姓名、工作单位、所任职务等身份要素，然后准确扼要地叙述其错误事实。要写清其在何时何地违反了何种规定，犯了何种错误，造成了何种后果；如果是对某机关或单位的错误进行通报，就要说明其在何时在多大范围内，违反何种规定，犯了何种错误。然后，要对"问题"进行分析，探因求源，找出产生这一问题的具体因素。这部分内容是对错误事实的深入分析，也是严肃处理的原因所在，因此必不可少。最后，提出希望或要求。这是批评性通报的结尾部分，目的在于引起下属机关和相关人员的注意，以此为戒，避免重犯类似错误。

3. 传达和告知性通报

此类通报是上级机关针对工作中出现的带有普遍性和倾向性的问题，或者比较突出的情况向下级机关进行传达和告知，以便使之及时了解相关信息，进而统一认识，推动工作的深入开展，又称情况通报。

传达和告知性通报内容繁多，概括起来主要有两种：一种是对某一具体对象有关情况的通报；另一种是对全局范围内普遍存在的某种问题的综合通报，例如《关于近期我省连续发生亡人火灾事故的情况通报》。

传达和告知性通报的写作结构比较简单，应当首先用扼要文字交代通报的依据或缘由，然后陈述通报的具体情况。对于情况的叙写，如果是向下传达某项工作进展情况的通报（如《关于纠正省政府直属机关建房中不正之风的情况通报》），应该首先介绍工作的进展与成绩，再说明工作中仍存在的问题；集中反映问题的通报，则应该对分散存在的问题进行分析梳理，整理归类，并在通报中加以介绍。在陈述情况的基础上提出下一步工作的意见与要求，内容简单的可以省略。

应该引起注意的是，就某些事故所发的情况通报与批评性通报颇有相似之处。能够区别两者的突出之点，就是在批评性通报中需要写有处理决定，而在情况通报中只是对处理情况的转述。

（四）范例简析

范例 1

国务院办公厅关于对国务院第七次大督查 发现的典型经验做法给予表扬的通报

国办发〔2020〕46号

各省、自治区、直辖市人民政府，国务院各部委、各直属机构：

为进一步推动中央经济工作会议部署和《政府工作报告》提出的目标任务落到实处，国务院部署开展了第七次大督查。从督查情况看，各有关地区在以习近平同志为核心的党中央坚强领导下，以习近平新时代中国特色社会主义思想为指导，认真贯彻党中央、国务院重大决策部署，迎难而上、担当作为，统筹推进新冠肺炎疫情防控和经济社会发展，做好"六稳"工作、落实"六保"任务，全力稳住经济基本盘，着力保障和改善民生，各项工作取得积极成效。

在对14个省（自治区、直辖市）和新疆生产建设兵团开展实地督查时发现，有关地区围绕稳就业保民生、保市场主体、深化"放管服"改革优化营商环境、扩大内需和稳外贸稳外资、秋冬季新冠肺炎疫情防控等方面，结合本地实际，勇于担当、真抓实干，形成了一批具有代表性、典型性的经验做法。

为表扬先进，宣传典型，进一步激励各地区各部门主动作为、狠抓落实，推动形成开拓创新、比学赶超的生动局面，经国务院同意，对北京市做实做细做好深化"放管服"改革工作打造国际一流营商环境等43项典型经验做法予以通报表扬。希望受到表扬的地方珍惜荣誉，再接再厉，充分发挥示范引领和带动作用，取得新的更大的成绩。

各地区各部门要全面贯彻党的十九大和十九届二中、三中、四中、五中全会精神，统筹推进"五位一体"总体布局，协调推进"四个全面"战略布局，坚持稳中求进工作总基调，坚持新发展理念，按照推动高质量发展、构建新发展格局的要求，抓好新冠肺炎疫情常态化防控，持续做好"六稳"工作、落实"六保"任务，积极应对各种风险挑战。要学习借鉴典型经验做法，发扬实干精神，勇于攻坚克难，增强抓落实的主动性和自觉性，力戒形式主义、官僚主义，确保完成全年经济社会发展主要目标任务，为决胜全面建成小康社会、顺利开启全面建设社会主义现代化国家新征程作出应有贡献。

附件：国务院第七次大督查发现的典型经验做法（共43项）

国务院办公厅
2020年11月19日

写法简析

这是一篇表彰性通报。正文开头部分采用总括的手法，概括表述国务院部署开展的第七次大督查的总体情况，从中概括出了各类典型经验和典型做法以及所取得的成效，给人印象非常深刻，以此作为行文的缘由和背景，用语高度凝练，言简意赅；接下去用介词"为"构成的目的句提领制发通报的核心意图和内容，然后提出了明确具体的希望和要求。从总体上看，全文结构层次清晰，逻辑缜密，首先概述事实，继而作出表彰，然后提出希望要求，这样环环相扣，给人一种水到渠成之感，不容置疑。值得提出的是，此文所表彰的对象均是单位,故而在叙述事实时偏重于概括。但如果是具体的人物,则对其先进事迹行为的叙写就要相对详尽一些,而且要予以分析评价,强调事件的意义,挖掘原因。这是写作表彰性通报应予以特别注意之处。

范例 2

应急管理部办公厅关于中石化上海赛科石油化工有限责任公司"5·12"闪爆事故的通报

应急厅〔2018〕4号

各省、自治区、直辖市及新疆生产建设兵团安全生产监督管理局,有关中央企业:

2018年5月12日15时33分左右,中石化上海赛科石油化工有限责任公司(以下简称上海赛科公司)一苯罐进行检维修作业时发生闪爆事故,造成检维修作业承包商上海埃金科工程建设服务有限公司(以下简称上海埃金科公司)6名现场作业人员死亡。这起事故损失惨重,影响恶劣,教训深刻。为深刻吸取有关事故教训,防止类似事故再次发生,现将有关情况通报要求如下:

一、事故基本情况

(一)事故单位基本情况

上海赛科公司是中国石油化工股份有限公司(简称中国石化公司)、中国石化上海石油化工股份有限公司(简称上海石化公司)、中国石化上海高桥石油化工有限公司出资成立的有限责任公司;其前身是由英国BP公司、中国石化公司和上海石化公司合资组建,2017年10月英国BP公司完全退出。上海赛科公司位于上海化学工业区,拥有109万吨/年乙烯、65万吨/年苯乙烯、60万吨/年芳烃等大型化工装置。

上海埃金科公司成立于2004年8月,位于上海市化学工业区,现有在岗职工约110名,在化学工业区内为多家企业提供化工装置检维修作业服务。

(二)事故简要经过

2018年3月,上海赛科公司发现编号为75—TK—0201苯罐(内浮顶罐)呼吸阀排放VOC超标,检修后VOC仍然超标,判断浮盘密封泄漏,并安排清空检修。4月19日,对该苯罐倒空作业并加盲板隔离,蒸罐、氮气置换至5月1日。5月2日,打开储罐人孔进行检查,5月3日至7日检查浮盘密封损坏情况，发现约 1/4 浮盘浮箱存在积液。5 月 8 日，上海赛科公司组织上海埃金科公司、浮盘浮箱厂家确认超过 1/2 浮盘浮箱存在积液，决定拆除更换浮盘浮箱。5 月 9 日，上海埃金科公司将疑有积液的浮箱全部打孔，并将积液用泵排至另一苯罐。5 月 10 日起，组织进行拆除浮箱作业。5 月 12 日 13 时 15 分，上海埃金科公司安排 8 名作业人员继续作业（其中，6 人在罐内，1 人在罐外进行接受浮箱的传出作业，1 人在罐外监护），另有 1 名上海赛科公司操作人员在罐外对作业实施监护，15 时 33 分左右罐内发生闪爆。初步分析，事故直接原因是：打孔后的浮箱内残存苯液流出，在罐内形成爆炸性混合气体，由于作业人员使用非防爆工具产生点火源引发事故。详细原因上海市安全监管局正在组织进一步调查。

二、事故暴露出的主要问题

经初步调查，事故暴露出事故企业和承包商安全风险管理缺失、专业管理缺位、漠视重大危险源管理、特殊作业管理流于形式、违规违章严重等突出问题：

一是安全风险意识差、能力不足，安全风险辨识评估不全面、不到位。事故企业和承包商均没有对苯罐检维修作业进行全面深入细致的安全风险评估。《75－TK－0201 苯罐检修施工方案》（以下简称施工方案），虽然识别了苯的毒害特性和泄漏风险，但没有识别苯的易燃易爆特性和苯罐受限空间内的爆炸风险。

二是特殊作业管理不到位。施工方案规定使用防爆器具和铜质工具，但现场作业人员使用钢制扳手和非防爆电钻，受限空间作业中对可燃气体含量的检测不具有代表性，仅在人孔处进行了检测。

三是变更管理缺失。在确认浮盘浮箱无修复价值、决定更换且浮箱残留有大量苯时，原施工内容和环境已发生了重大变化，但施工方案却没有进行调整，没有进行新的风险辨识和增加风险管控措施。

四是对承包商管理不到位。上海赛科公司对承包商存在"以包代管"现象，没有严格审核承包商施工方案，在发现浮箱存在苯残液后，未及时告知承包商罐内存在的燃爆风险，也未及时采取相应的安全措施，现场配备的监护人员专业素质不能满足监护要求。

五是现场作业人员违章作业。承包商作业人员危险化学品安全知识匮乏，现场发现有拖拽浮箱致其变形破损、用非防爆工具戳破浮箱导出苯残液等作业痕迹。

六是漠视重大危险源管理。没有按照有关要求，对危险化学品罐区特殊作业实施升级管理。

三、有关要求

今年以来，已连续发生新疆吐鲁番恒泽煤化公司"1·24"闪爆、山东临沂金山化工公司"2·3"爆燃、河北唐山华熠公司"3·1"爆燃、天津渤化永利化工公司"4·26"中毒窒息、上海赛科公司"5·12"闪爆5起较大事故，共造成21人死亡，同比较大事故起数上升1起、死亡人数增加6人，形势依然复杂。

（一）严格落实企业安全生产主体责任，加强危险化学品罐区特殊作业安全风险辨识和管控

相关化工、危险化学品企业要牢固树立红线意识，落实主体责任，深刻吸取近年来危险化学品罐区和特殊作业环节事故教训，强化内浮顶罐检修的风险辨识与管控措施，充分认识进入受限空间、动火等特殊作业过程的重大安全风险，对所有构成重大危险源的危险化学品罐区动火、进入受限空间作业全部进行升级管理，分管负责人必须亲自组织对现场作业安全条件进行严格确认，确保作业安全。要严格按照《化学品生产单位特殊作业安全规范》，严格执行作业票审批制度，全面进行安全风险辨识分析，严格科学检测受限空间可燃气体浓度、有毒气体浓度、氧含量，切实落实各项防范措施，强化全过程监控。

（二）加强变更过程安全管理

相关企业要按照化工过程管理要素要求，建立健全并严格执行变更管理制度，全面辨识管控各类变更带来的风险。在工艺、设备、材料、化学品、公用工程、生产组织方式、人员和承包商等方面发生变化时，企业都要纳入变更管理，并分析可能带来的新的安全风险，采取消除和控制安全风险的措施，及时修改有关操作规程或施工方案。实施变更前，企业要组织专业人员进行审核和确认检查，确保变更具备安全条件。

（三）进一步加强承包商管理，坚决杜绝"以包代管"

今年以来发生5起较大化工事故中有4起涉及承包商。业主企业要严格承包商资质审核，加强承包商员工培训，所有作业人员必须培训合格方可上岗操作。要严格对承包商施工方案的安全审查，同时要做好作业安全交底，并安排具备监护能力的人员负责检维修全过程现场监护。要加强对危险化学品罐区检维修发包、承包管理，不得将危险化学品罐区等危险场所检维修工程项目发包给不具备相应资质的施工单位，坚决杜绝层层转包和"以包代管"。

（四）切实落实政府监管责任，加大安全生产执法力度

地方各级安全监管部门包括各化工园区安全监管机构要加强对化工园区内动火、进入受限空间等特殊作业监管，有条件的可以聘请第三方机构对企业特殊作业实施专业化服务，确保特殊作业安全。要认真对照《化工和危险化学品生产经营单位重大生产安全事故隐患判定标准（试行）》（安监总管三〔2017〕121号），凡是特殊作业构成重大隐患的，要依法依规予以上限处罚并停产整顿。

（五）认真做好夏季和汛期安全生产工作

夏季高温、高湿、暴雨、雷电多发，各地区和相关化工、危险化学品企业要高度重视，加强灾害性天气、自然灾害预报预警，提前制定采取有效的防范应对措施，认真做好危险化学品企业夏季和汛期安全生产工作。进入二季度以来，部分企业赶工期、追抢产量的愿望强烈，加之今年化工市场效益持续向好，一旦放松思想、降低要求，极易发生事故。各化工、危险化学品企业要针对夏季和汛期安全生产特点，深入开展安全风险辨识管控和隐患排查治理，强化日常安全管理，确保安全生产。各地安全监管部门要突出监管重点，严格执法检查，严厉打击违法违规行为，推动企业落实主体责任，坚决遏制事故多发势头，切实维护职工群众生命财产安全和社会稳定。

请迅速将本通报传达到辖区内各级安全监管部门和所有化工及危险化学品企业，并切实督促抓好贯彻落实。

应急管理部办公厅
2018年5月22日

写法简析

这是一篇批评性通报。标题由完整的三要素组成，表意明确醒目；正文分为三大部分来写，开头部分先概括交代了事故单位的基本情况以及事故的简要经过，用语高度凝练；第二部分从六个方面揭示了事故暴露出的主要问题，实际上属于对事故发生的原因进行分析，采取撮要表达的方式，概括准确到位，直击要害，而且用语十分郑重严肃，让人充分感受到事故的严重性和危害程度，而这又是批评性通报不可缺少的构成部分，也是其与单纯传达事故的通报的最明显差异。第三部分针对此起重大事故提出了相应的五条要求，既明确又

具体，具有很强的针对性和指导性。从结构布局上讲，全文结构完整，行文主旨清楚、逻辑严密，脉络分明、用语得当，令人一目了然。

范例 3

2020 年政府网站和政务新媒体检查情况通报

为深入贯彻落实党中央、国务院关于深化政务公开、加强数字政府建设的决策部署，持续推动各地区、各部门政府网站和政务新媒体健康有序发展，助力提升政府治理能力，不断增强人民群众获得感，按照《国务院办公厅秘书局关于印发政府网站与政务新媒体检查指标、监管工作年度考核指标的通知》要求，2020 年 7—10 月，国务院办公厅政府信息与政务公开办公室对各地区、各部门政府网站和政务新媒体及相关监管工作进行了检查。现将有关情况通报如下：

一、总体情况

共检查政府网站 328 个（含 153 个门户网站），占全国正在运行的政府网站总数的 2.3%，总体合格率 91.8%。92 个地方政府门户网站中，广东、北京、湖南、四川、安徽、吉林 6 个省级政府门户网站和茂名、密云、合肥 3 个市（区）政府门户网站得分靠前，江西、重庆、贵州、内蒙古、陕西、浙江、广西 7 个省级政府门户网站和广元、长沙 2 个市级政府门户网站得分较高。北京、天津、上海、江苏、安徽、广东、重庆 7 个地区的省、市、县三级政府门户网站均达到良好。61 个国务院部门中，市场监管总局、国家发展改革委、水利部、交通运输部等单位的政府门户网站得分较高，公安部、中国气象局、国家药监局、税务总局、农业农村部、应急部、海关总署等单位的政府门户网站总体较好。

共检查政务新媒体 728 个，其中地方政府及其部门开设的政务新媒体 417 个、国务院部门及其内设机构开设的政务新媒体 311 个，总体合格率 91.9%。北京、天津等 16 个地区和外交部、教育部等 39 个国务院部门的政务新媒体合格率达 100%。

本次检查将各地区、各部门政府网站和政务新媒体监管工作纳入考评。总的来看，各地区、各部门积极落实监管责任，加强监督考核，基本实现常态化监管。其中，北京、天津、安徽等 11 个地区得分靠前；税务总局、中国气象局等17个国务院部门得分靠前。31个省（自治区、直辖市）和外交部等44个国务院部门均按季度对本地区、本部门政府网站和政务新媒体开展抽查巡查，并向社会公开抽查结果。北京、吉林、上海等11个地区和交通运输部、税务总局、中国气象局等国务院部门每季度网站抽查比例均达100%。江苏、安徽、江西、湖南等地区进一步规范政务新媒体监管，在加强内容建设的同时，关停整合功能重复或相近、长期不更新、用户关注度低的政务新媒体。

二、政府网站和政务新媒体成为深化政务公开、提升政府治理能力的重要抓手

今年以来，全国政府网站和政务新媒体积极围绕中心工作听民意、惠民生、解民忧，不断深化政务公开、优化政务服务，在抗击新冠肺炎疫情、深化"放管服"改革、提升政府治理能力中发挥更大作用。

（一）积极主动作为，助力疫情防控与纾困惠企。面对突如其来的疫情，各级政府网站和政务新媒体快速响应、协同联动，及时准确传递党和政府权威声音，解疑释惑、回应关切、提振信心，为打赢疫情防控阻击战、服务经济社会发展提供有力支持。31个省（自治区、直辖市）政府门户网站均在显著位置开设疫情防控专题专栏，第一时间集中发布疫情信息。国家卫生健康委"健康中国"新媒体矩阵每日通报全国最新疫情，密集发布防控工作动态，推送通俗易懂的科普知识和政策图解。北京市政府门户网站开设"复工复产"惠企政策兑现专题，为企业设立税费减免、首贷服务、租金减免等专属页面。广东省建设"粤企政策通"平台，企业可精准查找相关政策、"一键申报"扶持资金等惠企项目。

（二）加强内容建设，"掌上看""指尖办"成为常态。各地区、各部门积极运用政府网站和政务新媒体发布政策措施，回应公众关切，提供便捷服务，为企业和群众建设"指尖上的网上政府"。在今年全国"两会"期间，各级政府网站和政务新媒体第一时间转载政府工作报告和"两会"相关报道文章，深入解读关于统筹推进疫情防控和经济社会发展工作的政策举措，半天时间发布相关稿件约36万篇。人力资源社会保障部制作推出一系列关于养老金、失业保险金等热点话题的回应解读，人力资源社会保障系统新媒体矩阵联动发布，全网阅读量超2亿次。"国家移民管理局"微信公众号运用图片、视频等形式宣传《中华人民共和国出境入境管理法》，内容鲜活、接地气。吉林省延吉市医疗保障局"延吉医疗保障"微信公众号通过文字、图片等多种形式解读群众关心的医保问题，让政策易知易懂。浙江省"浙里办"移动客户端推进"一证通办",群众只需提交1份材料,就可办理新生儿出生医学证明、户口、社保、医保4个事项。"国家税务总局"微信公众号引入纳税服务平台即时互动功能,智能答复网民政策咨询,支持便捷开票,让税收服务触手可得。

(三)加快集约共享,推进数据汇聚融通、应用百花齐放、平台安全运行。据初步统计,已有39.5%的地方政府网站迁入省(自治区、直辖市)集约化平台运行,基层网站"散小孤弱"、重复建设等问题得到初步解决,技术及安全运维压力得到缓解。11个集约化试点地区通过建设统一信息资源库,深化数据融通、服务融通、应用融通,构建"24小时不打烊网上政府"的数据底座,大力推进政策信息"一网通查"、互动交流"一网通答"、办事服务"一网通办"、数据资源"一网通管"。北京市、湖南省、广东省等对本地区政府网站信息资源进行大数据分析,研究汇总社情民意关注热点,量化评估政府施政效果,为科学决策提供参考。此外,集约化工作有力提升了政府网站内容保障和安全防护能力,网站规范性、可靠性显著增强,本次检查中未发现试点地区有不合格网站。

(四)完善功能渠道,更好保障群众知情权、参与权、监督权。不少地方和部门把政府网站和政务新媒体作为联系群众、服务群众、接受群众监督的重要渠道。98.0%的政府门户网站开设了政策解读栏目,63.4%做到解读稿与相关政策文件联动发布,45.1%在5个工作日内对简单常见咨询作出答复,20.3%能在1个工作日内答复。安徽省各区县政府门户网站开设部门和乡镇街道政务公开专栏,集中公开基层政策文件及工作动态等信息。广西壮族自治区等政府门户网站搭建功能丰富灵活的应用库,针对企业和群众办事高频事项推出专题服务。四川省、贵州省、农业农村部、应急部、市场监管总局等政府门户网站把办事服务事项设立依据与政策文件库打通,提供一体化信息服务。江苏省、山东省、湖南省、国家发展改革委等政府门户网站整合各类互动、服务平台用户入口,实现统一身份认证。吉林省、河南省、交通运输部等政府门户网站提供在线智能问答服务,常见问题"秒回"。

三、一些地方和部门运用政府网站和政务新媒体的能力水平有待提高

(一)内容保障机制有待健全。个别政府网站和政务新媒体仍然存在信息不更新、服务不实用、互动不回应等问题。如云南省"昆明市西山区政府"网存在多个空白栏目,浙江省"浙江公路"微博3年未更新,国家粮食和储备局"国储广东"微信公众号自2017年开通以来只发布了6条信息,且与工作职责无关,上海市杨浦区"睦邻延吉"移动客户端各频道内容为空白,湖北省"荆

门市人民政府"移动客户端安装后无法打开,"国家煤矿安全监察局"网未提供审批事项办理入口,山西省"灵丘县人民政府"网服务事项内容不准确等。此外,抽查的政府门户网站中52.3%存在办事指南不规范、内容不完整等问题,少数网站仍未建立听民意、汇民智渠道,企业和群众在线办事、咨询政策存在困难。

(二)政策解读水平有待提升。一些地方和部门政策解读针对性不强,没有向群众讲清讲透政策措施的重点要点和公众关心的问题,未能发挥好增进共识、赢得支持和推进落实的作用。如河北省"赞皇县人民政府"网解读稿大篇幅照抄照搬文件,无实质性解读内容;四川省"色达县人民政府"网、青海省"同德县人民政府"网未发布对本级政府文件的解读;湖北省"枝江市人民政府"网未开设政策解读栏目等。

(三)监督管理责任有待落实。检查发现,62.5%的地方、37.8%的国务院部门未督促本地区、本部门政府网站规范公开有关网站工作年报。部分地方和部门未严格执行政府网站域名管理规定。一些部门未按要求开展常态化监管。除北京市、天津市、安徽省、山东省、贵州省、新疆维吾尔自治区外,其余地区未将部分信用类网站、机构改革后新开设的网站等纳入监管。一些部门政府网站和政务新媒体监管工作仅止步于解决内容不更新等底线问题,未严格对照检查指标提升服务水平。部分单位在政务新媒体摸底普查工作中存在漏报、误报等问题。

四、下一步工作要求

(一)进一步提高政治站位,强化日常监管。要始终坚持把政治建设放在政府网站和政务新媒体工作的首要位置,全面贯彻落实党的十九大和十九届二中、三中、四中、五中全会精神,坚持以人民为中心,增强"四个意识",坚定"四个自信",做到"两个维护"。持续加强政府网站和政务新媒体管理,健全日常监管体系,完善常态化通报机制,不断提升工作实效。

(二)进一步加强内容建设,提升服务水平。全过程推进政务公开,在确保内容及时更新的同时,更加注重信息质量,持续深入推进决策、执行、管理、服务、结果公开,努力实现群众需要的信息触手可得。加强对中央重要决策部署的发布和解读工作,各级政府网站和政务新媒体要整体联动、协同发声。全方位回应社会关切,畅通互动回应渠道,及时了解社会关注热点,做到群众有所呼、政府有所应。全流程优化政务服务,着力提升政府网站和政务新媒体在线办事体验,推进数据同源、服务同根,实现一次认证、一网通办。全链条加强政务信息管理，持续推进集约化建设，加强个人信息保护，以信息资源共享共用推动政府网站和政务新媒体整体服务水平提升。

（三）进一步夯实管理基础，及时发现和解决突出问题。依托全国政府网站和政务新媒体报送系统，建立完善全面准确、动态更新的基本信息库。强化政务新媒体开办、下线、注销等管理机制，针对群众反映强烈的"僵尸""空壳"等"指尖上的形式主义"问题，有序开展清理整合，切实减轻基层负担。

各地区、各部门要认真学习借鉴本次通报中的典型经验做法，结合实际改进工作，对照发现的问题举一反三，抓好自查整改。整改情况和本地区、本部门第四季度政府网站和政务新媒体检查情况，请于2021年1月31日前报送国务院办公厅政府信息与政务公开办公室。

附件：1. 抽查评分较高的政府门户网站名单
2. 1个工作日内在线答复留言的政府门户网站名单
3. 政务新媒体抽查合格率达100%的地方和部门名单
4. 政府网站与政务新媒体监管工作情况

2020年11月26日

写法简析

这是国务院办公厅发布的对各地区、各部门政府网站和政务新媒体及相关监管工作进行检查的通报。全文先用一个自然段扼要交代了行文的依据和目的，紧接着转入通报事项部分。整个主文部分由四大层次组成：总体情况，政府网站和政务新媒体成为深化政务公开、提升政府治理能力的重要抓手，一些地方和部门运用政府网站和政务新媒体的能力水平有待提高，下一步工作要求。可以看出，全文既有对检查的总体情况的概括，又有对政府网站和政务新媒体在助力提升政府治理能力方面的深刻认识和理解，还有对下一步工作的具体要求。从逻辑结构布局上讲，行文前后贯通，浑然一体，内在结构顺序非常严谨清晰，表意清楚具体，令人深得要领。

（五）要点撷萃

（1）要有针对性。通报作为一种重要的下行文，其使用是一件十分慎重和严肃的事情。特别是通报中涉及的都是现实的人或事，并且不扬则抑，非褒即贬，发送面也比较广泛，故制发通报时，应当具有明确的针对性，选择具有典型意义、指导意义和借鉴意义的材料或事件，以发挥通报应有的影响和作用。

（2）要抓准时机。对于工作中好的和不良的倾向和苗头，都要能及时发现，予以表彰或批评；否则，错过时机，就失去了通报对实际工作的指导作用。

（3）事实要准确。发文机关对所通报的事实必须认真核实，将时间、地点、人物、数据、事件等都写清楚，无论是对好人好事的宣扬还是对不良倾向的批评，都要力求恰当适度，掌握好分寸。

（4）用语要简明。通报的目的不在于褒贬一人一事，而在于教育和警戒广大干部和群众。因此，叙述事件、情况，要做到言简意赅，内容明确具体，使人一看便知发文机关的目的和要求。

（5）要明确直达与转述，在表达手法上有所侧重。如前所述，根据通报发布方式的不同，可将其分为直达式与转述式两种类型。其中前者是以领导机关名义直接下发，后者则是对下级来文加写按语后予以批转；一个是单体行文，一个是复体行文。有鉴于此，在写作时其表达手法也就各不相同。直达式通报侧重于叙事，兼以必要的说明；而转述式通报则侧重于议论，属于评价性文字。应注意这种评价性文字不是对下级来文内容的简单重复，而是在此基础上的提炼与升华，要起到画龙点睛的作用，以指导下级机关的行动。从这个角度讲，它是转述式通报写得是否成功的关键所在。

六十　报告

（一）适用范围

根据《党政机关公文处理工作条例》的规定，报告是向上级机关汇报工作、反映情况、回复上级机关的询问时使用的一种公文。它是下情上达、沟通和反馈信息的主要方式，是维护上下级之间工作关系的重要手段。与报告相关的概念可以列出很多，如调查报告、考察报告、报告文学等，但这些属于事务文书和文学作品的范畴，与作为法定公文的报告有着根本的区别。

(二) 主要特性

报告属于上行文，具有三个方面的明显特性：

一是陈述性。即要用叙述的手法将有关工作情况或问题向上级机关作出陈述，重点是叙写清楚做了哪些工作，具体情况怎样，以便使上级机关及时了解和掌握有关信息，并据以做出正确决策，有效地指导工作。

二是总结性。报告所涉及的内容都是已经做过的工作或已经发生的事情，因此在撰写时必定对有关的工作或情况进行综合分析和归纳，即进行总结。不然就变成了事实或现象的罗列，从而失去了报告的意义。

三是已然性。即报告所涉及的内容都是已经做过的工作或者已经发生过的情况。

(三) 结构模式

1. 综合报告

综合报告是综合性工作报告和综合性情况报告的统称。它是下级机关将本机关（或本地区）在一定时期内（年度、季度、月份）各方面工作或事件的情况进行综合以后向上级机关所写的报告。其特点是内容丰富、信息量大，便于上级领导全面、系统地了解和掌握下情，从而统观全局，做出正确决策。

由于综合报告具有上述特点，因此在写作时往往要汇总各方面的情况和材料，既有正面的，也有反面的；既有具体的，也有概括的；既有典型的，也有一般的，等等。但是，报告的篇幅十分有限，它没有必要也不可能"包罗万象"，将所获取的材料不加选择一律写入文中。"综合"绝不是搞材料堆积，这样就必须采取正确的方法，对所获取的材料进行认真地整理和加工，从中遴选出恰切的、最能充分而又有力地说明问题的材料，以便更好地表现和烘托行文的主旨。为此，必须认真处理好以下几种关系：

一是"点"与"面"的关系。"点"是指反映局部问题、个别事例、特殊情况的材料；"面"是反映全局问题、整体概貌、一般情况的材料。正确处理好二者之间的关系是撰写综合报告的关键所在。因为综合报告用于反映全面工作或事件的情况，涉及的方面或问题很多，所以在筛选和组织材料时，除运用必要的"面"上的概括材料外，还要运用"点"上的典型材料，二者相辅相成，互为补充。只有这样，才能使行文内容充实具体，说服力强。否则，仅有"点"而无"面"，则必然导致报告内容零碎、狭窄，给人以纷乱之感；相反，仅有"面"而无"点",则会使报告内容失之空泛,缺乏力度。

二是"详"与"略"的关系。综合报告的内容极其丰富,它要涉及本机关或本地区各方面的工作或事件的情况,但由于报告篇幅所限,又不可能将所有材料都写进去,这就要求撰写时必须对材料进行合理地安排和组织,做到重点突出、详略得当、主次分明。对于重点内容则详写,使之居于主导、突出地位,反之则略写甚至不写。

那么,哪些内容是综合报告写作的"重点"呢?一般是指这样四种情况:

(1) 能够影响全局的工作或情况的材料;

(2) 能够对当前或今后的工作有重要指导和推动作用的材料;

(3) 能够充分显现本机关工作成效、工作状况和工作水平的材料;

(4) 能够代表和反映本机关或本地区工作中存在的带有普遍性和倾向性问题的材料。

撰写综合报告,必须紧紧围绕这些"重点内容"进行叙写,笔墨要凝练集中;重点材料要详细具体,用墨宜多;一般性材料则略写,惜墨如金。切忌不分主次,平分秋色。

三是"事"与"理"的关系。"事"即有关的工作或事件的情况,"理"即对工作或事件情况进行分析、议论。一篇优秀的综合报告还应是"事"与"理"的高度统一体。正确处理好二者之间的关系是写好综合报告的重要环节。撰写时既要将有关的事实情况详尽、具体地加以叙述,又要对其进行必要的分析,指出问题的实质,说明本机关已经做的工作或拟采取的解决办法。只有事实,没有精要的分析,所撰写的报告必然是现象的罗列,搞成"流水账";相反,只有分析、说理而无必要的事实作基础和论据,所撰写的报告必然出现空洞浮泛,只是"干巴巴的几条筋",言之无物。

2. 专题报告

要写好专题报告,则要着力把握好"四要":

一是速度要快。专题报告应当就工作中发现的新情况、新问题及时向上级机关作出报告,切莫"贻误时机"。否则时过境迁,就会失去专题报告的意义。此种报告迅捷、灵便,如不失时机,就可使领导及时了解和掌握有关问题或事件的情况,从而迅速作出决策。为此,就要求下级机关要经常保持清醒的头脑,注意观察和发现时势动态。一俟时机成熟就尽快写出报告,为领导决策提供最佳服务。

二是内容要专。专题报告要"一事一报",这是它的最主要特性。讲求"一事一报"，内容明确集中、单一，便于领导了解和掌握，从而有针对性地作出处理。撰写时应根据具体情况，首先准确确定报告的主旨和基调，然后紧紧围绕主旨选材，做到不枝不蔓，中心明确。这样，才符合专题报告的撰写程序和要求。

三是情况要实。是指专题报告中对工作过程和成绩的表述，对有关情况的叙写，必须做到从实际出发，实事求是。要如实反映事物发展的本来面目和客观过程，既要报喜也要报忧，有一说一，有二说二，不能任意夸大或缩小。切忌言过其实，或者为了达到某种目的，随意"扬善"或"隐恶"。否则，就会从根本上失去专题报告的存在价值，严重者还会给领导提供虚假信息，造成决策上的失误，其后果不堪设想。

四是篇幅要短。专题报告既然讲究"一事一报"，那么在文字表达上就一定要力求精简，篇幅一定要短，不能失之冗长。

无论综合报告还是专题报告，其写作模式基本相同。大体包括如下几个部分：

（1）标题。通常由发文机关、事由和文种三个要素组成，如《×××关于加快、营造生物防火林带工程建设议案办理情况的报告》。

（2）报告引据。这部分是报告正文的开头。它要用简明扼要的语句交代出全文的主要内容或基本情况，也可陈述有关的背景或缘由。无论如何，都必须做到开门见山，落笔入题，切忌无端"戴帽"，让人不着边际。然后用过渡语"现将有关情况报告如下"，"为此，特作如下报告"等开启下文。

（3）报告事项。这部分要准确简练、条明理晰地将有关工作或事件的情况表述清楚，并加以扼要分析，以便给人以全面、深刻的了解。撰写时要紧紧围绕行文的目的和主旨进行陈述。如是汇报工作，则应首先写明工作的基本情况，其次写明主要做法和成绩，包括采取的办法、措施以及由此带来的直接效果等，最后写明还存在什么问题以及今后的大体工作设想。在内容布局上，一般将第二层次详写，第三层次略写，不作过多铺陈。如是反映问题，则应首先对所要反映的问题或情况作一概述，然后集中分析产生问题的原因（包括主客观两方面原因），最后提出解决问题的意见和办法。在内容布局上，第一层文字要简洁，第二、第三层的叙写应当根据行文的目的和主旨表达需要确定详略。如是回复上级机关的询问和要求，应首先扼要叙述上级机关交办的事项或任务，然后写明处理的大致过程，包括采取的办法或措施，处理中遇到的问题及需要进一步陈述的事项等，最后交代处理结果，同时征询上级机关对处理结果的意见。如是就某项工作中的错误向上级机关检讨，应首先陈述错误的事情概况，继而分析造成错误的原因（包括直接原因和间接原因）及应负的责任，最后写明处理结果及今后的改进意见。

在结构安排上，如果报告内容较为简单，则采用篇段合一的形式；如内容复杂，则分层分段或分几个部分进行叙写，既可按工作的进程顺序或事件发生发展的时间先后顺序表述，也可按所提出问题的主次或按所取得成绩和经验的主次顺序表述，还可将其交织糅合，这在实践中也较多见。

（4）结尾。报告的结尾一般有较为固定的结语，常用的有"以上报告如有不妥，请指示""特此报告"等。它另起一段，独占一行。

（四）范例简析

范例 1

四川省人民政府关于去冬今春农田水利基本建设的情况报告

国务院：

去冬今春是我省实施农田水利基本建设"治水兴蜀"战略方针的第二年。按照全国电视、电话会议的部署，我省狠抓了以水利建设为中心，以治水、改土、兴林、修路、办电、建园为主要内容的农田水利基本建设，取得了显著成绩。据统计，从1996年9月1日至1997年3月底，全省累计投入劳动积累工13.25亿个，日最高峰上工人数达1900万人，共投入资金37.24亿元；累计完成土石方量9.12亿立方米；动工各类水利工程项目102万个，完成92万个，占动工数的92%；完成新增有效灌面67.7万亩，改善灌溉面积560.3万亩；新修江河堤防110.8公里；解决了144万人、136万头牲畜的饮水困难；小水电新装机7.8万千瓦；新建微水工程24万多口、山平塘3182口、人工井114万口、救生高台162个；改造中低产田土178.44万亩，治理水土流失2457平方公里；完成成片植树造林166.5万亩，零星植树1.79亿株；新建县乡标美路1580公里；全省农机系统完成了7.45万台、77.5万千瓦提灌机械的修复改造，恢复改善灌面150万亩，新增提水控灌面积9.75万亩，冬蓄提水完成6.5亿立方米。其主要做法和特点是：

一、领导重视，真抓实干

省委、省政府十分重视农田水利基本建设。去秋以来，在通江县召开了全省农田水利基本建设工作会议，在成都召开了水利工作会议。在农田水利基本建设高潮时，为及时总结经验，分别在仪陇、眉山、仁寿召开了片区会议，指导全省农田水利基本建设工作。省委、省政府主要领导同志对农田水利基本建设工作亲自部署，加强协调。11月29日，省委、省人大、省政府、省政协、省军区的领导同志带领省、市、县1000多名机关干部到温江县金马河水利工程建设工地参加劳动，为全省带了个好头。据统计，去冬以来全省参加农田水利基本建设义务劳动的县团级以上干部达15万人次；社会各界参加义务劳动者达1123万人次。各市、地、州、县把农田水利基本建设作为"一把手"工程，主要领导挂帅出征，包干项目，落实责任。仅省级部门就组织了40多个工作组先后分赴县乡工地检查督促，狠抓落实。

二、因地制宜，突出重点

首先，突出治水。一是抓好大中型重点项目的建设进度；二是抓好水毁工程的修复和重点病险水库的除险加固；三是抓好重点河道的堤防建设和救生高台建设；四是抓好巴中、广元、绵阳、南充四市地20个县（市、区）的旱山村以开展"两保"用水（保命水、保苗水）为主的微型水利工程川北样板示范建设。在实施上按不同地域各有侧重：都江堰、武引、升钟、大桥等骨干工程所在地集中资金、人力、物力加快基建施工进度，保证质量；平原、江河沿岸地区突出以河道、渠系的整治和疏理，提高排灌能力，同时加快河心洲坝救生高台的建设步伐；水库灌区加快渠系配套、防渗，努力增加有效灌溉面积；广大丘陵地区的旱片死角则发动群众因地制宜开展微型水利建设。其次，实行山、水、田、林、路统一规则，综合治理，分类实施。改为以"川中""川东""攀西"农业综合开发项目和商品粮基地建设及以工代赈等大项目为龙头，辐射和帮助面上的改田、改土，一般要求500亩以上为一片，实行综合治理，建一片，成一片，当年改造，当年见效。通过工程措施的实施和完善，达到了遇旱能灌、遇涝能排，项目区除涝面积达90万亩，除湿面积达56万亩，兴建农田排灌渠系11694条、9303公里；整个项目区全年新增粮食产量286万吨，新增产值5.7亿多元。兴林：以长江防护林体系建设为龙头，以各项工程造林为主体，使全省植树造林保持了稳定的发展势头，成片植树造林166.5万亩，零星植树1.79亿株。修路：大搞标美路网化工程，逐年提高高级、次高级路面率。截至3月底，全省共投劳5000万工日，投资4亿元，完成县乡标美路1580公里。同时，狠抓提灌机械修复改造，精心组织冬蓄提水。截至3月底，修复改造提灌机械745万台、77.5万千瓦；恢复改善控灌面150万亩，新增提水控灌面积975万亩，冬季蓄提水已完成6.5亿立方米，投入提灌机械12万台、60万千瓦，冬季提水累计投资2000万元。在工程实施中，各地切实加强工程的质量监督，注意新技术推广，加大机械化、专业化进程，实行机械化与劳力相结合，群众突击与常年专业化施工队相结合，项目与脱贫致富、农业产业化相结合，做到建一处，发挥效益一处。

三、深化改革，增大投入

去冬今春我省多渠道、多层次增大对农田水利基本建设的投入。一是加大财政的投入力度。累计投入农田水利基本建设资金37.23亿元，其中省级投入1.414亿元，地（市）、县（市、区）、乡（镇）投入12.57亿元，群众投入10.52亿元。二是加大产权制度改革的力度，用政策调动群众大办农田水利基本建设的积极性。因地制宜地引导、组织、鼓励群众"自行投入、自行建设、自行管理、自行使用、自主经营"，产权明确，投资力度大大增加，群众投入水利建设经费达10.52亿元，比上年同期增长117%。三是不少地、县在国家没有项目扶持的情况下，实行单位、集体、群众、企业、职工、重点户、专业户等多方投资，采取多种形式大搞自办工程。乐山市发扬自力更生精神，把自办工程纳入农田水利基本建设考核的主要内容，全市完成自办工程87万亩，群众自筹资金12461万元，成片改田改土1000亩以上的乡（镇）12个；南部县大桥镇七村自筹资金13.4万元，不等不靠，发动群众投工投劳，改造中低产田土780亩。

四、广泛宣传，持续发展

去冬，我省农田水利基本建设与往年同期相比，提前一个月进入高潮。在宣传鼓动、组织发动上，主要采取了四条措施。一是主要领导亲自抓宣传。省委书记谢世杰同志指示宣传部门组织新闻记者到巴中地区进行系列采访，利用新闻媒体广泛宣传"巴中经验"，在社会上引起了很大反响，形成了学巴中、赶巴中的热潮；二是充分发挥新闻媒介的作用，在报刊、电台、电视台开辟"治水兴蜀"宣传专栏，通过对农田水利基本建设进度、作用和意义、先进典型等内容的宣传，引起全社会对农田水利基本建设的关注，增强了广大干部和各方面的责任感，激发了农民群众大搞农田水利基本建设的热情；三是各级干部深入第一线调查研究，解决困难，召开流动现场会，带头参加义务劳动，搞好样板工程；四是组织开展"李冰杯"宣传报道竞赛活动，调动新闻单位和新闻记者参与农田水利基本建设报道的积极性。

五、激励先进，开展竞赛

省委、省政府决定在治水、改土、兴林、修路、农机提灌等方面开展竞赛活动，并从财政投入农田水利基本建设资金中预留一部分，采取以奖代补的形式，奖励先进单位。不少地、县为了持续推动当地农田水利基本建设蓬勃发展，也开展了农田水利基本建设杯赛和先进个人评比活动，按照"大干大支持、小干小支持、不干不支持"的原则，制定和完善各种评比办法，加大奖惩力度，有力地调动了基层干部的积极性。去冬今春，我省农田水利基本建设取得了很好的成绩，但也存在一些问题：地区与库区重点工程与面上工程之间发展不平衡；个别地方虽热情高、干劲足，但上马项目过多，超过本地财力和群众的实际承受能力；有的地方资金不能及时到位，影响了工程建设进度等。为圆满完成97年度的工作任务，我们将坚持常年不懈地抓农田水利基本建设，坚持"治水兴蜀"的方针，打好"一三五"战役，即冬修100天、夏修30天、秋修50天。

目前，我省将主要做好以下几方面的工作：一是抓紧塘、堰、渠道的清淤和新建工程的扫尾，为抗旱保栽做好准备；二是抓紧水毁、病害工程整治工作的扫尾和重点堤防修复、救生高台建设，确保安全度汛；三是进一步抓好以专业施工队伍为主的工程建设，加大资金到位力度，加强监督评估，提高质量效率；四是认真抓好冬春农田水利基本建设工作总结，做好"李冰杯"竞赛评比准备工作；五是进一步加强领导，统筹规划，突出重点，完善措施，增大投入，确保全省农田水利基本建设持续发展。

写法简析

这篇例文从标题看是专题报告，但从内容上看，又属于综合性的报告，重在介绍做法和措施，这也是写作报告文种中最常用的一种写法。本文在写法上具有典型的参考价值。

开头部分是先写成绩，依此形成总括和表明所取得的此项成绩的显著性，这种写法有助于上级机关对所做工作的全面了解和掌握，形成深刻的印象。这部分又从两个方面来写，第一是说明按照怎样的方针和在哪几个方面作出了成绩，是对具体成绩的总括；第二是具体的成绩，是通过一系列数字来说明的，实际上是对第一总括的详细解释，二者之间是典型的点面结合形式。

主体部分是从横向的五个方面来介绍具体的做法和措施，包括领导重视、突出重点、加大投入、加强宣传和进行奖励竞赛来说明成绩取得的是几个方面联合发挥效用的结果。这种写法非常符合一般管理学的基本原理，有领导的因素、资金的因素、思想发动的因素、奖惩措施的因素和工作特色的因素等几个方面。这几个方面几乎在任何报告中都有涉及，只是侧重点不同，所以应该引起注意并学会借鉴。此外，这五个方面内容是有详略安排和侧重的，第一个方面是点到为止，但又必不可少，体现了作为一级政府和领导对此问题的重视和真抓实干的做法，包括会议的安排与落实，全省干部的带头做法和认识；第二个方面是重点，既是对开头的呼应，更是进一步的解释和延伸，是对取得成绩的做法的具体介绍。这部分内容层次虽多，但条理清晰，通过阅读能形成一个深刻的整体了解，这样既区别于开头部分的内容，避免了重复，又加深了认识，这才是写作的硬功夫；第三个方面是通过三种形式的投入来说明资金的加大和采取的改革方式，有具体的数字和简洁的说明，表达清晰；第四个方面是从四个点上的事例来说明是怎样加大宣传力度的，相对于前面的内容显得更加生动、形象；第五个方面是从开展竞赛和进行奖励的角度来说明促进工作的激励措施，符合实际，也是纠正存在的问题的得力措施。

结尾段没有采用单纯的结尾用语，而是以今后工作的想法来表明工作的努力方向来结尾，这种写作方式有助于体现汇报的连续性和对待工作的态度坚定性。

范例 2

北湖区安监局关于开展"三满意"活动的工作报告

今年以来，我区的安全生产工作在区委、区政府的正确领导和上级安监部门的指导下，紧紧围绕"一区三中心"建设，服务科学跨越发展、服务社会、服务基层、服务群众，坚持"安全第一、预防为主、综合治理"的方针，以科学发展观为指导，深入开展安全生产年活动，认真贯彻落实中央、省、市、区会议精神，加大安全投入，完善目标管理，深化专项整治，强化检查整改，严厉打击非法生产，加强现场监管监察，安全生产形势持续稳定。

一是加强领导，周密部署。全区召开建设开放型政府、开展"三满意"活动动员大会后，我局立即行动起来，组织召开了全局干部职工动员大会，主要领导在会上亲自作动员讲话。4月22日，我局召开了班子会议，传达了区政府常务会议和全区政府系统办公室主任会议精神；5月7日，召开党委扩大会议，传达学习全区为民办实事、电子政务、三项制度、厉行节约暨依法行政会议精神。为确保"三满意"活动顺利开展，成立了安监局"三满意"活动领导小组。由局长王方生任组长，党组书记谭志云任常务副组长，副局长陈铁牛、纪检组长李良智、总工程师刘长春任副组长，各股室负责人和其他干部职工为成员，形成了一把手负总责、层层抓落实的工作格局，并制定了切实可行的"三满意"活动实施方案。

二是加强学习，查摆问题。高素质的干部队伍是建设开放型政府，做到群众满意、基层满意、社会满意的关键所在。我局按照区委、区政府的统一安排部署，认真组织开展了学习实践科学发展观活动，进一步树立了科学发展理念。此外，组织全局机关干部参加我区政务职业道德和政务礼仪培训，办公室主任分别参加了北湖区新闻通讯培训和电子公文传输系统培训；组织干部职工观看电教片两场次，观看电影《缉毒警》《雪红》两次。同时，认真抓好普法教育，推动依法行政工作，学习了湖南省违反矿产资源管理规定责任追究办法、新消防法、国家安全法律法规知识和湖南省见义勇为人员奖励和保护条例等。结合学习实践科学发展观活动，开展了建设开放型政府机关大讨论活动，认真查找机关行政效能建设中不适应科学发展要求的突出问题。我局设立并公布了热线电话、征求意见箱和电子邮件，向各乡镇、矿山企业、各生产经营单位发放征求意见函67份。5月22日，又召开了专题征求意见会。通过信函、传真、电子邮件、当面送达、会议等形式，共收回征求意见表33份，征求到的意见和建议，经整理为6条。通过大家自己找、群众提、同志帮，明确了问题所在，提出的意见和建议十分中肯。

三是健全制度，公开承诺。围绕办事公开、政务公开、提高行政效率、改善工作作风等要求，我局建立健全了公开承诺制、限时办结制等多项制度。将我局政务公开内容、工作动态及时在北湖政府门户网站公布。并对全社会郑重承诺：准确及时贯彻执行国家安全生产的法律法规及政策文件之规定，指导区域内企业依法开展生产经营，确保事故控制指标的实现和广大人民群众的生命财产安全；加大对矿山企业的安全监管，深入开展重点行业和领域的安全生产隐患集中治理行动，明确了隐患治理责任对重大事故隐患进行了挂牌督办；提升机关行政效能，凡由我局审批、核准事项，均在10个工作日内办结，根据办理事项的情况，实行特事特办。同时开展重点岗位行风评议活动，推出行政许可、工商贸、矿山安全监管服务等岗位，向社会公布，并接受群众评议。

四是结合实际，开展活动。

（1）强化保障，全面落实安全生产工作措施。一是加强安监队伍建设，强化了安全保障。区安委办继续组织开展安监站的达标创建和示范乡镇创建活动,安监站达标建设在上一年达标5个的基础上,今年力争达标7个,解决建设资金14万元,示范乡镇活动继续深入开展。并按照上级要求,加快安全生产执法队伍建设进度,将现有的执法队伍进行有效资源整合,同时适当增加区安监局、区煤炭局的人员编制,加强安全生产监管力量。加大投入,有效保障安全生产,立即投入100万元,在全区开展高危企业安全生产标准化建设,全年计划投资1500万元用于安全生产设备设施资金投入。二是广泛开展安全生产宣传教育培训。积极加大安全生产宣传力度,形成全区上下抓安全生产的氛围,特别重视安全生产人员的宣传教育和培训,加大了安全生产月咨询日培训。在全区安全生产大会上对鲁塘7·3事故和其他地区较大以上事故进行了安全生产警示教育。今年以来,全区已举办各类培训班6期,并多次组织企业参加省、市举办的安全生产业务培训班,培训安全管理人员、从业人员8000余人,有效提高了从业人员的安全意识和安全技能。

(2)周密部署,积极行动,全面开展隐患排查治理工作。全区加强安全生产工作的组织领导,分别召开了区委常委扩大会议和全区安全生产工作紧急会议,对当前的安全生产大检查及隐患排查工作进行了全面部署,区政府在部署开展安全生产年活动的基础上结合上级精神下发了《关于在全区开展隐患排查治理切实加强安全生产工作的紧急通知》,对当前的安全生产大检查大整改行动、安全生产集中执法行动、重大事故隐患挂牌督办工作进行了具体安排。坚决做到九个确保:即要确保煤矿、非煤矿山、道路交通、烟花爆竹、建筑施工、危爆产品、尾矿库、公众密集场所消防安全、食品等重点行业和领域的安全生产。

各级各部门积极发挥安全生产监管职能,积极组织,迅速行动,全面落实会议精神:一是坚持不懈地抓好安全生产宣传教育工作,广泛动员,积极行动,努力提高企业从业人员的生产安全意识。二是立即组织开展安全生产专项整治行动,深入进行隐患排查治理和安全生产执法工作,坚决把治大隐患防大事故落到实处,重点检查了煤矿、非煤矿山、危爆物品、烟花爆竹、道路交通、建筑、水利、人员密集场所消防、食品安全等重点行业和领域,排查出安全隐患338条,按照要求采取强硬措施限期整改,重大事故隐患全部实行挂牌督办,不及时进行隐患整改或整改不到位的进行了行政处罚,有效地防范了生产安全事故的发生,确保万无一失。三是加强尾矿库安全监管工作,杜绝非法复选现象,确保汛期安全。明确责任,责令新田岭矿区等8家尾矿库进行闭库设计，对 4 家在用尾矿库责令隐患整改，并明确了责任单位和责任人，加大危库、险库治理和排洪力度，确保在雨季不发生尾矿库垮坝溃堤事故。四是加强鲁塘矿区的抽排水工作，对 26 个矿井下井整改隐患，主要进行巷道维修、检修矿山机械设备和排水，目前已排出巷道积水 20 多包，基本消除了矿区水患威胁。五是严格执行值班制度，增强了备勤力量，加强对突发事件的预警预测和应急救援工作，坚持 24 小时领导带班值班制度，对鲁塘、新田岭、芙蓉三个矿区加强了重点巡防，并督促做好安全保卫工作。六是多方协调，积极向上争取安全生产项目资金，现尾矿库隐患治理项目经费已通过专家论证并以区政府名义形成请示上报到省安监局，正在等待批复，鲁塘防治水、交通安全基础设施和防雷设施项目经费已分别由各部门拟定可行性报告向上级政府主管部门和财政部门争取资金。

局党组高度重视"三满意"活动，行动迅速，服务基层，集中力量，全力开展安全生产大检查、大排查工作，针对重点领域和行业扎实推进安全生产专项整治及集中执法行动，对煤矿、非煤矿山、烟花爆竹、危险化学品等重点企业加强安全监控，重点工程项目全程进行安全生产监控，确保了我区安全生产形势的稳定好转。

特此报告

写法简析

这篇例文属于专题报告，重在介绍做法和措施，这也是写作报告文种中最常用的一种写法。

开头部分占用一个自然段概述"我区的安全生产工作"情况，这种写法有助于上级机关对所做工作的全面了解和掌握，形成深刻的印象。

主体部分是从横向的四个方面来介绍具体的做法和措施，采用分列小标题的形式，包括"加强领导，周密部署""加强学习，查摆问题""健全制度，公开承诺""结合实际，开展活动"，以此说明成绩的取得是几个方面联合发挥效用的结果。此外，这四个方面内容有详略安排和侧重，特别是第四个问题"结合实际，开展活动"，又进一步从"强化保障，全面落实安全生产工作措施"和"周密部署，积极行动，全面开展隐患排查治理工作"两个方面进行具体阐述，而且注重运用具体数字说明问题，令人信服不已。对各级各部门如何全面贯彻落实会议精神的做法也写得颇为细化，使行文显得厚实，具有较强的说服力。

范例 3

关于治理水质污染问题的报告

×市人民政府：

　　前接×政发〔20××〕106号函，询问我县水质污染原因及治理问题，现将有关情况报告如下：

　　我县水质现污染较严重，其主要原因：一是公众环境保护意识差，一些居民随意向河道坑塘倾倒垃圾。二是我县市政基础设施薄弱，无污水处理厂，居民生活污水直接排入大环境。三是近几年，我县"三业"发展较快，其废水杂物直接排入护城河及坑塘，造成水质严重污染。四是县纸厂停产治理后，虽有污水处理系统，但运行费用高，工程设计落后，不能做到不间断达标排放。

　　解决水质污染问题的根本途径：首先是建设污水处理厂，目前，县政府正在积极筹备之中。其次，加大宣传力度，提高全民环保意识，减少污水无序排放。再次，加大环保监督检查力度，确保排污企业治污设施正常运行，达标排放，促进水质好转。最后，环保部门依法行政，严格执法，从源头把关，减少各种污染。

　　专此报告

××县人民政府
20××年4月29日（印章）

写法简析

　　这是一则回复报告，是根据上级机关的询问而作出的回答。第一段，简叙来文询问的事项，并过渡到正文；第二段、第三段是按照上级的所问所做的回答，先说水质污染较重，并从四个方面进行了解释，用语极为精练，句句中的，回答简明，符合事实。解决问题的根本途径也是从四个方面进行解答的。结尾使用了专门的结尾语。答复报告要注意有问有答，要有较强的针对性。

（五）要点撷萃

（1）要注重实效，情况要真实。报告承担着向上级机关反映信息及决策执行情况的反馈功能，上级机关要通过报告及时掌握各方面的动态，因此，撰写时必须注重时效，做到及时迅速，不能拖沓。如果不注重时效性，就很有可能影响决策的及时性和科学性。除此之外，还必须原原本本地反映实际情况，做到"实事求是"。不能"米不够拿水凑"，更不能"谎报军情"，向上级机关呈送"注水报告"。

（2）要力求短小精悍，避繁就简。要做到短，就要充分运用概述和突出重点的表达方法。不能把报告写成"现象拼凑"和"事实罗列"，也就是通常讲的"流水账"。还要"舍得删削"。草稿写成后，要通过修改，把那些可用可不用的字、词特别是句子删掉；删削叠床架屋的用语；化冗长的句子为短小精悍的句子；还要"脱靴摘帽"，削减开头的"套话"和结尾的"空话"。总之，要字斟句酌，力求精练，以少胜多。

（3）要做到主题明确，重点突出。由于报告所蕴含的内容较多，特别是综合报告，要涉及有关工作或情况的方方面面，因此在撰写时一定要做到主次分明，针对性强。要紧紧围绕报告的主题，在材料的组织和选择上有所侧重，突出重点，还要紧紧围绕全文的主旨加以展开陈述，决不能偏离主旨随意去唱"信天游"。

（4）报告中不能夹带请示事项。报告与请示两个文种虽然性质相近，但职能各异，无论从行文方向、性质要求还是行文时限、内容含量等方面都有明显的区别。在行文时应将两个文种分开使用，同时也不能在报告中夹带请示事项，以免延时误事，影响工作。实践中常见的诸如用报告代替请示以及"请示报告"之类的做法应当严加避免。

六十一 请示

（一）适用范围

根据《党政机关公文处理工作条例》的规定，请示"适用于向上级机关请求指示、批准"。据此可见，请示是向上级机关请求指示和批准时使用的一种公文。

请示文种的适用范围较广。凡涉及有关方针政策界限、工作中的重大问题、需要上级机关予以审核批准的事项等诸多方面的内容时，均应以"请示"行文。据此可见，请示分为两类，一是请求指示的请示，二是请求批准的请示。其中前者涉及的内容属于有关方针政策界限抑或办法措施等方面的事项，亦即通常所说的"软件",而后者所涉及的内容多是向上级机关要人员、要资金、要物资等方面的事项,亦即通常所说的"硬件"。因此,现阶段很多公文写作方面的书籍和培训讲座,仍旧将请示划分为"呈批性请示"和"呈转性请示",是很滞后的,因为所谓的"呈转性请示"早已被上行的"意见"所取代。

(二) 主要特性

请示文种具有三个方面的明显特性。

(1) 行文方向的特定性。即它必须是下级机关向上级机关行文,这里的上级机关必须是请示机关的直接上级机关。

(2) 行文目的的特定性。即请示所涉及的内容必须是请求上级机关做出明确回复或表态的事项。

(3) 权属范围的特定性。即请示所涉及的内容事项必须是请示机关在自己的职权范围内无法解决或处理的事情。各机关都有自己的职权范围,对属超出职权范围的事项,即应向上级机关行文请示,获准后方可执行和办理。

(三) 结构模式

请示文种的内容要素一般由标题、正文、结语三部分组成。各部分写法如下:

1. 标题

通常由发文机关、事由、文种三个要素组成,如《×××市公安局关于购置执法执勤专用车辆的请示》。拟写请示标题,必须着力写好"事由",要明确、简括地表述出请示的中心意向,以便上级机关准确了解和把握。

2. 正文

正文部分是请示的核心内容,它要载明以下两方面事项:

一是请示理由。这是请示写作的关键环节,它直接关系到请示目的能否得以顺利实现。要用简明扼要的语言将请示的原因和背景情况或者请示问题的依据、出发点及思想基础交代清楚。在写法上,一般采取叙事和说理相结合的表达方式,叙事要精练,说理要透辟,力戒烦冗累赘。这部分写得好,就为下文进一步提出请示事项作了充分铺垫,请示的目的就容易实现。

二是请示内容。即请示的具体事项,要将请求上级机关给予指示、批准的具体问题和事情和盘托出,请求上级机关做出答复。要写好请示事项,关键在于两点:其一是明确,即要直截了当,明白显露。是请求上级机关对某项工作做出指示，还是对处理某一问题做出批准，还是请求批拨资金或物资，等等，必须明确无误地予以表述，令人一目了然。切忌含混晦涩，隐约其词，让人不知所指。更不可拐弯抹角，言此意彼，让人难以捉摸。那样，不符合请示的行文要求，也难以实现请示的目的。其二是具体，即指对于请示事项的表述，一定要细致入微，清晰可鉴。请求批拨资金，则应写明总计需用资金数额多少？已筹集几何？尚需领导解决多少？切忌笼统空泛，运用一些诸如"大概""左右""或许"等模糊度强的词语表述；请求批拨物资，则应将物资的品名、规格、数量等项目要素交代清楚。视具体情况，也可提出本单位对解决问题的观点、看法和方案，供领导参考，但应同时表明本单位的倾向性意见。

3. 结语

请示的结尾一般有较为固定的结语，以示对上级机关的尊重。通常写法是"妥否（可否，是否可行）、请批示"。要特别注意请示的结语中绝不能出现"报告"字样，以免造成混乱，甚至延时误势，给工作带来不应有的麻烦。

（四）范例简析

阜康市安全生产监督管理局
关于划转煤矿事故伤亡指标的请示

昌吉州安全生产监督管理局：

近年来，随着国家对煤炭产业政策的进一步调整，我市根据国家的有关政策法规将部分规模小、资源回收率低、安全生产条件差的小煤矿进行了关闭和整合，调整了煤炭产业结构，先后引进了新疆八钢、新疆有色集团、特变电工、徐矿集团、天龙矿业等企业集团来我市进行开发、整合煤炭资源。目前八钢佳域公司投资2468万元建设的年产9万吨煤矿技改项目已全面动工建设，已完成投资1010万元，预计20××年可建成投产；新疆有色集团公司投资3000万元建设的年产9万吨天池大平滩煤矿已于20××年建成投产；特变电工投资的天池能源煤矿投资4258万元建设的年产15万吨的天池一矿技改工程项目已全部完工，已通过新疆煤矿安全监察局的验收。天龙矿业投资3189万元建设的年产15万吨金龙煤矿，主、副井已建成并形成了通风系统，完成投资1500万元，预计20××年底可建成投产。以上煤矿在建设过程中和建成投产后，如安全管理工作不到位，安全责任不明确，随时都有可能发生伤亡事故。为了进一步抓好此类煤矿的安全生产，明确此类煤矿安全管理责任主体和事故伤亡指标分解主体单位，经我局研究，建议将以上煤矿的安全管理责任主体和事故伤亡指标均划转给其总公司管理。我市只履行综合安全管理的职责，指导协调、督促企业抓好安全生产工作。

妥否，请批示。

阜康市安全生产监督管理局
20××年8月2日

写法简析

这是阜康市安全生产监督管理局写给昌吉州安全生产监督管理局的一份请示，全文主旨明确，重点突出，层次清晰，用语精练，有许多可资借鉴之处。标题由"发文机关名称""事由"和"文种"3个要素构成，直接揭示出请示的核心内容，令人一目了然。

正文部分首先占用重头篇幅陈述"请示理由"，交代了阜康市安全生产监督管理局对所属小煤矿进行关闭和整合以及对煤炭产业结构进行调整的情况，列举出具体的事例和数字，以此作为请示的依据和缘由，给人以充分翔实之感。在此基础上，提出行文的中心观点，并用"为了……"这一特定目的句引出请示的具体事项。值得注意的是，与其他文种相比，请示的目的句位于第二层次之首，而不在行文的开篇，这是请示写作的一个重要特性。

请示事项部分，以建议的口吻，提出具体明确的意见，即"将以上煤矿的安全管理责任主体和事故伤亡指标均划转给他们的总公司管理。我市只履行综合安全管理的职责，指导协调、督促企业抓好安全生产工作"，表意明确集中，既精练又扼要。这种写法很值得借鉴。

（五）要点撷萃

（1）要注意克服标题中的语意重赘。诸如"关于申请解决……的请示""关于请求……的请示"之类的标题，因请示文种本身即已蕴含"申请"之意，无须在事由部分强调表述。

（2）要一文一事。任何机关都有一定的职权范围，在请示写作中如果不是一文一事，就有可能出现有些事项属于职权范围，而有些事项超出职权范围的情况，致使上级机关难以批复，进而影响请示目的的顺利实现。

（3）要逐级请示。请示的致送对象应当是自己的直接上级机关，一般不得越级行文。如因特殊情况必须越级请示时，要同时抄送被越过的上级机关。

（4）要主送一个上级机关。即不得多头请示，以免因责任不清、互相推诿扯皮而延误工作，同时也可避免因上级机关答复意见不一致而使请示主体无所适从的现象。

（5）要以组织为行文对象，而不能针对个人。但领导人授权交办的特别事项除外。

（6）要注意特定格式项目的完整性。请示行文应当标注签发人或会签人姓名，以明确责任；同时还要在附注处注明联系人的姓名及电话号码。

（7）请示非从属报告，也不等于函。请示是党政公文中一个独立的文种。报告的结尾虽也有"请指示"的用语，但毕竟是报告，不能与请示混用。请示是"向上级机关请求指示、批准"，这里的上级机关是指有隶属和指导关系的上级机关，并非指没有隶属关系的某一专门业务的主管部门，也非指与自己不存在隶属关系但级别比自己高的单位。向有关行政主管部门请求批准，有两种情况：一是平级单位申请批准，如县或乡镇政府向市或县财政局申请批准专项用款、向市或县税务局申请减免税金、向市或县工商局申请经营项目等，由于它们之间都是隶属于市或县政府的平级单位，故按公文法规的规定宜用"函"，而不应当使用"请示"。二是非隶属关系单位的申请批准，如中央驻地单位，向当地建委申报用地，向当地教育局申报办学，向当地物价局申报核定商品价格，向当地卫生局申请开设医疗门诊等，因为它们之间不存在任何隶属关系，因此，根据公文法规的规定同样应用"函"而不能使用"请示"。

（8）要把握请示的内在逻辑。一份请示不论文字长短，其内在逻辑均是由"为什么要请示"和"请示什么问题"两大层次组成。所谓"为什么要请示"，通常包括请示的背景和缘由；所谓"请示什么问题"，即要求上级机关为我们解决什么及怎样来解决。其他文种的目的句，通常置于开头，唯独请示是在第二层次之首。

（9）要坚持事前行文。请示讲究的是必须在事前行文，严禁"先斩后奏"，它既体现着民主集中制，也检验着组织纪律性，任何机关单位都不能违反这条原则。

（10）要注意结尾语的规范写法。请示的结尾用语，按照惯例，应当根据不同类型的请示而有所不同。如果是请求指示的请示，通常写为"可（妥）否，请指示"；如果是请求批准的请示，则一般写为"妥否，请批示（批复）"等。

六十二 批复

（一）适用范围

批复是上级机关答复下级请示事项时使用的一种公文。它是与请示相对而言的，亦即有请示才会有批复，没有请示就无所谓批复，其除了直接回答所请示的事项以外，无须涉及其他问题。

批复按其内容的不同，可以分为核准性批复、指示性批复和答复性批复三类。核准性批复主要用于审批应由上级机关批准的具体问题，完成某一事项法定的组织手续，其内容一般都很简单，大多数都是表态性的。指示性批复是指在审批某一问题的同时，就此进一步提出一系列相关的指示，要求下级机关照此执行，其内容一般较为复杂，篇幅也较长。这是实践中使用最多的一类批复。答复性批复是指就有关法规政策方面的事宜作出批复性的回答。

（二）主要特性

（1）被动性。它是与请示相对应的文种，也就是说，下级机关有请示，上级机关才会有批复，从这个角度讲，批复所涉及的内容范围较窄，是专门针对下级机关"请示"这一文种使用的，只能就请示的事项作出答复，具有明显的被动性。

（2）指示性。批复要对下级机关提出的具体问题进行答复，往往要求下级机关将执行情况上报，以便检查了解。因而，从行文效能上看，批复具有指示性。上级机关的批复是下级机关办事的依据，对下级机关具有明显的约束力。

（3）政策性。批复本身往往体现了上级机关在这一问题上的政策精神和领导意图。

（三）结构模式

1. 标题

批复的标题与一般公文的标题有所区别。具体写法有以下三种。第一，由批复机关、请示事项（问题）和文种组成。如《国务院关于同意将辽宁省辽阳市列为国家历史文化名城的批复》中,"将辽宁省辽阳市列为国家历史文化名城"是原请示的事项。第二,由批复机关、原请示题目和文种组成。如《最高人民法院关于执行〈全国人民代表大会常务委员会关于处理逃跑或者重新犯罪的劳改犯和劳教人员的决定〉中几个问题的批复》。第三,由批复机关、请示事项、请示单位名称和文种组成。如《民政部关于同意四川省设立峨眉山市给四川省人民政府的批复》。题目中的"同意"是批复机关对请示事项的态度。

2. 正文

一般由引语、主体和结尾三部分组成。

(1)引语。即批复开始的第一段或第一句话,这是批复的根据。通常要写清楚两方面的问题:一是下级机关请示的问题或文号;二是简要引述来文所请示的事项。引语的作用,在于表示已经知道下级请示的问题,从而引出应有的答复性的文字。一般情况下,引语只要说明下级有关请示已经"收到""收悉"即可。但也可以在引述来文的事项之后,表明批复者的态度。如"现就……批复如下:""经研究,同意……"或"经研究,答复如下:",成为由引语到主体的过渡语。一般紧接引语写出,也可单独列行。

(2)主体。这是批复的中心内容。要根据国家法律、法令、规章、制度以及党和国家的方针政策,针对实际情况,对请示中提出的问题,作出恰当明确的答复。内容简单的只表明同意或不同意;应该或不应该。内容复杂的,除表明不同意的态度之外,有时还可考虑要说明不同意的理由,以便下级机关接受;对于同意的事项,也可同时指出如何才能保证批复事项的完成,或如何防止某些问题的出现。这就是批复指示性的体现。

(3)结尾。批复的结尾比较简单。一般只需在正文之下另起行写出"特此批复""此复""特此函复"即可。

(四)范例简析

国务院关于同意设立新疆塔城
重点开发开放试验区的批复

国函〔2020〕166号

新疆维吾尔自治区人民政府、新疆生产建设兵团、国家发展改革委:

《国家发展改革委关于批准设立新疆塔城重点开发开放试验区的请示》(发

改开放〔2020〕1559号）收悉。现批复如下：

一、同意设立新疆塔城重点开发开放试验区（以下简称试验区），试验区建设实施方案由国家发展改革委印发。试验区位于新疆维吾尔自治区西北部，与哈萨克斯坦接壤，是我国对中亚合作、向西开放的重要窗口。建设试验区有利于深化与周边国家全面合作，加快建设丝绸之路经济带核心区，推进共建"一带一路"高质量发展；有利于打造我国西北地区重要的国际合作平台，促进生产要素集聚，增强内生发展动力，形成沿边地区新的经济增长极；有利于兴边富边和加快边境地区城镇化建设，提高城市承载能力，促进稳边安边固边；有利于提高边境地区、民族地区人民生活水平，进一步铸牢中华民族共同体意识，实现新疆社会稳定和长治久安。

二、试验区建设要以习近平新时代中国特色社会主义思想为指导，全面贯彻党的十九大和十九届二中、三中、四中、五中全会及第三次中央新疆工作座谈会精神，完整准确贯彻新时代党的治疆方略，牢牢扭住新疆工作总目标，坚持党的全面领导，坚持依法治疆、团结稳疆、文化润疆、富民兴疆、长期建疆，按照高质量发展要求，以推进丝绸之路经济带核心区建设为驱动，充分发挥新疆对中亚合作的独特优势，解放思想、先行先试，着力创新体制机制，加强基础设施互联互通，发展特色优势产业，深化经贸交流合作，优化营商环境，推进生态文明建设，统筹城乡一体化发展，努力把试验区建成丝绸之路经济带的重要支点、深化与中亚国家合作的重要平台、沿边地区经济发展新的增长极、维护边境和国土安全的重要屏障。

三、新疆维吾尔自治区人民政府和新疆生产建设兵团要切实加强对试验区建设的组织领导，健全机制、明确分工、落实责任，有力有序有效推进试验区建设发展。要认真做好试验区建设总体规划和有关专项规划的编制工作，加强与相关国土空间规划、环境保护规划、水资源综合规划等衔接，积极探索和推进多规合一。试验区规划建设要落实以水而定、量水而行的要求，加强水资源论证、强化刚性约束，根据水资源条件科学规划产业布局和规模。试验区规划建设涉及的重大事项、重大政策和重大项目要按程序报批。

四、国务院有关部门要按照职能分工，加大对试验区建设的支持力度，在有关规划编制、政策制定、资金投入、项目安排等方面给予积极指导和倾斜。各部门要加强沟通协调，指导和帮助地方切实解决试验区建设过程中遇到的问题，协调落实有关重大发展政策，为试验区发展营造良好的政策环境。国家发展改革委要加强统筹协调，对试验区建设情况进行跟踪分析和监督检查，推广试验区建设成功经验，重大事项及时报告国务院。

国务院
2020 年 12 月 7 日

写法简析

这是一篇指示性批复。此类批复的正文一般在开头部分交代批复引据，应当载明来文机关名称、标题及发文字号，发文字号要用括号标注。引据之后，常用过渡句"现答复如下""现就……问题答复如下"等提领下文，即批复的具体事项。事项部分不论篇幅长短，都应首先表明态度，即表明同意还是不同意。如系同意，一般情况下不再叙写理由，只是在为了强调某一问题或进而有所需求时，才写有指示性的意见；如不同意，则需写明理由，以使下级机关理解和接受。这篇批复除明确表示"同意设立新疆塔城重点开发开放试验区（以下简称试验区），试验区建设实施方案由国家发展改革委印发"外，还就总体原则、落实措施及相关问题提出具体意见。在结构形式上，第一条是对请示事项的明确答复，第二至四条是对落实措施的具体指示，环环相扣，层次十分清楚。

（五）要点撷萃

（1）慎重对待、及时答复。批复既是上级机关指示性、政策性较强的公文，又是对下级机关请求指示、批准予以答复的公文，因此，撰写批复要做到慎重及时。批复机关收到请示后，要及时进行周密的调查了解，掌握有关情况，根据现行政策法令及办事准则，经认真研究后，及时给予答复。

（2）针对请示进行答复。请示要求一文一事，批复也应有针对性地一文一复，请示要求解决什么问题，批复就答复什么问题，上下行文要互相对应，而不能答非所问，旁骛其他。

（3）要明确态度。对于请示事项不管同意与否，在进行批复的时候必须十分清楚明白，态度明朗。不能含糊其词，模棱两可，以免令下级机关无所适从。

（4）不与复函混用。批复与复函由于都是回复来文的公文，有时也会被人们混用。两者的区别在于：从行文关系看，批复是上级机关向下级机关的答复用文，属于下行文；复函一般是向不相隶属机关的答复用文，属于平行文。从行文内容看，批复多属于对重大原则和政策性问题作出决定、批答，而复函多用于一般性事项的回复。

六十三 议案

(一) 适用范围

议案是一种重要的行政公文。它是各级人民政府按照法律程序向同级人民代表大会或人民代表大会常务委员会提出并需大会列入议程，进行讨论、审议和决定的议事原案，属于建议性公文。经审查通过的议案，具有较强的法律效力。

(二) 主要特性

议案的特征主要表现为如下几个方面：

一是制作主体的特定性。《中华人民共和国全国人民代表大会组织法》（以下简称《全国人大组织法》）第 16 条规定："全国人民代表大会主席团，全国人民代表大会常务委员会，全国人民代表大会各专门委员会，国务院，中央军事委员会，国家监察委员会，最高人民法院，最高人民检察院，可以向全国人民代表大会提出属于全国人民代表大会职权范围内的议案。"第 17 条规定："一个代表团或者三十名以上的代表联名，可以向全国人民代表大会提出属于全国人民代表大会职权范围内的议案。"《中华人民共和国地方各级人民代表大会和地方各级人民政府组织法》（以下简称《地方组织法》）第 22 条前两款规定："地方各级人民代表大会举行会议的时候，主席团、常务委员会、各专门委员会、本级人民政府，可以向本级人民代表大会提出属于本级人民代表大会职权范围内的议案，由主席团决定提交人民代表大会会议审议，或者并交有关的专门委员会审议、提出报告，再由主席团审议决定提交大会表决。县级以上的地方各级人民代表大会代表十人以上联名，乡、民族乡、镇的人民代表大会代表五人以上联名，可以向本级人民代表大会提出属于本级人民代表大会职权范围内的议案，由主席团决定是否列入大会议程，或者先交有关的专门委员会审议，提出是否列入大会议程的意见，再由主席团决定是否列入大会议程。"据此，可以看出，议案只能由具备议案提出权的机关和人大代表提出，而属于机关提出的这部分议案，则包括全国和地方各级人民代表大会主席团、常务委员会、各专门委员会、国务院、中央军事委员会、国家监察委员会、最高人民法院，最高人民检察院以及政府机关，而以政府机关的使用最为多见，其他机关或部门不能使用。从这一点上说，议案文种在制作主体上具有明显的特定性。

二是运行程序的法定性。议案的运行程序必须在法律规定的框架内进行，这是议案文种的又一显著特征。从上述《全国人大组织法》和《地方组织法》的规定可以看出，议案的提出和批准具有明显的法定性，其制作和提出机关必须是特定的；议案制成以后又必须按照法定程序适时向同级人民代表大会或人民代表大会常委会提请审议。从议案制作经由中间运行到审议批准，再到最后付诸实施，构成一环紧扣一环，环环相连的运转流程，而每一环节的运作都必须遵循法定程序，否则就会失去议案的应有效力。这一点也是议案与其他文种的明显区别。

三是行文对象的单一性。议案不是普发性公文，它只能由法定机关依照法定程序向同级人民代表大会或者人民代表大会常务委员会提交，而不能向其他任何部门和单位行文。这就是说，议案文种在行文对象上具有明显的单一性。

四是生效标识的特殊性。这是议案文种在形式上的一个重要特征，突出表现为其生效标识必须体现机关第一行政首长的署名，且不加盖机关公章。例如国务院的议案由国务院总理署名；省政府的议案由省长署名，依此类推，别人不能替代，这一点是很特殊的。因为在一般情况下，单一机关制发的公文在结尾生效标识处只标识成文时间并加盖公章，而议案无须这样做。

（三）结构模式

1. 标题

通常由"制发机关""事由"及"文种"三部分组成。所谓"事由"即政府向人大及其常委会提请审议事项的内容。根据实际情况，既有涉及国计民生、经济建设方面重大事项的议案；也有提请审议的法规议案；还有涉及人事任免事项以及授予荣誉称号的议案。

2. 正文

议案的正文部分因其所涉及内容的不同而有所变化。主要是：

（1）重大事项议案。由于这类议案事关重大，牵系党和国家的经济命脉，要使议案获得批准，首要的是要写好它的依据和理由，使人充分认识和理解议案提出的必要性。以《国务院关于提请审议兴建长江三峡工程的议案》为例，全文总计包括 6 段约 1600 字，而交代兴建三峡工程的依据和理由即重要意义占去了第一、二两大段，约 800 字，几乎占了一半的文字：

"长江是我国第一大河,流域面积占全国总面积的19%,养育着全国三分之一的人口,工农业总产值约占全国的40%,在我国国民经济发展中占有重要地位……(以下阐述长江流域的水患情况,从略)

　　如何解决长江的防洪问题,更好地开发长江资源,中共中央和国务院一直很重视,社会各界也十分关注。经过几十年的治理实践和对各种意见、方案的反复研究和论证,解决长江中下游的防洪问题,必须采取综合治理措施。兴建三峡工程是综合治理的一项关键性措施。三峡工程兴建后,可将……(以下陈述兴建长江三峡工程的重要意义,从略)。"

　　在充分阐述工程重大意义的基础上,针对社会各界对工程的不同看法和意见,该文用第三段表明国务院对兴建三峡工程所采取的既积极又慎重的方针。随即陈述了兴建三峡工程的基本设想及技术上的可行性、经济上的合理性:

　　"国务院对兴建三峡工程历来采取既积极又慎重的方针。近四十年来……(以下陈述社会各界对三峡工程所提的意见及其作用)

　　经过多年的研究、论证和审查,三峡工程坝址选在湖北省宜昌县三斗坪镇。……(以下介绍三峡工程的具体情况)

　　三峡工程规模空前,技术复杂,投资多,周期长,特别是移民难度很大。对于已经发现的问题要继续研究,妥善解决,对今后可能出现的各种困难和问题,要有足够的思想准备,要谨慎从事,认真对待,使工程建设更加稳妥可靠,努力把这项造福当代,荫及子孙的事情办好。"

　　最后是该项议案的结束语,即提请审议的要求:

　　"国务院常务会议经过认真讨论,同意建设三峡工程,建议将兴建三峡工程列入国民经济和社会发展十年规划,由国务院根据国民经济的实际情况和国家财力物力的可能,选择适当时机组织实施。请审议。"

　　(2)其他方面的议案。除前述议案外,其他如人事任免、法规议案的写法一般都比较简单,正文主要是陈述议案的缘由或依据以及提请审议的事项两方面内容,最后表明提请审议的要求。例如,有一份提请人事任命的议案,其正文是"根据工作需要,提请任命××同志为××职务。请审议决定";关于法规议案,以前述那份《关于提请审议〈气象法〉实施办法(草案)的议案》为例,它的正文是"为了发展我市地方气象事业,规范气象工作,合理开发利用和保护气候资源,更好地为经济建设服务,市人民政府拟订了《××市实施〈中华人民共和国气象法〉办法(草案)》及其说明,现提请审议。"

(四) 范例简析

范例 1

××市人民政府关于提请审议
废止《××市城市流浪乞讨人员收容遣送规定》的议案

市人大常委会：

今年6月20日，国务院公布了《城市生活无着的流浪乞讨人员救助管理办法》，并宣告废止《城市流浪乞讨人员收容遣送办法》。鉴于《××市城市流浪乞讨人员收容遣送规定》是依据国务院《城市流浪乞讨人员收容遣送办法》而制定的，为了使地方性法规与行政法规相统一，拟订了《废止〈××市城市流浪乞讨人员收容遣送规定〉的决定（草案）》，现提请审议。

市长：×××
20××年×月×日（印章）

写法简析

这是一篇法律法规方面的议案，写法比较简单。正文部分主要是陈述提出议案的缘由或依据，在此基础上进一步陈述提请审议的事项，最后表明提请审议的要求。此文采用篇段合一的结构形式，完整地体现出"缘由（依据）——事项——要求"三层内容，写得很规范，是学习法律法规议案的范本。

范例 2

××市人民代表大会常务委员会主任会议关于提请
审议决定××市代理市长的议案

××市人民代表大会常务委员会：

根据省委决定，景××同志出任冀海油田党委书记，不再担任××市市长职务。景××同志已向市人大常委会提出了辞去××市长职务的请求。按照《××市人民代表大会常务委员会任免国家机关工作人员条例》第五条第一款规定，"在市长因故不能担任职务的时候，根据市长或市人大常委会主任会议的提名，从副市长中决定代理市长"。经主任会议研究，提请张××同志为××市代理市长。

请审议决定。

20××年×月×日

写法简析

人事机构议案是指就政府工作部门领导人职务的任免，工作机构的增加、撤销或合并而提请同级人民代表大会或人民代表大会常务委员会审议。与法律法规议案一样，此类议案的写法也较简单，正文部分主要是陈述议案的缘由或依据以及提请审议的事项两项内容，最后表明提请审议的要求。在文字表达上一定要写得简明扼要，精练概括，寥寥几句即说明问题，既不要泼墨过多，也不要有过当之语，否则就会影响议案的应有价值。这篇议案写得符合规范。

（五）要点撷萃

（1）要一案一事。这是由议案自身所具有的上行文性质所决定的，它一方面要由法定机关依照法律程序提出，另一方面要由代表大会或其常委会审查批准，这种提请与审批的关系要求议案所涉及的内容必须而且只能是一案一事，这是一条重要原则。否则，势必导致纷乱芜杂、臃肿膨胀，直接影响提请审议目的的顺利实现。

（2）要切实可行。议案所涉及的内容一般是带有全局性的重要事项，政策性很强。因此，在撰写过程中，必须严肃认真，一丝不苟。要深入实际进行调查研究，广泛听取人民群众的意见和要求，切实做好政策、法规和有关情况等方方面面的材料准备工作，以确保所提议案的正确性、合理性和可行性。

（3）要注意用语的准确得体。由于议案是向同级人民代表大会或人民代表大会常务委员会提交，其提交对象是国家权力机关，属上行文，审议与否，通过与否，均需由大会作出决定。因此，在语言表达上必须做到准确恰当，字斟句酌，笔笔中的，并要切合上行文的语体特点和风格。要着重体现出一种"提请"的姿态，语气要中肯，否则就会有损于议案的质量和效用，使提请审议的愿望落空。

（4）要注意生效标识的规范。这是议案文种在形式上的一个重要特征，突出表现为其生效标识必须体现机关第一行政首长的署名，且不加盖机关公章。例如国务院的议案由国务院总理署名；省政府的议案由省长署名，依此类推，别人不能替代，这一点是很特殊的。因为在一般情况下，机关制发的公文在结尾生效标识处要标识成文日期并加盖公章，而议案无须这样做。

六十四　函

（一）适用范围

根据《党政机关公文处理工作条例》的规定，函是不相隶属机关之间商洽工作，询问和答复问题，请求批准和答复审批事项时使用的文种。

这里所说的"不相隶属机关"，应当包括同一系统中的平级机关、不同系统之间不具有统属关系的任何机关。

（二）主要特性

函是一个正式文种，行文时要采用正式文件的标印格式，它的红色版头由发文机关全称或规范化简称组成，注意不带"文件"二字。因此，不能把便函（即公务便信）视为函，也不能认为函包括函与便函，便函不是正式公文，它与函没有直接关系。

函不同于平行的意见。意见有时也应用于不相隶属的机关之间，但与函有所区别。对涉及的某一主要问题所提出的见解和处理办法，如属供对方参考而不需要回复时，应用"意见"；如需对方回复时，则要用"函"。

函也不同于请示。由于函具有向有关主管部门请求批准的功能，在行文目的和内容上与请示具有一定的相似性，因此常常容易被人们错用或混用。实际上，它们在行文的隶属关系上有着严格的界限。那就是请示适用于具有隶属关系的上下级机关之间；而申请函则适用于不相隶属的机关之间。

（三）结构模式

1. 商洽函的写法

商洽函的标题，一般要写明商洽事项，并加上文种。

正文一般都包括两部分内容：

（1）商洽缘由。主要写明为什么要提出商洽，一般都是以一定的事实作为理由。有的可依据上级指示精神作为商洽的原因。有时也可不写原因，直接提出商洽意见。

（2）商洽事项。这是函的主体，要写清楚商洽的具体事项，特别要写清对对方有什么要求。如果是几方面的内容，可以分条列出，以便对方考虑。态度要谦和，语言要恳切，也可用"如果你们同意，请即复函"等惯用词语，作为函的结尾。

2. 询问函的写法

这类函的标题应包括三项内容，包括询问单位名称、询问事项和文种。

询问函的正文包括两部分内容：

（1）询问的目的。即说明为什么要询问，也就是发函的理由。

（2）询问的内容。这一部分是主体，要像出"试题"一样明确而又具体，使对方一看便懂，以便依题回答。

3. 答复函的写法

答复函的标题一般应载明三项内容：答复单位名称、答复事项和文种。这类函的内容分为三部分：

（1）告知情况。说明对方来函收悉，并简要复述对方所询问题或所提要求后，用"经……研究，现答复如下"作为承上启下的过渡。

（2）答复意见。针对来函的内容，给予明确具体的答复。

（3）结尾。最后以"此复""特此函复"或"谨作答复"等作结，有时也可不用结语。

4. 告知函的写法

告知函和答复函十分接近。它们的主要区别在于答复函是答复对方所询问题，而告知函则是告知对方有关情况。

告知函的正文通常包括两项内容。

（1）告知缘由。说明制发本函的原因。

（2）告知事项。简明扼要地叙述告知对方有关事项的具体内容及应注意的问题。

5. 请求批准函的写法

请求批准函的正文包括三项内容：

（1）请求批准的缘由。

(2) 请求批准的事项。

(3) 请求语。一般都用"可否，请函复"抑或"敬祈函复"。

(四) 范例简析

范例 1

××省人民政府关于要求免税进口救灾物资的函

海关总署：

今年我省遭受特大干旱，大批农作物枯死，养殖水产品因缺淡水成批死亡。8月31日至9月2日又遭受了十六号强热带风暴及特大海潮的袭击。仅×× 、×× 、×× 三市就冲毁盐田 7.9 万亩，虾池 22 万亩，冲跑对虾 650 万公斤，损坏渔船 1400 多条；果树受灾 140 万亩，农业遭灾面积达 250 多万亩，粮食减产 4 亿多公斤，直接经济损失达 20 多亿元。

灾情发生后，我省各级领导、各有关部门以及全省人民积极行动，全力开展抗灾自救。为保护出口货源，帮助企业尽快恢复生产，我省经贸委安排进口钢材×万吨，胶合板××××立方米，木材×万立方米，柴油×万吨，以发展灾后出口商品生产，确保完成今年出口××亿美元创汇任务。为此，特请海关总署减免我省经贸委统一安排进口的上述救灾物资的海关关税、产品增值税等。

当否，请审批。

××省人民政府（印章）
××年9月25日

抄送：××海关

写法简析

这是一份申请函。申请函系向主管部门请求批准事项使用的。例文是某省人民政府就进口救灾物资要求免税一事给海关总署的申请函。标题是由发文机关、事由和文种组成的完整性标题；正文共分两大层次，第一个层次写的是要求免税的缘由、背景，即为什么要求申请免税；第二个层次写的是需要免税的具体事项。最后用"当否，请审批"作结。

写申请函与写请示有一个相同点，那就是目的句通常在第二层次载明，而不像其他文种那样写在正文的开头部分。

范例 2

**××省科学技术委员会关于询问贯彻全省
科学技术工作会议情况的函**

×科办〔200×〕××号

各地、市科委：

全省科学技术工作会议自今春召开以来，迄今已有半年。为了互通情况，并为使我省科技事业得到进一步发展，希针对下列所询问题，将你地、市有关情况于9月底前具报我委办公室。

一、省科学技术工作会议后，采取了哪些措施进行贯彻？

二、此半年来，有何科学发明和技术革新？效果如何？

三、在开展科学研究和科技交流方面，曾遇到哪些问题，如何解决？现在还存在哪些问题，哪些问题需要我们帮助解决？

××省科学技术委员会（公章）
××年×月×日

写法简析

此类函的标题应当包括三项要素，即询问机关名称、询问事项和文种；正文部分包括两层内容：一是询问目的。即说明为什么要询问，也就是发函的理由；二是询问内容。这是行文的主体，要写得明确具体，像"出试题"一样逐项写明，使对方一看即懂，以便依"题"作答。结尾部分一般使用"请予协助为盼""请即函告"等习惯用语作结。

（五）要点撷萃

1. 要正确区分函与信函式公文

函与信函式公文是容易混淆的两个概念，必须认真加以区辨。函是正式公文种类之一，而信函式公文则是指以信函格式印制的公文。在实际工作中，对于一些普发性的公文如意见、通知、通报、批复、函等，往往使用信函格式印发，即所谓信函式公文。因此，二者属于不同的范畴，不能混为一谈。

2. 要正确使用"请求批准函"

请求批准函是向有关主管部门请求批准，在某种程度上与请示的功能近似，但要注意相互之间的差异，做到正确使用。

向有关主管部门请求批准，只要是非隶属关系单位的申请批准，因为它们之间不存在任何隶属关系，因此，根据公文法规的规定应用"函"而不能使用"请示"。

3. 要注意用语的谦和得体

公函是代表机关向外联系工作、商洽事情、请求帮助的，无论发函方还是受函方都处在一种平等、协商、互助的境况之下，欲要对方理解、接受、支持、取得圆满的效果，必须注意用语要谦和、态度要诚恳，诸如"敬请函复""敬祈见复""祈请函复为盼"等，避免使用"你们要……""你们不要……"等指令性词语，也不可使用"承蒙关照""不胜感激"等过于客套、寒暄性的词语。

六十五　纪要

（一）适用范围

纪要是党政机关使用的一种重要公文。按照公文法规的规定，纪要适用于记载会议主要情况和议定事项。

纪要原来称为"会议纪要"，鉴于此文种的实际应用功能，《党政机关公文处理工作条例》将其名称加以简化，称为"纪要"，是很有必要的。

（二）主要特性

纪要是在会议过程中产生的，其特点突出表现为三点：

（1）权威性。纪要是用于记载会议议定事项和主要精神、要求与会各方共同遵守和贯彻执行的，其所涉及的内容事项都是由与会者讨论、并由法定多数通过的，虽然不以表决的形式公布，但可以体现与会者的共同意志，因此具有很强的权威性。

（2）真实性。撰写纪要的一条重要原则就是要忠实于会议的实际情况，不能对会议内容随意进行增减或发挥，否则就不能称其为纪要。

（3）及时性。纪要作为一种重要的公文文种，尽管产生于会议之后，但要注意它的定稿和发出与闭会日期一定不要间隔太久，否则就会失去应有的意义。

（三）结构模式

1. 日常工作会议纪要

一般采用特定的"纪要格式"，其结构由三部分组成：

（1）固定版头。日常工作会议纪要通常都有固定版头。版头的构成要素依次是：标题（会议名称＋"纪要"二字）、届次数、横隔线。版头多为套红印刷。

（2）议定事项。从"会议概况"到"议定事项"的过渡主要有两种方法：一是在上层的"会议概况"介绍之后，用"现纪要如下"引出议定事项；二是居中标注"会议纪要"或"议定事项"字样，然后采用分项概述法写作议定事项。无论用何过渡方法，接着都必须按照会议研究的顺序逐项准确凝练地概括记述会议的议决事项。

（3）会议概况。逐项标明会议召开的时间、地点、主持人、出席人员、列席人员、记录人等。

2. 大型专题性会议纪要、协议性会议纪要和研讨型纪要

（1）标题。

纪要是以会议的名义制发的，所以其标题的最基本写法是"会议名称＋文种"。在写作中，如会议名称是"……会议"，为避免重复，文种只标"纪要"两字即可，如《全国档案工作会议纪要》《×××省林业工作会议纪要》；如会议名称是"……会"，如座谈会、研讨会、现场会、交流会等，文种一般应标写齐全，如《全市地方煤矿十月份安全生产例会会议纪要》《第二届中国精算师年会会议纪要》。

某些用于发表或交流情况的座谈会、研讨会等会议的纪要，其标题还可写成正副标题的形式。其正标题概况会议的基本精神，副标题由会议名称与"纪要"两字组成。

（2）正文。正文包括导语、主体和尾语三个部分。

① 导语部分要介绍会议的概况，包括会议召开的依据和目的，会议的批准机关与主办机关，会议的完整名称及起止时间、召开地点，与会人员的范围及领导到会情况，会议的主要议题、议程，会议的收效及对会议总的评价等。

② 主体部分是纪要的核心，通常应采用归纳分类法来写作，即把会议内容按照其内在联系和逻辑顺序归纳概括成前后有序的几个方面，逐一进行阐述。如是大型专题性纪要，可以在评价以往工作的基础上，重点阐述今后工作的任务和要求；如是座谈会纪要，可以集中介绍会议达成的共识；如是学术研讨性会议纪要，可以在介绍一致观点的基础上再说明会议上的不同观点。这种纪要在写作上，经常用到"会议认为""会议指出""会议要求""会议强调""会议商定""会议号召"等惯用语句。

③ 尾语部分有两种情况：

一是在最后的自然段用"会议要求……""会议希望…""会议号召……"等语句提出贯彻会议精神、搞好专项工作的说明、要求、希望或号召，大型专题型会议纪要基本上都是如此结尾。

二是内容简要、篇幅不长的纪要可以不写专门的尾语。

（四）范例简析

范例 1

县长办公会议纪要

（×××）

××××××　　2021年2月21日

×××××××××××

议题：

1. ×××××××××

2. ×××××××××

会议决定：

1. ……

2. ……

3. ……

4. ……

出席人：×××、×××、×××
请假人：×××、×××
列席人：×××
分送：×××、×××、×××。

×××××××××　　　　　　　　　　　　　2021年2月22日印发

写法简析

这是一篇规范的办公会议纪要，版头部分标有纪要标志，在其下居中编排编号，主体部分依次记载了会议的主要精神和议定事项，将所涉及和讨论的问题逐一表达，包括研究了什么问题，怎样决定的，如何具体落实等，写得较为规范。文后按规定要求标注了会议出席人、请假人和列席人名单，并标有完整规范的版记，值得借鉴参考。

范例 2

全省非煤矿山及相关行业安全生产监管工作座谈会会议纪要

11月7日，省安监局在南昌召开了全省非煤矿山及相关行业安全生产监管工作座谈会。会上，省安监局局长邓兴明作重要讲话，省安监局副局长龙卿吉主持会议并作总结讲话。参加会议的有各设区市安监局分管领导及相关科、室（处）负责人，中央驻赣有关单位、有关省属经济组织及部分重点企业安全部门负责人。

会议学习了省委、省政府领导近期关于安全生产工作的重要批示和指示精神，传达了国家安监总局湖北"鄂州会议"精神，通报了今年1—10月份全省非煤矿山安全生产情况，分析了瑞昌市洋鸡山金矿"6·28"透水事故和高安市和畅岭采石场"8·5"坍塌事故原因及教训，对今冬明春的安全生产工作进行了部署。各设区安监市局分管领导和有关省属经济组织等单位安全部门负责人汇报交流了安全生产工作中存在的问题和采取的措施。现纪要如下：

一、认真贯彻落实省委、省政府领导重要批示精神，坚决遏制非煤矿山安全生产事故多发势头，杜绝较大事故发生。一要认真学习，深刻领会省委、省政府领导近期关于安全生产工作的重要批示精神，吸取教训、举一反三、狠抓落实，坚决防止事故发生；二要全面分析、认清形势，明确工作方向。严下狠心，坚决查处一批不落实安全主体责任、不服从安全监管、不排查整治隐患的企业，坚决整治一批无工程技术人员及技术图纸资料不齐全、安全制度不健全、安全培训不落实且现场隐患严重的企业，坚决关闭一批事故隐患严重且整改无望、规模小、工艺落后、安全基础差、管理水平低的不合格企业，坚决取缔一批证照不全、以采代探以及违法越层造成事故的企业；三要突出抓好重点地区、重点企业、重点场所和重点时段安全生产。对采石场要严格"四查"，即查安全责任、查技术措施、查作业现场、查非法生产，重点是整治"一面墙"开采；对地下开采矿山要严格"五查"，即查安全责任、查矿井通风、查防水灾、查防冒顶、查安全设施，重点是整治水患、采空区地压、人员提升安全装置、冶金有色熔融金属液吊运环节、尾矿库安全度等。

二、紧急动员，全力以赴，持续深入开展非煤矿山安全生产隐患排查治理专项行动。一要做到"六个"结合，即与建设项目"三同时"制度、年度安全生产许可证检查考核、非煤矿山机械通风整治、尾矿库整治、采掘施工和地质勘探作业队伍（企业）整治、冶金有色行业指导意见相结合；二要严格落实企业的安全生产主体责任。按照"四个严格"，即严格自查、对照标准、严格整改、制定方案，严格"四定""五不推"制度，严格制止"三违""三超"的要求，切实抓好落实；三要认真组织，层层落实安全生产监管责任。要认真从自身队伍找原因、找差距，克服下不了狠心、下不了决心、心慈手软、做老好人、怕得罪人、怕冒犯"老板"的心态。

三、精心谋划，周密部署，切实做好今冬明春非煤矿山及相关行业安全生产的各项工作。一要大力宣传，严格贯彻执行《关于加强金属非金属矿山安全基础管理的指导意见》，强化金属非金属矿山安全规程、爆破安全规程、地勘安全规程、尾矿库安全技术规程及冶金行业"三大安全规程"；二要认真开展安全生产许可"回头看"，加大年度考核检查工作；三要严格安全生产源头监管，切实履行好"三同时"的法定职责；四要深入组织开展矿井机械通风、尾矿库安全专项、采掘施工及勘探作业企业三项安全专项整治行动；五要认真总结，全面推广中深孔爆破开采技术，提升本质安全程度；六要积极筹备，组织开展矿山安全标准化工作；七要严格标准、全面完善，发挥检测检验、安全评价、工程设计等中介机构的技术支撑作用；八要做好冶金和有色建材等行业安全生产监管基础工作。

会议强调，全省各级安监部门、有关省属经济组织和生产经营单位，要以对广大人民群众生命财产高度负责的态度，采取更加有力的措施，切实把今年后两个月的安全生产工作抓紧、抓细、抓实，坚决防止较大事故的发生，努力全面控制今年安全生产工作的各项考核指标。要认真把明年的安全生产工作谋划好、部署好，为明年安全生产工作开好头、起好步做好准备。

写法简析

这是一篇内容完整、格式规范的纪要。正文部分首先用一个自然段交代了召开会议的基本情况和取得的主要成果，以此作为纪要的引言，接下来用过渡句"现纪要如下"引出纪要的主体部分。主体部分分为三个大的层次即认真贯彻落实省委、省政府领导重要批示精神，坚决遏制非煤矿山安全生产事故多发势头，杜绝较大事故发生；紧急动员，全力以赴，持续深入开展非煤矿山安全生产隐患排查治理专项行动；精心谋划，周密部署，切实做好今冬明春非煤矿山及相关行业安全生产的各项工作进行集中表述，显然这是会议涉及的三个方面议定事项，采用撮要表达的形式，先用扼要的语句对会议议定事项进行概括，然后再进行具体阐述，使行文前后贯通，和谐顺畅，表意十分明确清晰，便于阅者准确地理解和把握会议的基本精神。还有，文中还注意运用"会议强调"等标志性语句，集中反映会议的讨论情况和结果，体现出会议纪要写作的基本特色。此外，文中运用了大量的数概式简称，诸如"四查""五查""一面墙""六个结合""三同时"制度以及"四个严格""四定""五不推""三违""三超""三大安全规程"等，可以肯定的是，它能使行文显得简洁凝练，富有概括性和表现力。

（五）要点撷萃

1. 要注意材料的真实性和有效性

撰写纪要，一定要准确反映会议的真实情况和基本精神，忠实于会议内容，非与会各方共同确认的结论性意见不能写入纪要；同时，要限于会议议及的内容，不可旁骛其他，或者将执笔者个人的见解掺杂进去。在此基础上，还要注意做好材料的搜集、整理和加工工作。因为纪要是对所有会议材料的概括、综合和提炼，所以要写好纪要，必须认真注意搜集、掌握会议情况，并按照会议精神和领导意图对材料进行恰当的筛选，对选用的材料进行分析，然后围绕纪要的主旨进行精心安排。

2. 要注意把握纪要的特定语气与常用动词的用法

（1）纪要的写作语气。写作纪要不能用第一人称的语气，而应采用把会议作为第三人称的语气来写作。具体说，写作中应使用"会议听取了""会议研究了""会议认为""会议强调""会议号召"等惯用语，以会议的语气来写。

（2）会议纪要常用动词。几乎所有纪要都会数量不等地选用"传达、介绍、听取、回顾、交流、分析、研究、审议、通过、提出、讨论、认为、指出、决定、同意、明确、要求、强调、希望、号召"等常用动词，将"会议"或"大会"二字冠于其前，写成"会议传达了""会议审议了""大会回顾了""会议指出""会议决定"等惯用语。现代汉语中的动词不计其数，纪要偏偏常用这些动词，是因为它们在"记载、传递会议情况和议定事项"中具有不可替代的作用。

纪要经常使用的动词很多，但不是随心所欲、杂乱无章的。其内在规律是分层次的；这几个常用动词层在纪要中出现的先后是排列有序的。

①"传达、听取、介绍"等常为第一层次，在纪要中起着提出问题、叙述内容的作用。"传达"用于传达上级机关的工作会议精神或者上级首长的讲话内容；"听取"用于叙述会议发言人的发言内容；"介绍"用于对会议中一些重要的发言内容作简要阐述。

②"提出、讨论、认为、指出"等常为第二层次，在纪要中起着分析问题、深化内容的作用。"提出"用于表达会议中与会者的看法、主张和建议，其内容有时与纪要汇报者的观点不同、相反或是一种补充，从而使得会议所提出的思想更为完善；"讨论"用于叙述经过会议广泛讨论的某种意见或某个事项；"认为"与"指出"用于阐述会议形成的一致看法和观点。

③"同意、明确、决定、强调、要求"等常为第三层次，在纪要中起解决问题、落实内容的作用。"同意"用于叙述会议采纳与会者提出的某种设想、意见，如人事任免或机构设置的方案等；"明确"用于表达澄清疑惑、消除分歧，达成共识、分清责任、明确任务等情况；"决定"用于宣布会议形成的一致性意见；"强调"用于重申需要突出的某个事项的重要性与紧迫性；"要求"用于叙述会议主持机构提出的具有一定约束力的意见。

以上动词排列的有序性，内在地显示了纪要内容排列的合理性和逻辑性。

六十六　计划

（一）适用范围

计划是对工作预想和打算的书面化。它是为完成一定时期的工作任务而事先作出筹划和安排的一种事务文书。它是党政机关、企事业单位、社会团体搞好行政管理的基础。科学、切实的计划，可以减少工作的盲目性，增强预见性；可以合理安排人力、财力、物力，高效地完成工作任务。

（二）主要特性

1. 预见性

计划是在工作实施之前制订的，是对某项工作的目标、措施、方法、完成步骤以及可能出现的情况作出的正确预想。在制订计划时，必须站得高，看得远，对全局形势和本单位的具体情况有正确的把握，才能预想得周密、切实。没有预见性就没有计划，预见性是计划的本质特征。

2. 可行性

计划中所提出的工作任务和奋斗目标，不是凭空预想出来的，而是根据有关政策，结合本单位实际情况进行充分的分析、推理和估计后制订出来的有效的措施和步骤。制订计划的目标、任务要实事求是，措施、步骤要切实可行。如果目标过高，任务难以完成，措施难以落实，就失去了制订计划的意义；反之，如果目标过低，就不能充分调动群众的工作积极性。

3. 约束性

计划一旦被群众讨论通过或上级批准，它就对实践产生了一定的行政约束力。制订计划后与之相关的实践活动，都必须按计划的内容严格执行。在执行过程中如果发现原订计划有不可行之处，应及时、认真地加以研究，慎重修改。

（三）结构模式

计划的内容结构通常由标题、正文和落款三部分组成。

1. 标题

计划的标题一般由制订计划的单位名称、适用时间、计划内容和文种四项要素组成,例如《××市广播电视局2021年培训工作计划》。也可以省略时间或省略制订计划单位名称,或者采用公文标题的三要素形式拟写。

2. 正文

计划的正文包括前言、计划事项、措施和步骤、结尾四个部分。

(1)前言。

一般是写明制订计划的指导思想,提出任务的依据和目的,以及总任务、总要求等内容,即说明"为什么"要制订这一计划。主要应当写明两点:一是计划的制订根据党和国家哪些方针政策或上级指示;二是对面临的形势作简要的分析,对前段时间工作的基本情况作简要的概括(也可以不写)。

(2)计划事项。

要写清计划的目标,说明"做什么"。目标是对计划总任务的分解。任何工作计划都是在提出总任务的前提下,确定完成任务的各项基本目标,包括应该达到的指标在数量和质量上的要求。这部分内容要做到重点突出,简洁明确,数量、质量指标清楚、准确。如《××市人民政府2021年工作计划》,全文由并列的七大部分组成,其中第一部分"总体要求和主要指标"与第二部分"推动国民经济发展再上新水平",就是"做什么"。

(3)措施和步骤。

即针对所提出的工作指标和任务,写清楚"怎么做"。措施,是指围绕计划目标而设计的一系列的实施办法,如要动员和依靠什么力量、利用哪些有利条件、采取哪些措施、克服哪些困难、负责人、配合合作的单位及个人等。措施是实现目标的保证,一定要周到严密,切实可行;步骤,是指目标实现的程序设计和时间安排。计划的实现是一个过程,包含了不同的阶段,每一阶段又包含了若干环节。因此,工作计划的实施步骤要对计划目标的各个阶段和各个环节从时间、空间作出全局性的分析和评估,做好统筹安排,明确计划在实施中应先做什么、后做什么以及重点解决的问题等。

(4)结尾。

主要是对计划实施的重点和主要环节的强调,还可以说明注意事项,分析计划实施过程中可能出现的问题,提出实施前景的展望或要求。多数计划特别是综合性的工作计划,一般都要有一个"号召性"的结尾。

3. 落款

计划的落款主要包括以下两项内容:一是如有指标和数字材料,可以"附件"列于正文之后、计划制订机关名称之前;二是在正文下方署上制订计划的机关名称和时间；如果标题中已注明，此处可不再标示。

(四) 范例简析

合肥市加快建设新一代政务云行动计划

为加快合肥市新一代政务云（以下简称政务云）建设，推进资源整合、信息共享，促进电子政务集约化发展，现制订本行动计划。

一、总体要求

（一）指导思想。以习近平新时代中国特色社会主义思想为指导，深入贯彻党的十九大和十九届二中、三中、四中、五中全会精神，按照国家、省、市加快推进新型基础设施建设等决策部署，搭建合肥市"一朵政务云"，构建政务云体系，充分利用新的技术、实现新的管理服务模式，全面满足智慧城市应用支撑需求，为聚力打造"五高地一示范"、加快建设"数字江淮"等提供有力支撑。

（二）建设原则。坚持政府购买服务、市场化运作。创新政务云建设和管理模式，建立健全工作机制，统筹建设、统一监管，明确部门责任分工，通过政府购买服务方式，依托市场化力量，搭建高效政务云平台，为全市提供统一政务云服务。

坚持统筹集约建设、共建共享。充分利用新技术应用，加强统筹规划和统一建设，实现信息化基础设施的共建共享，降低建设运维成本，提高政府资金使用效益。按照全市"一朵政务云"原则，除保密等特殊原因外，各地各部门原则上不单独建设数据中心和政务云平台，统一利用政务云部署应用系统。存量数据中心和设备，按照利旧原则，采用迁移托管和形成逻辑分中心两种方式，按计划逐步消化过渡，分级负责日常管理和经费保障。

坚持服务方便快捷、安全可控。提供新的"网购式"服务超市，提高政务云运行效率。加强政务云安全体系建设，强化安全管理责任，确保政务云安全稳定运行。各地各部门新建和存量的等保三级及以下非涉密信息系统原则上应当上云。

（三）行动目标。面向全市政务应用需要，加快逻辑统一的政务云平台建设，实现云计算资源的集约建设、弹性伸缩、动态分配，为全市提供统一的基础设施服务和通用数据库工具、中间件等各类共性支撑服务。通过实现互联网＋政务服务、办公协同、城市智能运营等综合性应用平台的云化，在统一标准规范下,开展数据交换、网上审批、网上办事服务等跨部门业务协同。各地各部门新建应用在统一政务云平台直接部署、存量应用逐步向统一政务云平台迁移,实现应上尽上。

二、重点工作

(一)搭建政务云体系架构。以"云网合一、云数联动"为基础,以电子政务外网为依托,以数据赋能为目标,统筹计算及存储、灾备服务、安全与运维等基础资源形成基础设施层(IaaS),支撑大数据平台、能力支撑平台、通用数据库工具等标准平台形成增强平台层(PaaS),支撑智慧社区、智能运营、智能交通等新型智慧城市各项应用形成应用服务层(SaaS),建成全市逻辑统一的政务云体系架构。实现各地各部门基础设施共建共用、信息系统整体部署、数据资源汇聚共享、业务应用有效协同。市政务云采用逻辑统一体系架构,以购买服务方式建设的政务云平台为主,对于部分县(市)区自建政务云且机房条件较好的,采用统一纳管的方式,形成逻辑分中心。[牵头单位:市数据资源局,各县(市)区政府、开发区管委会;配合单位:各市直部门]

(二)提升政务云平台服务能力。按照安全可靠、高效可用的原则,作为"城市大脑"重要部分,充分集成应用大数据、云计算等前沿技术,建成泛在、高性能、精益服务、低使用成本的新型基础设施,为基础数据层、数据能力层和数据应用层提供服务。进一步畅通政务云资源服务申请通道,优化政务云管理方式,合理提供政务云资源服务能力。到2020年12月底前,各地各部门要充分梳理存量数据中心和设备,采用迁移托管和形成逻辑分中心两种方式,提出计划逐步消化过渡,2021年6月前,全面形成逻辑统一的政务云体系,2021年底前,在政务云上深化量子通讯加密、区块链、人工智能、IPv6等先进技术应用。[牵头单位:市数据资源局,各县(市)区政府、开发区管委会;配合单位:各市直部门]

(三)加快应用系统部署上云。按照"上云为常态、不上云为例外"的原则,各地各部门要进一步摸清新建应用系统和存量应用系统情况,在新建应用系统的初设方案中和存量应用系统迁移上云时,明确各类云资源需求。今后,各地各部门要按照政务云资源目录体系,结合年度财政预算编制工作安排,梳理本单位下年度上云资源计划表,科学制定上云迁移时间,报本级数据资源管理部门审核,作为财政预算编制依据。数据资源管理部门要统筹政务云资源计划,切实做好政务云资源供给。[牵头单位:市数据资源局,各县(市)区政府、开发区管委会;配合单位:各市直部门]

（四）推动数据资源提质增效。各地各部门要在信息系统上云的基础上，统筹信息系统建设与数据资源共享开放，进一步丰富数据资源，做好源头供给。依托政务云，加快人口、法人、电子证照等基础库和环保、交通、金融等主题库建设，加强数据资源整合，形成基础库、主题库"数据资源湖"，提高数据中台的综合能力；在保证数据安全的前提下，稳步推进政务数据开放，以数据开放应用创新实验室为依托，加强数据开放研究试点。到2020年底，实现政务数据100%汇聚（除国家规定的外），社会、经济数据60%汇聚；到2021年底，初步构建起数据要素市场，政务数据资源更加统一、规范，社会数据资源价值得到进一步提升，数据安全体系更加完善。[牵头单位：市数据资源局；配合单位：各市直部门，各县（市）区政府、开发区管委会]

（五）加强政务云安全体系建设。全面落实安全主体责任，建立健全安全管理制度，构建全范围、多层次的安全防护体系。强化日常监管，强化对口令、密钥、访问控制策略、运维人员的管理，定期开展风险评估和应急演练。制定完善应急预案，强化安全审计、日常监测和应急处置能力。各地各部门本着"安全管理责任不变，数据归属关系不变，安全管理标准不变"的原则，要对各自的承担应用和数据的管理责任，要根据应用部署调整变化，及时修订完善内部管理制度规范，适应新情况、新变化。市数据资源局和市公安局应当加强对政务云服务商的指导，督促落实基础网络及云平台的安全管理责任，按照等保2.0要求，负责完成政务云等保三级建设工作。[牵头单位：市数据资源局、市公安局；配合单位：各市直部门，各县（市）区政府、开发区管委会]

三、保障措施

（一）加强组织领导。市数据资源工作领导小组领导全市政务云平台建设工作，市数据资源工作领导小组办公室负责协调调度和考核监督等工作。市委网信办和市公安局负责指导市级政务云安全体系建设和管理工作，市数据资源局负责政务云平台的具体建设和日常管理工作，市财政局负责政务云经费拨付并加强资金监管工作，各地各部门要明确责任人和责任部门，积极推进本地区、本部门新建和存量应用上云迁云，加强对本地区、本部门云上应用和数据日常管理，切实组织好有关工作。

（二）明确经费保障。市数据资源局会市财政局制订全市政务云租用资金支付办法，原则上按照市、县（市）区、开发区分级保障的方式，切实保障政务云购买服务经费。各级数据资源管理部门按照每年统筹各部门上报的云资源计划表，申请财政预算，按实际资源使用情况弹性计费、据实结算，先使用后付费。

（三）完善政策体系。在市数据资源工作领导小组领导下，由市数据资源工作领导小组办公室牵头制订政务云"1＋N"各项管理政策，完成《合肥市新一代政务云管理办法》制定，明确政务云资源供给目录、资源申请、日常使用等具体要求，同时完成合肥市政务云平台运维管理规范、合肥市政务云应用迁移上云规范、合肥市政务云应用部署规范和突发事件应急处置预案等日常管理规范的编制，明确政务云运行维护、上云迁云、应用部署、应急处理等工作；由市委网信办指导，完成政务云安全管理制度、网络安全应急处置预案制定。

（四）落实考核监督。各地各部门的政务云使用情况要纳入年度相关考核。对政务应用上云迁云情况差的单位，暂停信息化项目和运维链路经费审核。市数据资源局要对照合同，制订政务云平台服务考核办法，对云平台服务质量、云平台资源优化情况、云平台日常管理、用户满意度和合同执行情况等进行考核，加强监督管理，建立退出机制。

附件：具体任务分解表（略）

写法简析

例文是合肥市人民政府制订的加快建设新一代政务云行动计划。从结构布局上看，全文明显地包含了前言和主体两大部分，没有单独的结尾。在具体写法上，例文先是写了一段简短的序言，交代出行文的目的，并用过渡句"现制定本行动计划"提领下文。主体部分采用并列的结构模式，从总体要求、重点工作和保障措施三个方面进行阐述，既有"做什么"又有"怎样做"，以及做到什么程度，内在逻辑关系十分紧密，给人以严谨顺畅、圆润缜密之感。特别是对重点工作和保障措施的表述，注重运用撮要表达的技法，率先提炼出段旨句，而后加以具体阐述，表意十分明晰，并且都落实到具体的责任单位，而这对于确保计划内容的贯彻实施显然是非常重要的。

（五）要点撷萃

要写好计划，应注意把握如下几点：

（1）服从大局。任何机关、单位的工作计划都要体现党和国家的路线、方针和政策，符合国家总体战略要求，服从和服务于新时期党和国家的总任务、总目标；既要服从大局，又要体现出本机关（单位）的特点。

（2）目的明确。计划应当立足于当前和今后一段时期需要解决的主要问题和要做的主要工作，突出工作重点，切忌面面俱到。

（3）切实可行。制订计划要实事求是，从实际出发，深入进行调查研究，坚持走群众路线，广泛征求和听取有关人员和专家的意见，集思广益，进行科学的分析和综合平衡。既要体现改革精神，又要充分考虑计划的可行性；既积极稳妥，又留有适当余地。

（4）责任分明。计划往往要牵涉各个方面，需要各个方面紧密配合，协同作战。因此，一定要明确工作计划实施过程中的任务分工，明确责任，以利于落实和检查计划所确定的各项目标的完成情况，同时也作为考核有关部门工作的重要依据。

六十七　要点

（一）适用范围

工作要点也是一种重要的计划体公文。它以简要的文字，反映一个单位在一定时间内工作计划的主要方面和主要之点，内容十分扼要。

（二）主要特性

工作要点的最突出特性即在于一个"要"字。这种"要"突出体现为它所涉及的内容必须是工作的主要方面，原则性很强；同时在表达手法上更强调简明扼要，篇幅短小精悍。人们通常也称它为"准计划"。

（三）结构模式

工作要点的内容结构一般由标题、正文和结尾三部分组成。

1. 标题

工作要点的标题一般由制订单位名称、适用时间和文种三个要素组成，如《××大学 2021 年行政工作要点》。

2. 正文

这部分是工作要点的重点，一般应由前言和主体两层内容组成。其中前言部分要用简要的文字交代制订要点的目的、依据、指导思想和总的任务要求，用语要富有概括性，篇幅不宜过长；主体部分将前言内容具体化，要将有关的措施和办法逐一列出。可以采取条项贯通的形式，将所要做的工作明确、清晰、概括地表述出来。从内在结构形式上讲，应当体现出一种"做什么"（前言）——"怎样做"的结构模式。如《××大学2021年行政工作要点》，是从9个方面27个小点来具体写要点的，没有采用单独的分为几个大的方面来写，而是用由每一个方面包括几项具体工作来一以贯之的。开头部分说明了过去一年工作的指导思想和所做工作的综括，并写明制订计划的根据。主体部分按照工作的主次和轻重顺序来排列。第一个方面不是直接写教学工作，而是突出了学科建设这一事关学校发展的关键性问题，又分别从非均衡发展战略、学位点建设和实验室建设这样三个小的方面来进一步加以揭示；第二个方面是从"人才强校战略"的角度来写做好人才引进和培养以及营造人才成长环境的重要性；第三个方面是对教学方面工作的安排，包括专业结构的调整和优化，推进素质教育、提高教育教学质量，探索学分制模式、提高人才培养质量的有效途径，加快发展研究生教育和成人教育四个方面，这样就避免了对整个教学工作的面面俱到；第四个方面是对科学研究和技术开发工作的部署，包括思想大讨论、争取重大科研项目和为地方经济科技发展服务三个问题；第五个方面是对对外交流和合作工作的部署；第六个方面是对基础设施建设和环境改造提出的具体任务，包含一些具体的基础设施的落实和要求；第七个方面是对深化学校管理体制改革而作出的安排；第八个方面是对学生教育与管理，提高学生综合素质内容的安排；第九个方面是对思想品德教育和党建问题的安排。

3. 结尾

在正文的右下侧注明制定工作要点的机关或单位名称及制作日期。

（四）范例简析

德州职业技术学院2021—2022学年第一学期教学工作要点

本学期教务处紧紧围绕学校工作的总体思路和工作要点，立足我校工作实际，以优质校建设为总抓手，以提高教学质量为工作重心，以深化教学改革为动力，以细化教学管理为手段，扎扎实实落实好教务处的各项工作。

一、以学促干，推动党史学习教育与业务工作深度融合

按照学校统一部署安排，深入学习贯彻党史学习教育动员大会精神，把学习贯彻习近平新时代中国特色社会主义思想作为首要任务，学党史、悟思想、办实事、开新局，把学习成效转化为工作动力和成效。把党建工作融入日常、抓在经常，推动党建和业务深度融合、互促共进，促进教学水平提档升级。

二、狠抓落实，高质量完成优质校建设任务

做好省优质校建设项目办公室工作，按照省优质校建设方案和任务书逐项落实验收点任务，确保高标准，高质量完成所有建设任务，务必以优异成绩通过省厅验收。

三、优化专业布局，提升服务区域经济发展的能力

紧扣"541"产业发展体系，确保开设专业与区域产业匹配度达100%。开展专业评估，优化专业配置，新增优势专业，撤销或停招招生少、竞争力差的劣势专业，专业数稳定在50个左右。对照《山东省高等职业院校专业（群）发展水平考核方案（试行）》，分析考核指标，落实解决方案，形成各专业群建设情况分析报告。按照《本科层次职业教育专业设置管理办法（试行）》（教职成厅〔2021〕1号），梳理系部优势专业，对照所列本科层次职业教育专业设置条件与要求，补齐短板，争取达到举办本科职业教育的标准。完善人才培养方案公开制度，组织全校范围讲人才培养方案专项活动。

四、加强课程建设，提升课堂教学效果

加强课程团队建设，调整认定课程团队成员，压实责任，明确任务。开展院级在线开放课程的评选，择优培育并推荐上级部门评选。督促指导已立项省精品资源共享课程建设工作。启动校企双元合作开发的教材编写工作，择优推荐上级评选。认定一批项目化课程，继续深入推进系统化、项目化课程改革工作落地实施。开展第一批课程思政建设项目的验收工作。加强课程网络资源建设，确保网络教学覆盖率达100%。启动职业教育"课堂革命"典型案例征集、遴选及培育工作。

五、提升教学管理信息化水平，促进教学管理工作提档升级

开展正方教务系统专项培训，逐步拓展完善教学计划、考务、教材、评教、课时统计、调停课、实习实训、毕业成绩审核等模块功能，实现信息化管理。充分利用教学场所的监控系统，制定相应制度，实现课堂教学的常态化线上巡视。开展"课堂教学质量月"活动，建设高效课堂，提升教学质量。加大形成性考核改革力度，突出过程管理与评价。试点实施部分课程的线上考试，实现试卷出题、审核、存储等工作的数字化。逐步完善完全学分制改革工作，出台相关文件，做实学分制改革工作。

六、聚焦高端项目，提升学校影响力和竞争力

进一步开展职业教育教学成果奖培育工作，实现教学成果奖成绩再上新台阶。开展校级产教融合实训基地的遴选、择优培育推荐上级部门评选。制定学校年度教研活动计划，争取更多的教研项目和成果获省级以上立项和奖励。组织校级青年教师比赛选拔赛，择优培养并推荐参加省赛、国赛。全力做好山东省现代学徒制试点项目的省厅验收和教学诊断与改进试点工作迎评复核工作。积极争取，力争牵头或参与国家行指委（教指委）、省专指委。全力做好省级高水平专业群建设，"双高校"争创等工作。对照《山东省高等职业院校办学质量年度考核方案（试行）》，积极争取高端项目，提升学校影响力和竞争力。

七、精心组织，瞄准目标，确保技能大赛再创佳绩

组建校内外专家组，召开专项培训，加强日常监督与指导。提前谋划，制定目标，做好省赛集训工作，确保省赛成绩再创辉煌。进一步落实《德州职业技术学院技能大赛实施方案》，实现技能大赛普惠率100%。组织学校技能大赛普惠性提升研讨会，形成人人都参与的良好大赛氛围。

八、稳步推进"1＋X"证书制度试点工作，培养复合型技术技能人才

全力做好32个证书制度试点工作，确保完成2021年度1247人次的考核任务。组建"1＋X"专业教学团队，推进"1"和"X"的有机衔接，将证书培训内容及要求有机融入专业人才培养方案。积极与评价组织对接，相关专业争取牵头组建山东省职业院校"1＋X"联盟各分委会。全校征集可供推广的"1＋X"证书制度试点案例，择优推荐上级评选。逐步落实职业教育"学分银行"制度。

九、强化实践教学管理，推进实践教学工作再上新台阶

以实践教学信息化管理为抓手，利用正方教务系统中的实践教学管理模块，实现对实训室人员、耗材、使用情况等工作的信息化管理。按照省教育厅实习管理工作要求，在山东省职业院校实习管理平台如实备案实习计划、学生明细等信息，进一步提高实习工作规范化管理；依托学校"蘑菇丁"实习管理系统，对顶岗实习过程进行全方位监控，确保实习工作安排有序，实习效果大幅提升。

十、开展专项检查，保证教学工作稳定有序

开展校校合作专业的专项检查指导，重点检查合作学校的人才培养方案执行情况；开展校企合作专业的专项督导检查，将对协议的落实情况，师资选配情况等进行全方位检查指导。开展对高职扩招学生专项教学和管理检查工作，将对各系部档案材料的整理，扩招学生的出勤情况，考试情况及成绩情况等进

行全方位检查指导。

附件1：2021—2022学年第一学期教学工作周历（常规工作）
附件2：2021—2022学年第一学期教学专项工作安排配档表

写法简析

此文系德州学院2021—2022学年第一学期教学工作要点。全文明显地分为前言和主体两大部分，其中前言部分开门见山，用扼要语句阐明了2021—2022学年第一学期教学工作的总体要求，给人以概括的了解，紧接着主体部分采用分部分的结构形式，依次列出了10个大方面的重点工作。对于每一方面重点工作的叙写，均采用列述小标题的形式进行概括，紧接着分为目标任务（即"做什么"）和工作措施（即"怎样做"）两个层次加以阐述，既明确又具体，彰显出了这篇要点的写作特色。

六十八　方案

（一）适用范围

方案也属于计划体公文的一种。它是按有关管理目标，对未来要做的某一重要的专门事项，从总体筹划上所作的最佳选择与安排。

（二）主要特性

方案是计划的一种具体表现形式，侧重于对某一专项工作从目的、要求到方式、方法到具体进度做出详尽的安排，内容单一，专业性强，在实践中具有较高的使用频率。

（三）结构模式

方案的内容结构一般由标题、正文和落款三部分构成。

1. 标题

方案的标题一般由制定方案的机关或单位名称、事由、文种三个要素组成。例如《国务院机构改革方案》；也可只写出事由和文种，发文机关或单位名称写在落款之处，例如《建设高标准市场体系行动方案》。

2. 正文

正文部分一般由前言、主体构成。

（1）前言。

这部分应该写明制定方案的缘由、背景情况以及行文的根据、总体目标、意义和要求等，要写得准确、简练、概括。例如，中共中央办公厅和国务院办公厅印发的《建设高标准市场体系行动方案》的前言："建设高标准市场体系是加快完善社会主义市场经济体制的重要内容，对加快构建以国内大循环为主体、国内国际双循环相互促进的新发展格局具有重要意义。为深入贯彻党中央、国务院决策部署，构建更加成熟、更加定型的高水平社会主义市场经济体制，进一步激发各类市场主体活力，现就建设高标准市场体系制定以下行动方案。"

（2）主体。

这部分应针对某项工作或某项活动的总体要求、指导思想或基本原则，具体阐述方案的基本内容。要重点载明具体的工作任务、目标、步骤安排、实施办法，以及各个方面应达到的标准或效果。在写法上，可以采取分条列项的形式，将有关内容明确具体地表述出来。要注意讲求内容表达的逻辑性，按照主次、性质及相应关系分项写出，以使条理清楚，主次分明，重点突出，便于理解和执行。

3. 落款

包括制定方案的单位名称和发文时间两个要素。

（四）范例简析

上海电气鼓风机厂有限公司
2021年全面从严治党暨党史学习教育实施方案

一、总体要求

要提高政治站位，准确把握全面从严治党新要求；要主动思考谋划，推进全面从严治党高质量发展；要扎实开展党史学习教育，高质量完成各项任务。

二、积极推进全面从严治党

（1）提高政治站位，准确把握全面从严治党的新要求。

在公司落实好全面从严治党的各项工作要求，关键是要通过全面深入学习，很好地领会精神实质、把握核心要义，一是要在深刻理解习近平系列重要讲话中增强责任感；二是要在清醒认识复杂严峻的形势挑战中增强使命感；三是要增强全面从严紧迫感。

（2）主动思考谋划，推进全面从严治党高质量发展。

一是要有效发挥党委领导作用。二是要有更高要求提高开创性，提高主动性，增强有效性。三是加强支部建设，继续开展上鼓"源动力"支部品牌建设，技术支部积极争创学习型、创新型支部，营销支部要打造成为融入式党建的实践者，廉政建设示范者。管理支部成为服务型党组织创建实践者。四是要继续深化细化全面从严治党"四责协同"机制。

三、扎实开展党史学习教育，高质量完成各项任务

（1）深刻认识开展党史学习教育的重大意义。

要深入开展好党史学习教育，教育引导广大党员干部学党史、悟思想、办实事、开新局。一是要学深、悟透习近平总书记重要讲话精神。二是要从党史学习教育中汲取强大精神力量。三是要把学习收获切实转化为干事创业动力，作为砥砺初心使命的"磨刀石"，作为激发干事创业精气神的"动力源"。

（2）准确把握党史学习教育的核心任务。

开展党史学习教育要"学史明理、学史增信、学史崇德、学史力行"，我们要突出学习重点、把握目标要求，高质量高标准开展好党史学习教育。一是要深化学习内涵。二是要坚定信仰信念。三是要突出为民务实。四是要激发担当作为。

（3）为党史学习教育落地见效提供坚强保障。

今年要把关于党史学习教育的各项决策部署落到实处要强化责任传导，领导干部发挥示范带头作用，要讲好特色故事，要创新方式方法，切实提高学习教育的吸引力、感染力，要把党史学习教育同激发广大党员干部干事创业激情结合起来。

四、学习内容

要把开展党史学习教育作为一项重要的政治任务，注重融入日常、抓在经常。广大党员要把党史学习教育作为必修课程学深悟透，充分汲取历史经验和前行力量。

（1）深入学习领会习近平总书记在党史学习教育动员大会上的重要讲话精神，把讲话精神贯彻落实到党史学习教育全过程。

（2）深入学习领会习近平总书记在庆祝中国共产党成立100周年大会上的

重要讲话精神，深刻领会讲话的时代意义、科学内涵、核心要义、实践要求，更好地继承传统、立足当前、开创未来。

（3）深入学习领会习近平总书记在党史学习教育总结大会上的重要讲话精神，把党史学习教育成果转化为全面加强党的建设、全面建设社会主义现代化国家的强大力量。

（4）深入学习领会习近平总书记对上海工作的重要指示要求。深刻领会习近平总书记考察上海重要讲话和在浦东开发开放30周年庆祝大会上的重要讲话精神，深刻领会习近平总书记给上海市新四军历史研究会百岁老战士们的回信精神，全力以赴地把习近平总书记为上海发展勾勒的美好蓝图转化为现实。

（5）深入学习领会习近平总书记对国资国企的重要指示要求，围绕深化国资国企改革、加强国企党的建设，继续做好"六稳"工作、落实"六保"任务，确保"十四五"开好局。

（6）深入研读《中国共产党简史》，学习《论中国共产党历史》《毛泽东邓小平江泽民胡锦涛关于中国共产党历史论述摘编》《习近平新时代中国特色社会主义思想学习问答》，深刻领会百年来我们党的光辉历程、伟大贡献、初心宗旨、重大理论成果、伟大精神、宝贵经验。

五、学习方式

坚持集中学习和自主学习相结合，坚持规定动作和自选动作相结合，采取特色鲜明、形式多样的学习教育方式，包括潜心开展自学、进行专题学习、组织专题培训、开展专题研究和宣讲、开展"我为群众办实事"实践活动、推动事业发展开创新局、召开专题组织生活会和民主生活会。

六、组织领导

成立公司党史学习教育领导小组，并下设办公室，办公室设在党群工作部。领导小组及其办公室将根据最新的情况、新的任务对实施方案进行动态调整、充实完善。

我们要以习近平新时代中国特色社会主义思想为指引，永葆坚定信念、奋斗精神、为民情怀、担当本色，切实将全面从严治党和党史学习教育成效转化为推动企业高质量发展的强大动力，以优异的成绩庆祝中国共产党成立100周年。

写法简析

这是一则企业关于2021年全面从严治党暨党史学习教育实施方案。与其他计划体公文相比,方案更注重体现解决问题的整体性和时效性,本文就充分表现了这一点。

行文首先用一个部分说明了制定本行动方案的总体要求,给人以开宗明义之感。

然后,这篇方案分别从积极推进全面从严治党,扎实开展党史学习教育、高质量完成各项工作任务,学习内容,学习方式以及组织领导等几个大的方面进行部署和安排,紧紧围绕全面从严治党暨党史学习教育这一主题,既有总体要求,又有具体措施,既有学习方式,又有组织领导,等等,让人看得见、摸得着,有实实在在之意,无泛泛空谈之词,充分体现了方案这一文种的特殊性。

(五)要点撷萃

(1)要体现创意。在实践中,机关单位所开展的各种专项活动往往很多,并进而需要形成相应的实施方案。由于这一计划文种使用频率较高,故而时常出现因循陈规,"旧瓶装新酒",将新的工作、新的活动内容套用老的方案,既不符合这一文种的写作要求,也不利于工作的顺利开展。因此,撰写方案应讲求开创性,要在具体的步骤安排、实施办法等方面不断提出新的思路,体现出新的创意,最大限度地推动工作的深入开展。

(2)要体现科学性和可行性。即指方案当中所提出的有关任务目标、步骤安排、落实办法、措施和要求等,一定要符合客观的实际情况,要着眼于工作的发展变化趋势,本着务实的态度及科学合理的原则加以制定,以利于取得预期的效果。

(3)要注意协调性。即要注意所提出的方案一定要与上级的指示精神相协调,防止出现抵触的现象,同时还要注意方案本身的综合平衡,防止出现计划与执行的矛盾。

六十九 安排

(一)适用范围

安排是对未来短期内就某项工作作出先后安排与时间筹划、提出要求和任务的一种计划体公文。

(二) 主要特性

突出表现为适用范围的特定性,一般用于范围较小、时间较短、内容单一、要求具体的短期行为。

(三) 结构模式

安排的内容结构通常由标题、正文和结尾三部分组成。

1. 标题

一般由制定安排的机关或单位名称、适用时间、内容和文种等几个要素组成,例如《××科技有限公司2020年12月份工作安排》。

2. 正文

安排的正文部分通常应当载明三层内容:一是总的目的、工作任务与要求。要用简要语句加以概括,开宗明义,令人一目了然;二是具体安排事项,包括方法、步骤、措施等。撰写这层内容时,应当注意按照时间的先后顺序或按工作任务的不同方面有条有理地进行叙写,切忌主次不分,杂乱无序。工作的有序性决定了安排内容表述的时序性,即按照时间发展的顺序表述,这一特点必须在正文部分得以充分体现,否则就难以起到应有的效果;三是施行要求与变通措施。要写得简练明确,易于把握和执行。

3. 结尾

写明制定安排的机关或单位名称及制定日期。

(四) 范例简析

2017年食品安全重点工作安排

食品安全关系到广大人民群众身体健康和生命安全,加强食品安全工作是各级党委政府的重大政治任务。2016年,全国食品安全形势总体稳定向好,但问题依然复杂严峻。为贯彻党中央、国务院关于食品安全工作的决策部署,落实"四个最严"要求,强化源头严防、过程严管、风险严控监管措施,加快解决人民群众普遍关心的突出问题,提高食品安全治理能力和保障水平,推进供给侧结构性改革和全面小康社会建设,现就2017年食品安全重点工作作出如下安排：

一、加强食品安全法治建设

完善办理危害食品安全刑事案件的司法解释，推动掺假造假行为直接入刑。（中央政法委牵头，高法院、高检院、公安部、农业部、国家卫生计生委、海关总署、质检总局、食品药品监管总局配合）加快完善食品安全相关法律制度，抓紧修订食品安全法实施条例，基本完成食品安全法配套规章制修订，落实处罚到人。推动地方食品生产经营小作坊、小摊贩、小餐饮管理办法在年内全部出台。启动农产品质量安全法修订，贯彻落实新修订的农药管理条例。研究制定餐厨垃圾回收和资源化处理相关法规。（食品药品监管总局、农业部、国家发展改革委、国务院法制办按职责分工负责）修订出台学校食堂与外购学生集中用餐食品安全管理规定。（教育部牵头，国家卫生计生委、食品药品监管总局配合）制定食品相关产品监管办法，抓紧修订进出口食品安全管理办法。（质检总局牵头，国家卫生计生委、食品药品监管总局配合）加强食品安全法治教育，各级食品安全监管人员、各类食品生产经营单位负责人、主要从业人员全年接受不少于40小时的食品安全集中培训。完善食品安全行政执法程序，加强行政处罚法律适用的指导。规范执法行为，强化执法监督，开展执法检查，做好行政复议和应诉工作。（国务院有关部门、各省级人民政府负责）

二、完善食品安全标准

推动食品安全标准与国际标准对接。继续完善食品安全标准体系，制修订一批重点急需的重金属污染、有机污染物、婴幼儿配方食品、特殊医学用途配方食品、保健食品等食品安全国家标准及其检测方法。加强标准的宣传、培训与跟踪评价，强化标准制定、执行和监管的衔接。加强地方食品安全标准制修订与管理，指导地方清理标准，建立地方标准目录。（国家卫生计生委牵头，农业部、质检总局、食品药品监管总局、国家粮食局配合）加强食品中非法添加物质的检验方法研究。（科技部、国家卫生计生委、食品药品监管总局按职责分工负责）加快制定蔬菜及特色农产品的农药残留和小品种畜禽水产品的兽药残留限量标准，新制定农药残留标准1000项、兽药残留标准100项，全面清理整合和修订农药兽药残留检测方法。颁布进口农产品的农药兽药残留限量标准制定规范，启动分类制定"一律"限量标准。（农业部牵头，质检总局配合）完善粮食质量安全标准体系。（国家粮食局牵头，质检总局配合）

三、净化农业生产环境

启动土壤污染状况详查，推动土壤污染防治立法和土壤环境质量标准修订，落实大气、水、土壤污染防治行动计划，开展土壤污染综合防治先行区建设和土壤污染治理与修复技术应用试点。年底前出台农用地土壤环境管理办法，发布农用地土壤环境质量标准。（环境保护部负责）严格控制在优先保护类耕地集中区域新建有色金属冶炼、石油加工、化工、焦化、电镀、制革等行业企业，现有相关行业企业要采用新技术、新工艺，加快提标升级改造步伐。（环境保护部、国家发展改革委牵头，工业和信息化部配合）深入开展耕地质量保护与提升行动，推进农业面源污染防治攻坚行动。总结长株潭试点经验，加快重金属污染耕地修复和种植结构调整，指导中轻度污染耕地安全利用以及重度污染耕地食用农产品禁止生产区划定。（农业部负责）落实国务院关于加强粮食重金属污染治理的各项措施，处理好调整种植结构和保护农民利益的关系。（国家发展改革委、财政部、农业部、国家粮食局等部门会同相关省级人民政府负责）

四、加强种养环节源头治理

推行良好农业规范，在规模化生产经营主体落实生产记录台账制度。加强农药兽药安全间隔期、休药期管理。实施高毒农药定点经营、实名购买制度，禁止高毒农药用于蔬菜、瓜果、茶叶、中草药等农作物的生产，分期分批对高毒农药采取禁限用措施。实施兽用处方药管理和兽药二维码追溯制度。加大科学种养技术培训力度，指导农户依法科学合理使用农药、兽药、化肥、饲料和饲料添加剂，严禁使用"瘦肉精"、孔雀石绿、硝基呋喃等禁用物质。（农业部牵头，质检总局配合）推行病虫害、动物疫病统防统治专业化服务，扶持培育经营性服务组织。（农业部牵头，质检总局、财政部配合）推进食用农产品合格证管理试点。深入推进畜禽、水产品质量安全专项整治，集中治理农药兽药残留超标突出问题。（农业部牵头，食品药品监管总局配合）

五、严格生产经营过程监管

推进风险分级制度落地，在风险分级基础上加强日常监督检查，贯彻"双随机、一公开"原则，通过彻查隐患、抽检"亮项"、处罚到人、公开信息，曝光所有违法违规企业，倒逼生产经营者落实主体责任。坚持问题导向，加大专项检查和飞行检查力度，推行检查表格化、抽检制度化、责任网格化，落实日常检查和监督抽检两个责任。对婴幼儿配方乳粉生产企业进行食品安全生产规范体系检查。在大型食品和食品相关产品生产企业全面推行危害分析和关键控制点（HACCP）体系，鼓励获得认证。推动企业建立食品安全追溯体系。开展放心菜、放心肉超市创建活动，督促食用农产品批发市场、网络第三方平台开办者落实食品安全管理责任。鼓励有条件的地方对小摊贩、小餐饮实行集中规范管理。加强食品相关产品生产企业监管，规范标识标注。严格实施进口食品境外生产企业注册，加强对已注册企业事中事后监管。（质检总局、食品药品监管总局按职责分工负责）加强"放心粮油"供应网络质量安全监管。（国家粮食局负责）深入开展农村食品安全治理，重点排查治理农村及城乡接合部地区突出食品安全风险隐患，有针对性地强化长效机制建设。（农业部、工商总局、食品药品监管总局按职责分工负责）加大对校园及周边地区食品安全监管力度，落实学校食堂食品安全管理责任，严防发生群体性食物中毒事件。（教育部、食品药品监管总局按职责分工负责）贯彻实施铁路运营食品安全管理办法，推进列车快餐供应商资质管理，做好春暑运铁路食品安全工作。（中国铁路总公司负责）实施餐饮业食品安全提升工程，大力倡导餐饮服务单位"明厨亮灶"，落实进货查验、原料控制、环境卫生等制度，落实餐饮单位质量安全管理主体责任。加强对网络订餐的监管，及时查处网络订餐违法经营行为。（食品药品监管总局负责）

六、严密防控食品安全风险

组织实施国家食品安全风险监测计划，加大风险监测评估力度。推进部门间、地区间风险监测、评估和监督抽检信息共享，用好互联网、大数据，加强风险监测结果通报与会商研判，为风险防控提供技术支持。（国家卫生计生委牵头，农业部、质检总局、食品药品监管总局、国家粮食局配合）开展农产品质量安全风险隐患摸底排查，加强风险监测、评估和监督抽检，依法公布抽检信息。（农业部负责）对重点产品、重点问题加强监督抽检和风险监测。（食品药品监管总局、国家卫生计生委按职责分工负责）按照下管一级的原则，统筹国家、省、市、县四级抽检计划，扩大抽检覆盖面，提高问题发现率和不合格产品核查处置率。规范食品快速检测方法评价工作。建立风险预警交流工作体系，及时发布食品安全抽检信息、风险警示或消费提示。探索开展大型食品企业风险交流，完善重要信息直报制度和直报网络，加强食品安全舆情监测预警，制订国家食品安全突发事件应急预案。（食品药品监管总局负责）实施进口食品安全放心工程，加强对高风险、高关注度进口食品监管。落实进口食品进出口商备案管理制度。进一步强化国境口岸食品安全监管，加强进出口食用农产品和饲料安全监管，开展风险监控。（质检总局负责）推广食品安全责任保险，鼓励食品生产经营企业投保食品安全责任保险。（国务院食品安全办牵头，保监会配合）

七、促进食品产业转型升级

深入实施农业标准化战略，突出优质、安全和绿色导向，严格无公害农产品、绿色食品、有机农产品和农产品地理标志（"三品一标"）认证，以及良好农业规范认证，围绕市场需求调整农产品种养结构。（农业部、质检总局按职责分工负责）出台促进食品工业健康发展的指导意见，推进食品工业结构调整和转型升级。打造食品加工产业集群，引导食品加工企业向主产区、优势产区、产业园区集中，加大技术改造支持力度，促进食品工业增品种、提品质、创品牌。（国家发展改革委、工业和信息化部按职责分工负责）加快修订乳制品工业产业政策，进一步严格行业准入，推动婴幼儿配方乳粉企业兼并重组，发布实施婴幼儿配方乳粉追溯体系行业标准。（工业和信息化部牵头，国家发展改革委、农业部、食品药品监管总局配合）推广"生产基地＋中央厨房＋餐饮门店""生产基地＋加工企业＋商超销售"等产销模式。（农业部、食品药品监管总局、各省级人民政府按职责分工负责）加强餐厨废弃物、肉类加工废弃物和不合格畜禽产品的资源化利用和无害化处理，严防"地沟油"流向餐桌。（国家发展改革委、住房城乡建设部、农业部、工业和信息化部按职责分工负责）研究制定加快发展冷链物流保障食品安全促进消费升级的意见，完善食品冷链物流标准体系，鼓励社会力量和市场主体加强食品冷链物流基础设施建设。（国家发展改革委牵头，农业部、商务部、国家卫生计生委、质检总局、食品药品监管总局等部门配合）推进出口食品企业内外销"同线同标同质"工程。（质检总局牵头）

八、严厉打击食品安全违法犯罪

保持高压震慑态势，加大监督检查频次，严惩食品安全违法犯罪行为。重拳整治非法添加、超范围超限量使用添加剂、滥用农药兽药等农业投入品、制假售假、私屠滥宰等违法行为。所有食品安全违法行为均应追究到人，并向社会公开被处罚人的信息。建立健全重大违法犯罪案件信息发布制度，控制产品风险和社会风险，保障公众知情权。（食品药品监管总局、农业部、公安部、国务院食品安全办按职责分工负责）加强行政执法与刑事司法的衔接。完善涉嫌犯罪案件移送、信息通报机制，解决食品安全违法犯罪案件取证难、移送难、入罪难以及检验认定经费、检验结论出具、涉案产品处置等问题。（中央政法委、食品药品监管总局牵头，农业部、质检总局、公安部、高检院配合）加大对虚假违法食品广告的查处力度。（工商总局负责）进一步加大对食品相关产品的执法打假力度。（质检总局负责）加大对重点敏感食品走私的打击力

度。(海关总署负责)

九、建立统一权威的食品安全监管体制

完善食品药品安全监管体制,加强统一性、专业性和权威性,充实基层监管力量。实行综合执法的地方,要把食品药品安全监管作为首要职责。(国务院食品安全办、食品药品监管总局牵头,中央编办配合)依托现有资源,加快建设职业化食品药品检查员队伍,设置相应的专业技术岗位、技术职务,开展专业技能培训,合理确定薪酬待遇,用专业性保证权威性。(食品药品监管总局牵头,中央编办、人力资源社会保障部、财政部配合)

十、加强食品安全基础和能力建设

增强食品安全监管统一性和专业性,切实提高食品安全监管水平和能力。落实"十三五"国家食品安全规划,将规划实施情况纳入对省级人民政府的考评内容。建立规划实施情况年度监测评估机制,各相关部门要制定具体实施方案。加强基层食品安全和农产品质量安全的监管机构与技术机构能力建设,推动实现业务用房、执法车辆、执法装备配备标准化。强化各级公安机关食品药品犯罪专业侦查力量。加强食品安全和农产品质量安全检验机构管理。加强食品相关产品检验检测能力建设。(食品药品监管总局、公安部、农业部、国家卫生计生委、质检总局、国家发展改革委、财政部等部门,各省级人民政府按职责分工负责)制定鼓励政策,发挥大专院校、科研院所等社会检验检测资源作用。加强食品和农产品检验机构资质认定工作,公布食品检验复检机构名录,引入第三方检验服务。(农业部、国家卫生计生委、质检总局、食品药品监管总局按职责分工负责)继续推动食品检验检测认证机构整合。(质检总局、中央编办牵头,食品药品监管总局配合)加强粮食质量安全检验监测体系建设,强化基层粮食质量安全检验监测能力。(国家粮食局牵头,质检总局配合)应用"互联网+"检验检测技术,推动食品安全检验检测新业态发展。通过国家科技计划(专项、基金等),开展食品安全关键技术研发和科技创新示范。(科技部负责)加快食品安全监管信息化工程项目建设,建立全国统一的食品安全信息平台。(食品药品监管总局牵头,工业和信息化部、商务部、国家卫生计生委、质检总局、国家粮食局配合)完善农产品质量安全追溯体系,试运行国家农产品质量安全追溯管理信息平台。(农业部负责)加强肉类、婴幼儿配方乳粉、蔬菜等重要产品追溯体系建设,加快推进省级重要产品追溯管理平台建设。(工业和信息化部、商务部按职责分工负责)编制食品安全2030年规划纲要。编写食品安全年度报告。(国务院食品安全办牵头,国务院食品安全委员

会相关成员单位配合）

十一、推动食品安全社会共治

加强食品安全新闻宣传，做好舆论监督，营造良好舆论环境。（中央宣传部负责）举办"全国食品安全宣传周"活动，展示国家食品安全示范城市和农产品质量安全县创建（"双安双创"）行动成果。深入开展食品安全法普法宣传。（国务院食品安全办牵头，国务院食品安全委员会相关成员单位配合）强化食品安全科普网点建设，推进食品安全科普工作队伍建设和示范创建，提高公众食品安全科学素养。（中国科协负责）通过多种形式开展学生食品安全教育。（教育部负责）贯彻实施食品工业企业诚信管理体系国家标准，开展食品工业企业诚信管理体系评价。（工业和信息化部负责）加强投诉举报体系能力建设，畅通投诉举报渠道。建立健全食品安全信用档案并依法及时向社会公布，加强对食品生产经营严重失信者的联合惩戒。（国务院食品安全委员会相关成员单位按职责分工负责）

十二、落实食品安全责任制

各地要把加强食品安全工作作为重大政治任务来抓，作为公共安全问题来抓，主要负责同志亲自抓，保证监管工作有责任、有岗位、有人员、有手段，支持监管部门履行职责。发挥食品安全委员会统一领导、食品安全办综合协调作用，加强各级食品安全办力量，强化食品安全工作的统筹协调，健全沟通协调机制，完善风险交流和形势会商工作机制。（各省级人民政府负责）进一步加大食品安全投入力度，加强基层监管力量和基础设施建设，推动实现基层装备标准化，保障各级食品安全监管所需经费，特别是检验检测经费。（各省级人民政府，食品药品监管总局、财政部等部门按职责分工负责）深入开展"双安双创"行动，对首批食品安全示范城市命名授牌，打造农产品质量安全县示范样板，开展第二批农产品质量安全县创建，组织召开"双安双创"现场会。（国务院食品安全办牵头，农业部、食品药品监管总局配合）推进出口食品农产品质量安全示范区建设。（质检总局负责）组织对各省级人民政府食品安全工作督查和现场考核，强化督查考核结果运用。（国务院食品安全办牵头，国务院食品安全委员会相关成员单位配合）建立食品安全工作绩效与履职评定、奖励惩处挂钩制度。（各省级人民政府负责）建立健全食品安全责任制和责任追究制度，研究制定食品安全工作问责办法。（国务院食品安全办牵头，监察部配合）依法依纪严肃追究重大食品安全事件中失职渎职责任。（监察部负责）

写法简析

这份工作安排写得很有特色。开篇占用一个自然段交代了制定安排的目的和意义，并用以过渡句"现就2017年食品安全重点工作作出如下安排"递进到下文。由于安排不同于方案等计划体公文，不讲究写得过于详尽具体，因此，只采用条目贯通的形式将所要作的主要工作加以高度概括，令人一目了然。在这方面，本文是很值得借鉴和思考的。全文紧紧围绕2017年食品安全工作的主要任务和有关要求叙写。对主要任务的表述，采用撮要表达技法，紧紧围绕"加强食品安全"这一主题概括列出12个大的方面的内容事项，包括加强食品安全法治建设、完善食品安全标准、净化农业生产环境、加强种养环节源头治理、严格生产经营过程监管、严密防控食品安全风险、促进食品产业转型升级、严厉打击食品安全违法犯罪、建立统一权威的食品安全监管体制、加强食品安全基础和能力建设、推动食品安全社会共治、落实食品安全责任制。每个项目都落实具体的牵头单位和责任单位，阐述得十分具体明确，对有关措施要求的表述也是如此，给人以清晰深刻的印象，便于安排内容的贯彻落实。在写作技巧上，全文采用撮要目标的结构模式，连贯顺畅，重点突出，易于理解和执行。

（五）要点撷萃

（1）要注意安排与方案的区别。从某种程度上来说，安排与方案有共同之处，但也有很大的区别。安排主要用于短时间内的工作，而方案则主要用于专门性的某一中心工作或某一重要事项；同时，安排是对已经确定的一个时期工作计划的具体分解与贯彻，而方案则是对尚未定局的新问题，有待于通过此种文书来加以认定。

（2）要注意区别安排与打算的不同。两者的不同主要体现在确定性程度上的细微差异。一般来说，对近期内要做的某一具体工作，由于受主客观条件的限制对其中某些指标和措施等的考虑可能还不够完善和具体，在此种情况下，即用"打算"行文，而对于已有明确指标和措施的工作事宜，则一般使用"安排"。

（3）要讲究可行性。在有关时间安排上要充分考虑到实际需要与可能，尽量留有可调节的余地，不要规定得过于机械，以免画地为牢，避免在实际执行过程中因突然出现的变化而造成被动。

（4）要注意内容组织的严密性和合理性。做到条理清晰，目标明确，措施具体，用语得当，便于执行和落实。

七十 怎样撰写纲要

（一）适用范围

纲要是指对全局范围内带有远景发展设想的某项工作做出的提纲挈领式的总体计划。一般由级别较高的机关制定，内容比较原则、概括。例如国务院制定的《全国农业发展纲要》《公民道德建设实施纲要》等。

（二）主要特性

纲要是具有较强的政策性、思想性、指导性的提纲挈领式的计划性文种。其时间跨度一般为 10 年左右，比安排、打算等要长得多，但又短于设想之类的文种。

（三）结构模式

纲要的内容结构一般由标题、正文和结尾三部分组成。

1. 标题

标题是纲要的"眼睛"，应当载明纲要的适用范围、内容和文种名称等几个要素，如《国家中长期科学和技术发展规划纲要》《公民道德建设实施纲要》《建立健全教育、制度、监督并重的惩治和预防腐败体系实施纲要》；有时还在标题中标示出纲要所涉及的时间跨度，例如《2016—2020 年中国残疾人事业五年工作纲要》。

2. 正文

正文是纲要的主体，一般包括制定纲要的有关背景、原则、任务、措施等几个方面的内容。通常在开头部分用扼要语句交代制定纲要的目的和依据，然后采用分部分或者分条列项的形式加以展开，以使内容清晰，条理分明。既明确目标、任务，又提出措施、办法，是纲要写作的重心所在。

3. 结尾

一般用一个自然段提出希望要求或发出号召，以激励人们为实现文中所提出的目标而努力奋斗。

(四) 范例简析

法治社会建设实施纲要（2020—2025年）

法治社会是构筑法治国家的基础，法治社会建设是实现国家治理体系和治理能力现代化的重要组成部分。建设信仰法治、公平正义、保障权利、守法诚信、充满活力、和谐有序的社会主义法治社会，是增强人民群众获得感、幸福感、安全感的重要举措。党的十九大把法治社会基本建成确立为到2035年基本实现社会主义现代化的重要目标之一，意义重大，影响深远，任务艰巨。为加快推进法治社会建设，制定本纲要。

一、总体要求

（一）指导思想。高举中国特色社会主义伟大旗帜，坚持以马克思列宁主义、毛泽东思想、邓小平理论、"三个代表"重要思想、科学发展观、习近平新时代中国特色社会主义思想为指导，全面贯彻党的十九大和十九届二中、三中、四中、五中全会精神，全面贯彻习近平法治思想，增强"四个意识"、坚定"四个自信"、做到"两个维护"，坚定不移走中国特色社会主义法治道路，坚持法治国家、法治政府、法治社会一体建设，培育和践行社会主义核心价值观，弘扬社会主义法治精神，建设社会主义法治文化，增强全社会厉行法治的积极性和主动性，推动全社会尊法学法守法用法，健全社会公平正义法治保障制度，保障人民权利，提高社会治理法治化水平，为全面建设社会主义现代化国家、实现中华民族伟大复兴的中国梦筑牢坚实法治基础。

（二）主要原则。坚持党的集中统一领导；坚持以中国特色社会主义法治理论为指导；坚持以人民为中心；坚持尊重和维护宪法法律权威；坚持法律面前人人平等；坚持权利与义务相统一；坚持法治、德治、自治相结合；坚持社会治理共建共治共享。

（三）总体目标。到2025年，"八五"普法规划实施完成，法治观念深入人心，社会领域制度规范更加健全，社会主义核心价值观要求融入法治建设和社会治理成效显著，公民、法人和其他组织合法权益得到切实保障，社会治理法治化水平显著提高，形成符合国情、体现时代特征、人民群众满意的法治社会建设生动局面，为2035年基本建成法治社会奠定坚实基础。

二、推动全社会增强法治观念

全民守法是法治社会的基础工程。树立宪法法律至上、法律面前人人平等的法治理念，培育全社会法治信仰，增强法治宣传教育针对性和实效性，引导全体人民做社会主义法治的忠实崇尚者、自觉遵守者、坚定捍卫者，使法治成为社会共识和基本原则。

（四）维护宪法权威。深入宣传宪法，弘扬宪法精神，增强宪法意识，推动形成尊崇宪法、学习宪法、遵守宪法、维护宪法、运用宪法的社会氛围。切实加强对国家工作人员特别是各级领导干部的宪法教育，组织推动国家工作人员原原本本学习宪法文本。全面落实宪法宣誓制度，国家工作人员就职时应当依照法律规定进行宪法宣誓。持续开展全国学生"学宪法讲宪法"活动。推动"12·4"国家宪法日和"宪法宣传周"集中宣传活动制度化，实现宪法宣传教育常态化。

（五）增强全民法治观念。深入学习宣传习近平法治思想，深入宣传以宪法为核心的中国特色社会主义法律体系，广泛宣传与经济社会发展和人民群众利益密切相关的法律法规，使人民群众自觉尊崇、信仰和遵守法律。广泛开展民法典普法工作，让民法典走到群众身边、走进群众心里。积极组织疫病防治、野生动物保护、公共卫生安全等方面法律法规和相关知识的宣传教育活动。引导全社会尊重司法裁判，维护司法权威。充分发挥领导干部带头尊法学法守法用法对全社会的示范带动作用，进一步落实国家工作人员学法用法制度，健全日常学法制度，强化法治培训，完善考核评估机制，不断增强国家工作人员特别是各级领导干部依法办事的意识和能力。加强青少年法治教育，全面落实《青少年法治教育大纲》，把法治教育纳入国民教育体系。加强对教师的法治教育培训，配齐配强法治课教师、法治辅导员队伍，完善法治副校长制度，健全青少年参与法治实践机制。引导企业树立合规意识，切实增强企业管理者和职工的法治观念。加强对社会热点案（事）件的法治解读评论，传播法治正能量。运用新媒体新技术普法，推进"智慧普法"平台建设。研究制定法治宣传教育法。

（六）健全普法责任制。坚持法治宣传教育与法治实践相结合。认真落实"谁执法谁普法"的普法责任制，2020年年底前基本实现国家机关普法责任制清单全覆盖，把案（事）件依法处理的过程变成普法公开课。完善法官、检察官、行政复议人员、行政执法人员、律师等以案释法制度，注重加强对诉讼参与人、行政相对人、利害关系人等的法律法规和政策宣讲。引导社会各方面广泛参与立法，把立法过程变为宣传法律法规的过程。创新运用多种形式，加强对新出台法律法规规章的解读。充分发挥法律服务队伍在普法宣传教育中的重要作用，为人民群众提供专业、精准、高效的法治宣传。健全媒体公益普法制度，引导报社、电台、电视台、网站、融媒体中心等媒体自觉履行普法责任。培育壮大普法志愿者队伍，形成人民群众广泛参与普法活动的实践格局。

（七）建设社会主义法治文化。弘扬社会主义法治精神，传播法治理念，恪守法治原则，注重对法治理念、法治思维的培育，充分发挥法治文化的引领、熏陶作用，形成守法光荣、违法可耻的社会氛围。丰富法治文化产品，培育法治文化精品，扩大法治文化的覆盖面和影响力。利用重大纪念日、传统节日等契机开展群众性法治文化活动，组织各地青年普法志愿者、法治文艺团体开展法治文化基层行活动，推动法治文化深入人心。大力加强法治文化阵地建设，有效促进法治文化与传统文化、红色文化、地方文化、行业文化、企业文化融合发展。2020年年底前制定加强社会主义法治文化建设的意见。

三、健全社会领域制度规范

加快建立健全社会领域法律制度，完善多层次多领域社会规范，强化道德规范建设，深入推进诚信建设制度化，以良法促进社会建设、保障社会善治。

（八）完善社会重要领域立法。完善教育、劳动就业、收入分配、社会保障、医疗卫生、食品药品、安全生产、道路交通、扶贫、慈善、社会救助等领域和退役军人、妇女、未成年人、老年人、残疾人正当权益保护等方面的法律法规，不断保障和改善民生。完善疫情防控相关立法，全面加强公共卫生领域相关法律法规建设。健全社会组织、城乡社区、社会工作等方面的法律制度，进一步加强和创新社会治理。完善弘扬社会主义核心价值观的法律政策体系，加强见义勇为、尊崇英烈、志愿服务、孝老爱亲等方面立法。

（九）促进社会规范建设。充分发挥社会规范在协调社会关系、约束社会行为、维护社会秩序等方面的积极作用。加强居民公约、村规民约、行业规章、社会组织章程等社会规范建设，推动社会成员自我约束、自我管理、自我规范。深化行风建设，规范行业行为。加强对社会规范制订和实施情况的监督，制订自律性社会规范的示范文本，使社会规范制订和实施符合法治原则和精神。

（十）加强道德规范建设。坚持依法治国和以德治国相结合，把法律规范和道德规范结合起来，以道德滋养法治精神。倡导助人为乐、见义勇为、诚实守信、敬业奉献、孝老爱亲等美德善行，完善激励机制，褒奖善行义举，形成好人好报、德者有得的正向效应。推进社会公德、职业道德建设，深入开展家庭美德和个人品德教育，增强法治的道德底蕴。强化道德规范的教育、评价、监督等功能，努力形成良好的社会风尚和社会秩序。深入开展道德领域突出问题专项教育和治理，依法惩处公德失范的违法行为。大力倡导科学健康文明的生活方式，革除滥食野生动物陋习，增强公民公共卫生安全和疫病防治意识。依法规范捐赠、受赠行为。注重把符合社会主义核心价值观要求的基本道德规范转化为法律规范，用法律的权威来增强人们培育和践行社会主义核心价值观的自觉性。

（十一）推进社会诚信建设。加快推进社会信用体系建设，提高全社会诚信意识和信用水平。完善企业社会责任法律制度，增强企业社会责任意识，促进企业诚实守信、合法经营。健全公民和组织守法信用记录，建立以公民身份证号码和组织机构代码为基础的统一社会信用代码制度。完善诚信建设长效机制，健全覆盖全社会的征信体系，建立完善失信惩戒制度。结合实际建立信用修复机制和异议制度，鼓励和引导失信主体主动纠正违法失信行为。加强行业协会商会诚信建设，完善诚信管理和诚信自律机制。完善全国信用信息共享平台和国家企业信用信息公示系统，进一步强化和规范信用信息归集共享。加强诚信理念宣传教育，组织诚信主题实践活动，为社会信用体系建设创造良好环境。推动出台信用方面的法律。

四、加强权利保护

切实保障公民基本权利，有效维护各类社会主体合法权益。坚持权利与义务相统一，社会主体要履行法定义务和承担社会责任。

（十二）健全公众参与重大公共决策机制。制定与人民生产生活和现实利益密切相关的经济社会政策和出台重大改革措施，要充分体现公平正义和社会责任，畅通公众参与重大公共决策的渠道，采取多种形式广泛听取群众意见，切实保障公民、法人和其他组织合法权益。没有法律和行政法规依据，不得设定减损公民、法人和其他组织权利或者增加其义务的规范。落实法律顾问、公职律师在重大公共决策中发挥积极作用的制度机制。健全企业、职工、行业协会商会等参与涉企法律法规及政策制定机制，依法平等保护企业、职工合法权益。

（十三）保障行政执法中当事人合法权益。规范执法行为，完善执法程序，改进执法方式，尊重和维护人民群众合法权益。建立人民群众监督评价机制，促进食品药品、公共卫生、生态环境、安全生产、劳动保障、野生动物保护等关系群众切身利益的重点领域执法力度和执法效果不断提高。建立健全产权保护统筹协调工作机制，持续加强政务诚信和营商环境建设，将产权保护列为专项治理、信用示范、城市创建、营商环境建设的重要内容。推进政府信息公开，涉及公民、法人或其他组织权利和义务的行政规范性文件、行政许可决定、行政处罚决定、行政强制决定、行政征收决定等，依法予以公开。

（十四）加强人权司法保障。加强对公民合法权益的司法保护。加大涉民生案件查办力度，通过具体案件办理，保障人民群众合法权益。探索建立消费者权益保护集体诉讼制度。完善律师制度。强化诉讼参与人诉讼权利制度保障。加强对非法取证行为的源头预防，严格执行非法证据排除规则，建立健全案件纠错机制，有效防范和纠正冤假错案。健全执行工作长效机制，依法保障胜诉当事人及时实现合法权益。加强检察机关对民事、行政、刑事诉讼活动的法律监督，维护司法公正。在司法调解、司法听证等司法活动中保障人民群众参与。落实人民陪审员制度，完善人民监督员制度。推动大数据、人工智能等科技创新成果同司法工作深度融合，完善"互联网＋诉讼"模式，加强诉讼服务设施建设，全面建设集约高效、多元解纷、便民利民、智慧精准、开放互动、交融共享的现代化诉讼服务体系。

（十五）为群众提供便捷高效的公共法律服务。到2022年，基本形成覆盖城乡、便捷高效、均等普惠的现代公共法律服务体系，保证人民群众获得及时有效的法律帮助。加强对欠发达地区专业法律服务人才和社会工作者、志愿者的政策扶持，大力推广运用远程网络等法律服务模式，促进城市优质法律服务资源向农村辐射，有效缓解法律服务专业力量不足问题。健全公民权利救济渠道和方式，完善法律援助制度和国家司法救助制度，制定出台法律援助法，保障困难群体、特殊群众的基本公共法律服务权益。加快律师、公证、仲裁、司法鉴定等行业改革发展，完善公共法律服务管理体制和工作机制，推进公共法律服务标准化、规范化、精准化，有效满足人民群众日益增长的高品质、多元化法律服务需求。健全村（居）法律顾问制度，充分发挥村（居）法律顾问作用。加强公共法律服务实体、热线、网络三大平台建设，推动公共法律服务与科技创新手段深度融合，尽快建成覆盖全业务、全时空的公共法律服务网络。

（十六）引导社会主体履行法定义务承担社会责任。公民、法人和其他组织享有宪法和法律规定的权利，同时必须履行宪法和法律规定的义务。强化规则意识，倡导契约精神，维护公序良俗，引导公民理性表达诉求，自觉履行法定义务、社会责任、家庭责任。引导和推动企业和其他组织履行法定义务、承担社会责任，促进社会健康有序运行。强化政策引领作用，为企业更好履行社会责任营造良好环境，推动企业与社会建立良好的互助互信关系。支持社会组织建立社会责任标准体系，引导社会资源向积极履行社会责任的社会组织倾斜。

五、推进社会治理法治化

全面提升社会治理法治化水平，依法维护社会秩序、解决社会问题、协调利益关系、推动社会事业发展，培育全社会办事依法、遇事找法、解决问题用法、化解矛盾靠法的法治环境，促进社会充满活力又和谐有序。

（十七）完善社会治理体制机制。完善党委领导、政府负责、民主协商、社会协同、公众参与、法治保障、科技支撑的社会治理体系，打造共建共治共享的社会治理格局。健全地方党委在本地区发挥总揽全局、协调各方领导作用的机制，完善政府社会治理考核问责机制。引领和推动社会力量参与社会治理，建设人人有责、人人尽责、人人享有的社会治理共同体，确保社会治理过程人民参与、成效人民评判、成果人民共享。加强社会治理制度建设，推进社会治理制度化、规范化、程序化。

（十八）推进多层次多领域依法治理。推进市域治理创新，依法加快市级层面实名登记、社会信用管理、产权保护等配套制度建设，开展市域社会治理现代化试点，使法治成为市域经济社会发展的核心竞争力。深化城乡社区依法治理，在党组织领导下实现政府治理和社会调节、居民自治良性互动。区县职能部门、乡镇政府（街道办事处）按照减负赋能原则，制定和落实在社区治理方面的权责清单。健全村级议事协商制度，鼓励农村开展村民说事、民情恳谈等活动。实施村级事务阳光工程，完善党务、村务、财务"三公开"制度，梳理村级事务公开清单，推广村级事务"阳光公开"监管平台。开展法治乡村创建活动。加强基层群众性自治组织规范化建设，修改城市居民委员会组织法和村民委员会组织法。全面推进基层单位依法治理，企业、学校等基层单位普遍完善业务和管理活动各项规章制度，建立运用法治方式解决问题的平台和机制。广泛开展行业依法治理，推进业务标准程序完善、合法合规审查到位、防范化解风险及时和法律监督有效的法治化治理方式。依法妥善处置涉及民族、宗教等因素的社会问题，促进民族关系、宗教关系和谐。

（十九）发挥人民团体和社会组织在法治社会建设中的作用。人民团体要在党的领导下，教育和组织团体成员和所联系群众依照宪法和法律的规定，通过各种途径和形式参与管理国家事务，管理经济文化事业，管理社会事务。促进社会组织健康有序发展，推进社会组织明确权责、依法自治、发挥作用。坚持党对社会组织的领导，加强社会组织党的建设，确保社会组织发展的正确政治方向。加大培育社会组织力度，重点培育、优先发展行业协会商会类、科技类、公益慈善类、城乡社区服务类社会组织。推动和支持志愿服务组织发展，开展志愿服务标准化建设。发挥行业协会商会自律功能，探索建立行业自律组织。发挥社区社会组织在创新基层社会治理中的积极作用。完善政府购买公共服务机制，促进社会组织在提供公共服务中发挥更大作用。

（二十）增强社会安全感。加快对社会安全体系的整体设计和战略规划，贯彻落实加快推进社会治理现代化开创平安中国建设新局面的意见。完善平安中国建设协调机制、责任分担机制，健全平安建设指标体系和考核标准。2020年年底前制定"互联网＋公共安全"行动计划。推动扫黑除恶常态化，依法严厉打击和惩治暴力伤害医务人员、破坏野生动物资源、暴力恐怖、黄赌毒黑拐骗、高科技犯罪、网络犯罪等违法犯罪活动，遏制和预防严重犯罪行为的发生。强化突发事件应急体系建设，提升疫情防控、防灾减灾救灾能力。依法强化危害食品药品安全、影响生产安全、破坏交通安全等重点问题治理。健全社会心理服务体系和疏导机制、危机干预机制，建立健全基层社会心理服务工作站，发展心理工作者、社会工作者等社会心理服务人才队伍，加强对贫困人口、精神障碍患者、留守儿童、妇女、老年人等的人文关怀、精神慰藉和心理健康服务。健全执法司法机关与社会心理服务机构的工作衔接，加强对执法司法所涉人群的心理疏导。推进"青少年维权岗""青少年零犯罪零受害社区（村）"创建，强化预防青少年犯罪工作的基层基础。

（二十一）依法有效化解社会矛盾纠纷。坚持和发展新时代"枫桥经验"，畅通和规范群众诉求表达、利益协调、权益保障通道，加强矛盾排查和风险研判，完善社会矛盾纠纷多元预防调处化解综合机制，努力将矛盾纠纷化解在基层。全面落实诉讼与信访分离制度，深入推进依法分类处理信访诉求。充分发挥人民调解的第一道防线作用，完善人民调解、行政调解、司法调解联动工作体系。充分发挥律师在调解中的作用，建立健全律师调解经费保障机制。县（市、区、旗）探索在矛盾纠纷多发领域建立"一站式"纠纷解决机制。加强农村土地承包经营纠纷调解仲裁、劳动人事争议调解仲裁工作。加强行政复议、行政调解、行政裁决工作，发挥行政机关化解纠纷的"分流阀"作用。推动仲裁委员会积极参与基层社会纠纷解决，支持仲裁融入基层社会治理。

六、依法治理网络空间

网络空间不是法外之地。推动社会治理从现实社会向网络空间覆盖，建立健全网络综合治理体系，加强依法管网、依法办网、依法上网，全面推进网络空间法治化，营造清朗的网络空间。

（二十二）完善网络法律制度。通过立改废释并举等方式，推动现有法律法规延伸适用到网络空间。完善网络信息服务方面的法律法规，修订互联网信息服务管理办法，研究制定互联网信息服务严重失信主体信用信息管理办法，制定完善对网络直播、自媒体、知识社区问答等新媒体业态和算法推荐、深度伪造等新技术应用的规范管理办法。完善网络安全法配套规定和标准体系，建立健全关键信息基础设施安全保护、数据安全管理和网络安全审查等网络安全管理制度，加强对大数据、云计算和人工智能等新技术研发应用的规范引导。研究制定个人信息保护法。健全互联网技术、商业模式、大数据等创新成果的知识产权保护方面的法律法规。修订预防未成年人犯罪法，制定未成年人网络保护条例。完善跨境电商制度，规范跨境电子商务经营者行为。积极参与数字经济、电子商务、信息技术、网络安全等领域国际规则和标准制定。

（二十三）培育良好的网络法治意识。坚持依法治网和以德润网相结合，弘扬时代主旋律和社会正能量。加强和创新互联网内容建设，实施社会主义核心价值观、中华文化新媒体传播等工程。提升网络媒介素养，推动互联网信息服务领域严重失信"黑名单"制度和惩戒机制，推动网络诚信制度化建设。坚决依法打击谣言、淫秽、暴力、迷信、邪教等有害信息在网络空间传播蔓延，建立健全互联网违法和不良信息举报一体化受理处置体系。加强全社会网络法治和网络素养教育，制定网络素养教育指南。加强青少年网络安全教育，引导青少年理性上网。深入实施中国好网民工程和网络公益工程，引导网民文明上网、理性表达，营造风清气正的网络环境。

（二十四）保障公民依法安全用网。牢固树立正确的网络安全观，依法防范网络安全风险。落实网络安全责任制，明确管理部门和网信企业的网络安全责任。建立完善统一高效的网络安全风险报告机制、研判处置机制，健全网络安全检查制度。加强对网络空间通信秘密、商业秘密、个人隐私以及名誉权、财产权等合法权益的保护。严格规范收集使用用户身份、通信内容等个人信息行为，加大对非法获取、泄露、出售、提供公民个人信息的违法犯罪行为的惩处力度。督促网信企业落实主体责任，履行法律规定的安全管理责任。健全网络与信息突发安全事件应急机制，完善网络安全和信息化执法联动机制。加强网络违法犯罪监控和查处能力建设，依法查处网络金融犯罪、网络诽谤、网络诈骗、网络色情、攻击窃密等违法犯罪行为。建立健全信息共享机制，积极参与国际打击互联网违法犯罪活动。

七、加强组织保障

坚持党对法治社会建设的集中统一领导，凝聚全社会力量，扎实有序推进法治社会建设。

（二十五）强化组织领导。党的领导是全面推进依法治国、加快建设社会主义法治国家最根本的保证。地方各级党委要落实推进本地区法治社会建设的领导责任，推动解决法治社会建设过程中的重点难点问题。地方各级政府要在党委统一领导下，将法治社会建设摆在重要位置，纳入经济社会发展总体规划，落实好法治社会建设各项任务。充分发挥基层党组织在法治社会建设中的战斗堡垒作用。

（二十六）加强统筹协调。坚持法治社会与法治国家、法治政府建设相协调，坚持法治社会建设与新时代经济社会发展、人民日益增长的美好生活需要相适应。地方各级党委法治建设议事协调机构要加强对本地区法治社会建设统筹谋划，形成上下协调、部门联动的工作机制。充分调动全社会各方力量采取多种形式参与法治社会建设，进一步发挥公民、企事业单位、人民团体、社会组织等在推进法治社会建设中的积极作用，形成法治社会建设最大合力。

（二十七）健全责任落实和考核评价机制。建立健全对法治社会建设的督促落实机制，确保党中央关于法治社会建设各项决策部署落到实处。充分发挥考核评价对法治社会建设的重要推动作用，制定法治社会建设评价指标体系。健全群众满意度测评制度，将群众满意度作为检验法治社会建设工作成效的重要指标。

（二十八）加强理论研究和舆论引导。加强中国特色社会主义法治理论与实践研究，为法治社会建设提供学理支撑和智力支持。充分发挥高等学校、科研院所等智库作用，大力打造法治社会建设理论研究基地。加强舆论引导，充分发挥先进典型的示范带动作用，凝聚社会共识，营造全民关心、支持和参与法治社会建设的良好氛围。适时发布法治社会建设白皮书。

各地区各部门要全面贯彻本纲要精神和要求，结合实际制定落实举措。中央依法治国办要抓好督促落实，确保纲要各项任务措施落到实处。

写法简析

纲要属于一种重要的计划体公文。它是对某一时期或某一方面的重要工作如何完成，从指标、要求、方法、步骤到措施所作出的书面回答，具有极其重要的指导和规范作用。一般而言，"纲要"不同于"方案""安排""打算"等计划体公文，突出表现为它只是一种提纲挈领式的粗线条勾勒，而且适用时间也较长。正因为如此，在写法上，这种计划有其特定的内容要求与表现形式。这篇《国家创新驱动发展战略纲要》采用分部分的结构模式，全文共分七大部分，首先用一个自然段概括交待法治社会建设的重大意义，并用"为加快推进法治社会建设，制定本纲要"提领下文，给人以总体印象，然后分为总体要求、推动全社会增强法治观念、健全社会领域制度规范、加强权利保护、推进社会治理法治化、依法治理网络空间以及加强组织保障七个大问题进行表述。既有对加快推进法治社会建设的总体评估和认识，又有明确的指导思想和发展目标，更有详尽具体的措施和推进的办法，通读整篇纲要，会使人感到在内容表达方面详略得当、重点突出，既有总体的背景要求和部署，又有具体的任务和措施，特别是对战略任务的安排，下设 7 个方面 28 个小项进行阐述，十分详尽具体，而且注重运用撮要的表达方式提领相应的内容事项，对于如何加强和推进法治社会建设这一惠及国计民生的重大问题阐述得非常准确到位，使人"看得见、摸得着"，易于贯彻落实；又如第六个大问题"依法治理网络空间"，先用一个自然段从总体上概括治理的基本原则，指出"网络空间不是法外之地。推动社会治理从现实社会向网络空间覆盖，建立健全网络综合治理体系，加强依法管网、依法办网、依法上网，全面推进网络空间法治化，营造清朗的网络空间。"紧接着设定 3 个小标题，即完善网络法律制度、培育良好的网络法治意识、保障公民依法安全用网，显得整齐匀称，表意明确，便于理解和执行。最后一个自然段向各地区和各部门提出明确要求，从而为纲要的贯彻执行扬帆助力。

（五）要点撷萃

（1）内容要简要概括。由于纲要是一种带有政策性、思想性、指导性的提纲挈领式的计划，其所涉及的内容事项重大，时间跨度较长，因此要在较短的篇幅内容纳诸多内容，必须注意讲求概括性。要而不繁，是纲要写作的要诀。

（2）条理要清晰，层次要分明。无论采用何种形式拟写纲要，都应当载明背景与总的要求、目标与任务、措施与办法等几个方面的内容，要使全文体现出一种内在的必然联系，给人以条理明晰、层次清楚之感。

七十一 怎样撰写规划

（一）适用范围

规划是有关部门、企事业单位制订的全面或专项的、长期的宏观发展计划。用于对一定地区、一项事业或某项需要较长时期完成的工作，提出在若干年内的全局性战略部署，制定出发展远景和总体目标，并划分实现设想的阶段与步骤。

（二）主要特性

规划是一种粗线条的带有全局性、长远性和方向性的计划，目标远大，着眼全局，重在指导，是在总结经验、分析形势、通过科学预测的基础上的一种高层次的前瞻和决策，是战略研究、发展的蓝图，是跨进一个新阶段的愿景，具有理想性、鼓舞性和指导性，便于统筹全局工作与明确方向，激发人们的工作积极性和自觉性，按步骤去实现预期目标。

（三）结构模式

规划的内容结构一般由标题、正文、落款三部分构成。

1. 标题

规划的标题通常由适用范围、时限、内容和文种四个要素构成，如《××市2020年至2025年城乡建设规划》。有的可不加时限，如《国民经济和社会发展"十四五"规划》。

2. 正文

这部分是规划的主体，一般包括指导思想、现状分析、发展目标、措施办法、实施步骤等多项内容。对其内容的制定，要充分运用科学理论，遵循客观规律和科学原则，结合实际情况，确立一个切实可行的、先进的目标体系，并通过一系列令人信服的控制指标数据系统地表现出来。

由于规划的内容涉及面较大，为了有条有理地进行表述，应在结构上多下功夫。一般的结构安排应采用总分式,首先写出前言,阐明依据、目的、总体目标等,然后就有关事项内容逐条展开叙述。这样做,能够给人以层次清晰、条理分明之感。

3. 落款

在正文的右下侧,署上制定规划的单位名称和日期。

(四)范例简析

法治中国建设规划(2020—2025年)

法治是人类文明进步的重要标志,是治国理政的基本方式,是中国共产党和中国人民的不懈追求。法治兴则国兴,法治强则国强。为统筹推进法治中国建设各项工作,制定本规划。

一、坚定不移走中国特色社会主义法治道路,奋力建设良法善治的法治中国

党的十八大以来,以习近平同志为核心的党中央从坚持和发展中国特色社会主义的全局和战略高度定位法治、布局法治、厉行法治,将全面依法治国纳入"四个全面"战略布局,加强党对全面依法治国的集中统一领导,全面推进科学立法、严格执法、公正司法、全民守法,形成了习近平法治思想,开创了全面依法治国新局面,为在新的起点上建设法治中国奠定了坚实基础。

当今世界正经历百年未有之大变局,我国正处于实现中华民族伟大复兴关键时期,改革发展稳定任务艰巨繁重,全面对外开放深入推进,人民群众在民主、法治、公平、正义、安全、环境等方面的要求日益增长,需要更好发挥法治固根本、稳预期、利长远的保障作用。在统揽伟大斗争、伟大工程、伟大事业、伟大梦想,全面建设社会主义现代化国家新征程上,必须把全面依法治国摆在全局性、战略性、基础性、保障性位置,向着全面建成法治中国不断前进。

(一)指导思想

高举中国特色社会主义伟大旗帜,坚持以马克思列宁主义、毛泽东思想、邓小平理论、"三个代表"重要思想、科学发展观、习近平新时代中国特色社会主义思想为指导,全面贯彻党的十九大和十九届二中、三中、四中、五中全会精神,全面贯彻习近平法治思想,增强"四个意识"、坚定"四个自信"、做到"两个维护",坚持党的领导、人民当家作主、依法治国有机统一,坚定不移走中国特色社会主义法治道路,培育和践行社会主义核心价值观,以解决法治领域突出问题为着力点,建设中国特色社会主义法治体系,建设社会主义法治国家,在法治轨道上推进国家治理体系和治理能力现代化,提高党依法治国、依法执政能力,为全面建设社会主义现代化国家、实现中华民族伟大复兴的中国梦提供有力法治保障。

(二) 主要原则

——坚持党的集中统一领导。牢牢把握党的领导是社会主义法治最根本的保证,坚持党领导立法、保证执法、支持司法、带头守法,充分发挥党总揽全局、协调各方的领导核心作用,确保法治中国建设的正确方向。

——坚持贯彻中国特色社会主义法治理论。深入贯彻习近平法治思想,系统总结运用新时代中国特色社会主义法治建设的鲜活经验,不断推进理论和实践创新发展。

——坚持以人民为中心。坚持法治建设为了人民、依靠人民,促进人的全面发展,努力让人民群众在每一项法律制度、每一个执法决定、每一宗司法案件中都感受到公平正义,加强人权法治保障,非因法定事由、非经法定程序不得限制、剥夺公民、法人和其他组织的财产和权利。

——坚持统筹推进。坚持依法治国、依法执政、依法行政共同推进,坚持法治国家、法治政府、法治社会一体建设,坚持依法治国和以德治国相结合,坚持依法治国和依规治党有机统一,全面推进科学立法、严格执法、公正司法、全民守法。

——坚持问题导向和目标导向。聚焦党中央关注、人民群众反映强烈的突出问题和法治建设薄弱环节,着眼推进国家治理体系和治理能力现代化,固根基、扬优势、补短板、强弱项,切实增强法治中国建设的时代性、针对性、实效性。

——坚持从中国实际出发。立足我国基本国情,统筹考虑经济社会发展状况、法治建设总体进程、人民群众需求变化等综合因素,汲取中华法律文化精华,借鉴国外法治有益经验,循序渐进、久久为功,确保各项制度设计行得通、真管用。

(三) 总体目标

建设法治中国,应当实现法律规范科学完备统一,执法司法公正高效权威,权力运行受到有效制约监督,人民合法权益得到充分尊重保障,法治信仰普遍确立，法治国家、法治政府、法治社会全面建成。

到 2025 年，党领导全面依法治国体制机制更加健全，以宪法为核心的中国特色社会主义法律体系更加完备，职责明确、依法行政的政府治理体系日益健全，相互配合、相互制约的司法权运行机制更加科学有效，法治社会建设取得重大进展，党内法规体系更加完善，中国特色社会主义法治体系初步形成。

到 2035 年，法治国家、法治政府、法治社会基本建成，中国特色社会主义法治体系基本形成，人民平等参与、平等发展权利得到充分保障，国家治理体系和治理能力现代化基本实现。

二、全面贯彻实施宪法，坚定维护宪法尊严和权威

建设法治中国，必须高度重视宪法在治国理政中的重要地位和作用，坚持依宪治国、依宪执政，把全面贯彻实施宪法作为首要任务，健全保证宪法全面实施的体制机制，将宪法实施和监督提高到新水平。

（四）坚持把宪法作为根本活动准则。全国各族人民、一切国家机关和武装力量、各政党和各社会团体、各企业事业组织，都负有维护宪法尊严、保证宪法实施的职责，都不得有超越宪法法律的特权。坚持宪法法律至上，维护国家法制统一、尊严、权威，一切法律法规规章规范性文件都不得同宪法相抵触，一切违反宪法法律的行为都必须予以追究。党带头尊崇和执行宪法，把党领导人民制定和实施宪法法律同党坚持在宪法法律范围内活动统一起来，保障宪法法律的有效实施。

（五）加强宪法实施和监督。全国人大及其常委会要切实担负起宪法监督职责，加强宪法实施和监督，并将其作为全国人大常委会年度工作报告的重要事项。全国人大及其常委会通过的法律和作出的决定决议，应当确保符合宪法规定、宪法精神。推进合宪性审查工作，健全合宪性审查制度，明确合宪性审查的原则、内容、程序。建立健全涉及宪法问题的事先审查和咨询制度，有关方面拟出台的行政法规、军事法规、监察法规、地方性法规、经济特区法规、自治条例和单行条例、部门规章、地方政府规章、司法解释以及其他规范性文件和重要政策、重大举措，凡涉及宪法有关规定如何理解、实施、适用问题的，都应当依照有关规定向全国人大常委会书面提出合宪性审查请求。在备案审查工作中，应当注重审查是否存在不符合宪法规定和宪法精神的内容。加强宪法解释工作，落实宪法解释程序机制，回应涉及宪法有关问题的关切。

（六）推进宪法学习宣传教育。在全社会深入开展尊崇宪法、学习宪法、遵守宪法、维护宪法、运用宪法的宪法学习宣传教育活动，普及宪法知识，弘扬宪法精神。抓住领导干部这个"关键少数",把宪法法律学习列为党委(党组)理论学习中心组学习的重要内容,纳入党和国家工作人员培训教育体系。全面落实宪法宣誓制度。加强青少年宪法法律教育,增强青少年的规则意识、法治观念。在"五四宪法"历史资料陈列馆基础上建设国家宪法宣传教育馆。加强宪法理论研究和教材编写、修订、使用,凝练我国宪法的时代特色和实践特色,形成中国特色社会主义宪法理论和宪法话语体系。

三、建设完备的法律规范体系,以良法促进发展、保障善治

建设法治中国,必须加强和改进立法工作,深入推进科学立法、民主立法、依法立法,不断提高立法质量和效率,以高质量立法保障高质量发展、推动全面深化改革、维护社会大局稳定。

(七)完善立法工作格局。加强党对立法工作的领导,完善党委领导、人大主导、政府依托、各方参与的立法工作格局。党中央领导全国立法工作、研究决定国家立法工作中的重大问题,有立法权地方的党委按照党中央大政方针领导本地区立法工作。

完善人大主导立法工作的体制机制。加强人大对立法工作的组织协调,发挥人大及其常委会的审议把关作用。健全全国人大相关专门委员会、全国人大常委会工作机构牵头起草重要法律草案机制。更好发挥人大代表在起草和修改法律法规中的作用,人民代表大会会议一般都应当安排审议法律法规案。研究完善人大常委会会议制度,探索增加人大常委会审议法律法规案的会次安排。充分发挥人大常委会组成人员在立法中的作用,逐步提高人大常委会专职委员特别是有法治实践经验的专职委员比例。

注重发挥政府在立法工作中的重要作用。做好有关法律、地方性法规草案的起草工作,加强政府部门间立法协调。严格按照法定权限和程序制定行政法规、规章,保证行政法规、规章质量。

拓宽社会各方有序参与立法的途径和方式。加强立法协商,充分发挥政协委员、民主党派、工商联、无党派人士、人民团体、社会组织在立法协商中的作用。

(八)坚持立改废释并举。加强重点领域、新兴领域、涉外领域立法。推动贯彻新发展理念、构建新发展格局,加快完善深化供给侧结构性改革、促进创新驱动发展、防范化解金融风险等急需的法律法规。加强对权力运行的制约和监督,健全规范共同行政行为的法律法规,研究制定行政程序法。围绕加强社会主义文化建设,完善发展文化事业和文化产业、保护知识产权等方面的法律法规。加强保障和改善民生、创新社会治理方面的法律制度建设，为推进教育现代化、实施健康中国战略、维护社会治安等提供有力保障。加强疫情防控相关立法和配套制度建设，完善有关处罚程序，强化公共安全保障，构建系统完备、科学规范、运行有效的突发公共卫生事件应对法律体系。加强同民法典相关联、相配套的法律制度建设。加强国家安全领域立法。健全军民融合发展法律制度。加强信息技术领域立法，及时跟进研究数字经济、互联网金融、人工智能、大数据、云计算等相关法律制度，抓紧补齐短板。加强区域协调发展法律制度建设。制定和修改法律法规要着力解决违法成本过低、处罚力度不足问题。统筹解决食品药品、生态环境、安全生产等领域法律法规存在的该硬不硬、该严不严、该重不重问题。

针对法律规定之间不一致、不协调、不适应问题，及时组织清理。对某一领域有多部法律的，条件成熟时进行法典编纂。加强立法的协同配套工作，实行法律草案与配套规定同步研究、同步起草，增强法律规范整体功效。加强立法评估论证工作。加强法律法规解释工作。建设全国统一的法律、法规、规章、行政规范性文件、司法解释和党内法规信息平台。

坚持立法和改革相衔接相促进，做到重大改革于法有据，充分发挥立法的引领和推动作用。对改革急需、立法条件成熟的，抓紧出台；对立法条件还不成熟、需要先行先试的，依法及时作出授权决定或者改革决定。授权决定或者改革决定涉及的改革举措，实践证明可行的，及时按照程序制定修改相关法律法规。

完善弘扬社会主义核心价值观的法律政策体系，把社会主义核心价值观要求融入法治建设和社会治理。

加强京津冀协同发展、长江经济带发展、粤港澳大湾区建设、长三角一体化发展、黄河流域生态保护和高质量发展、推进海南全面深化改革开放等国家重大发展战略的法治保障。

（九）健全立法工作机制。健全立法立项、起草、论证、协调、审议机制，提高立法的针对性、及时性、系统性、可操作性。健全立法规划计划编制制度，充分发挥立法规划计划的统筹引领作用。健全立法征求意见机制，扩大公众参与的覆盖面和代表性，增强立法透明度。对与企业生产经营密切相关的立法项目，充分听取有关企业和行业协会商会意见。健全立法征求公众意见采纳反馈机制，对相对集中的意见未予采纳的，应当进行说明。充分利用大数据分析，为立法中的重大事项提供统计分析和决策依据。对立法涉及的重大利益调整事项加强论证咨询，推进对争议较大的重要立法事项引入第三方评估工作。建立健全重要立法争议事项协调机制，防止立法项目久拖不决。完善立法技术规范，加强立法指引。

（十）加强地方立法工作。有立法权的地方应当紧密结合本地发展需要和实际，突出地方特色和针对性、实效性，创造性做好地方立法工作。健全地方立法工作机制，提高立法质量，确保不与上位法相抵触，切实避免越权立法、重复立法、盲目立法。建立健全区域协同立法工作机制，加强全国人大常委会对跨区域地方立法的统一指导。2025年年底前，完成对全国地方立法工作人员的轮训。

四、建设高效的法治实施体系，深入推进科学立法、严格执法、公正司法、全民守法

建设法治中国，必须深入推进严格执法、公正司法、全民守法，健全社会公平正义法治保障制度，织密法治之网，强化法治之力，不断增强人民群众的获得感、幸福感、安全感。

（十一）构建职责明确、依法行政的政府治理体系。各级政府必须坚持依法行政，恪守法定职责必须为、法无授权不可为，把政府活动全面纳入法治轨道。

依法全面履行政府职能，着力厘清政府和市场、政府和社会的关系，更加注重用法律和制度遏制不当干预经济活动的行为。深入推进简政放权，持续整治变相设置行政许可事项的违法违规行为。大力推行清单制度并实行动态管理，编制完成并公布中央层面设定的行政许可事项清单、备案管理事项清单，国务院部门权责清单于2022年上半年前编制完成并公布。

严格落实重大行政决策程序制度，切实防止违法决策、不当决策、拖延决策。充分发挥法律顾问、公职律师在重大行政决策中的作用。建立健全重大行政决策跟踪反馈和评估制度。全面推行行政规范性文件合法性审核机制，凡涉及公民、法人或其他组织权利和义务的行政规范性文件均应经过合法性审核。

深化行政执法体制改革，统筹配置行政执法职能和执法资源，最大限度减少不必要的行政执法事项。进一步整合行政执法队伍，继续探索实行跨领域跨部门综合执法。推动执法重心向市县两级政府下移，加大执法人员、经费、资源、装备等向基层倾斜力度。健全事前事中事后监管有效衔接、信息互联互通共享、协同配合工作机制。完善行政执法权限协调机制。健全行政执法和刑事司法衔接机制，全面推进"两法衔接"信息平台建设和应用。完善行政强制执行体制机制。建立健全军地联合执法机制。

坚持严格规范公正文明执法,全面推行行政执法公示制度、执法全过程记录制度、重大执法决定法制审核制度。加大食品药品、公共卫生、生态环境、安全生产、劳动保障、野生动物保护等关系群众切身利益的重点领域执法力度。推进统一的行政执法人员资格和证件管理、行政执法文书基本标准、行政执法综合管理监督信息系统建设。全面推行行政裁量权基准制度,规范执法自由裁量权。改进和创新执法方式,加强行政指导、行政奖励、行政和解等非强制行政手段的运用。建立行政执法案例指导制度。建立健全行政执法风险防控机制。严格执行突发事件应对有关法律法规,依法实施应急处置措施,全面提高依法应对突发事件能力和水平。

加强和创新事中事后监管,推进"双随机、一公开"跨部门联合监管,强化重点领域重点监管,探索信用监管、大数据监管、包容审慎监管等新型监管方式,努力形成全覆盖、零容忍、更透明、重实效、保安全的事中事后监管体系。持续开展"减证便民"行动,推行证明事项告知承诺制。

持续营造法治化营商环境,实施统一的市场准入负面清单制度,清理破除隐性准入壁垒,普遍落实"非禁即入"。全面清理、废止对非公有制经济的各种形式不合理规定,坚决纠正滥用行政权力排除、限制竞争行为。全面清理违法违规的涉企收费、检查、摊派事项和评比达标表彰活动。加强政务诚信建设,重点治理政府失信行为,加大惩处和曝光力度。实行知识产权侵权惩罚性赔偿制度,激励和保护科技创新。

加快推进"互联网+政务服务",政务服务重点领域和高频事项基本实现"一网、一门、一次"。2022年年底前建成全国一体化政务服务平台,除法律法规另有规定或涉及国家秘密等外,政务服务事项全部纳入平台办理,全面实现"一网通办"。

(十二)建设公正高效权威的中国特色社会主义司法制度。紧紧抓住影响司法公正、制约司法能力的深层次问题,坚持符合国情和遵循司法规律相结合,坚持和加强党对司法工作的绝对领导。健全公安机关、检察机关、审判机关、司法行政机关各司其职,侦查权、检察权、审判权、执行权相互配合、相互制约的体制机制。深化司法体制综合配套改革,全面落实司法责任制。

明确四级法院职能定位,充分发挥审计监督功能。完善民事再审程序,探索将具有普遍法律适用指导意义、关乎社会公共利益的案件交由较高层级法院审理。完善最高人民法院巡回法庭工作机制,健全综合配套措施。完善知识产权、金融、海事等专门法院建设，加强互联网法院建设。深化与行政区划适当分离的司法管辖制度改革。健全未成年人司法保护体系。

坚持"让审理者裁判、由裁判者负责"，依法赋权独任庭、合议庭。健全重大、疑难、复杂案件由院庭长直接审理机制。坚持"谁办案谁负责、谁决定谁负责"，落实检察官办案主体地位。健全担任领导职务的检察官直接办案制度。加强办案团队建设，推动司法人员专业化分工、类案专业化办理。健全专业法官会议、检察官联席会议制度，切实发挥为办案组织提供法律咨询的功能。加强和完善指导性案例制度，确保法律适用统一。

深化以审判为中心的刑事诉讼制度改革。健全侦查机关调查收集证据制度，规范补充侦查、不起诉、撤回起诉制度。完善庭前会议、非法证据排除制度，规范法庭调查和庭审量刑程序，落实证人、鉴定人、侦查人员出庭作证制度，完善技术侦查证据的法庭调查和使用规则。完善认罪认罚从宽制度，落实宽严相济刑事政策。改革刑事申诉制度，对不服司法机关生效裁判和决定的申诉，逐步实行由律师代理制度。健全落实法律援助值班律师制度，实现刑事案件律师辩护、法律帮助全覆盖。健全有关工作机制，依法从严从快惩处妨碍突发事件应对的违法犯罪行为。

完善民事诉讼制度体系。探索扩大小额诉讼程序适用范围，完善其与简易程序、普通程序的转换适用机制。探索扩大独任制适用范围。优化司法确认程序适用。改革诉讼收费制度。全面建设集约高效、多元解纷、便民利民、智慧精准、开放互动、交融共享的现代化诉讼服务体系。加快推进跨域立案诉讼服务改革，2022年年底前实现诉讼服务就近能办、同城通办、异地可办。

深化执行体制改革，加强执行难综合治理、源头治理。深入推进审执分离，优化执行权配置，落实统一管理、统一指挥、统一协调的执行工作机制。完善刑罚执行制度，统一刑罚执行体制。深化监狱体制机制改革，实行罪犯分类、监狱分级制度。完善社区矫正制度。完善监狱、看守所与社区矫正和安置帮教机构之间的工作对接机制。

（十三）深入推进全民守法。全面依法治国需要全社会共同参与，必须大力弘扬社会主义法治精神，建设社会主义法治文化，引导全体人民做社会主义法治的忠实崇尚者、自觉遵守者、坚定捍卫者。

改进创新普法工作，加大全民普法力度，增强全民法治观念。建立健全立法工作宣传报道常态化机制，对立法热点问题主动发声、解疑释惑。全面落实"谁执法谁普法"普法责任制。深入开展法官、检察官、行政复议人员、行政执法人员、律师等以案释法活动。加强突发事件应对法治宣传教育和法律服务。

广泛推动人民群众参与社会治理,打造共建共治共享的社会治理格局。完善群众参与基层社会治理的制度化渠道。加快推进市域社会治理现代化。健全社会治理规范体系。发挥工会、共青团、妇联等群团组织引领联系群众参与社会治理的作用。加快推进社会信用立法,完善失信惩戒机制。规范失信惩戒对象名单制度,依法依规明确制定依据、适用范围、惩治标准和救济机制,在加强失信惩戒的同时保护公民、企业合法权益。加强对产权的执法司法保护,健全涉产权错案甄别纠正机制。完善对暴力袭警行为的刑事责任追究制度。加大对暴力伤害医务人员犯罪行为打击力度。

紧紧围绕人民日益增长的美好生活需要加强公共法律服务,加快整合律师、公证、调解、仲裁、法律援助、司法鉴定等公共法律服务资源,到2022年基本形成覆盖城乡、便捷高效、均等普惠的现代公共法律服务体系。构建公共法律服务评价指标体系,以群众满意度来检验公共法律服务工作成效。推动建设一支高素质涉外法律服务队伍、建设一批高水平涉外法律服务机构。

积极引导人民群众依法维权和化解矛盾纠纷,坚持和发展新时代"枫桥经验"。充分发挥人民调解的第一道防线作用,完善人民调解、行政调解、司法调解联动工作体系。全面开展律师调解工作。完善调解、信访、仲裁、行政裁决、行政复议、诉讼等社会矛盾纠纷多元预防调处化解综合机制,整合基层矛盾纠纷化解资源和力量,充分发挥非诉纠纷解决机制作用。深化法律援助制度改革,扩大法律援助覆盖面。有序推进行政裁决工作,探索扩大行政裁决适用范围。

五、建设严密的法治监督体系,切实加强对立法、执法、司法工作的监督

建设法治中国,必须抓紧完善权力运行制约和监督机制,规范立法、执法、司法机关权力行使,构建党统一领导、全面覆盖、权威高效的法治监督体系。

(十四)推进对法治工作的全面监督。加强党对法治监督工作的集中统一领导,把法治监督作为党和国家监督体系的重要内容,保证行政权、监察权、审判权、检察权得到依法正确行使,保证公民、法人和其他组织合法权益得到切实保障。加强国家机关监督、民主监督、群众监督和舆论监督,形成法治监督合力,发挥整体监督效能。推进执纪执法贯通、有效衔接司法。完善人民监督员制度。坚持以公开为常态、不公开为例外,全面推进立法公开、执法公开、司法公开，逐步扩大公开范围，提升公开服务水平，主动接受新闻媒体舆论监督和社会监督。党委政法委应当指导、推动政法单位建立健全与执法司法权运行机制相适应的制约监督体系，构建权责清晰的执法司法责任体系，健全政治督察、综治督导、执法监督、纪律作风督查巡查等制度机制。

（十五）加强立法监督工作。建立健全立法监督工作机制，完善监督程序。推进法律法规规章起草征求人大代表、政协委员意见工作。依法处理国家机关和社会团体、企业事业组织、公民对法规规章等书面提出的审查要求或者审查建议。

加强备案审查制度和能力建设，实现有件必备、有备必审、有错必纠。完善备案审查程序，明确审查范围、标准和纠正措施。强化对地方各级政府和县级以上政府部门行政规范性文件、地方各级监察委员会监察规范性文件的备案审查。加强对司法解释的备案监督。将地方法院、检察院制定的规范性文件纳入本级人大常委会备案审查范围。加快建立全国统一的备案审查信息平台。建立健全党委、人大常委会、政府、军队等之间的备案审查衔接联动机制。建立健全备案审查工作年度报告制度。

（十六）加强对执法工作监督。加强省市县乡四级全覆盖的行政执法协调监督工作体系建设，强化全方位、全流程监督，提高执法质量。加大对执法不作为、乱作为、选择性执法、逐利执法等有关责任人的追责力度，落实行政执法责任制和责任追究制度。完善行政执法投诉举报和处理机制。

加强和改进行政复议工作，强化行政复议监督功能，加大对违法和不当行政行为的纠错力度。推进行政复议体制改革，整合行政复议职责，畅通行政复议渠道，2022年前基本形成公正权威、统一高效的行政复议工作体制。健全行政复议案件审理机制，加强行政复议规范化、专业化、信息化建设。规范和加强行政应诉工作。

（十七）加强对司法活动监督。健全对法官、检察官办案的制约和监督制度，促进司法公正。全面推行法官、检察官办案责任制，统一规范法官、检察官办案权限。加强审判权、检察权运行监督管理，明确法院院长、庭长和检察院检察长、业务部门负责人监督管理权力和责任，健全审判人员、检察人员权责清单。完善对担任领导职务的法官、检察官办案情况的考核监督机制，配套建立内部公示、定期通报机制。健全落实司法机关内部人员过问案件记录追责、规范司法人员与律师和当事人等接触交往行为的制度。构建科学合理的司法责任认定和追究制度。完善司法人员惩戒制度，明确惩戒情形和程序。

完善民事、行政检察监督和检察公益诉讼案件办理机制。健全对最高人民法院巡回法庭、知识产权法院、金融法院、互联网法院等的法律监督机制。拓展公益诉讼案件范围，完善公益诉讼法律制度，探索建立民事公益诉讼惩罚性赔偿制度。完善检察建议制度。

完善刑事立案监督和侦查监督工作机制。健全刑事案件统一审核、统一出口工作机制，规范证据审查判断与运用。健全侦查机关办理重大案件听取检察机关意见建议制度。完善对查封、扣押、冻结等侦查措施的监督机制。健全刑事申诉案件受理、移送、复查机制。推动在市县公安机关建设执法办案管理中心。

加强人权司法保障。建立重大案件侦查终结前对讯问合法性进行核查制度。健全讯问犯罪嫌疑人、听取辩护人意见工作机制。建立对监狱、看守所的巡回检察制度。完善看守所管理制度。完善有效防范和及时发现、纠正冤假错案工作机制。健全辩护人、诉讼代理人行使诉讼权利保障机制。

六、建设有力的法治保障体系，筑牢法治中国建设的坚实后盾

建设法治中国，必须加强政治、组织、队伍、人才、科技、信息等保障，为全面依法治国提供重要支撑。

（十八）加强政治和组织保障。各级党委（党组）和领导干部要支持立法、执法、司法机关开展工作，支持司法机关依法独立公正行使职权。党的各级组织部门等要发挥职能作用，保障推进法治中国建设。中央和省级党政部门要明确负责本部门法治工作的机构。各级立法、执法、司法机关党组（党委）要加强领导、履职尽责，机关基层党组织和党员要充分发挥战斗堡垒和先锋模范作用，保障宪法法律实施。严格执行《领导干部干预司法活动、插手具体案件处理的记录、通报和责任追究规定》。

（十九）加强队伍和人才保障。牢牢把握忠于党、忠于国家、忠于人民、忠于法律的总要求，大力提高法治工作队伍思想政治素质、业务工作能力、职业道德水准，努力建设一支德才兼备的高素质法治工作队伍。

建设革命化、正规化、专业化、职业化的法治专门队伍。坚持把政治标准放在首位，加强科学理论武装，深入开展理想信念教育。完善法律职业准入、资格管理制度，建立法律职业人员统一职前培训制度和在职法官、检察官、警官、律师同堂培训制度。完善从符合条件的律师、法学专家中招录立法工作者、法官、检察官、行政复议人员制度。加强立法工作队伍建设。建立健全立法、执法、司法部门干部和人才常态化交流机制，加大法治专门队伍与其他部门具备条件的干部和人才交流力度。加强边疆地区、民族地区和基层法治专门队伍建设。健全法官、检察官员额管理制度，规范遴选标准、程序。加强执法司法辅助人员队伍建设。建立健全符合职业特点的法治工作人员管理制度，完善职业保障体系。健全执法司法人员依法履职免责、履行职务受侵害保障救济、不实举报澄清等制度。加强法治专门队伍教育培训。

加快发展律师、公证、司法鉴定、仲裁、调解等法律服务队伍。健全职业道德准则、执业行为规范，完善职业道德评价机制。把拥护中国共产党领导、拥护我国社会主义法治作为法律服务人员从业的基本要求。坚持和加强党对律师工作的领导，推动律师行业党的建设。完善律师执业权利保障制度机制。健全法官、检察官、律师等法律职业人员惩戒机制，建立律师不良执业信息记录披露和查询制度。发展公职律师、公司律师和党政机关、企事业单位、村（居）法律顾问队伍。

构建凸显时代特征、体现中国特色的法治人才培养体系。坚持以习近平新时代中国特色社会主义思想为指导，坚持立德树人、德法兼修，解决好为谁教、教什么、教给谁、怎样教的问题。推动以马克思主义为指导的法学学科体系、学术体系、教材体系、话语体系建设。深化高等法学教育改革，优化法学课程体系，强化法学实践教学，培养信念坚定、德法兼修、明法笃行的高素质法治人才。推进教师队伍法治教育培训。加强法学专业教师队伍建设。完善高等学校涉外法学专业学科设置。加大涉外法治人才培养力度，创新涉外法治人才培养模式。建立健全法学教育、法学研究工作者和法治实践工作者之间双向交流机制。

（二十）加强科技和信息化保障。充分运用大数据、云计算、人工智能等现代科技手段，全面建设"智慧法治"，推进法治中国建设的数据化、网络化、智能化。优化整合法治领域各类信息、数据、网络平台，推进全国法治信息化工程建设。加快公共法律服务实体平台、热线平台、网络平台有机融合，建设覆盖全业务、全时空的公共法律服务网络。

七、建设完善的党内法规体系，坚定不移推进依规治党

建设法治中国，必须坚持依法治国和依规治党有机统一，加快形成覆盖党的领导和党的建设各方面的党内法规体系，增强党依法执政本领，提高管党治党水平，确保党始终成为中国特色社会主义事业的坚强领导核心。

（二十一）健全党内法规体系。坚持和加强党的全面领导，坚持党要管党、全面从严治党，以党章为根本，以民主集中制为核心，不断完善党的组织法规、党的领导法规、党的自身建设法规、党的监督保障法规，构建内容科学、程序严密、配套完备、运行有效的党内法规体系。坚持立改废释并举，与时俱进做好党内法规制定修订工作，完善清理工作机制，加大解释力度，提高党内法规质量。健全党内法规备案审查制度，坚持有件必备、有备必审、有错必纠，维护党内法规体系统一性和权威性。注重党内法规同国家法律的衔接和协调，努力形成国家法律和党内法规相辅相成、相互促进、相互保障的格局。

（二十二）抓好党内法规实施。把提高党内法规执行力摆在更加突出位置，把抓"关键少数"和管"绝大多数"统一起来，以各级领导机关和党员领导干部带头尊规学规守规用规，带动全党遵规守纪。加强学习教育，把重要党内法规列为党委（党组）理论学习中心组学习的重要内容，列为党校（行政学院）、干部学院重要教学内容，列入法治宣传教育规划重要任务。加大党内法规公开力度，提高党内法规的普及度和知晓率。落实党内法规执行责任制，做到有规必执、执规必严。开展党内法规实施评估工作，推动党内法规实施。强化监督检查和追责问责，将党内法规执行情况作为各级党委督促检查、巡视巡察重要内容，严肃查处违反党内法规的各种行为。

（二十三）强化党内法规制度建设保障。加强党内法规专门工作队伍建设，突出政治标准，加强专业化建设，充实各级党内法规工作机构人员力量。加快补齐党内法规理论研究方面短板，重点建设一批党内法规研究高端智库和研究教育基地，推动形成一批高质量研究成果，引领和聚集一批党内法规研究人才。健全后备人才培养机制，继续推进在部分高校开展党内法规研究方向的研究生教育，加强学科建设，为党内法规事业持续发展提供人才支撑。

八、紧紧围绕新时代党和国家工作大局，依法维护国家主权、安全、发展利益

建设法治中国，必须高度重视依法保障"一国两制"实践、巩固和深化两岸关系和平发展，运用法治思维和法治方式处理好国际经济、政治、社会事务，深入推进依法治军从严治军，更好维护和实现我国和平发展的战略目标。

（二十四）依法保障"一国两制"实践和推进祖国统一。坚持宪法的最高法律地位和最高法律效力，坚定不移并全面准确贯彻"一国两制""港人治港""澳人治澳"、高度自治的方针，坚持依法治港治澳，维护宪法和基本法确定的特别行政区宪制秩序，把维护中央对特别行政区全面管治权和保障特别行政区高度自治权有机统一起来，完善特别行政区同宪法和基本法实施相关的制度和机制。支持特别行政区行政长官和政府依法施政、积极作为，履行维护国家主权、安全、发展利益的宪制责任。健全落实特别行政区维护国家安全的法律制度和执行机制，确保"一国两制"行稳致远。防范和反对外部势力干预香港、澳门事务，保持香港、澳门长期繁荣稳定。

探索"一国两制"台湾方案，推进祖国和平统一进程。推动两岸就和平发展达成制度性安排，完善促进两岸交流合作、深化两岸融合发展、保障台湾同胞福祉的制度安排和政策措施。支持两岸法学法律界交流交往。运用法治方式捍卫一个中国原则、坚决反对"台独"，坚定维护国家主权、安全、发展利益。

依法保护港澳同胞、台湾同胞权益。全面推进内地同香港、澳门互利合作，完善便利香港、澳门居民在内地发展的政策措施。加强内地同香港和澳门、大陆同台湾的执法合作和司法协助，共同打击跨境违法犯罪活动。

（二十五）加强涉外法治工作。适应高水平对外开放工作需要，完善涉外法律和规则体系，补齐短板，提高涉外工作法治化水平。

积极参与国际规则制定，推动形成公正合理的国际规则体系。加快推进我国法域外适用的法律体系建设。围绕促进共建"一带一路"国际合作，推进国际商事法庭建设与完善。推动我国仲裁机构与共建"一带一路"国家仲裁机构合作建立联合仲裁机制。强化涉外法律服务，维护我国公民、法人在海外及外国公民、法人在我国的正当权益。建立涉外工作法务制度。引导对外经贸合作企业加强合规管理，提高法律风险防范意识。建立健全域外法律查明机制。推进对外法治宣传，讲好中国法治故事。加强国际法研究和运用。

加强多双边法治对话，推进对外法治交流。深化国际司法交流合作。完善我国司法协助体制机制，推进引渡、遣返犯罪嫌疑人和被判刑人移管等司法协助领域国际合作。积极参与执法安全国际合作，共同打击暴力恐怖势力、民族分裂势力、宗教极端势力和贩毒走私、跨国有组织犯罪。加强反腐败国际合作，加大海外追逃追赃、遣返引渡力度。

（二十六）深入推进依法治军从严治军。深入贯彻习近平强军思想，坚持党对人民军队绝对领导，全面深入贯彻军委主席负责制，围绕实现党在新时代的强军目标，加快构建完善的中国特色军事法治体系，推动治军方式根本性转变。

加快推进改革急需、备战急用、官兵急盼重点立法项目。有力有序推进军事政策制度改革。完善军事立法计划管理制度。健全军事规范性文件审查和备案制度。完善军事法规制度定期清理机制。推动军事法制信息化建设，推进法规制度建设集成化、军事法规法典化。2020年年底前，完成国防和军队建设各系统各领域主干法规制度改革，构建起中国特色社会主义军事法规制度体系基本框架；到2022年，健全各领域配套法规制度，构建起比较完备的中国特色社会主义军事法规制度体系。

明确军事法规执行责任和程序，落实执法责任制。强化官兵法治信仰和法治思维，深化法治军营创建活动。持续实施军事法治理论研究工程，组织编写全军统一的军事法治理论教材。加强军事法治国际交流，积极参与国际军事规则创制。综合运用党内监督、层级监督、专门监督等方式，构建常态化规范化军事法治监督体系。

构建依法治军组织领导体系，成立军委依法治军组织领导机构及其办事机构。健全军事法制工作体制，建立和调整完善专门的军事法制工作机构。建立军事法律顾问制度。健全党领导军队政法工作机制，强化军委政法委功能作用。完善军事司法制度。

九、加强党对法治中国建设的集中统一领导，充分发挥党总揽全局、协调各方的领导核心作用

建设法治中国，必须始终把党的领导作为社会主义法治最根本的保证，把加强党的领导贯彻落实到全面依法治国全过程和各方面。

（二十七）深入学习宣传贯彻习近平法治思想。习近平法治思想是全面依法治国的根本遵循和行动指南。要加强部署安排，持续推动广大干部群众深入学习贯彻习近平法治思想，深刻领会蕴含其中的马克思主义立场观点方法，全面准确把握精神实质、丰富内涵和核心要义，增强学习贯彻的自觉性和坚定性。各级党委（党组）理论学习中心组要将习近平法治思想作为重点内容，党校（行政学院）和干部学院要作为重点课程。各地区各部门要组织党员、干部进行系统学习和培训。法治工作部门要开展全战线、全覆盖的培训轮训。要把习近平法治思想融入学校教育，纳入高校法治理论教学体系，做好进教材、进课堂、进头脑工作。要开展深入研究和宣传，拓展学习宣传的广度深度。运用新媒体新技术，加强网上宣讲。

（二十八）推进依法执政。健全党的全面领导制度。推进党的领导入法入规，着力实现党的领导制度化、法治化。完善党领导人大、政府、政协、监察机关、审判机关、检察机关、武装力量、人民团体、企事业单位、基层群众自治组织、社会组织等制度。将坚持党的全面领导的要求载入国家机构组织法，载入政协、民主党派、工商联、人民团体、国有企业、高等学校、有关社会组织等的章程。完善党委依法决策机制，健全议事规则和决策程序。

建立领导干部应知应会法律法规清单制度,推动领导干部做尊法学法守法用法的模范。把法治素养和依法履职情况纳入考核评价干部的重要内容。各级领导干部要全面提高运用法治思维和法治方式深化改革、推动发展、化解矛盾、维护稳定、应对风险能力,绝不允许以言代法、以权压法、逐利违法、徇私枉法。

(二十九)加强中国特色社会主义法治理论研究,加快中国特色社会主义法治体系建设。立足我国国情和实际,加强对社会主义法治建设的理论研究,尽快构建体现我国社会主义性质,具有鲜明中国特色、实践特色、时代特色的法治理论体系和话语体系。坚持和发展我国法律制度建设的显著优势,深入研究和总结我国法律制度体系建设的成功经验,推进中国特色社会主义法治体系创新发展。挖掘和传承中华优秀传统法律文化,研究、总结和提炼党领导人民推进法治建设实践和理论成果。组织和推动高等学校、科研院所以及法学专家学者加强中国特色社会主义法治理论研究,为建设法治中国提供学理支撑。

(三十)加强党对全面依法治国的统一领导、统一部署、统筹协调。健全党领导立法、保证执法、支持司法、带头守法的制度机制。党政主要负责人要切实履行推进法治建设第一责任人职责,将履行推进法治建设第一责任人职责情况列入年终述职内容。各级党委要将法治建设与经济社会发展同部署、同推进、同督促、同考核、同奖惩。研究制定法治建设指标体系和考核标准。加强对重大法治问题的法治督察。

中央全面依法治国委员会做好法治中国建设的顶层设计、总体布局、统筹协调、整体推进、督促落实,实现集中领导、高效决策、统一部署。地方各级党委法治建设议事协调机构要加强对本地区法治建设的牵头抓总、运筹谋划、督促落实等工作。

各地区各部门要全面准确贯彻落实本规划精神和要求,结合实际制定实施方案,明确分工、压实责任、狠抓落实、务求实效,力戒形式主义、官僚主义。中央依法治国办要强化统筹协调,加强督办、推进落实,确保规划各项任务措施落到实处。

写法简析

这篇法治中国建设规划的突出特点表现为内容全面、完整,富有科学性和可行性；结构安排严谨有序；用语准确精练。全文开篇即用极其精要且蕴含哲理的语句对"法治"的内涵进行阐释，指出"法治是人类文明进步的重要标志，是治国理政的基本方式，是中国共产党和中国人民的不懈追求。法治兴则国兴，法治强则国强。"此种排比句加六字格词组的表述形式，独具特色，令人为之一振，紧接着用目的句"为统筹推进法治中国建设各项工作，制定本规划"引出下文。主体部分总共分为9个大的专题30个小项，分别从不同侧面、不同角度对从坚定不移走中国特色社会主义法治道路；奋力建设良法善治的法治中国；建设完备的法律规范体系，以良法促进发展、保障善治；建设高效的法治实施体系，深入推进严格执法、公正司法、全民守法；建设严密的法治监督体系，切实加强对立法、执法、司法工作的监督；建设有力的法治保障体系，筑牢法治中国建设的坚实后盾；建设完善的党内法规体系，坚定不移推进依规治党；紧紧围绕新时代党和国家工作大局，依法维护国家主权、安全、发展利益；加强党对法治中国建设的集中统一领导，充分发挥党总揽全局、协调各方的领导核心作用。各项内容虚实相映，互为补充，既明确了"做什么"，又交代了"怎么做""做到什么程度"，内在逻辑结构十分严谨，体现出了规划文体的基本写作原则和要领。特别是将相关内容事项通过设立小标题的形式反映出来，既明确集中，又醒目直观，使任务事项十分明晰，便于掌握和贯彻执行。

（五）要点撷萃

（1）要注意规划内容的科学性和可行性。制定规划是一项比较艰巨的任务，必须事先进行认真细致的调查研究，收集与掌握大量的可靠材料，在此基础上，着眼于国家或行业的长远大计，着力制定出方向、规模、纲领性的谋划。

（2）要注意集中群体的智慧。规划涉及的内容重要、时间跨度大，事关一个地区或单位甚至整个国家的发展全局，因此在正式落笔起草之前，必须组织有关人员认真进行研究讨论，广泛听取各方面的意见和建议，不断进行补充和修订，使之具有科学性、系统性、完整性和可行性。实践证明，规划的制定需要集中大多数人的智慧，绝不能靠某一个人去"闭门创造"。

（3）规划不同于一般的计划。"规划"是一种带有全局性、方向性的中期（如三五年）计划。它与一般"计划"相比，一是内容不同，"规划"的内容属全局性的部署，"计划"是实施"规划"的具体方案；二是时间不同，"规划"是较长一个时期的科学展望，"计划"一般是全年或半年的；三是要求不同，前者定方案、定规模，富于理想、展望远景，后者定指标、定时限、定任务、定措施，富于现实性，具有强烈的约束力与紧迫感；四是"计划"既服从于"规划"，又对"规划"起修改、补充和完善作用。

七十二 怎样撰写规则

（一）适用范围

规则是为了保证某一工作、某一事项或某一活动的顺利完成，对其所进行的程序、方式、方法及要求，写成条文，形成制度，要求有关人员严格遵守的一种文书。

（二）主要特性

（1）规则所管理、制约的对象和范围比较集中、单一，多是侧重于某项或某方面的工作。

（2）作为以某种行为为对象而制定的共同准则，规则属于行政规章性质的公文，具有针对具体场合的具体行为以及自上而下制定的特点。

（3）规则的发布方法，不像法律和条例、规定、办法等行政法规公布时那样严格，可以用"通知"做"文件头"来颁行，也可以直接颁发。

（三）结构模式

规则的内容结构通常由标题和正文两部分组成。

1. 标题

规则的标题一般由主要内容和文种两个要素组成，例如《中华人民共和国出口货物产地规则》《仓库防火安全管理规则》等；也可由制定规则的机关或单位名称、主要内容和文种三个要素组成，如《北京市人民政府工作规则》《中国国际经济贸易仲裁委员会仲裁规则》等。

标题之下应注明规则通过的机关名称和通过日期，用圆括号括入。

2. 正文

正文是规则的核心内容。撰写时应当首先用一个自然段说明制定规则的目的、应当遵循的总方针以及适用范围，以便给人以总体认识；然后分别提出对各类问题的处置要求，包括应遵循的方法、措施、注意事项以及奖惩等各项内容。在具体的结构形式上，可以采取条款式、序言加条款和章断条连式三种形式。其中条款式结构用于内容比较简单的规则，通常是在第一条主要写明制定规则的缘由和目的，而后依照内容的主次，逐条将应当遵守的规范事项列出；序言加条款式的写法是在规则的条款之前先用一段文字说明制定规则的缘由和目的，并用"为了……，制定本规则"或"为此，特制定以下规则"之类的固定语提领具体的规则条款；章断条连式的写法一般用于内容复杂、层次较多的规则，其写法与其他相关的规章制度类公文完全相同。

（四）范例简析

<h1 style="text-align:center">纪检监察机关处理检举控告工作规则</h1>

（2020年1月2日中共中央政治局常委会会议审议
批准 2020年1月21日中共中央办公厅发布）

第一章　总则

第一条　为了规范纪检监察机关处理检举控告工作，保障党员、群众行使监督权利，维护党员、干部合法权益，根据《中国共产党章程》《中国共产党党内监督条例》等党内法规和《中华人民共和国宪法》《中华人民共和国监察法》等法律，制定本规则。

第二条　坚持以马克思列宁主义、毛泽东思想、邓小平理论、"三个代表"重要思想、科学发展观、习近平新时代中国特色社会主义思想为指导，增强"四个意识"、坚定"四个自信"、做到"两个维护"，深入推进全面从严治党，贯彻纪律检查委员会和监察委员会合署办公要求，依规依纪依法处理检举控告，完善党和国家监督体系，强化对权力运行的制约和监督。

第三条　纪检监察机关应当认真处理检举控告，回应群众关切，发挥党和国家监督专责机关作用，保障党的理论和路线方针政策以及重大决策部署贯彻落实，为党风廉政建设、社会和谐稳定服务。

第四条　任何组织和个人对以下行为，有权向纪检监察机关提出检举控告：

（一）党组织、党员违反政治纪律、组织纪律、廉洁纪律、群众纪律、工作纪律、生活纪律等党的纪律行为；

（二）监察对象不依法履职，违反秉公用权、廉洁从政从业以及道德操守等规定，涉嫌贪污贿赂、滥用职权、玩忽职守、权力寻租、利益输送、徇私舞弊以及浪费国家资财等职务违法、职务犯罪行为；

（三）其他依照规定应当由纪检监察机关处理的违纪违法行为。

第五条　纪检监察机关处理检举控告工作应当遵循以下原则：

（一）实事求是。以事实为依据处理检举控告，鼓励支持检举控告人客观真实地反映情况。

（二）依规依纪依法。按照党章党规党纪和宪法法律以及信访工作有关规定处理检举控告，引导检举控告人依规依法、理性有序地反映问题。

（三）保障合法权利。贯彻"三个区分开来"要求，既保障检举控告人的监督权利，又查处诬告陷害行为，保护党员、干部干事创业积极性。

（四）分级负责、分工处理。按照管理权限受理检举控告，建立信访举报、监督检查、审查调查、案件监督管理等部门相互配合、相互制约的工作机制。

第六条　建设覆盖纪检监察系统的检举举报平台，运用互联网技术和信息化手段，畅通检举控告渠道，规范处理检举控告工作，及时发现问题线索，科学研判政治生态，更好服务群众。

第二章　检举控告的接收和受理

第七条　纪检监察机关应当接收检举控告人通过以下方式提出的检举控告：

（一）向纪检监察机关邮寄信件反映的；

（二）到纪检监察机关指定的接待场所当面反映的；

（三）拨打纪检监察机关检举控告电话反映的；

（四）向纪检监察机关的检举控告网站、微信公众平台、手机客户端等网络举报受理平台发送电子材料反映的；

（五）通过纪检监察机关设立的其他渠道反映的。

对其他机关、部门、单位转送的属于纪检监察机关受理范围的检举控告，应当按规定予以接收。

第八条　县级以上纪检监察机关应当明确承担信访举报工作职责的部门和人员，设置接待群众的场所，公开检举控告地址、电话、网站等信息，公布有关规章制度，归口接收检举控告。

巡视巡察工作机构对收到的检举控告，按有关规定处理。

第九条　纪检监察机关应当负责任地接待来访人员，耐心听取其反映的问题，做好解疑释惑和情绪疏导工作，妥善处理问题。

建立纪检监察干部定期接访制度，有关负责人应当接待重要来访、处理重要信访问题。

第十条　纪检监察机关信访举报部门对属于受理范围的检举控告，应当进行编号登记，按规定录入检举举报平台。

对涉及同级党委管理的党员、干部以及监察对象的检举控告，应当定期梳理汇总，并向本机关主要负责人报告。

第十一条　检举控告工作按照管理权限实行分级受理：

（一）中央纪委国家监委受理反映中央委员、候补中央委员，中央纪委委员，中央管理的领导干部，党中央工作机关、党中央批准设立的党组（党委），各省、自治区、直辖市党委、纪委等涉嫌违纪或者职务违法、职务犯罪问题的检举控告。

（二）地方各级纪委监委受理反映同级党委委员、候补委员，同级纪委委员，同级党委管理的党员、干部以及监察对象，同级党委工作机关、党委批准设立的党组（党委），下一级党委、纪委等涉嫌违纪或者职务违法、职务犯罪问题的检举控告。

（三）基层纪委受理反映同级党委管理的党员，同级党委下属的各级党组织涉嫌违纪问题的检举控告；未设立纪律检查委员会的党的基层委员会，由该委员会受理检举控告。

各级纪委监委按照管理权限受理反映本机关干部涉嫌违纪或者职务违法、职务犯罪问题的检举控告。

第十二条　对反映党的组织关系在地方、干部管理权限在主管部门的党员、干部以及监察对象涉嫌违纪或者职务违法、职务犯罪问题的检举控告，由设在主管部门、有管辖权的纪检监察机关受理。地方纪检监察机关接到检举控告的，经与设在主管部门、有管辖权的纪检监察机关协调，可以按规定受理。

第十三条　纪检监察机关对反映的以下事项，不予受理：

（一）已经或者依法应当通过诉讼、仲裁、行政裁决、行政复议等途径解决的；

（二）依照有关规定，属于其他机关或者单位职责范围的；

（三）仅列举出违纪或者职务违法、职务犯罪行为名称但无实质内容的。

对前款第一项、第二项所列事项，通过来信反映的，应当及时转有关机关或者单位处理；通过来访、来电、网络举报受理平台等方式反映的，应当告知检举控告人依规依法向有权处理的机关或者单位反映。

第三章 检举控告的办理

第十四条 纪检监察机关信访举报部门经筛选，对属于本级受理的初次检举控告，应当移送本机关监督检查部门或者相关部门，并按规定将移送情况通报案件监督管理部门；对于重复检举控告，按规定登记后留存备查，并定期向有关部门通报情况。

承办部门应当指定专人负责管理，逐件登记、建立台账。

第十五条 纪检监察机关信访举报部门收到属于上级纪检监察机关受理的检举控告，应当径送本机关主要负责人，并在收到之日起5个工作日内报送上一级纪检监察机关信访举报部门；收到反映本机关主要负责人问题的检举控告，应当径送上一级纪检监察机关信访举报部门。

对属于上级纪检监察机关受理的检举控告，不得瞒报、漏报、迟报，不得扩大知情范围，不得复制、摘抄检举控告内容，不得将有关信息录入检举举报平台。

第十六条 纪检监察机关信访举报部门收到属于下级纪检监察机关受理的检举控告，应当及时予以转送。

下一级纪检监察机关对转送的检举控告，应当进行登记，在收到之日起5个工作日内完成受理或者转办工作。

第十七条 纪检监察机关监督检查部门应当对收到的检举控告进行认真甄别，对没有实质内容的检举控告或者属于其他纪检监察机关受理的检举控告，在沟通研究、经本机关分管领导批准后，按程序退回信访举报部门处理。

监督检查部门对属于本级受理的检举控告，应当结合日常监督掌握的情况，进行综合分析、适当了解，经集体研究并履行报批程序后，以谈话函询、初步核实、暂存待查、予以了结等方式处置，或者按规定移送审查调查部门处置。

第十八条 纪检监察机关监督检查、审查调查部门应当每季度向信访举报部门反馈已办结的检举控告处理结果。

反馈内容应当包括处置方式、属实情况、向检举控告人反馈情况等。

第十九条 纪检监察机关案件监督管理部门应当加强对检举控告办理情况的监督。信访举报、监督检查、审查调查部门应当定期向案件监督管理部门通报有关情况。

第四章　检查督办

第二十条　纪检监察机关信访举报部门对属于下级纪检监察机关受理的检举控告，有以下情形之一，经本机关分管领导批准，可以发函交办：

（一）在落实党中央决策部署中，存在明显违纪违法问题的；

（二）问题典型、群众反映强烈的；

（三）对检举控告问题久拖不办，造成不良影响的；

（四）其他需要交办的情形。

第二十一条　下级纪检监察机关接到交办的检举控告后，一般应当在3个月内办结，并报送核查处理情况；经本机关主要负责人批准，可以延长3个月，并向上级纪检监察机关报告。特殊情况需要再次延长办理期限的，应当报上级纪检监察机关批准。

第二十二条　对交办的检举控告，有以下情形之一，经交办机关分管领导批准，可以采取发函、听取汇报、审阅案卷、检查督促等方式督办：

（一）超过期限仍未办结的；

（二）组织不力、核查处理不认真，或者推诿敷衍的；

（三）需要补充核查、重新研究处理意见或者补报有关材料的；

（四）其他需要督办的情形。

第二十三条　检举控告承办机关对拟上报的核查处理情况，应当集体审核研究，经本机关主要负责人批准后，报上一级纪检监察机关。

第五章　实名检举控告的处理

第二十四条　检举控告人使用本人真实姓名或者本单位名称，有电话等具体联系方式的，属于实名检举控告。

纪检监察机关信访举报部门可以通过电话、面谈等方式核实是否属于实名检举控告。

第二十五条　纪检监察机关提倡、鼓励实名检举控告，对实名检举控告优先办理、优先处置、给予答复。

第二十六条　纪检监察机关信访举报部门对属于本机关受理的实名检举控告，应当在收到检举控告之日起15个工作日内告知实名检举控告人受理情况。重复检举控告的，不再告知。

第二十七条　承办的监督检查、审查调查部门应当将实名检举控告的处理结果在办结之日起15个工作日内向检举控告人反馈，并记录反馈情况。检举控告人提出异议的，承办部门应当如实记录，并予以说明；提供新的证据材料的,承办部门应当核查处理。

第二十八条 实名检举控告经查证属实,对突破重大案件起到重要作用,或者为国家、集体挽回重大经济损失的,纪检监察机关可以按规定对检举控告人予以奖励。

第二十九条 匿名检举控告,属于受理范围的,纪检监察机关应当按程序受理。

对匿名检举控告材料,不得擅自核查检举控告人的笔迹、网际协议地址(IP地址)等信息。对检举控告人涉嫌诬告陷害等违纪违法行为,确有需要采取上述方式追查其身份的,应当经设区的市级以上纪委监委批准。

第三十条 虽有署名但不是检举控告人真实姓名(单位名称)或者无法验证的检举控告,按照匿名检举控告处理。

第六章 检举控告情况的综合运用

第三十一条 纪检监察机关应当定期研判所辖地区、部门、单位检举控告情况,对反映的典型性、普遍性、苗头性问题提出有针对性的工作建议,形成综合分析报告,报上一级纪检监察机关,必要时向同级党委报告。

纪检监察机关应当根据全面从严治党、党风廉政建设和反腐败工作重点以及检举控告反映的热点问题,开展专题分析。

对问题集中、反映强烈的地区、部门、单位,可以将相关分析情况向有关党组织通报。

第三十二条 纪检监察机关应当根据巡视巡察工作机构要求,及时提供涉及被巡视巡察地区、部门、单位的检举控告情况。

第三十三条 纪检监察机关在开展日常监督工作中应当对检举控告情况进行收集、研判,综合各方面信息,全面掌握被监督单位政治生态情况和被监督对象的思想、工作、作风、生活情况,提高监督的针对性和实效性。

第三十四条 对检举控告较多的地区、部门、单位,纪检监察机关经了解核实后,发现有关党组织或者单位党风廉政建设和履行职责存在问题的,应当向其提出纪律检查建议或者监察建议,并督促整改落实。

第七章 当事人的权利和义务

第三十五条 检举控告人享有以下权利:

(一)对党组织和党员、干部以及监察对象涉嫌违纪违法的行为提出检举控告;

(二)申请与检举控告事项相关的工作人员回避;

（三）对受理机关以及处理检举控告工作人员的失职渎职等违纪违法行为提出检举控告；

（四）因检举控告致其合法权利受到威胁或者侵害的，可以提出保护申请；

（五）检举控告严重违纪违法问题，经查证属实的，按规定获得表扬或者奖励；

（六）党内法规和法律法规规定的其他权利。

第三十六条　检举控告人应当履行以下义务：

（一）如实提供所掌握的全部情况和证据，对检举控告内容的真实性负责，不得夸大、歪曲事实，不得诬告陷害他人；

（二）自觉维护社会公共秩序和信访秩序，不得损害党、国家和人民的利益以及公民个人的合法权利；

（三）接受党组织、单位的正确处理意见，不得提出党内法规和法律法规规定以外的要求；

（四）对反馈的处理结果等情况予以保密；

（五）党内法规和法律法规规定的其他义务。

第三十七条　被检举控告人应当履行以下义务：

（一）正确对待检举控告，有则改之、无则加勉，习惯在受监督和约束的环境中工作生活；

（二）相信组织、依靠组织，配合做好了解核实工作，实事求是说明问题，不得对抗审查调查；

（三）尊重检举控告人和处理检举控告工作人员，不得进行打击报复；

（四）党内法规和法律法规规定的其他义务。

第三十八条　被检举控告人享有以下权利：

（一）对被检举控告的问题作出说明、辩解；

（二）基层党组织讨论决定对自身处理、处分时，可以参加和进行申辩；

（三）申请反馈核查处理结论；

（四）对所受处理、处分不服的，可以申诉或者申请复审；

（五）对受理机关以及处理检举控告工作人员的失职渎职等违纪违法行为提出检举控告；

（六）党内法规和法律法规规定的其他权利。

第八章　诬告陷害行为的查处

第三十九条　采取捏造事实、伪造材料等方式反映问题，意图使他人受到不良政治影响、名誉损失或者责任追究的,属于诬告陷害。

认定诬告陷害,应当经设区的市级以上党委或者纪检监察机关批准。

第四十条　纪检监察机关应当加强对检举控告的分析甄别,注意发现异常检举控告行为,有重点地进行查证。属于诬告陷害的,依规依纪依法严肃处理,或者移交有关机关依法处理。

第四十一条　诬告陷害具有以下情形之一,应当从重处理:

(一)手段恶劣,造成不良影响的;

(二)严重干扰换届选举或者干部选拔任用工作的;

(三)经调查已有明确结论,仍诬告陷害他人的;

(四)强迫、唆使他人诬告陷害的;

(五)其他造成严重后果的。

第四十二条　纪检监察机关应当将查处的诬告陷害典型案件通报曝光。

第四十三条　纪检监察机关对通过诬告陷害获得的职务、职级、职称、学历、学位、奖励、资格等利益,应当建议有关组织、部门、单位按规定予以纠正。

第四十四条　对被诬告陷害的党员、干部以及监察对象,纪检监察机关、所在单位党组织应当开展思想政治工作,谈心谈话、消除顾虑,保护干事创业积极性,推动履职尽责、担当作为。

第四十五条　纪检监察机关应当区分诬告陷害和错告。属于错告的,可以对检举控告人进行教育。

第九章　工作要求和责任

第四十六条　纪检监察机关及其工作人员在处理检举控告工作中,应当强化宗旨意识,改进工作作风,注意工作方法,对于不予受理事项或者不合理诉求做好解释说明,不得自以为是、盛气凌人,不得漠视群众疾苦、对群众利益麻木不仁。

第四十七条　纪检监察机关应当建立健全检举控告保密制度,严格落实保密要求:

(一)对检举控告人的姓名(单位名称)、工作单位、住址等有关情况以及检举控告内容必须严格保密;

(二)严禁将检举控告材料、检举控告人信息转给或者告知被检举控告的组织、人员;

(三)受理检举控告或者开展核查工作,应当在不暴露检举控告人身份的情况下进行；

（四）宣传报道检举控告有功人员，涉及公开其姓名、单位等个人信息的，应当征得本人同意。

第四十八条　处理检举控告工作人员有以下情形之一，应当主动提出回避，当事人有权要求其回避，回避决定由纪检监察机关作出：

（一）本人是被检举控告人或者其近亲属的；

（二）本人或者近亲属与被检举控告问题有利害关系的；

（三）其他可能影响检举控告问题公正处理的情形。

第四十九条　检举控告人及其近亲属的人身、财产安全因检举控告而受到威胁或者侵害，并提出保护申请的，纪检监察机关应当依法、及时提供保护。必要时，纪检监察机关可以商请有关机关予以协助。

被检举控告人有危害人身安全和损害财产、名誉等打击报复行为的，依规依纪依法严肃处理。

第五十条　纪检监察机关核查认定检举控告失实、有必要予以澄清的，经本机关主要负责人批准后，可以采取以下方式予以澄清：

（一）向被检举控告人所在地区、部门、单位党委（党组）主要负责人以及本人发函说明或者当面说明；

（二）向被检举控告人所在地区、部门、单位党委（党组）通报情况；

（三）在一定范围内通报。

第五十一条　对因检举控告失实而受到错误处理、处分的，纪检监察机关应当在职权范围内予以纠正，或者向有权机关提出纠正建议。

第五十二条　纪检监察机关及其工作人员有以下情形之一，依规依纪严肃处理；涉嫌职务违法、职务犯罪的，依法追究法律责任：

（一）私存、扣压、篡改、伪造、撤换、隐匿、遗失或者私自销毁检举控告材料的；

（二）超越权限，擅自处理检举控告材料的；

（三）泄露检举控告人信息或者检举控告内容等，或者将检举控告材料转给被检举控告的组织、人员的；

（四）隐瞒、谎报、未按规定期限上报重大检举控告信息，造成严重后果的；

（五）其他违规违纪违法的情形。

利用检举控告材料谋取个人利益或者为打击报复检举控告人提供便利的，

应当从重处理。

第十章　附则

第五十三条　本规则所称监督检查部门、审查调查部门，指的是纪检监察机关中履行监督检查、审查调查职能的部门和跨部门组建的审查调查组。

第五十四条　对纪检监察机关在监督检查、审查调查中发现的问题线索，审计机关、执法部门、司法机关等单位移交的信访举报以外的问题线索的处理，其他党内法规和法律法规另有规定的，从其规定。

第五十五条　纪委监委派驻（派出）机构和国有企业、高校等企事业单位纪检监察机构除执行本规则外，还应当执行党中央以及中央纪委国家监委相关规定。

第五十六条　中央军事委员会可以根据本规则，制定相关规定。

第五十七条　本规则由中央纪委国家监委负责解释。

第五十八条　本规则自发布之日起施行。此前发布的其他有关纪检监察机关处理检举控告工作的规定，凡与本规则不一致的，按照本规则执行。

写法简析

这篇规则全文分为10章58条，其中第一章为总则，就规则的制定目的、依据、指导思想、溯及范围以及基本原则等方面的事宜做出规定；第二章至第九章为分则，分别就检举控告的接收和受理、检举控告的办理、检查督办、实名检举控告的处理、检举控告情况的综合运用、当事人的权利和义务、诬告陷害情况的查处、工作要求和责任等方面的事项做出明确规定，内容非常全面、完整，具有很强的逻辑性和规范性，便于贯彻落实；第十章为附则，交代相关名称的含义、细则的解释权以及施行日期等事项。从结构布局上看，全文采用章断条连的通用模式，章下分条，各条之间一气贯通，内在逻辑关系十分严谨顺畅，是规则写作的典范之作。

（五）要点撷萃

（1）要注意体现针对性。规则是对某一特定事项的规范性要求，是该项工作或活动的准则，因此，在写作时必须注意讲求针对性，要全面考虑各种可能的情况，力求做到周密详尽，责任明确，是非清楚，赏罚分明，真正做到有章可循。

（2）要注意把握内容表达的先后顺序。撰写规则，其条款应当直接涉及管理范围内的特定对象，条文内应当先说规范，后提要求；先倡导，后禁止，做到内容明确，要求具体，便于理解和执行。

（3）要区分规则与守则在写法上的差异。规则与守则虽然有一定的相似之处，但在内容要求、条款安排以及语言运用方面都有比较明显的不同。从内容上看，守则内容着重倡导、引导、教育有关人员遵守一定的行为、品德规定和规范，一般不写对违反者的处理；而规则既要写有一定约束力的规定和规范，同时还要写明对违背者的处理意见的要求；在条文安排上，守则一般按从原则到具体、从一般到特殊、从主要到次要的顺序安排条文，其篇幅短，条文少；规则一般按从原则到具体，依照工作程序从前到后，从直接到间接的次序安排条文，其篇幅视内容可长可短，条文多少不等；此外，在语言运用上，守则多使用倡导与禁止相结合的对比的祈使句，使语气更为缓和，易于被接受；规则多从正面作出规定，既用祈使句，也使用陈述性的说明句，说明该怎么做。

七十三 怎样撰写条例

（一）适用范围

条例是领导机关制定或批准规定某些事项或机关团体的组织、职权等带有规章性质的法规性文件。条例原来属于党的机关使用的法定公文文种，《党政机关公文处理工作条例》公布后，将其删掉，退出了法定公文的历史舞台，但其仍然属于党政机关常用的事务性文书。

（二）主要特性

条例具有法规性的特点，主要表现在以下两个方面：

（1）制发机关的法定性。条例的制作、发布机关有一定的限制。

（2）内容的法规性。条例涉及政治、经济、文化等各个领域重要或比较重要的事项，具有强制力和约束力，要求有关人员必须遵照执行，不得违反。

（三）结构模式

条例的内容结构通常由标题、签署和正文三部分组成。

1. 标题

条例的标题主要有三种写法：一是发文机关名称和文种（条例），例如《中华人民共和国计算机信息系统安全保护条例》；二是适用范围、条例内容和文种（条例），例如《××省经济合同管理条例》；三是条例内容和文种（条例），如《博物馆条例》。

2. 签署

条例的签署一律在标题之下，写明该条例何时经何会议通过，以说明其法定程序及法律效力，其正文之后不再署发文机关名称及日期。法规、规章类文书均采用此法。

3. 正文

条例的正文，可以采用章断条连式和条款贯通式两种写法。

（1）章断条连式。

这种条例一般涉及面广，内容丰富，由总则、分则和附则三部分构成。

① 总则。分条说明制定条例的缘由、目的、依据、指导思想、适用范围或运用对象、基本原则等。总则条文的多少，通常根据其适用范围或适用对象情况确定，其第一条多用"为了……，根据……，特制定本条例"，或"为了……，特制定本条例"，或"根据……，特制定本条例"的标准格式，说明制文和立法的目的。

② 分则。分则是条例的主体部分，要求按照条例所涉及的方面，分为若干章和若干条写明相关内容。

③ 附则。附则也是条例必不可少的部分，是条例的结尾，包括条例的实施要求、生效日期、解释权与修订权归何机关、实施细则（办法）由谁负责制定、本条例与有关文件的关系以及其他未尽事宜的处置办法等，其条款的多少，根据条例内容确定，力求做到多而不繁，少而不漏。

（2）条款贯通式。

这种条例的格式比较简单，且内容单一。其正文写作只分条，不分章，从开头第一条起到最后一条，均以条款形式一气贯通写成。在内容的安排上，一般是第一条或第一、二两条写明制定条例的缘由、目的、根据、适用范围或适用对象，相当于"总则"；中间以若干条写条例的具体内容，相当于"分则"；最后用一至两条说明生效日期、解释权，相当于"附则"。

(四) 范例简析

防范和处置非法集资条例

第一章　总则

第一条　为了防范和处置非法集资，保护社会公众合法权益，防范化解金融风险，维护经济秩序和社会稳定，制定本条例。

第二条　本条例所称非法集资，是指未经国务院金融管理部门依法许可或者违反国家金融管理规定，以许诺还本付息或者给予其他投资回报等方式，向不特定对象吸收资金的行为。

非法集资的防范以及行政机关对非法集资的处置，适用本条例。法律、行政法规对非法从事银行、证券、保险、外汇等金融业务活动另有规定的，适用其规定。

本条例所称国务院金融管理部门，是指中国人民银行、国务院金融监督管理机构和国务院外汇管理部门。

第三条　本条例所称非法集资人，是指发起、主导或者组织实施非法集资的单位和个人；所称非法集资协助人，是指明知是非法集资而为其提供帮助并获取经济利益的单位和个人。

第四条　国家禁止任何形式的非法集资，对非法集资坚持防范为主、打早打小、综合治理、稳妥处置的原则。

第五条　省、自治区、直辖市人民政府对本行政区域内防范和处置非法集资工作负总责，地方各级人民政府应当建立健全政府统一领导的防范和处置非法集资工作机制。县级以上地方人民政府应当明确防范和处置非法集资工作机制的牵头部门（以下简称处置非法集资牵头部门），有关部门以及国务院金融管理部门分支机构、派出机构等单位参加工作机制；乡镇人民政府应当明确牵头负责防范和处置非法集资工作的人员。上级地方人民政府应当督促、指导下级地方人民政府做好本行政区域防范和处置非法集资工作。

行业主管部门、监管部门应当按照职责分工，负责本行业、本领域非法集资的防范和配合处置工作。

第六条　国务院建立处置非法集资部际联席会议（以下简称联席会议）制度。联席会议由国务院银行保险监督管理机构牵头，有关部门参加，负责督促、指导有关部门和地方开展防范和处置非法集资工作，协调解决防范和处置非法集资工作中的重大问题。

第七条　各级人民政府应当合理保障防范和处置非法集资工作相关经费，并列入本级预算。

第二章　防范

第八条　地方各级人民政府应当建立非法集资监测预警机制，纳入社会治安综合治理体系，发挥网格化管理和基层群众自治组织的作用，运用大数据等现代信息技术手段，加强对非法集资的监测预警。

行业主管部门、监管部门应当强化日常监督管理，负责本行业、领域非法集资的风险排查和监测预警。

联席会议应当建立健全全国非法集资监测预警体系，推动建设国家监测预警平台，促进地方、部门信息共享，加强非法集资风险研判，及时预警提示。

第九条　市场监督管理部门应当加强企业、个体工商户名称和经营范围等商事登记管理。除法律、行政法规和国家另有规定外，企业、个体工商户名称和经营范围中不得包含"金融"、"交易所"、"交易中心"、"理财"、"财富管理"、"股权众筹"等字样或者内容。

县级以上地方人民政府处置非法集资牵头部门、市场监督管理部门等有关部门应当建立会商机制，发现企业、个体工商户名称或者经营范围中包含前款规定以外的其他与集资有关的字样或者内容的，及时予以重点关注。

第十条　处置非法集资牵头部门会同互联网信息内容管理部门、电信主管部门加强对涉嫌非法集资的互联网信息和网站、移动应用程序等互联网应用的监测。经处置非法集资牵头部门组织认定为用于非法集资的，互联网信息内容管理部门、电信主管部门应当及时依法作出处理。

互联网信息服务提供者应当加强对用户发布信息的管理，不得制作、复制、发布、传播涉嫌非法集资的信息。发现涉嫌非法集资的信息，应当保存有关记录，并向处置非法集资牵头部门报告。

第十一条　除国家另有规定外，任何单位和个人不得发布包含集资内容的广告或者以其他方式向社会公众进行集资宣传。

市场监督管理部门会同处置非法集资牵头部门加强对涉嫌非法集资广告的监测。经处置非法集资牵头部门组织认定为非法集资的，市场监督管理部门应当及时依法查处相关非法集资广告。

广告经营者、广告发布者应当依照法律、行政法规查验相关证明文件，核对广告内容。对没有相关证明文件且包含集资内容的广告，广告经营者不得提供设计、制作、代理服务，广告发布者不得发布。

第十二条　处置非法集资牵头部门与所在地国务院金融管理部门分支机构、派出机构应当建立非法集资可疑资金监测机制。国务院金融管理部门及其分支机构、派出机构应当按照职责分工督促、指导金融机构、非银行支付机构加强对资金异常流动情况及其他涉嫌非法集资可疑资金的监测工作。

第十三条　金融机构、非银行支付机构应当履行下列防范非法集资的义务：

（一）建立健全内部管理制度，禁止分支机构和员工参与非法集资，防止他人利用其经营场所、销售渠道从事非法集资；

（二）加强对社会公众防范非法集资的宣传教育，在经营场所醒目位置设置警示标识；

（三）依法严格执行大额交易和可疑交易报告制度，对涉嫌非法集资资金异常流动的相关账户进行分析识别，并将有关情况及时报告所在地国务院金融管理部门分支机构、派出机构和处置非法集资牵头部门。

第十四条　行业协会、商会应当加强行业自律管理、自我约束，督促、引导成员积极防范非法集资，不组织、不协助、不参与非法集资。

第十五条　联席会议应当建立中央和地方上下联动的防范非法集资宣传教育工作机制，推动全国范围内防范非法集资宣传教育工作。

地方各级人民政府应当开展常态化的防范非法集资宣传教育工作，充分运用各类媒介或者载体，以法律政策解读、典型案例剖析、投资风险教育等方式，向社会公众宣传非法集资的违法性、危害性及其表现形式等，增强社会公众对非法集资的防范意识和识别能力。

行业主管部门、监管部门以及行业协会、商会应当根据本行业、领域非法集资风险特点，有针对性地开展防范非法集资宣传教育活动。

新闻媒体应当开展防范非法集资公益宣传，并依法对非法集资进行舆论监督。

第十六条　对涉嫌非法集资行为，任何单位和个人有权向处置非法集资牵头部门或者其他有关部门举报。

国家鼓励对涉嫌非法集资行为进行举报。处置非法集资牵头部门以及其他有关部门应当公开举报电话和邮箱等举报方式、在政府网站设置举报专栏，接受举报，及时依法处理，并为举报人保密。

第十七条　居民委员会、村民委员会发现所在区域有涉嫌非法集资行为的，应当向当地人民政府、处置非法集资牵头部门或者其他有关部门报告。

第十八条　处置非法集资牵头部门和行业主管部门、监管部门发现本行政区域或者本行业、领域可能存在非法集资风险的，有权对相关单位和个人进行警示约谈，责令整改。

第三章　处置

第十九条　对本行政区域内的下列行为，涉嫌非法集资的，处置非法集资牵头部门应当及时组织有关行业主管部门、监管部门以及国务院金融管理部门分支机构、派出机构进行调查认定：

（一）设立互联网企业、投资及投资咨询类企业、各类交易场所或者平台、农民专业合作社、资金互助组织以及其他组织吸收资金；

（二）以发行或者转让股权、债权，募集基金，销售保险产品，或者以从事各类资产管理、虚拟货币、融资租赁业务等名义吸收资金；

（三）在销售商品、提供服务、投资项目等商业活动中，以承诺给付货币、股权、实物等回报的形式吸收资金；

（四）违反法律、行政法规或者国家有关规定，通过大众传播媒介、即时通信工具或者其他方式公开传播吸收资金信息；

（五）其他涉嫌非法集资的行为。

第二十条　对跨行政区域的涉嫌非法集资行为，非法集资人为单位的，由其登记地处置非法集资牵头部门组织调查认定；非法集资人为个人的，由其住所地或者经常居住地处置非法集资牵头部门组织调查认定。非法集资行为发生地、集资资产所在地以及集资参与人所在地处置非法集资牵头部门应当配合调查认定工作。

处置非法集资牵头部门对组织调查认定职责存在争议的，由其共同的上级处置非法集资牵头部门确定；对跨省、自治区、直辖市组织调查认定职责存在争议的，由联席会议确定。

第二十一条　处置非法集资牵头部门组织调查涉嫌非法集资行为，可以采取下列措施：

（一）进入涉嫌非法集资的场所进行调查取证；

（二）询问与被调查事件有关的单位和个人，要求其对有关事项作出说明；

（三）查阅、复制与被调查事件有关的文件、资料、电子数据等，对可能被转移、隐匿或者毁损的文件、资料、电子设备等予以封存；

（四）经处置非法集资牵头部门主要负责人批准，依法查询涉嫌非法集资的有关账户。

调查人员不得少于2人，并应当出示执法证件。

与被调查事件有关的单位和个人应当配合调查，不得拒绝、阻碍。

第二十二条　处置非法集资牵头部门对涉嫌非法集资行为组织调查，有权要求暂停集资行为，通知市场监督管理部门或者其他有关部门暂停为涉嫌非法集资的有关单位办理设立、变更或者注销登记。

第二十三条　经调查认定属于非法集资的，处置非法集资牵头部门应当责令非法集资人、非法集资协助人立即停止有关非法活动；发现涉嫌犯罪的，应当按照规定及时将案件移送公安机关，并配合做好相关工作。

行政机关对非法集资行为的调查认定，不是依法追究刑事责任的必经程序。

第二十四条　根据处置非法集资的需要，处置非法集资牵头部门可以采取下列措施：

（一）查封有关经营场所，查封、扣押有关资产；

（二）责令非法集资人、非法集资协助人追回、变价出售有关资产用于清退集资资金；

（三）经设区的市级以上地方人民政府处置非法集资牵头部门决定，按照规定通知出入境边防检查机关，限制非法集资的个人或者非法集资单位的控股股东、实际控制人、董事、监事、高级管理人员以及其他直接责任人员出境。

采取前款第一项、第二项规定的措施，应当经处置非法集资牵头部门主要负责人批准。

第二十五条　非法集资人、非法集资协助人应当向集资参与人清退集资资金。清退过程应当接受处置非法集资牵头部门监督。

任何单位和个人不得从非法集资中获取经济利益。

因参与非法集资受到的损失，由集资参与人自行承担。

第二十六条　清退集资资金来源包括：

（一）非法集资资金余额；

（二）非法集资资金的收益或者转换的其他资产及其收益；

（三）非法集资人及其股东、实际控制人、董事、监事、高级管理人员和其他相关人员从非法集资中获得的经济利益；

（四）非法集资人隐匿、转移的非法集资资金或者相关资产；

（五）在非法集资中获得的广告费、代言费、代理费、好处费、返点费、佣金、提成等经济利益；

（六）可以作为清退集资资金的其他资产。

第二十七条　为非法集资设立的企业、个体工商户和农民专业合作社，由市场监督管理部门吊销营业执照。为非法集资设立的网站、开发的移动应用程序等互联网应用，由电信主管部门依法予以关闭。

第二十八条　国务院金融管理部门及其分支机构、派出机构，地方人民政府有关部门以及其他有关单位和个人，对处置非法集资工作应当给予支持、配合。

任何单位和个人不得阻挠、妨碍处置非法集资工作。

第二十九条　处置非法集资过程中，有关地方人民政府应当采取有效措施维护社会稳定。

第四章　法律责任

第三十条　对非法集资人，由处置非法集资牵头部门处集资金额20%以上1倍以下的罚款。非法集资人为单位的，还可以根据情节轻重责令停产停业，由有关机关依法吊销许可证、营业执照或者登记证书；对其法定代表人或者主要负责人、直接负责的主管人员和其他直接责任人员给予警告，处50万元以上500万元以下的罚款。构成犯罪的，依法追究刑事责任。

第三十一条　对非法集资协助人，由处置非法集资牵头部门给予警告，处违法所得1倍以上3倍以下的罚款；构成犯罪的，依法追究刑事责任。

第三十二条　非法集资人、非法集资协助人不能同时履行所承担的清退集资资金和缴纳罚款义务时，先清退集资资金。

第三十三条　对依照本条例受到行政处罚的非法集资人、非法集资协助人，由有关部门建立信用记录，按照规定将其信用记录纳入全国信用信息共享平台。

第三十四条　互联网信息服务提供者未履行对涉嫌非法集资信息的防范和处置义务的，由有关主管部门责令改正，给予警告，没收违法所得；拒不改正或者情节严重的，处10万元以上50万元以下的罚款，并可以根据情节轻重责令暂停相关业务、停业整顿、关闭网站、吊销相关业务许可证或者吊销营业执照，对直接负责的主管人员和其他直接责任人员处1万元以上10万元以下的罚款。

广告经营者、广告发布者未按照规定查验相关证明文件、核对广告内容的，由市场监督管理部门责令改正，并依照《中华人民共和国广告法》的规定予以处罚。

第三十五条　金融机构、非银行支付机构未履行防范非法集资义务的，由国务院金融管理部门或者其分支机构、派出机构按照职责分工责令改正，给予警告，没收违法所得；造成严重后果的，处100万元以上500万元以下的罚款，对直接负责的主管人员和其他直接责任人员给予警告，处10万元以上50万元以下的罚款。

第三十六条　与被调查事件有关的单位和个人不配合调查，拒绝提供相关文件、资料、电子数据等或者提供虚假文件、资料、电子数据等的，由处置非法集资牵头部门责令改正，给予警告，处5万元以上50万元以下的罚款。

阻碍调查人员依法执行职务，构成违反治安管理行为的，由公安机关依法给予治安管理处罚；构成犯罪的，依法追究刑事责任。

第三十七条　国家机关工作人员有下列行为之一的，依法给予处分：

（一）明知所主管、监管的单位有涉嫌非法集资行为，未依法及时处理；

（二）未按照规定及时履行对非法集资的防范职责，或者不配合非法集资处置，造成严重后果；

（三）在防范和处置非法集资过程中滥用职权、玩忽职守、徇私舞弊；

（四）通过职务行为或者利用职务影响，支持、包庇、纵容非法集资。

前款规定的行为构成犯罪的，依法追究刑事责任。

第五章　附则

第三十八条　各省、自治区、直辖市可以根据本条例制定防范和处置非法集资工作实施细则。

第三十九条　未经依法许可或者违反国家金融管理规定，擅自从事发放贷款、支付结算、票据贴现等金融业务活动的，由国务院金融管理部门或者地方金融管理部门按照监督管理职责分工进行处置。

法律、行政法规对其他非法金融业务活动的防范和处置没有明确规定的，参照本条例的有关规定执行。其他非法金融业务活动的具体类型由国务院金融管理部门确定。

第四十条　本条例自2021年5月1日起施行。1998年7月13日国务院发布的《非法金融机构和非法金融业务活动取缔办法》同时废止。

写法简析

例文《防范和处置非法集资条例》共由 5 章 40 条组成，内容非常全面、完整，其中第一章（第 1 条—第 7 条）为总则部分，就非法集资目的、定义及适用范围等方面的事项作出规定；第二章至第五章为分则部分（第 8 条—第 37 条），分别就非法集资的防范、处置、法律责任等方面事项作出明确具体的规定，每一章又分别包括若干条目；第五章为附则（第 38 条—第 40 条），明确条例的施行日期。在结构安排上，全文采用的是"章断条连式"结构，内在逻辑关系十分紧密，语言表达准确明晰，无懈可击。此外，也有的条例不采用章断条连式结构，而是采用分条列款（项）的方式，逐条陈述，条项贯通，一气呵成，给人圆润缜密之感。

（五）要点撷萃

（1）制定符合法律。一般说来，条例应当是相关法律精神的贯彻实施。因此，制定的条例及其内容必须符合有关法律的规定以及党和国家的路线、方针、政策，这是制定条例应当遵守的一条基本原则。

（2）规定有"条"有"例"。"条"是指从正面规定的条文，说明"应当做什么"和"怎么做"；"例"是从反面加以说明的"例设"，即对违反条例规定者应当如何处置。通常是在条例中设立"罚则"或"法律责任"专章，一般用"凡有下列行为之一者……根据情节轻重（或列明违反条例事项），给予……处理（处罚）"。条例所具有的强制性和约束力，就是通过具体的"条"与"例"的结合体现出来的。

（3）条文安排有序。在章、条的安排上，应当掌握"先原则后具体，先主要后次要"的先后次序，条例"分则"部分的条款则按照"以条为主，条前例后集中设例"的原则进行安排。

（4）内容准确周密。所谓准确，是指文字含义清楚，语气肯定，庄重简洁，措施、办法、界限、标准、奖励和程序等规定具体明确；所谓"周密"，指规定全面、条款周详，无疏漏；章、节、条、款层次分明。此外，还要注意与有关规章制度或法规的衔接和协调，体现出规范的连续性和一致性，不能前后矛盾，互相抵触。

七十四　怎样撰写规定

（一）适用范围

规定是领导机关、职能部门、社会团体和企事业单位对特定的事项、工作和活动所作出的关于原则、方式、方法等的规定和要求以及相应的措施。它是根据本单位或部门的实际需要而制定的行政法规性文件。与条例一样，规定原来也属于党的机关使用的法定公文文种，《党政机关公文处理工作条例》公布后，将其删掉，退出了法定公文的历史舞台，但其仍然属于党政机关常用的事务性文书。

（二）主要特性

由于规定是对特定的事项、工作和活动而制定的原则、方式、方法和措施，因此，它与条例有许多相似之处，是对有关法律、法规的具体化，不过有时它比条例的规范项目和范围更窄一些。

（三）结构模式

规定的内容结构比较固定，其内容结构一般如下：

1. 标题

一般由事由和文种两个要素构成，用"关于××的规定"或"××的规定"的句式，有的在事由的前面加制定者的名称，例如《中共中央　国务院关于党政机关厉行节约制止奢侈浪费行为的若干规定》。

2. 正文

正文是规定的主体部分，包括制定规定的缘由、依据、目的和意义、具体规定事项、实施办法和要求等。有的规定在开头部分说明制定本规定的缘由、依据、目的和意义，在主体部分明确规定的事项，在结尾部分对本规定的适用范围和要求、实施时间等有关事项进行说明。有的规定只有主体部分，开宗明义地规定有关事项，而没有开头和结尾。在外在结构表现形式上，规定与条例一样，既可以采取章断条连式，也可以采用条项贯通式，其中前者内容往往比较复杂，后者则相对简单。

3. 落款

在正文的右下角署上发文单位名称，注明发文日期。如果标题下已注有发文单位名称和发文日期，落款处则不需再注明。

（四）范例简析

企业名称登记管理规定

（1991年5月6日中华人民共和国国家工商行政管理局令第7号发布　根据2012年11月9日《国务院关于修改和废止部分行政法规的决定》第一次修订　2020年12月14日国务院第118次常务会议修订通过）

第一条　为了规范企业名称登记管理，保护企业的合法权益，维护社会经济秩序，优化营商环境，制定本规定。

第二条　县级以上人民政府市场监督管理部门（以下统称企业登记机关）负责中国境内设立企业的企业名称登记管理。

国务院市场监督管理部门主管全国企业名称登记管理工作，负责制定企业名称登记管理的具体规范。

省、自治区、直辖市人民政府市场监督管理部门负责建立本行政区域统一的企业名称申报系统和企业名称数据库，并向社会开放。

第三条　企业登记机关应当不断提升企业名称登记管理规范化、便利化水平，为企业和群众提供高效、便捷的服务。

第四条　企业只能登记一个企业名称，企业名称受法律保护。

第五条　企业名称应当使用规范汉字。民族自治地方的企业名称可以同时使用本民族自治地方通用的民族文字。

第六条　企业名称由行政区划名称、字号、行业或者经营特点、组织形式组成。跨省、自治区、直辖市经营的企业，其名称可以不含行政区划名称；跨行业综合经营的企业，其名称可以不含行业或者经营特点。

第七条　企业名称中的行政区划名称应当是企业所在地的县级以上地方行政区划名称。市辖区名称在企业名称中使用时应当同时冠以其所属的设区的市的行政区划名称。开发区、垦区等区域名称在企业名称中使用时应当与行政区划名称连用，不得单独使用。

第八条　企业名称中的字号应当由两个以上汉字组成。

县级以上地方行政区划名称、行业或者经营特点不得作为字号，另有含义的除外。

第九条　企业名称中的行业或者经营特点应当根据企业的主营业务和国民经济行业分类标准标明。国民经济行业分类标准中没有规定的，可以参照行业习惯或者专业文献等表述。

第十条　企业应当根据其组织结构或者责任形式，依法在企业名称中标明组织形式。

第十一条　企业名称不得有下列情形：

（一）损害国家尊严或者利益；

（二）损害社会公共利益或者妨碍社会公共秩序；

（三）使用或者变相使用政党、党政军机关、群团组织名称及其简称、特定称谓和部队番号；

（四）使用外国国家（地区）、国际组织名称及其通用简称、特定称谓；

（五）含有淫秽、色情、赌博、迷信、恐怖、暴力的内容；

（六）含有民族、种族、宗教、性别歧视的内容；

（七）违背公序良俗或者可能有其他不良影响；

（八）可能使公众受骗或者产生误解；

（九）法律、行政法规以及国家规定禁止的其他情形。

第十二条　企业名称冠以"中国"、"中华"、"中央"、"全国"、"国家"等字词，应当按照有关规定从严审核，并报国务院批准。国务院市场监督管理部门负责制定具体管理办法。

企业名称中间含有"中国"、"中华"、"全国"、"国家"等字词的，该字词应当是行业限定语。

使用外国投资者字号的外商独资或者控股的外商投资企业，企业名称中可以含有"（中国）"字样。

第十三条　企业分支机构名称应当冠以其所从属企业的名称，并缀以"分公司"、"分厂"、"分店"等字词。境外企业分支机构还应当在名称中标明该企业的国籍及责任形式。

第十四条　企业集团名称应当与控股企业名称的行政区划名称、字号、行业或者经营特点一致。控股企业可以在其名称的组织形式之前使用"集团"或者"（集团）"字样。

第十五条　有投资关系或者经过授权的企业，其名称中可以含有另一个企业的名称或者其他法人、非法人组织的名称。

第十六条　企业名称由申请人自主申报。

申请人可以通过企业名称申报系统或者在企业登记机关服务窗口提交有关信息和材料，对拟定的企业名称进行查询、比对和筛选，选取符合本规定要求的企业名称。

申请人提交的信息和材料应当真实、准确、完整，并承诺因其企业名称与他人企业名称近似侵犯他人合法权益的，依法承担法律责任。

第十七条　在同一企业登记机关，申请人拟定的企业名称中的字号不得与下列同行业或者不使用行业、经营特点表述的企业名称中的字号相同：

（一）已经登记或者在保留期内的企业名称，有投资关系的除外；

（二）已经注销或者变更登记未满1年的原企业名称，有投资关系或者受让企业名称的除外；

（三）被撤销设立登记或者被撤销变更登记未满1年的原企业名称，有投资关系的除外。

第十八条　企业登记机关对通过企业名称申报系统提交完成的企业名称予以保留，保留期为2个月。设立企业依法应当报经批准或者企业经营范围中有在登记前须经批准的项目的，保留期为1年。

申请人应当在保留期届满前办理企业登记。

第十九条　企业名称转让或者授权他人使用的，相关企业应当依法通过国家企业信用信息公示系统向社会公示。

第二十条　企业登记机关在办理企业登记时，发现企业名称不符合本规定的，不予登记并书面说明理由。

企业登记机关发现已经登记的企业名称不符合本规定的，应当及时纠正。其他单位或者个人认为已经登记的企业名称不符合本规定的，可以请求企业登记机关予以纠正。

第二十一条　企业认为其他企业名称侵犯本企业名称合法权益的，可以向人民法院起诉或者请求为涉嫌侵权企业办理登记的企业登记机关处理。

企业登记机关受理申请后，可以进行调解；调解不成的，企业登记机关应当自受理之日起3个月内作出行政裁决。

第二十二条　利用企业名称实施不正当竞争等行为的，依照有关法律、行政法规的规定处理。

第二十三条　使用企业名称应当遵守法律法规，诚实守信，不得损害他人合法权益。

人民法院或者企业登记机关依法认定企业名称应当停止使用的，企业应当自收到人民法院生效的法律文书或者企业登记机关的处理决定之日起30日内办理企业名称变更登记。名称变更前，由企业登记机关以统一社会信用代码代替其名称。企业逾期未办理变更登记的，企业登记机关将其列入经营异常名录；完成变更登记后，企业登记机关将其移出经营异常名录。

第二十四条　申请人登记或者使用企业名称违反本规定的，依照企业登记相关法律、行政法规的规定予以处罚。

企业登记机关对不符合本规定的企业名称予以登记，或者对符合本规定的企业名称不予登记的，对直接负责的主管人员和其他直接责任人员，依法给予行政处分。

第二十五条　农民专业合作社和个体工商户的名称登记管理，参照本规定执行。

第二十六条　本规定自2021年3月1日起施行。

写法简析

这是一篇关于企业名称登记管理方面的规定。其格式由标题和正文组成，标题采用法规性公文标题惯用的结构形式，由事由和文种构成；正文部分不分章节，直接采用条文的形式进行表述，全文分作26条，从第1条开始一以贯之，和谐顺畅，对如何进行企业名称登记管理从不同方面分别作出规定，内容完整全面，表述细致严密。尽管没有明确标出总则、分则、附则部分，但其结构层次却十分鲜明醒目，条理清晰。规定事项也十分具体、明确，含义单一，前后一致。此外，在用语上也很规范、得体，符合此类文种的写作要求。诸如"应该""应当""不应""不该""不得""方可"等模态词语的使用，显得较为准确、凝练、严密、肯定，界限十分清楚，避免使人产生歧义，充分体现出了法规体公文的语言特征。

（五）要点撷萃

（1）要注意内容的合法性。即写进规定条款中的内容必须符合法律、法令的规定以及党和国家的方针政策，不能与之相抵触。否则，就会失去规定的意义。

（2）要注意内容的针对性和可行性。是指规定的条款内容必须切合实际，能够切实对某项或某方面的工作起到规范和约束作用；所提出的措施和要求要切实可行。为此，就要求用语要简练，概念要准确，避免出现含混不清的词句。

（3）专用术语的使用要规范。在规定的写作中，有时需要涉及一些专用术语，要注意其表述的准确性和规范性。如有必要，应另立专门条款对术语加以界定，以利于规定事项的贯彻实施。

七十五　怎样撰写办法

（一）适用范围

"办法"是对某一方面的具体工作确定其具体处理原则和实施办法，使有关部门在办理中有所遵循的一种公文。

（二）主要特性

"办法"与"条例""规定"相比，对象范围要窄，内容非常具体，它往往是实施条例的具体性要求。"办法"与"条例""规定"一样同属法规性文件。按其内容的不同，可分为"实施性办法"与"规定性办法"。因此，内部行文时通常使用"通知"做"文件头"来颁行；而当向社会上直接公布时，则往往采取"法随令出"的形式。

（三）结构模式

办法的内容结构通常由标题、签署和正文三部分组成。

1. 标题

办法的标题主要有三种写法：一是由发文机关名称、主要内容和文种（办法）三个要素组成，例如《××市人民政府公务用车管理办法》；二是由适用范围、主要内容和文种（办法）三个要素组成，例如《国家行政机关公文处理办法》；三是由办法内容和文种（办法）两个要素组成，例如《国家赔偿费用管理办法》。此外，也可以根据具体情况，在标题中加上"试行""暂行"

字样。

2. 签署

办法的签署位于标题之下，写明该办法何时经何会议通过，或在什么时间修订发布，以说明其法定程序和执行效力，在正文之后不再署发文机关名称和日期。

3. 正文

办法的正文写作与条例和规定基本相同。内容涉及面广的办法，也分为总则、分则和附则三部分。

"总则"一般是分条写明制定办法的缘由、目的、依据、适用范围或适用对象、基本原则等；

"分则"是办法的主体部分，通常以数章若干条的篇幅写明办法的内容；

"附则"包括办法的执行要求、生效日期、解释权或修改权归何机关（单位）、本办法与以往有关文件的关系及其他未尽事宜的处理办法等。

内容较为简单的办法，多数采用条款贯通式或序言加条款式的结构方式进行写作。

（四）范例简析

公共企事业单位信息公开规定制定办法

第一条　为了建立健全公共企事业单位信息公开制度，深入推进公共企事业单位信息公开，加强对公共企事业单位的监督管理，提升公共企事业单位服务水平，更好维护人民群众切身利益，助力优化营商环境，根据《中华人民共和国政府信息公开条例》有关规定，制定本办法。

第二条　国务院有关主管部门应当根据《中华人民共和国政府信息公开条例》第五十五条和本办法的要求，制定或者修订教育、卫生健康、供水、供电、供气、供热、环境保护、公共交通等领域的公共企事业单位信息公开规定。

全国政府信息公开工作主管部门根据经济社会发展情况和工作实际，逐步扩大本办法适用范围。

第三条　制定公共企事业单位信息公开规定，要以习近平新时代中国特色社会主义思想为指导，坚持以人民为中心的发展思想，坚持依法依规、便民实用、稳步推进的原则。

第四条　公共企事业单位信息公开规定应当对适用主体作出界定，可以普遍适用于本领域所有公共企事业单位，也可以只适用于本领域部分公共企事业单位。条件具备的，可以列出适用主体清单。

公共企事业单位信息公开规定适用主体重点包括：具有市场支配地位、公共属性较强、直接关系人民群众身体健康和生命安全的公共企事业单位，或者与服务对象之间信息不对称问题突出、需要重点加强监管的公共企事业单位。

第五条　公共企事业单位信息公开的方式，以主动公开为主，原则上不采取依申请公开的方式。公共企事业单位信息公开规定对依申请公开作出规定的，应当明确办理期限、处理方式、监督救济渠道等内容，确保依申请公开程序具备可操作性。

公共企事业单位信息公开规定应当要求公共企事业单位设置信息公开咨询窗口，建立健全相应工作机制，加强沟通协商，限时回应关切，优化咨询服务，满足服务对象以及社会公众的个性化信息需求。信息公开咨询窗口设置方式，以开通热线电话或者网站互动交流平台、接受现场咨询等为主，注重与公共企事业单位客户服务热线、移动客户端等的融合，避免不当增加公共企事业单位负担。

第六条　公共企事业单位信息公开规定应当根据实际情况灵活确定公开渠道，并对加强日常管理维护提出要求。在确定公开渠道时，应当坚持务实管用、因地因事制宜的原则，防止"一刀切"。

第七条　公共企事业单位信息公开规定应当以清单方式明确列出公开内容及时限要求，并根据实际情况动态调整。

在确定公开内容时，应当坚持既尽力而为又量力而行，重点包括下列信息：

（一）与人民群众日常生产生活密切相关的办事服务信息；

（二）对营商环境影响较大的信息；

（三）直接关系服务对象切身利益的信息；

（四）事关生产安全和消费者人身财产安全的信息；

（五）社会舆论关注度高、反映问题较多的信息；

（六）其他应当公开的重要信息。

公开内容原则上以长期公开为主，如果涉及公示等阶段性公开的内容，应当予以区分并作出专门规定。

第八条 公共企事业单位信息公开的监督方式,以向各级主管部门申诉为主,原则上不包括申请行政复议或者提起行政诉讼。法律、行政法规另有规定的,从其规定。

各级主管部门应当建立专门工作制度,明确处理期限,依法及时处理对有关公共企事业单位信息公开的申诉。

第九条 公共企事业单位信息公开规定应当包括专门的责任条款,通过通报批评、责令整改、行政处罚等方式强化责任落实。公共企事业单位信息公开规定设定的行政处罚,以相关法律、行政法规授予有关主管部门的行政处罚权为依据。

第十条 制定公共企事业单位信息公开规定,应当坚持科学立法、民主立法,充分听取服务对象、公共企事业单位、行业协会、群众代表、专家学者等各方面意见,积极采纳合理建议。

第十一条 公共企事业单位信息公开规定应当妥善处理好信息公开与国家秘密、公共安全、产业安全、商业秘密、个人信息保护等其他重要利益的关系,注意区分信息公开与业务查询服务事项。

第十二条 公共企事业单位信息公开规定应当加强与上市公司信息披露、企业信息公示等相关制度的衔接,综合考虑法律、行政法规、规章关于本领域公共企事业单位信息公开的规定。

第十三条 公共企事业单位信息公开规定应当以规章的形式制定。制定规章条件暂不成熟的,可以先制定规范性文件,并在条件成熟后尽快制定规章。

第十四条 本办法由全国政府信息公开工作主管部门负责解释。

第十五条 本办法自 2021 年 1 月 1 日起施行。

写法简析

这篇公共企事业单位信息公开规定制定办法的结构方式比较简单,没有采用章条款分列的结构模式,而是采用条项贯通的模式,从头至尾由总共包括 15 个条目,一气呵成。但在内在逻辑结构表现形式上却十分严谨细密,第 1 条至第 3 条可以视为总则,分别规定了制定本办法的目的、依据、适用范围和指导方针等;第 4 条至第 13 条可以视为分则,分别就公共企事业单位信息公开规定适用主体、公开方式、公开渠道、公开内容及重点、公开的时限以及如何做好公共企事业单位信息公开规定等方面的内容作出了十分明确具体的规定，表意明确，重点突出，而且极富法言法语的特点；第 14 条和第 15 条可以视为附则，分别规定了本办法的解释权属和施行日期。从总体上看，全文内容完整，结构严谨，层次清楚，语言简练，堪称办法写作的典范。

（五）要点撷萃

1. 要注意把握办法与条例、规定等相关文种的区别

办法是介于条例、规定和细则之间的一种公文，是法规体公文中的重要成员。其与条例、规定相比，条例和规定多用于某些重大问题和重大事项，而且原则性较强，要求有关部门照章执行；而办法则往往用于具体事务或某一事项，可以参照办理。从范围上看，办法也比条例和规定要窄，往往是实施条例、规定的具体性要求。至于细则，其所涉及的内容事项就更为具体和细化。

2. 要注意体现整体政策思想的准确性

由于办法与条例、规定一样，同属法规性文件，它在特定的范围内具有法定的规范性，要求人们必须认真遵守和执行，因此在撰写时必须特别注意保持整体政策思想的准确性，不容出现疏误。在此基础上，还要注意各条款之间的逻辑严密性，既要保持各自的相对独立性，又要保持内在的相互联系性，做到既无"缺口"，又无"重叠"，更无"矛盾"，便于理解和执行。

3. 要注意把握其基本的结构规律

办法的写作，虽然其外形结构不一，诸如章条款式、条项贯通式等，但内在结构规律比较稳定，即都是由"总则——分则——附则"三部分组成。其中"总则"用以交代行文的依据、目的、总体要求和指导思想等，"分则"用来明确陈述所要规定的具体事宜，"附则"则用以交代时效、明确解释权和修改权等。这也是包括条例、规定、章程、细则等在内的法规性文件的通用结构模式。

4. 要注意用语的准确、精当、得体

因为办法是用以对有关部门和人员的行为作出具体规范的文件，因此在用语上必须注意准确性，不容出现纰漏，以致言不及义抑或语义两歧，否则就会造成麻烦，贻害工作。要特别注意一些模态词语的使用，诸如"应（该）""可（以）"等，它们在办法中出现的频率颇高，使用时务求恰当适度，以充分体现办法所具有的原则性与灵活性相结合的特点。

5. 要注意区别两种不同类型办法的写作特性和要求

如前所述，按办法所涉及内容的不同，一般将其分为实施性办法和规定性办法两大类，每种类型的办法有其不同的特性和要求，撰写时必须区别对待，以求实效。一般而言，实施性办法通常要围绕实施原件而写，着重对原件实施提出具体意见，其依附性较强，因而要求写得具体细致，以有效地指导实践；规定性办法往往是独立行文，它要针对管理对象的内容来确定，因而在写作时应力求全面系统，富有针对性和可行性。

七十六　总结

（一）适用范围

总结是对已经完成的某项工作或某一阶段的工作进行全面系统的回顾和分析研究，明确所取得的经验、成绩和应当吸取的教训、存在的问题，并使之条理化、规范化的公文。总结的作用主要在于肯定成绩、积累经验、发现问题、找出教训、认识规律、明确方向，以指导今后的工作。

（二）主要特性

总结与其他事务文书相比较，具有如下特点：

（1）实践性。总结是对前一段实践活动的回顾，所选用的材料必须是自身实践活动中真实、具体的材料，总结中的观点必须是从自身实践中抽象出来的规律性认识，总结中的经验必须是实践者的实践经验。由此看来，实践是总结的基础，没有实践，总结就无从下手，实践性是总结的根本属性。

（2）理论性。总结在对实践活动回顾的过程中，要运用分析、归纳、综合等抽象的逻辑思维方法，把对较零散的、肤浅的实践活动的感性认识上升为带有规律性的理论认识，以指导未来的实践工作，从而体现出总结较强的理论性。

（3）自我性。总结中回顾的实践活动是本单位、本部门已经完成的工作，因而通常用"我"或"我们"等第一人称对过去的事实进行自我分析、自我评价。

(三) 结构模式

总结的内容结构一般由以下几部分组成：

1. 标题

标题的写法有三种形式。

一是公文式。由单位名称、时限、内容、文种四项要素组成，如《××市应急管理局 2020 年应急管理工作总结》。也可省略某一要素，或由单位名称、内容、文种组成，或由时限、内容、文种组成，如《××市财政局政治思想工作总结》；也可由内容和文种两部分组成，例如《学习总结》。

二是文章式。也称主旨式，往往在标题中体现总结的主要观点、主要经验或基本教训，有利于读者把握文章的主旨。一些专题性总结常采用这种写法，例如《运用法律手段，综合治理城市》。

三是新闻式。采用正标题和副标题组合的方法。

2. 正文

正文的内容包括情况概述、工作成绩、经验体会、存在的问题、努力方向五个方面，可以分为开头、主体、结尾三部分。

（1）开头。也称导言，即情况概述。它简要地介绍有关形势和工作背景、环境，说明担负的任务与要求，完成任务的基本情况等。目的是使人们对全面情况有一个概括的了解。例如，有一份总结的开头部分写为："为了促使企业有效地扭亏减亏，我们在总结历年扭亏工作经验教训的基础上，对由于经营管理不善造成严重亏损的企业实行了'黄牌'警告制度，并由市委、市政府组织了千人服务组进驻'黄牌'警告企业给予具体指导和帮助。到年末，八户受到市政府'黄牌'警告的工业企业除××橡胶厂、阀门厂、铸钢厂外，有六户摘掉了'黄牌'。"

（2）主体。即经验体会。这是总结的精华所在。要对所叙述的情况加以分析，回答为什么要这样做和为什么能够这样做；哪些做法是成功的、行之有效的，有什么经验体会，揭示取得成绩的主客观原因。经验体会是在摆事实讲道理、摆过程讲成绩的基础上概括出来的规律性东西，无论是全面总结，还是专题总结，都要总结经验体会。例如，《我们是怎样开展政务信息多重服务的》一文中的经验体会共有四条：一是从信息服务单一化的倾向中，感到多重服务极为重要。二是从信息载体"一锅煮"的弊端中，感到多重服务势在必行。三是从信息劳动大量浪费的现象中，感到多重服务非搞不可。四是从信息来源日趋枯竭的状态中，感到多重服务刻不容缓。

（3）结尾。即存在的问题及努力方向。要具体提出存在什么问题和缺点，原因是什么，有哪些教训可资借鉴，今后应如何去做。

在结构安排上，可以从纵式和横式两个角度来安排，常见的有以下几种：

一是分段式。又可分为三种情形：

（1）五段式。由情况概述，取得的成绩，经验体会，存在的问题、教训，今后努力方向五部分组成，每个部分既可用序号，也可用小标题列出。这种方式是写总结的习惯用法，所以又称传统式、程序式。这种写法可以使文章眉目清楚，头绪分明，适用于较大型的或综合性的总结。

（2）三段式。由情况概述、经验做法、今后努力方向三部分组成。例如，有一篇题为《发挥干校优势办好干部教育》的总结，第一部分简明扼要地介绍了农牧渔业部办干部培训班的背景、时间，以及在干部培训工作中取得的重大成绩，使读者对干部培训班有个概括的了解；第二部分细致地总结了办干部培训班的经验和做法，有分析，有概括，有事例，有结论，富有说服力；第三部分在总结经验的基础上找出差距和不足之处，以便尽快地使干部培训工作完善起来。

（3）二段式。由情况概述、经验做法两部分组成。例如，《首钢公司开展职工教育的情况和一些做法》就是分两大部分写的：第一部分，介绍首钢公司职工教育工作的基本情况；第二部分总结出四点经验体会。

三段式、二段式写法适用于问题比较集中的专题总结。

二是阶段式。即把工作的整个过程，按时间顺序划分成几个阶段来写，每个部分写一个阶段，把这个阶段的工作情况和经验、教训结合起来写。这种写法便于看出工作的发展进程和每个阶段的特点，适合于总结周期较长而又有明显阶段性的工作。写作时，要注意突出各个阶段的特点，注意各阶段之间的连贯性。

三是条文式。也称条款式。是把总结内容按事物的逻辑关系、事物的性质或主次关系分成若干方面，用序数词给每一部分编号后，逐条写出，往往在同一条里把成绩经验、方法措施、问题教训等融为一体进行阐述，也称经验体会式。写作时，可按经验体会为序分条，结合经验体会自然地介绍工作情况，夹议夹叙，讲清问题；可按工作项目为序分条，在介绍工作情况的基础上，引出经验教训。这种写法适用于专题经验总结。

四是小标题式。把不同方面的情况归纳起来，分成几个问题，每个问题分别用小标题表示。每个小标题都是从感性材料上升到理性认识后概括出来的。

写作时，各部分既围绕一个中心，又有相对的独立性。这种写法适用于经验总结或内容较多的综合性总结。例如，有一篇题为《我们是怎样开展政务信息多重服务的》的总结，把主要做法和经验体会分列为"正视来自实践的课题""形成多重有序的格局""建立综合配套的机制"三个观点，用小标题的形式明确表示出来，然后在这些观点的统率下，按情况写明具体做法，并把这些做法条理化、系统化，上升到理论高度，总结出经验。

3. 落款

总结的落款和计划的落款相同。要交代出总结的单位名称和日期。如果标题中已有单位名称，结尾就不必再写。经验性的总结，一般作者署名写在标题之下、正文之上，文后不再写单位名称，也不标日期。

（四）范例简析

中共××县委组织部 2020 年工作总结

今年以来，我部在县委的坚强领导和市委组织部的正确指导下，坚持以习近平新时代中国特色社会主义思想为指导，深入贯彻落实党的十九大和十九届二中、三中、四中、五中全会精神，牢固树立"四个意识"，坚定"四个自信"，做到"两个维护"，紧紧围绕县委中心工作，以加强党的执政能力建设的能力为重点，不断强化全县各级领导班子和干部队伍建设、党的基层组织和党员队伍建设，以及组织部门自身建设，为加快发展，富民强县，全面建成小康社会提供了坚强的组织保证。

一、坚持"选、育、管"一条龙，各级领导班子和干部队伍建设得到了加强

今年以来，我们始终抓住"选、育、管"三个重点环节不放松，注重教育、严格选任、加强管理，使各级领导班子和干部队伍建设得到了明显加强。

一是抓教育培训。在干部教育工作中，我们始终坚持在职自学和集中培训相结合，在抓好党委党组中心组学习和干部在职自学的同时，重点开展了大规模的集中培训，先后举办了科级干部进修班、青年干部培训班、妇女干部培训班、组工干部培训班、《干部任用条例》专题辅导班、"四增一树"骨干培训班等多期干部集中培训班，同时，严格坚持干部培训申报审批制度，审批了县直机关工委、县团委等部门办班 3 期。在此基础上，我们还严格按照市委组织部的要求，选派了××名同志参加了上级党校和行政院校的学习培训，有效地提高了干部队伍的整体素质。

二是抓选拔任用。在干部选拔任用工作中，我们在继续坚持德才兼备、实绩突出、群众公认等原则的前提下，把工作重点放在了严格程序、规范操作上，进一步提高了干部选拔任用工作的民主化程度。在今年的干部调整工作中，我们普遍实行了定向推荐、民意测验、民主评议和考察预告、任前公示、任职试用期制等改革措施，扩大了群众对干部选拔任用的知情权、参与权、选择权和监督权。今年以来共公示拟提拔干部××人，社会反映较好，公示对象均得到了提拔使用。8月份，我们制定出台了《县委常委会任免干部投票表决办法》和《县委全委会任用乡镇和县委、县政府工作部门领导班子正职投票表决办法》，在干部选拔任用工作中推行"票决制"。根据这两个办法的规定，10月份，我们对××名拟提拔、调整的干部进行了投票表决，并对××名县政府工作部门正职的拟任人选和推荐人选，逐个征求了全委会成员的意见。"票决制"的实行真正发挥了县委常委会的决策作用，有效地防止了个人说了算等用人上的不正之风。

三是抓监督管理。今年以来，县委十分重视加强对领导班子和领导干部的监督管理工作，在监督管理的方式、内容、对象等各方面都有了进一步改进和加强。在监督管理的方式上，由党内监督逐步向群众监督和舆论监督延伸，由工作领域逐步向生活领域和其他领域延伸，由八小时之内逐步向八小时之外延伸，并充分利用广播、电视、网络等媒体和群众来信、来访等渠道，不断加大干部监督管理的力度；在监督管理的内容上，坚持两手抓，一手抓作风建设，通过加强思想教育和理论学习，提高领导干部自我监督和管理的自觉性，另一手抓制度建设，通过各项规章制度的建立和完善，从根本上约束和规范领导干部的行为；在监督管理的对象上，不断扩大范围，逐步由在职领导干部向离退休老干部和年轻后备干部拓展，对于离退休老干部经常进行走访慰问，积极落实两费待遇，并利用节假日组织老同志进行了象棋、钓鱼等比赛，丰富了他们的文化生活，同时，把年轻后备干部的管理作为一项重要的工作来抓，出台了《关于加强科级党政班子后备干部管理工作的意见》，对德才兼备、实绩突出、群众公认、各方面条件比较成熟的后备干部，及时提拔使用。目前，我们已建立系统的后备干部人才库，共掌握各级各类后备干部近××名，其中市管后备干部××名，一把手后备干部××名，副科级后备干部××名，为加强各级领导班子建设储备了一支数量充足、门类齐全、专业配套、素质优良的后备干部队伍。

二、坚持"好、中、差"一起抓，党的基层组织建设得到了加强

在党的基层组织建设工作中，我们坚持抓两头、带中间的工作思路，先实行典型引路，再向面上延伸，逐步达到整体推进、全面提高的效果。今年以来，我们突出抓了三个方面的工作：

一是完善工作机制。今年以来，我们继续抓好《村级党建联络员、辅导员制度》《乡镇党委"党建工作日"制度》《县级党员领导干部联系乡镇、村制度》《县直党政机关包扶后进村制度》和《县委组织部机关人员联系科级单位制度》等各项制度，有效地构造了县、乡、村联动的共建Network，形成了良好的"联创"态势。同时，我们在对基层组织建设工作的考核上，健全机制，完善内容和方法，实行"月督、季查、年评"，检查后及时通报，年终根据经济、信访、综治、计生等单项工作的考评情况，结合平时考核情况，综合评定结果，实行"进类奖，退类罚，末类诫勉"，使县委对各基层党组织抓基层组织建设工作考评形式和考评结果更客观、更全面、更科学。

二是创新活动形式。今年以来，我们在农村基层组织建设中开展了"创建典范、整治后进"活动，其中典范村的创建由县级党员领导干部牵头，乡镇主要负责人联系，乡镇选派工作组具体负责，后进村的整治由县级党员领导干部牵头，县乡选派联合工作组具体负责，由乡镇主要负责同志任组长，县直机关单位主要负责人任副组长，一名县直机关后备干部和一名乡镇科级干部为成员驻村整治。通过"创建典范、整治后进"活动的深入开展，我县农村基层组织建设水平得到了进一步提高。同时，我们在县直机关中开展了以"比学习、比招商、比创新、比纪律、比服务、比效率，看实绩"（简称"六比一看"）为主题的争先创优活动，进一步提高了机关党组织的创造力、凝聚力和战斗力。

三是严格兑现奖惩。今年初，我们对2020年度农村基层组织建设工作情况进行了综合考评，并在全县组织工作会议上，对综合考评为"一类乡镇党委"的单位进行了表彰，授予五个乡镇党委"党建工作先进单位"称号，并各奖励人民币××元。通过严格兑现奖惩，进一步激发了各基层党委"争先创优"的内在动力，有力地促进了基层组织建设的深入开展。四是扎实做好选派工作。今年是第一批选派工作收尾之年，也是第二批选派工作开局之年，选派工作任务十分繁重。对第一批选派工作，我们按照"狠抓巩固提高、确保善始善终"的要求，先后多次召开会议，研究部署第一批选派干部的考核、评定、撤回和使用工作。目前，我县第一批××名选派干部，除××名为中途调整接任之外，其余42名已全部撤回，其中××人已经得到提拔使用。选派干部撤回后，我们又采取交任务、压担子、领办发展项目等方法，认真抓好选派村继任书记人选的培养，10月份，对继任书记进行了为期××天的培训，与此同时，我们研究制定了《关于建立第一批选派干部联络、回访制度》，要求选派干部定期回访，始终与选派村保持联络，保证了选派干部离任后工作不脱节。对于第二批选派工作，打好开局至关重要，它关系到今后三年选派工作的开展。为此，我们严格选拔、严格培训、严格管理，确保了第二批选派干部能够顺利产生，按时到岗到位，迅速适应新的工作。选派干部到村后，我们及时组织人员，对选派干部的工作情况进行了全面摸底、跟踪督查，同时，制定出台了选派工作六项制度，切实加强了对选派干部的教育、指导和管理，使选派工作迅速走上正轨。

三、坚持"管、帮、带"相结合，党员队伍建设得到了加强

一是精心组织实施了"小学教"活动。活动自2月上旬全面启动，参加学习教育活动的有××个乡镇、××个站所、××个村、××个居委，共××人，活动期间，共举办培训班××期，参加培训共××余人，共访户××户，住户××户，发放征求意见表××份，征求意见××条，制定出整改措施××条，为群众办实事××件，"小学教"活动取得了明显成效。二是进一步实施"双培双带"先锋工程。今年工作的重点是围绕四个方面深入推进，即围绕中心点，把发展作为第一要务，明确思路，制订规划；选准结合点，以典型引路，示范带动；抓住关键点，加强对发展能手教育和管理，分类指导，共同发展；把握着力点，通过支部牵头和党员、群众双向选择形式，全面推动，提高效果。目前，全县共建立示范基地××个，投入小额信贷资金××亿元，确定示范户××个，参加双带党员××名，带动农户××户，培训党员干部××名，培训发展能手××名，在发展能手中培养入党积极分子××名，发展致富能手入党××名。三是实行发展党员票决制。今年5月份开始，我们在发展党员工作中试行了票决制，并于10月份在全县全面推行。票决制实行以来，全县共有××个党支部通过票决，接收预备党员××名、否决了××名，预备党员按期转正××名，延长预备期×名。

四、坚持"德、能、勤、绩"并重，组织部门自身建设得到了加强

一是进一步深化和拓展"树组工干部形象"集中学习教育活动。在今年的活动中，我们把工作重点放在建章立制上，在对现有制度进行清理、修订、完善的同时，又建立一系列新的内部管理制度，并制定出台了"组工干部十不

准"，在此基础上，我们部机关于5月28日召开了制度建设经验交流会，并组织编印了《组工干部公道正派十不准暨制度建设汇编》，把各项制度规范成文，下发到各室及有关单位执行。

二是扎实开展"四增一树"学教活动。坚持把活动融于工作之中，并在全体组工干部中开展了"五比五看"活动，即：比学习，看理论素质和业务素质是否得到提高；比党性，看马克思主义信仰和毛泽东思想和习近平新时代中国特色社会主义思想信念是否坚定，大局观念和群众观念是否增强；比业务，看是否成为本职工作的行家里手，语言表达能力、文字综合能力、组织协调能力、开拓创新能力是否得到提高；比作风，看公道正派和严谨细致的作风是否增强，是否求真务实、真抓实干、雷厉风行；比纪律，看是否严守党的组织纪律和干部人事纪律，是否做到廉洁自律。通过学教活动的开展，组工干部进一步增强了发展意识、开放意识、创新意识、为民意识，牢固树立了科学的发展观。

三是抓好来信来访工作。今年以来，我们共办理来信来访××件次，其中来信××件、来访××次，得到了信访人的一致好评。在工作中，我们进一步完善了来信来访、登记制度、呈阅制度、分工办理制度等八项制度，明确了受理来信来访的八个方面的范围，同时提出了处理信访工作的基本要求和方法，信访工作基本上做到了案案有着落、事事有结果。

四是认真开展督查督办工作。在督查工作中，我们把市委组织部督查计划印发到各室，坚持重点工作重点督查，日常工作随时督查，同时实行部领导抽查和会议通报制度，较好地保证了督查工作的有效开展。

中共××县委组织部
2020年12月9日

写法简析

例文开头部分用扼要的语句对全年的工作情况进行了概述，给人以简练明快之感。在开头部分的概括性文字之后，主体部分集中从四个方面对县委组织部2020年的工作情况进行系统总结，分别是："坚持'选、育、管'一条龙，各级领导班子和干部队伍建设得到了加强"；"坚持'好、中、差'一起抓，党的基层组织建设得到了加强"；"坚持'管、帮、带'相结合，党员队伍建设得到了加强";"坚持'德、能、勤、绩'并重，组织部门自身建设得到了加强"。其中既有领导班子和干部队伍建设情况，又有党组织和党员队伍建设情况，还有组织部自身建设情况，可以说内容涵盖组织部门工作的方方面面，非常完整和全面。在写法上，十分注重对各方面内容的提炼，所拟出的四个分标题显得很精整，体现了高超的概括提炼艺术。对每方面内容的阐述，善于运用数字和事例来说明问题，例如"实行发展党员票决制。今年5月份开始，我们在发展党员工作中试行了票决制，并于10月份在全县全面推行。票决制实行以来，全县共有105个党支部通过票决，接收预备党员123名、否决了3名，预备党员按期转正138名，延长预备期1名"。通过一系列数字的运用，使行文显现出很强的说服力和论证性。而这在总结文种的写作中，是非常重要的。写作实践表明，善于运用数字和事例来说明问题，可以代替许多繁冗的文字叙述，使行文趋于简明洗练。在这方面，例文是值得借鉴的。

（五）要点撷萃

（1）认真调查研究，收集材料。这是写好总结的前提。总结是反映客观现实的，而客观现实是纷繁复杂的，要了解客观现实，掌握总结的各方面情况，必须到现实生活中去调查研究，收集大量的材料。

（2）实事求是，一分为二。这是写好总结的基础。写总结必须从本单位的实际出发，坚持一分为二的观点，既看到成绩，又看到不足，既从纵向比，又从横向比。对成绩和问题不能任意夸大、缩小，弄虚作假，也不能脱离实际。

（3）研究材料，找出规律。这是写好总结的关键。占有材料后，必须对材料进行分析研究，从中找出规律性的东西。写作时要根据党的路线、方针、政策与本单位的实际情况，有针对性地总结那些具有指导意义、行之有效的经验，要在提出问题、分析问题的基础上，明确提出解决问题的办法。

（4）围绕中心，突出重点。这是写好总结的根本方法。必须围绕中心，选择典型事例，突出重点问题。对材料要有选择、取舍，举例要能说明问题，做到有材料、有观点，材料和观点有机地统一，不可不分主次，面面俱到。

（5）叙议结合，语言简朴。这是写好总结的要求。总结是工作中常用的一种实用文体，它不同于叙事性的文章，也不同于文学作品。语言要求简洁朴实，不能拖泥带水，过分修饰。从表达方式上讲，它既要用叙述的方式摆情况、谈成绩、讲做法，又要用议论的方式分析原因，谈出体会，说明原因，要求叙议结合。

七十七　调查报告

（一）适用范围

调查报告是对某种情况、某项经验、某个问题或某一事件进行有目的、有系统的调查，将调查获得的材料进行深入细致的分析研究之后，所写出的反映客观实际、揭示事物本质与发展规律的书面报告。调查是报告的基础和依据，报告是调查结果的反映，而深入细致的分析研究是写好调查报告的关键。

（二）主要特性

调查报告具有鲜明的特性，突出表现在以下几个方面：

（1）真实性。调查报告的基础是客观事实，真实是调查报告的生命。调查所获得的材料必须是真实情况的反映，调查报告中所列举的事例、数字等必须是确凿无误的，不容许有任何虚假或浮夸。否则，就会影响和干扰决策的正确性。

（2）针对性。调查报告都是就某一具体的情况、问题、事物、经验到具体的某一地区、单位或部门对相关人员进行有的放矢的调查研究，提出或回答人们最为关注的问题，而不是毫无目的地盲目调查，具有较强的针对性。

（3）规律性。调查报告要通过对大量的事实材料进行分析、综合，概括升华为具有规律性的认识，以发挥其普遍性的指导作用。只反映客观事实，而没有揭示出事物的本质和发展规律，调查报告就会失去价值。

（4）时效性。调查报告反映的是当前的情况和新出现的事物，揭露的是现实生活中急需解决的问题，推广的是有利于推动目前工作的经验，从这个意义上讲，它具有很强的时效性。否则，调查报告也就失去了意义。

（三）结构模式

调查报告的内容结构通常由标题、前言、主体和结尾四部分组成。

1. 标题

调查报告的标题应当写得新颖、明朗、简洁，要从其内容和作用的需要出发，做到题文相符，揭示主旨，有画龙点睛之妙。调查报告的标题常用的有以下四种：

（1）公文式标题。

一般由事由加文种（调查报告）组成，例如《关于当代大学生消费情况的调查报告》。

（2）文章式标题。

直接揭示调查报告的内容和研究范围，例如《公众法律意识调查》。

（3）正副标题式。

即将调查的事项、范围及对象作副标题，而以正标题概括调查报告的主题思想或主要内容，例如《基层民主的新验证——赵县村民代表会议制度建设调查》。

（4）提问式标题。

通过设问来引起读者的注意，例如《用公款请客为何愈演愈烈？》《中等偏下的物价从何而来？》《房价为何居高不下？》等。

2. 前言

调查报告的前言也称导言、引言和开头，类似新闻报道的导语，但较之更详细。通常要写明调查的线索、目的以及调查的时间、地点、对象、范围、方法、基本情况和结论等，要求紧扣主题，做到简练概括。有的调查报告开门见山，直接进入主体部分，而将前言部分省略掉，以归简易。

3. 主体

主体部分是调查报告的基本内容，它以调查所得的确凿的事实和数据介绍调查对象的基本情况及其发生、发展与变化过程，以及从这些事实材料中所总结出来的经验教训。有的调查报告还提出解决问题的建议。主体部分内容的安排要做到先后有序、主次分明、详略得当、重点突出、逻辑严密、层层深入。其写法以叙事为主，夹叙夹议，常用的结构方式有纵式、横式和纵横结合式三种。

（1）纵式结构。这种结构方式是按照事物发生的发展过程顺序或按调查的时间先后顺序进行叙述和议论，适用于内容比较简单的调查报告。

（2）横式结构。这种结构方式是将调查所得的各种事实、数据材料进行概括、分类，按问题性质从几个不同侧面或角度说明问题，并常使用序码或分列小标题的方式使其结构清楚。它适用于涉及面广、事件线索较为复杂的调查报告。

（3）纵横结合式结构。这种结构运用于内容丰富的调查报告，通常是先交代事件发生的原因及发展过程，接着进行分析归纳，总结事物的基本性质和特点。

4. 结尾

调查报告的结尾，应当简洁明了地写出通过对事实材料的分析所得出的结论。有的结尾以简练的语句概括报告的主要观点，以进一步深化主题，增强调查报告的说服力和感染力。除经验性调查报告外，多数是针对所调查的问题，通过分析，提出解决问题的办法、措施、意见和建议。有的调查报告通过对事实材料的分析，提出发人深思的问题，启迪人们作更深层次的思考和探索；也有的调查报告将结论性意见写在前言或主体中，而不写在结尾部分。

调查报告最后要落款，写明调查单位（调查组）名称及时间。如果有附件，应当标明其名称及件数。

（四）范例简析

长深高速江苏无锡"9·28"特别重大道路交通事故调查报告

2019年9月28日7时许，长深高速公路江苏无锡段发生一起大客车碰撞重型半挂汽车列车的特别重大道路交通事故，造成36人死亡、36人受伤，直接经济损失达7100余万元。事故发生后，党中央、国务院高度重视，习近平总书记作出重要指示，要求全力做好受伤人员救治和伤亡者家属安抚等工作，尽快查明事故原因，依法严肃追究责任，各地区和有关部门要深刻吸取事故教训，进一步深入排查各类安全隐患，坚决遏制重特大事故发生。李克强总理作出批示，要求全力抢救受伤人员，最大程度减少伤亡，妥善做好伤亡人员家属安抚等善后工作，有关部门要督促指导各地进一步加强道路交通安全管理，切实排查重点行业领域安全隐患，坚决遏制重特大事故发生。国务院副总理孙春兰、刘鹤，国务委员王勇、赵克志等领导同志也分别作出批示。按照党中央、国务院要求，应急管理部、公安部、交通运输部、全国总工会等单位有关负责同志迅速率领工作组赶赴现场，指导事故应急救援、伤员救治、事故调查和善后处置等工作。依据有关法律法规，2019年9月29日，国务院批准成立了以应急管理部为组长单位，公安部、交通运输部、全国总工会以及江苏省、河南省人民政府为成员单位的国务院长深高速江苏无锡"9·28"特别重大道路交通事故调查组（以下简称事故调查组），同时聘请有关专家参与事故调查工作。事故调查组认真贯彻落实中央领导同志重要指示批示精神，坚持"科学严谨、依法依规、实事求是、注重实效"的原则，通过现场勘验、调查取证、检测鉴定、专家论证等，查明了事故经过、原因、人员伤亡和直接经济损失情况，认定了事故性质，查清了事故企业存在的问题及有关地方政府和相关部门在监管方面存在的问题，并针对事故原因及暴露的突出问题，提出了事故防范措施建议。事故调查组认定，长深高速江苏无锡"9·28"特别重大道路交通事故是一起生产安全责任事故。

一、事故有关情况

（一）事故发生经过。2019年9月28日5时8分，驾驶人李金宝驾驶河南国立旅游汽车客运有限公司（以下简称国立公司）号牌为豫A5072V大型普通客车，核载69人、实载71人（含4名免票儿童，未超员），从浙江省绍兴市柯桥区杨汛桥镇发车，驶往安徽省阜阳市临泉县，行驶途中未上下客，经沪昆高速、杭州绕城高速、长深高速，于6时42分经过长深高速父子岭收费站驶入江苏省境内。7时0分40秒，当该车行驶至长深高速江苏省无锡市宜兴市境内2154公里616米处时（车速约127公里/小时），左前轮爆胎，车辆失控，两次碰撞中央隔离护栏，越过中央隔离带冲入对向车道，在2154公里356米处与对向安继青正常驾驶的三联运输有限公司号牌为苏CF3658/苏C12F1重型半挂汽车列车（载2名驾驶员）相撞，两车前部严重变形，造成36人死亡、36人受伤，另有1名儿童未受伤。

（二）事故救援处置情况。事故发生后，无锡市及宜兴市公安、交通运输、应急管理、卫生健康部门及宜兴市120急救中心、蓝天救援队等单位人员赶到现场开展事故处置和救援。7时40分起，公安交警及交通运输部门实施交通分流，并及时发布交通管制信息。事故现场共投入80余辆抢险救援车辆，350余名抢险救援人员。至16时事故现场清理完毕，道路恢复通行。江苏省立即启动应急响应，省委、省政府相关负责同志带领省直有关部门及高速公路管理企业主要负责人赶到事故现场，指导事故救援处置等各项工作。无锡市、宜兴市相关负责人及有关部门人员赶到现场开展救援工作。江苏省成立由省长任总指挥，无锡市委市政府、宜兴市委市政府主要负责人以及公安、交通运输、卫生健康、应急管理等有关部门负责人参加的现场应急处置指挥部，设置综合协调、伤员救治、交通疏导、安全保障、现场救援、事故调查、舆情导控、善后安置、后勤保障9个工作组有序开展工作。国家卫生健康委和江苏省、无锡市抽调20名医疗专家、460名医护人员，对受伤人员开展"一对一"医疗救治，为每位伤员制订专门救治方案，确保伤员得到妥善治疗，救治过程中无一人死亡。无锡市、宜兴市政府抽调385名工作人员成立善后工作小组，按照"一对一"原则认真做好事故伤亡人员家属接待及安抚工作、遇难者身份确认和赔偿等工作，保持了社会稳定。

（三）事故车辆情况。1.豫A5072V号宇通牌大型普通客车（以下简称大客车），核载69人（实载71人），行李舱核载550千克（实载1816千克）。该车出厂日期为2011年5月11日，初次登记日期为2011年6月14日，登记所有人为甘肃陇运（集团）快速客运有限公司，行驶证登记的使用性质为"公路客运"。2019年4月24日在兰州军鼎机动车辆服务公司进行安全技术检测，检验有效期至2019年12月31日。2019年5月22日，在甘肃兰州新区永承机动车登记服务站办理变更、转出登记业务，变更车辆使用性质为"营转非"。谢勇，男，40岁，住址为安徽省阜阳市临泉县张新镇联合行政村，通过二手车商购得该大客车，并由其介绍登记到国立公司名下，每年缴纳管理费3000元。2019年5月28日，国立公司委托工作人员携带身份证明、公司营业执照、委托书，到郑州市公安局交通警察支队车管所办理车辆转入登记业务，登记所有人为国立公司，牌号为豫A5072V，行驶证使用性质依申请登记为"旅游客运"。投保有机动车交通事故责任强制保险和每个座位最高保额100万元的道路客运承运人责任险，均在有效期内。该大客车未取得道路运输证，使用伪造的包车客运标志牌，自2019年6月至事发时往返于安徽省阜阳市临泉县和浙江省绍兴市柯桥区，非法从事道路客运经营活动。2.苏CF3658/苏C12F1重型半挂汽车列车（以下简称大货车）。初次登记日期为2015年4月24日，登记所有人为徐州三联运输有限公司，登记机关为江苏省徐州市公安局交通巡逻警察支队，行驶证登记的使用性质为"货运"，检验有效期至2020年4月30日。苏CF3658号重型半挂牵引车于2015年4月27日取得道路运输证，证号为苏交运管徐字21504181，经营范围为道路普通货物运输、大型物件运输，发证机构为丰县交通运输管理所，有效期至2020年4月。该车投保有机动车交通事故责任强制保险和机动车第三者责任险。

（四）事故车辆驾驶人情况。1.李金宝，男，40岁，事故大客车驾驶人（已在事故中死亡）。住址为安徽省阜阳市临泉县张新镇夸营行政村。驾驶证发证机关为安徽省阜阳市公安局交通警察支队，初次领证日期2002年6月28日，准驾车型A1A2，有效期至2024年6月28日，当前状态正常。取得道路运输从业资格证，有效期至 2020 年 8 月 12 日。2. 马世狼，男，37 岁，事故大客车副驾驶人（已在事故中死亡）。住址为安徽省阜阳市临泉县张新镇马寨行政村。驾驶证发证机关为安徽省阜阳市公安局交通警察支队，初次领证日期 2002 年 9 月 1 日，准驾车型 A1A2，有效期至 2020 年 9 月 1 日，当前状态正常。取得道路运输从业资格证，有效期至 2025 年 6 月 26 日。3. 安继青，男，44 岁，事故大货车驾驶人（已在事故中死亡）。住址为江苏省徐州市丰县赵庄镇安双楼村。驾驶证发证机关为山东省菏泽市公安局交通警察支队，初次领证日期 2004 年 5 月 13 日，准驾车型 A2，有效期至 2020 年 5 月 13 日，当前状态正常。取得道路运输从业资格证，有效期至 2020 年 7 月 1 日。4. 邢道香，男，38 岁，事故大货车副驾驶人（已在事故中死亡）。住址为江苏省丰县师寨镇汪屯村。驾驶证发证机关为江苏省徐州市公安局交通巡逻警察支队，初次领证日期 2008 年 4 月 22 日，准驾车型 A2，有效期至 2024 年 4 月 22 日，当前状态正常。取得道路运输从业资格证，有效期至 2024 年 1 月 31 日。

（五）事故企业情况。1. 国立公司，事故大客车所属企业，成立于 2015 年 11 月 30 日，法定代表人王国利，营业执照登记的经营范围为汽车客运。未申请道路运输经营许可。2019 年 3 月 20 日，在郑州市工商行政管理局专业分局申请变更公司住所及经营范围，变更后经营范围为汽车客运、汽车租赁、汽车维修、销售二手车、汽车配件；住所为郑州市管城回族区城东南路 35 号新年富港湾 4 号楼 2 单元 15 层 136 号。2018 年 1 月 10 日和 10 月 12 日，国立公司分别注册成立河南国立旅游汽车客运有限公司沈丘分公司（以下简称国立沈丘分公司）和河南国立旅游汽车客运有限公司扶沟分公司（以下简称国立扶沟分公司）。国立公司名下登记的大型客车共有 68 辆，除豫 A9888P 号大客车于 2019 年 3 月 15 日转入外，其余 67 辆均在国立公司 2019 年 3 月 20 日变更登记住所后转入。目前国立沈丘分公司和国立扶沟分公司名下各有 3 辆和 2 辆大客车。2. 徐州三联运输有限公司，事故大货车所属企业，成立于 2009 年 7 月 6 日，法定代表人徐振云，注册地址为丰县首羡镇徐老家工业园，营业执照登记的经营范围为普通货运、预包装食品批发及零售、卷烟雪茄烟零售、土石方工程施工。道路运输经营许可证字号为徐 320321316567，经营范围为道路普通货物运输、大型物件运输，有效期至 2021 年 7 月 3 日，核发机关为丰县交通运输管理所。

（六）事故道路情况。事故路段为长深高速公路 2154 公里 356 米至 616 米路段，位于江苏省无锡市宜兴市境内，东西走向，双向六车道，设计速度 120 公里/小时。沥青混凝土路面，圆曲线半径 5600 米，纵坡 0.669%。路基宽度

34.5米，中间带4.5米，两侧行车道各3×3.75米，中央分隔带和路侧均采用波形梁护栏。经专业鉴定机构对事故发生路段中央及路侧护栏进行抽检，个别护栏的波形梁板厚、立柱定尺长度、力学性能不符合标准规范，数值上存在细微差距。经查阅道路设计、交竣工验收文件、检测报告，核查标准规范，通过现场测量和检测试验，事故路段纵坡坡度、坡长、竖曲线半径、路面结构强度指数、路面平整度、路面性能抗滑指数等相关技术参数，以及道路交通标志标线的完整性、可视性等均符合当时设计和建设相关标准规范要求。事故发生时天气晴，无降水。

二、事故直接原因

经调查认定，事故直接原因是：李金宝驾驶豫A5072V大型客车在高速行驶过程中左前轮轮胎发生爆破，导致车辆失控，两次与中央隔离护栏碰撞，冲入对向车道，与对向正常行驶的大货车相撞。经专业机构检验检测和专家综合分析论证，认为轮胎爆破与轮胎气压过高、车辆高速行驶、车辆重载引起轮胎气密层与内衬层脱层有关。排除大客车左前轮轮胎爆破系碰撞碾压路面异物所致。大客车上大部分乘员未系安全带，在事故发生时脱离座椅，被挤压或甩出车外，加重了事故伤亡后果。经现场调查、检测鉴定，排除了人为故意以及大客车驾驶人身体疾病、酒驾、毒驾等因素导致大客车失控碰撞的嫌疑。

三、事故暴露的主要问题

（一）企业存在的问题

（1）未申请道路运输经营许可，所属车辆非法从事道路客运经营活动。国立公司在取得营业执照后未按规定申请道路运输经营许可，公司现有68辆大型客车均未取得道路运输证，车辆均由各车主个人出资购买并登记在国立公司名下，非法从事道路客运经营活动。（2）使用伪造的道路运输经营许可证、道路运输证、包车客运标志牌等相关证件。国立公司所属车辆使用伪造的道路运输经营许可证、道路运输证、包车客运标志牌，非法从事道路客运经营活动，其中部分包车客运标志牌在郑州市管城回族区城南路159号金龙服务站外"小红帽"打印店直接打印。（3）日常安全管理严重缺失。国立公司挂名管理人员4名，分别为李国富、王艳娜、程伟平、王华东，但实际上由王国利负责，日常主要通过收取挂靠车辆"管理费"、车辆保险返还款等方式谋利。王国利作为企业法定代表人，对挂靠车辆只收费、不管理，"挂而不管"，未建立安全生产管理相关规章制度，企业安全投入、安全管理人员配备、驾驶员安全培训、车辆维修保养、动态监控等日常安全管理关键环节严重缺失。

(二)有关部门存在的问题

(1)阜阳市临泉县张集交管站。未严格按照规定开展道路运输市场管理、执法检查,履行管理职责不力,未及时发现并查处辖区内包括事故大客车在内多辆大客车长期非法从事客运经营行为,对张新镇长期存在"非法组客点"的问题查处缺位。(2)阜阳市临泉县公路运输管理所(以下简称临泉运管所)。对辖区内长期存在的大客车非法从事客运经营行为打击不力,未严格按照规定对摸排出的44辆长期在辖区内非法从事客运经营、违规营运的大客车进行有效处理。未按规定使用执法文书,自行制作"劝离通知书"用于处理非法违规运营车辆。对已掌握的异地籍非法违规车辆线索,仅抄告车籍所在地运管部门,未依法进行查处。(3)阜阳市临泉县交通运输局。对临泉运管所道路运输监管工作领导不力,未有效落实联动机制,对辖区内大量大客车长期非法从事道路客运经营等问题失察。(4)阜阳市道路运输管理局(以下简称阜阳运管局)。未有效指导、监督临泉县道路运输行业行政执法工作;对部署开展的道路客运市场整治行动和执法专项行动检查督导不力。(5)阜阳市交通运输局。对临泉县交通运输行业行政执法工作指导、监督不力,对阜阳运管局未能有效履行执法指导和监督职能以及基层单位执法程序不规范等问题失察。(6)阜阳市临泉县交警道路治安巡逻四队(以下简称临泉交警四中队)。未严格按照规定对事故大客车2019年8月份至事发前18次在G220国道张新镇路口违规停放等交通违法行为进行查处,对辖区内大客车大量违法违规行为查处不力。(7)阜阳市临泉县公安局交通管理大队。对临泉交警四中队开展道路交通安全管理工作组织领导不力、考核管理不严。(8)阜阳市临泉县公安局。履行维护交通安全和交通秩序职责不力。(9)绍兴市柯桥区道路运输管理处道路运政稽查大队(以下简称柯桥运政稽查大队)。未严格按照规定全面开展道路客运市场专项整治工作,打击大客车非法从事客运经营工作不力。未发现并查处大量大客车在江桥红绿灯路口"非法揽客"行为;未落实有关要求,对辖区内长期存在的"非法组客点"查处不力。(10)绍兴市柯桥区道路运输管理处(以下简称柯桥运管处)。未严格按照规定组织开展柯桥区道路运输市场秩序整治工作,对柯桥运政稽查大队打击大客车非法从事道路客运经营和"非法组客点"不力的问题失察。(11)绍兴市柯桥区交通运输局。未严格按照规定指导督促全区道路客运安全检查和隐患排查治理工作;对柯桥运管处履行道路运输市场秩序的维护、监管和整治职责监督、指导不力。(12)绍兴市道路运政稽查支队(以下简称绍兴运政稽查支队)。未严格按照规定组织、指导柯桥运政稽查大队依法履行对道路运输市场秩序整治工作。(13)绍兴市道路运输管理局（以下简称绍兴运管局）。指导柯桥运管处履行道路运输市场秩序整治工作职责不力；对绍兴运政稽查支队不认真履职的问题失察失管。(14)绍兴市交通运输局。指导督促全市道路客运安全检查和隐患排查治理工作不力；对绍兴运管局未认真履行道路运输市场秩序的维护、监管和整治职责问题失察失管。(15)绍兴市公安局柯桥区分局交警大队钱清中队（以下简称钱清交警中队）。对群众投诉举报大客车"违停"问题未有效处置并及时抄告交通运输部门；未严格按照规定将2019年6月份以来查获的事故大客车9次违停行为通报相关政府职能部门并依法扣留。(16)绍兴市公安局柯桥区分局交警大队（以下简称柯桥交警大队）。未严格落实道路交通安全管理责任，对钱清交警中队未严格执行"严重交通违法行为常态严管八项措施"的问题失察。(17)绍兴市公安局柯桥区分局。对柯桥交警大队未严格开展道路交通安全执法工作监督、指导不力。(18)郑州市交通运输委员会执法处（支队）（以下简称郑州交委执法支队）。未严格按照规定有效查处非法从事道路客运经营的企业及其车辆；对查获的未取得道路客运经营资质的企业和车辆"以罚代管"，未责令停止经营、消除违法状态；对有关部门发来的抄告函，仅发布了提示函、协查通报，没有做到逐函核查。(19)郑州市道路运输管理局（以下简称郑州运管局）。未严格按照规定全面履行道路运输管理机构违法信息和线索的移交职责，没有将未取得道路客运经营许可、涉嫌非法从事客运经营的抄告信息转给郑州交委执法支队；在收到外地运管部门关于国立公司车辆涉嫌非法从事道路客运经营的协查函后，未将相关线索转给郑州交委执法支队。(20)郑州市交通运输局。未有效利用"部门协同监管平台—河南"加强"先照后证"改革后道路客运市场监管。对郑州市公安局交警支队《关于无营运资质旅游客运车辆涉嫌违法违规经营的抄告函》没有认真组织核查和处理，遗失郑州市公安局交警支队2019年7月16日涉及国立公司及事故车辆涉嫌非法从事道路客运经营的抄告函。对郑州运管局和郑州交委执法支队打击大客车非法从事道路客运经营工作督促指导不力。(21)郑州市公安局交警支队四大队（以下简称郑州交警四大队）。未严格按照规定落实重点单位、重点车辆交通安全监管责任，未严格督促国立公司落实《道路安全责任书》和《重点对象GPS监控平台安装使用告知书》要求，安全管理、安全教育、安全检查流于形式。(22)郑州市公安局交警支队车辆管理所（以下简称郑州车管所）。在事故大客车登记查验过程中，未严格按照规定对两项必须查验项目进行查验，在机动车查验记录表缺少两项认定意见的情况下,缺项审核通过;在办理机动车转入业务时,未要求申请人补办机动车登记证书并签注;未严格按照规定对机动车查验工作进行全过程记录。(23)郑州市公安局交警支队(以下简称郑州交警支队)。未严格按照规定督促指导郑州交警四大队加强辖区内重点企业、重点车辆安全监管;对郑州车管所开展大客车登记查验业务监督管理不力。(24)郑州市公安局。未有效督促郑州交警支队加强道路交通安全工作。

(三)有关地方政府存在的问题

(1)安徽省阜阳市临泉县人民政府。未严格按照属地原则加强道路交通安全监管工作的领导,未有效督促指导有关部门依法履行道路运输安全监管职责。(2)浙江省绍兴市柯桥区人民政府。未严格按照属地原则加强道路交通安全监管工作的领导,未有效督促指导有关部门依法履行道路运输安全监管职责。(3)河南省郑州市人民政府。未严格按照属地原则加强道路交通安全监管工作的领导,未有效督促有关部门加强沟通协作,形成打击非法道路客运经营工作合力。

四、对事故有关单位及责任人的处理建议

(一)公安机关已采取强制措施人员

(1)王国利,国立公司法定代表人,涉嫌重大责任事故罪,于2019年9月30日被公安机关采取刑事强制措施。(2)谢勇,豫A5072V大客车实际车主,涉嫌重大责任事故罪,于2019年9月30日被公安机关采取刑事强制措施。(3)李国富,国立公司员工、安全领导小组副组长,涉嫌重大责任事故罪,于2019年9月30日被公安机关采取刑事强制措施。(4)王艳娜,国立公司员工、安全领导小组成员,涉嫌重大责任事故罪,于2019年9月30日被公安机关采取刑事强制措施。(5)王华东,国立公司员工、安全领导小组成员,涉嫌重大责任事故罪,于2019年9月29日被公安机关采取刑事强制措施。(6)程伟平,国立公司员工、安全领导小组成员,涉嫌重大责任事故罪,于2019年9月29日被公安机关采取刑事强制措施。(7)陈讲财,为事故大客车接送乘客,涉嫌重大责任事故罪,于2019年9月30日被公安机关采取刑事强制措施。(8)胡天军,为事故大客车接送乘客,涉嫌重大责任事故罪,于2019年9月30日被公安机关采取刑事强制措施。(9)胡学法,为事故大客车接送乘客,涉嫌重大责任事故罪,于2019年9月29日被公安机关采取刑事强制措施。(10)崔志刚,从事二手车代办、车辆过户业务,涉嫌重大责任事故罪,于2019年10月7日被公安机关采取刑事强制措施。(11)海现平,从事二手大巴车买卖业务，涉嫌重大责任事故罪，于 2019 年 10 月 4 日被公安机关采取刑事强制措施。(12) 李克松，郑州市小红帽广告设计室经营者，涉嫌重大责任事故罪，于 2019 年 10 月 4 日被公安机关采取刑事强制措施。(13) 康明现，从事刻章业务，涉嫌伪造国家机关证件罪，于 2019 年 10 月 16 日被公安机关采取刑事强制措施。(14) 袁永飞，河南华之旅汽车客运有限公司管理人员，涉嫌伪造国家机关证件罪，于 2019 年 10 月 30 日被公安机关采取刑事强制措施。

（二）有关公职人员

对于在事故调查过程发现的地方政府及有关部门的公职人员履职方面的问题线索及相关材料，已移交中央纪委国家监委。对有关人员的党政纪处分和有关单位的处理意见，由中央纪委国家监委提出；涉嫌刑事犯罪人员，由中央纪委国家监委移交司法机关处理。

（三）对有关企业行政处罚建议

建议河南省有关部门依法吊销国立公司及其相关分公司营业执照，并处罚款。企业主要负责人终身不得担任道路运输行业生产经营单位的主要负责人。

五、事故防范措施建议

（一）深入贯彻习近平总书记重要指示精神切实提高政治站位

各有关地区党委政府要进一步提高政治站位，深入贯彻习近平总书记关于安全生产重要论述，增强"四个意识"、做到"两个维护"，充分认识抓好道路交通安全工作的重要性，落实"党政同责、一岗双责"要求，切实承担起"促一方发展、保一方平安"的政治责任。各有关部门要严格落实"管行业必须管安全、管业务必须管安全、管生产经营必须管安全"和"谁主管、谁负责"的要求，守土有责、履职尽责，形成共治合力。各地各有关部门要深刻汲取事故教训，加强道路客运市场管理和安全监管，加大非法营运行为整治力度，坚决清理整顿客运市场"挂而不管"乱象，严禁客运车辆特别是旅游客运车辆挂靠经营，严厉打击客运企业和车辆非法营运行为。要不断完善部门间道路交通安全监管协同联动机制，明确部门职责分工，构建道路交通安全全链条监管体系，坚决堵塞行业领域安全监管漏洞。

（二）有效加强道路客运企业及车辆的源头治理

各有关地区要健全完善公安部门和交通运输部门车辆登记和营运准入联动机制，对机动车行驶证使用性质和道路运输经营资质信息进行核查，从源头上遏制无客运经营资质企业所属车辆登记为营运性质。公安部门要严格办理车辆登记查验，对大客车申请登记为营运性质的，将相关登记信息及时抄告交通运输部门,严防大客车非法开展道路客运经营活动。各有关地区对存量客运车辆要建立登记信息通报制度,对行驶证使用性质为营运类的大中型客车,公安部门要及时通报有关部门,对已达到报废标准的,商务部门监督报废,公安部门注销注册登记;未达到报废标准的,交通运输部门要进行核查比对,对未取得道路运输经营许可、擅自从事道路运输经营的依法进行处罚,并告知当事人及时到公安部门办理使用性质变更。建议公安、交通运输部门共同研究限制大客车登记在个人名下的相关规定。建议市场监管部门会同交通运输部门研究完善道路客运企业登记经营范围和涉企行政许可事项的对应关系,将涉及道路客运经营有关市场主体信息及时、精准推送至交通运输部门,对不符合道路客运许可条件的,由交通运输部门及时反馈市场监管部门建议采取依法变更营业执照有关经营范围等措施。

(三)创新完善道路客运安全管理常态化工作机制

各有关地区要进一步顺应"放管服"改革需求,认真剖析非法营运问题突出的深层次原因,科学施策、精准发力、疏堵结合,充分考虑道路客运市场需求,避免政策简单化、一刀切。要完善道路客运相关信息的沟通共享机制,打通交通运输、公安、市场监管、文化和旅游、商务等部门之间的信息孤岛,实现客运企业、营运客车和驾驶人员的注册登记信息、营运资质信息等联网联通、全国统一、全国可查、精准推送,真正发挥信息化手段辅助监管执法的作用。要充分运用大数据、物联网、人工智能等现代信息技术建立针对非法营运车辆的实时比对核查系统,实现自动报警、精准查处。交通运输等部门要加强营运车辆信息快速查询渠道的宣传普及,进一步简化查询方式,以便乘客快速区分营运和非营运车辆,各相关部门要建立健全道路交通领域举报重大事故隐患和安全生产违法行为的奖励制度,形成乘客选择、社会监督、政府监管的共建共治共享良好局面。

(四)切实加大道路客运执法查处力度

各有关部门要进一步加大道路客运执法查处力度,依法查处各类违法行为。交通运输部门要严查非法从事道路客运经营行为,对发现未取得道路运输经营许可,擅自从事道路客运经营的企业,依法责令停止经营、顶格处罚,纳入"黑名单"管理,构成犯罪的,移交相关部门依法追究刑事责任;对发现名下有大量使用性质为营运类车辆、非法营运问题突出、存在重大安全隐患的企业,要提请地方人民政府依法关闭取缔,坚决打击"黑公司"。要督促客运企业切实履行企业安全生产主体责任,配齐安全管理人员,加强车辆日常维护保养，提高车辆技术状况，严格落实 24 小时动态监控要求，及时发现并纠正营运车辆超速、疲劳驾驶、不按规定线路行驶等行为。公安部门要加大对大客车超速行驶、超员载客等严重交通违法行为查处力度，组织调整升级测速取证设备，强化大客车速度管控。建议最高人民法院研究将非法营运构成非法经营罪的典型案例纳入全国指导性案例，加大对非法营运行为的震慑作用。

（五）进一步提升道路客运本质安全水平

推动加强营运大客车报废研究，建议商务部门牵头，会同发展改革、工业和信息化、公安、生态环境、交通运输、市场监管等部门共同研究调整大客车鼓励淘汰、强制报废、报废回收管理规定，加大达不到安全运行条件的老旧大客车淘汰报废力度，消除大客车"营转非"后非法营运的空间。推动加强爆胎问题研究，建议工业和信息化、公安、交通运输等有关部门推进国家标准有关新生产车长大于 9 米的客车前轮应装备爆胎应急安全装置规定的实施。建议市场监管部门加强市场流通环节的关键零部件质量抽查，确保影响运行安全的制动、转向、轮胎等关键零部件总成产品质量符合标准要求。建议市场监管、交通运输等有关部门进一步完善大客车座椅强度试验标准，提高客车座椅及其固定件结构强度，提高客车座椅抗冲击能力，提升司乘人员的生命安全保障水平。有关单位要进一步加强对早期建设的高速公路护栏等安全防护设施的检查检测，及时发现问题，结合公路安全运营状况和改扩建工程，参照新的标准规范指南等逐步更新改造，强化安全设施产品质量管控，提升高速公路护栏安全防护能力。

写法简析

这是一篇关于长深高速江苏无锡"9·28"特别重大道路交通事故调查报告，内容全面、系统，堪称典范。全文首先用一个自然段对事故的基本情况加以概述，特别突出了各级领导的重视，成立了专门的事故调查组，经过周密细致调查得出了结论：事故调查组认定，长深高速江苏无锡"9·28"特别重大道路交通事故是一起生产安全责任事故。这就使人一下子抓住了事故的实质。接下来，全文分成事故有关情况（包括事故发生经过、事故救援处置情况、事故车辆情况、事故车辆驾驶人情况以及事故企业情况等）、事故直接原因、事故暴露出的主要问题（包括企业存在的问题、有关部门存在的问题以及地方政府存在的问题等）、对事故有关单位及责任人的处理建议（包括公安机关已采取强制措施人员、有关公职人员、对有关企业行政处罚建议）、事故防范措施建议五大部分进行较为系统严密的陈述，依循这样的思路，全文在谋篇布局上即采取了事故基本情况和性质——事故发生经过、应急救援及善后处理情况——事故原因认定分析——事故暴露出的问题——对责任人员和责任单位的处理建议——防范措施等系统完善的架构，既有基本情况的概述，又有事故发生经过及应急救援等的叙写；既有事故原因及性质的分析认定，又有对有关责任人员和责任单位的处理建议。更为重要的是，在此基础上最后提出了调查的意见建议，即今后的防范措施，总共从五个方面加以提出，十分明确具体，富有针对性和可行性。从整体上看，全文内容完整，表述详尽具体，结构严谨，环环相扣，而且主次分明，重点突出，尤其是对事故原因的分析及责任认定，交待得一语中的，责任认定准确恰切，显示出了调查组成员严谨细密的工作作风及由此所取得的成绩，最后出了5条防范措施，既有现实的针对性，又有对类似事故普遍的指导意义。因此，无论从哪个方面来讲，这篇调查报告都是一篇难得的典范之作。

（五）要点撷萃

要写好调查报告，应当注意把握如下几点：

（1）在"调查"上下功夫，确保材料的真实性和说服力。毛泽东说过："没有调查，就没有发言权。"同样，没有调查就没有调查报告的写作权。撰写调查报告，必须以认真、细致、周密的调查活动作为坚实的基础。只有这样，才能保证其所用材料的真实性，也才能使之具有说服力。否则，不下苦功夫进行调查，就往往容易导致报告的不真实性，或者以偏概全，或者挂一漏万，而这又势必影响通篇报告的质量，这种调查报告不会对实际工作具有任何指导作用。因此，要写好调查报告，必须对调查对象进行深入、细致的了解，力求获取全面材料，包括正面的、反面的、现实的、历史的，上层的、下层的（领导和群众）等。只有这样，选用起来才会得心应手，左右逢源；也才能对大量的事实材料进行分析比较，从而得出正确结论。在调查过程中，还要坚持运用马列主义的立场、观点和方法来观察问题、认识问题和解决问题，它是使调查活动趋于正确的思想基础和理论基础。

（2）在"研究"上做文章，确保调查报告的指导性。"研究"是对调查所得材料的深化，也是写好调查报告的关键所在。没有这个环节，所撰写的调查报告只能是事实现象的堆砌和罗列，不具有任何实用价值。要在辩证唯物主义和历史唯物主义的指导下，通过对调查对象的精心比对和分析，将全部情况和材料进行"去粗取精，去伪存真，由此及彼，由表及里"的改造制作，扬弃表面的、支流的东西，抓住事物的主要矛盾和矛盾的主要方面，要侧重于对事物内部联系的研究，努力寻觅和挖掘出其深层意义，找出规律性，然后将其上升到理论的高度，实现认识的升华。在此基础上所得出的结论及提炼出的主旨，必然是新鲜的，具有时代特色和实际的指导意义。

（3）要合理安排"框架"结构，做到眉清目楚，线条分明。调查报告文种所涉及的内容十分广泛，它要反映出事物或事件发展的全过程，并要进行恰切有力的分析，找出根源，提出下一步工作意见和建议。既要提出问题，又要解决问题；既要摆事实，又要讲道理；既要以材料说明观点，又要用观点统率材料。为此，在撰写时必须精心设计其框架结构，以便合理地使用所获取的材料，更好地突出全文的主旨。对其外形结构的安排方式，通常有三种：一种是分部分式，即以调查点为核心，调查了几个点，就分为几部分叙写；二是分阶段式，即按照时间顺序或事物的产生、发展和变化过程的先后顺序，将其划分为若干个阶段，逐段进行叙写，前后有所概括，有所归纳；三是分问题式，即将调查情况归结为几个方面问题，按其内容性质的主次、轻重的逻辑顺序，逐一进行叙写。究竟采用何种形式，应视具体的内容表达需要确定，要做到眉清目楚，有助于说明问题。

（4）要力求准确，做到材料翔实，逻辑严密。调查报告的准确性首先表现为策见的准确。所谓策见的准确，是指对复杂的事物要通过实际调查，做出彻头彻尾、彻里彻外的分析，提出精辟的见解，以此制定出正确的方针政策。

（5）应注重表达手法的特定性，用语要生动活泼，耐人寻味。调查报告要用事实说话，要反映事物发生、发展和变化的过程，并要对其进行分析，找出规律性的东西，用以指导工作。这样，在写作时势必既有叙述，又有议论，是叙述和议论（即夹叙夹议）的有机结合。优秀的调查报告无一不是两种表达方式的高度统一体。在语言运用上，应力求生动活泼，富于表现力。要善用比喻、排比、引用等修辞手法，这些均有助于语言表达得生动形象。

七十八 讲话稿

（一）适用范围

讲话稿是在各种会议或集会上，为表达讲话者的见解、主张，交流思想、进行宣传或者开展工作而经常使用的一种公文。它既包括各级领导者的发言稿，也包括一般人的各种发言稿，范围较广。

(二) 主要特性

与其他应用文相比较，讲话稿具有自己的特色。主要表现在以下几个方面：

(1) 媒介的声音性。"媒介"指讲话主体与受体（听众）之间的沟通媒介。一般的应用文多以书面文字形式传递各种信息来实现主体的行文意图。而讲话稿则不然，它是靠声音传递，讲话者将自身储存的信息即见解、主张、感受等，以声音为媒介，向受体输送。

(2) 反馈的直接性。是指讲话稿在借助声音传递出去后，主体的表情和态度，受体的情绪和反应，均可在同一时刻直接地显现出来。这点是其他应用文难以企及的。

(3) 特定的对象性。一篇讲话稿，其讲话主体是谁，需要在什么场合，针对哪些人（客体）发表讲话，一般而言都是比较确定的。也就是说，讲话稿的写作要受主体、客体和讲话场合等多种特定因素的制约。

(4) 表述的口语性。讲话稿靠声音传递的特点，决定了其在语言运用上必须具有一定的口语性。它一般根据不同的受体及其接受能力、不同的讲话场合来选择恰当的语言进行表达，同时，主体语言表达的习惯特征也要考虑进去。

(5) 适度的情感性。是指讲话稿的写作，往往需要运用各种表达方式来调动听众的情绪，以引起主客体双方的共鸣，从而增强其鼓动性、号召力和感染力。

(三) 结构模式

讲话稿的内容结构一般由以下及部分组成：

1. 标题

一般有三种写法，即(1) 揭示主旨的标题；(2) 直接使用××同志讲话的标题，它是由讲话人的姓名、会议名称及"讲话"内容组成；(3) 点明中心的标题加上"××同志在××会议上的讲话"的副题。通过标题，可以使我们知道讲话者将围绕一个什么中心去展开讲一些具体问题。

2. 开头

主要有六种写法：（1）表明态度，点出题目。即对一个问题、一件事物或一个会议，亮明讲话者的态度，然后顺势把下面要讲的主要内容讲出来。（2）起句立意，揭示主旨。即采用倒悬法，把讲话的主旨写于开端处。（3）分析实际，提出问题。即在开头处对当前面临的形势和工作中的实际问题进行概括的分析，进而说明讲话的原因、目的和背景。（4）作出评价，说明目的。一些纪念性、群众性的会议，领导同志讲话开始时，对所纪念的重要人物和重要事件作出评价，然后交代会议讲话的目的。（5）开门见山，引起下文。（6）致以祝贺，表示慰问。一些纪念性的会议讲话，节日的祝辞（词）及各种代表大会的祝贺讲话等，开头一般是致以祝贺或慰问。

3. 主体

所谓主体部分，即讲话稿主题的具体展开，要围绕中心思想来分析、回答、解决问题，是讲话稿的核心所在。由于讲话人的身份，会议的背景、内容、时间、地点、对象等各不相同，所以主体部分的写法必须因人因事，因地制宜，视具体情况而定。但是，不管具体情况如何千差万别，其基本结构和写法是万变不离其宗的。

正文主体部分的结构和写法，基本有三种：第一种是划分几大块即几大部分，每一个部分相对表达一个独立完整的意思。在每个部分里，又做比较具体的展开，并列地写几个问题，采用的是横向的并列式，这种结构形成的讲话稿是相当普遍的。第二种是把要讲的内容归纳成几个问题，一个问题一个问题地讲，每一个问题相对表达一个侧面的内容。第三种是全文一贯到底，中间没有序号，而是划作若干自然段。

4. 结尾

一般有以下几种写法：（1）由分到总，提出要求。（2）满怀激情，提出希望。即在结尾处对今后的工作、学习、生活和事业的发展，用激励斗志、振奋人心、富于鼓舞性的言语，向与会者提出简明扼要的要求。（3）总括事理，坚定信心。对通篇讲话的内容，进行推理概括，用非常精练的文字使其上升到哲理高度，进而表明讲话者的坚强信念，使讲话达到高潮。（4）祝贺成功，发出号召。有些讲话稿，最后用"让我们紧密携手，在克服困难中前进吧""祝大会圆满成功""祝大家快乐、工作顺利"等语句结尾。（5）商讨征询，求得意见。

(四) 范例简析

在全乡基层党建工作会议上的讲话

同志们:

根据县委党建办《关于扎实开展党的基层组织建设年活动推进发展型党组织建设实施方案》要求,为推动我乡基层党建工作制度化、规范化,今天在这里组织召开大田乡基层党建工作会。下面,结合我乡基层党建工作实际,讲三点意见。

一、充分认识加强基层党建工作的重要性

(一)加强基层党的建设,是巩固党的执政基础的根本要求。乡属部门、村级基层单位是我国社会组织结构中最基础的层次,是社会生活的基本单位,党在基层的方针政策只有在这一级得到落实才是真正的落实。基层党组织的规范化建设能不能搞好,直接关系到党的组织基础、物质基础和群众基础是否巩固,关系到改革、发展和稳定的大局。只有切实加强基层班子建设和基层干部队伍建设,全面提高基层党组织的凝聚力、战斗力,才能巩固党在基层的组织基础;只有团结带领群众大力发展先进生产力,才能巩固党在基层的物质基础;只有在经济不断发展的基础上,不断提高群众收入,改善群众生活,才能得到广大群众的拥护,巩固党在基层的群众基础。因此,适应新形势新任务,全面加强基层组织规范化建设,具有重要的政治意义。

(二)加强基层党的建设,是解决当前突出矛盾和问题的现实需要。当前,我乡发展稳定大局总的形势非常好,但"和谐之中有危机,安定之中有隐患"。发展速度慢的问题,政府信誉危机的问题,群众发展观念落后的问题,上访率高的问题,都是影响我们实现又好又快发展的隐患。存在这些矛盾和问题,归根结底是基层党的建设不到位,没有把党的方针政策落到实处。

我乡基层党组织整体状况比较好,但战斗力不强、不适应发展、不适应变化的问题还在一定程度上存在。有的党员党性观念不强,缺乏为群众无私奉献的事业心和责任感;有的政策水平不高,不能全面理解和正确执行党的政策,不熟悉、不会做、不愿做群众工作。有个别村"两委"关系不协调,形不成合力,班子比较软弱;一些村党支部书记及其成员的能力素质不高,缺乏带领群众脱贫致富的能力和本领,甚至工作方法简单粗暴;社区党组织开展党建活动的方式方法陈旧，不能适应服务社区群众的新需要；机关党建工作思路有时还不够新颖，工作方法还不够灵活。所以，要从根本上消除影响我乡发展稳定大局的各种隐患，保证我乡实现又好又快发展，必须随着新形势、新任务的变化，在提高基层党建水平上下狠功夫，使基层党的建设有一个质的飞跃。

二、今年基层党建工作的主要任务

今年，我乡各基层党支部要从实际出发，按照"农村深化完善、企业重点突破、社区总结推广、机关巩固提高"的总体思路，分类指导，整体推进，努力把基层党组织建设成为经济和社会各项事业发展的组织者、推动者和实践者，全面提升我乡基层党建工作的整体水平。

（一）围绕社会主义新农村建设，深化农村党建工作。农村基层党建工作是否有成效，最终要在建设社会主义新农村的实践中去体现，要用农村经济社会的发展来检验。实践证明，只有紧紧围绕发展农村经济、增加农民收入开展党建工作，党建工作才富有成效，才有强大的生命力。年初，我们出台的村级目标考核办法，把经济工作和基础设施建设作为今年村上工作的重点，充分体现了党委政府对农村经济工作的重视。各村党支部要把加快农村经济社会的发展作为农村党建工作的中心任务来抓，全面加强基层领导班子和干部队伍建设。要借今年村级班子换届之机，把选好配强党支部书记作为村级班子建设的重中之重，高度重视村级后备干部队伍建设，将那些党性强、作风正、年龄轻、文化程度较高、有一定致富带动能力的党员和致富能人作为村级后备干部进行重点培养。同时，乡党委要抓好村"两委"干部的培训工作，通过不断的教育培训，开阔视野，增长见识，引导各村因地制宜发展工业经济，发展特色农业等不同方式方法发展壮大集体经济，增加群众收入。

（二）围绕推进工业强乡战略，加强非公有制经济组织党建工作。本届政府提出了"工业强乡，劳果畜富民"的战略思想，按照中央、省、市、县"围绕发展抓党建，抓好党建促发展"的精神，要在我乡推进工业强乡战略，必须加强非公有制企业的党建工作。截至今日，新一届党委政府招商企业7个，今后一段时期，我们要本着"有利于党建工作的领导，有利于党组织和党员作用的发挥，有利于非公有制企业发展"的原则，集中力量完成党组织组建目标，不断扩大党组织的覆盖面。对具备条件而未建立党组织的非公有制经济组织，要找原因，找对策，限期建立党组织，凡有3名以上党员的非公有制企业，都要单独建立起党组织；不足3名党员的企业，要采取联合组建、挂靠组建等办法建立党组织；对暂不具备建立党组织条件的非公有制经济组织，要采取先建立群团组织和选派党建工作指导员、联络员等措施，积极在非公有制经济组织中开展党的工作。今年，我们力争在王佑德石英砂厂建立党支部，积极开展党组织活动。

（三）围绕和谐社区建设，提升社区党建工作水平。进一步健全完善条块结合、共驻共建的社区党建机制，发扬民主、依靠群众的考评监督机制，能上能下、能进能出的社区干部选配机制，强化培训、落实待遇的社区干部管理激励机制和各司其职、齐抓共管的工作责任机制。在实行规范化管理的基础上，全面加强社区领导班子建设，把社区领导班子建设成为"社区发展的带头人，社区居民的知心人"。积极探索社区党员发挥作用的新途径，通过开展党员志愿者服务、"党员责任区"等创建活动，影响和带动居民群众创建"文明社区、和谐社区"。社区党支部要采取有效措施，面向社区弱势群体提供社会救助、优抚保障服务，面向社区居民提供便民利民服务，面向下岗职工提供再就业服务和社会保障服务，使社区建设和社区党建工作更有凝聚力和亲和力。

（四）围绕加强机关作风建设和效能建设，狠抓机关党建工作。结合正在开展的机关作风整顿建设活动，切实转变机关作风，提高工作效能，同时把先进性教育活动中创造的好经验、好做法、好制度坚持下来，进一步健全完善机关党员干部学习、民主评议党员等制度，促进机关干部整体素质的全面提高；全面完善服务承诺制、首问负责制，规范工作程序，精简办事环节，提高服务质量。特别是结合县上开展信访和群众工作的要求，大力推行领导在一线服务、干部在一线创业、政策在一线体现、问题在一线解决、形象在一线树立的"一线工作制"。认真落实联系村（居）工作的总体安排部署，切实把大田乡机关建设成为基层满意、群众满意的学习型机关、服务型机关、创新型机关。

三、切实加强对基层党建工作的领导

一要强化领导责任。搞好基层党建工作，乡党委和村级党支部都负有重大责任。要进一步明确村（社区）党支部的工作责任，进一步明确乡党委对村（社区）、学校、企业、机关党支部党建工作的领导责任，进一步明确组织、纪检、宣传等党建工作责任单位的责任，建立起党委统一领导，部门分工负责、齐抓共管的工作机制。每位党组织负责人都要牢固树立"抓好党建是本职，不抓党建是失职"的观念，不断增强围绕发展抓党建，抓好党建促发展的意识。分管负责人（党务副书记）要真正承担起责任，认真履行好安排部署、协调力量、调查研究、抓点引路、检查指导、考核奖惩等职责，集中力量抓好基层党建工作。各支部负责人，要亲自挂帅，经常研究工作中出现的新情况、新问

题，推进基层党建工作的健康发展。

二要完善管理机制。组织部是基层党建工作的牵头部门，要组织力量对完成党建工作目标任务的情况进行定期考核，各相关部门要密切配合，形成乡党委对党支部、党支部对党员的两目标管理体系。今年，县上对我们乡的党建目标考核中，党建占70分，经济工作占30分；经济目标考核中，经济工作占70分，党建占30分，也就是说党建、经济都是双算。我乡也把党建工作列为今年村级和部门年度考核的重要内容，同时我们也要把考核结果作为干部使用的重要依据，作为部门评先选优的重要依据。

三要关心基层干部。广大基层干部特别是村干部，长期工作在一线，直接面对人民群众，矛盾焦点多，难事硬事多，非常辛苦。乡党委要进一步关心帮助基层干部，对他们既严格要求，严格管理，又在政治上、生活上多关心、多体谅，使他们大胆工作。对受到不公正对待的，乡党委要理直气壮地为他们撑腰。要大力宣传基层干部艰苦奋斗，无私奉献的先进事迹，为基层干部创造良好的工作环境和舆论氛围。

同志们，党建工作是一项系统工程，任重而道远。加强新形势下的基层党建工作，我们责任重大，任务艰巨。希望大家切实增强政治意识、责任意识和大局意识，以更加昂扬的斗志，更加科学的态度，更加扎实的作风，不断开创新时期我乡基层党建工作新局面。

我的讲话到此结束，谢谢大家的聆听！

写法简析

这是一篇基层乡镇党委书记的讲话，全文篇幅不长，却写得很有特色。全文开门见山，直接表明召开会议的依据和目的，并用"下面，结合我乡基层党建工作实际，讲三点意见"过渡句提领下文，显得自然顺畅。主体部分讲了三个大方面的事项，层次清晰，重点突出，特别是对全年党建工作的主要任务做了比较详尽的阐述，让听众明晓党建工作应当做什么、怎样做，从而使通篇讲话内容实在，用语流畅，最后对与会人员提出了希望和要求。

与一般的会议讲话相比，本文仅有几百字，用极凝练的语言表达了丰富的内容，是一篇值得细细欣赏的佳作。

(五) 要点撷萃

(1) 要恰当选用句式。写作讲话稿要尽量使用短句，避免长句，也不要使用倒装句。

（2）要恰当选用词语。讲话稿中的词语应尽量选用双音节词，同时还应注意口语化，避免过多使用文言或书面语言，以增强讲话稿的可接受性，提高其表达效果。

（3）要恰当使用数字。一方面，尽量少用数字划分段落和层次，以免造成混乱；另一方面，应用小写汉字，如"34857"应写为"三万四千八百五十七"，以减少讲话者"数位"的麻烦。

（4）要恰当选用语气。讲话时语气很重要，它往往决定着其内容的影响和感染力。要针对不同的对象，选用适当的词语和语气，做到耐人寻味。

七十九　开幕词

（一）适用范围

开幕词也属于讲话稿，是国家机关、社会团体、企事业单位的领导人在各种大型会议或重要会议开始时，向与会人员宣布会议开始并发表的带有指示性、方向性、指导性的致辞。开幕词的作用表现在，阐明会议主旨及其指导思想，说明会议程序，提出会议注意事项，引导会议围绕既定主题和议程顺利进行。

（二）主要特性

（1）宣告性。在开幕词中，领导人要郑重宣告会议正式开幕，给会议造成一种严肃、隆重的气氛。特别是具有重要历史意义的会议，其开幕词与会议的其他文件一起成为载入历史的光辉历史性文件。

（2）明显的说明性。开幕词一般以说明性的语言，阐明会议的指导思想、宗旨、性质、任务、目的、议程、要求等，对会议的进行起着重要的指导作用。

（3）高度的概括性。开幕词的语言简洁、明快，同时热情、富有感染性和鼓动性。

（4）主体的特殊性。开幕词并不是什么人都可以作的。无论是国家机关、企事业单位或社会团体等，不管是什么会议的开幕词，能够承担致开幕词任务的一般都是主要领导或具有一定社会身份和名望的人。主要领导人亲临大会并发表开幕词，显示了组织者对大会的重视。

（三）结构模式

开幕词的结构由标题、称谓、正文、结语四部分构成。

1. 标题

有三种写法：一是由会议名称加文种组成，如邓小平所作的《中国共产党第十二次全国代表大会开幕词》；二是由讲话人姓名、职务、会议名称以及文种组成，如《习近平主席在 G20 杭州峰会上的开幕词》；三是用开幕词的主旨或主要内容作标题。如毛泽东在 1945 年 4 月 27 日中国共产党第七次全国代表大会上所作的《两个中国之命运》的开幕词。

2. 称谓

称谓是对与会者的统称，要根据会议的性质和与会者的身份来称呼。在国内，党的会议一般用"同志们"来称呼；人大、政协会议用"各位代表"来称呼；国际会议一般按国际惯例用"各位嘉宾、女士们、先生们、朋友们"来称呼。

3. 正文

正文有开头、主体、结尾三部分。

第一，开头。开头常见的写法有：

以宣布大会开幕为开头。如毛泽东在 1945 年 4 月 27 日中国共产党第七次全国代表大会上所作的《两个中国之命运》的开幕词，只用了一句"中国共产党第七次全国代表大会今天开幕了"作为开头，既简洁又庄重。

以介绍与会者的有关情况为开头。如毛泽东在 1954 年 9 月 15 日第一届全国人民代表大会第一次会议上的开幕词的开头："中华人民共和国第一届全国人民代表大会第一次会议，今天在我国首都北京举行。代表总数一千二百二十六人，报到的代表一千二百一十一人，因病因事请假没有报到的代表十五人，报到了因病因事今天临时缺席的代表七十人。今天会议实到的代表一千一百四十一人，合于法定人数。"

以向与会者表示祝贺与欢迎为开头。如例文的开头即是如此。

第二，主体。主体是开幕词的核心部分，主要写明召开大会的意义、会议的议程、大会的目的和任务等几方面内容。

第三，结尾。结尾或提出希望与要求，或发出号召，或展望前景，坚定信念。

4. 结语

常用"预祝大会圆满成功"之类的祝颂语来结束全文。

（四）范例简析

范例 1

为建设一个伟大的社会主义国家而奋斗

（1954年9月15日在第一届全国人民代表大会第一次会议上的开幕词）

毛泽东

各位代表！

中华人民共和国第一届全国人民代表大会第一次会议，今天在我国首都北京举行。

代表总数一千二百二十六人，报到的代表一千二百一十一人，因病因事请假没报到的代表十五人，报到了因病因事今天临时缺席的代表七十人。今天会议实到的代表一千一百四十一人，合于法定人数。

中华人民共和国第一届全国人民代表大会第一次会议负有重大的任务。

这次会议的任务是：

制定宪法；

制定几个重要的法律；

通过政府工作报告；

选举新的国家领导工作人员。

我们这次会议具有伟大的历史意义。这次会议是标志着我国人民从一九四九年建国以来的新胜利和新发展的里程碑，这次会议所制定的宪法将大大地促进我国的社会主义事业。

我们的总任务是：团结全国人民，争取一切国际朋友的支援，为了建设一个伟大的社会主义国家而奋斗，为了保卫国际和平发展人类进步事业而奋斗。

我国人民应当努力工作，努力学习苏联和各兄弟国家的先进经验，老老实实，勤勤恳恳，互勉互助，力戒任何的虚夸和骄傲，准备在几个五年计划之内，将我们现在这样一个经济上文化上落后的国家，建设成为一个工业化的具有高度现代文化程度的伟大的国家。

我们的事业是正义的。正义的事业是任何敌人也攻不破的。

领导我们事业的核心力量是中国共产党。

指导我们思想的理论基础是马克思列宁主义。

我们有充分的信心，克服一切艰难困苦，将我国建设成为一个伟大的社会主义共和国。

我们正在前进。

我们正在做我们的前人从来没有做过的极其光荣伟大的事业。

我们的目的一定要达到。

我们的目的一定能够达到。

全中国六万万人团结起来，为我们的共同事业而努力奋斗！

我们的伟大祖国万岁！

写法简析

这是毛泽东在第一届全国人民代表大会第一次会议上的开幕词，篇幅简短，但表达内容却很齐全。标题采用了一个高度概括内容的主题句，反映了当时的历史背景和全国人民的使命。称谓部分只使用了"各位代表"，如果是代表大会，称谓一般就是这样来写。

正文部分，开头用陈述性语句宣布会议开始；主体包括会议的法定程序、会议的任务、会议的意义、当时历史时期的总任务和要求。召开代表大会首先应说明会议的程序是否合法，具体是通过到会代表是否达到法定人数来加以反映。接着说明了会议的主要任务，具有明显的会议目的性。然后说明完成会议任务所产生的重大意义，最后由会议的任务延伸到目前的总任务和执行任务的要求，进一步扩展了会议的意义。结尾是通过一系列短句来结束的，高度总结了所取得的历史经验和完成目标的决心，这些句子已经成为几代人的理想追求和指导工作的经典。

与一般的开幕词相比，这篇开幕词仅有几百字，但对于当时的会议却起到了重要的作用，而且用极其凝练的语言表达了丰富的内容，是一篇值得细细欣赏的优秀开幕词。

范例 2

2020年度全县国税工作总结表彰大会开幕词

同志们：

在这辞旧迎新的时刻，我们国税系统精英荟萃，壮志抒怀，隆重召开2020年度全县国税工作总结表彰大会。首先，我代表局党组，向一年来关心、支持国税工作的各级、各部门领导表示衷心的感谢！向参加会议的各位功臣表示热烈的祝贺！并通过你们向工作在征管第一线的全体干部职工及家属，表示崇高的敬意和亲切的慰问！

过去的一年，我县广大国税干部在市局和县委、县政府的正确领导下，同舟共济，开拓创新，各项工作都取得了丰硕成果：精神文明建设初见成效，文明创建活动蓬勃开展，国税行业形象日新月异；征管改革不断深化，征管质量和效率日益提高，税收征管水平又向现代化迈进了一大步；税收执法进一步规范，依法治税迈出了新的步伐，整个队伍的政治素质、业务素质、勤政廉政意识普遍得到提高；国税收入历经千难万险，圆满实现了预定的奋斗目标。总之，2019年，全体国税干部职工为全县经济发展，为全县国税事业出了大力，流了大汗，操了大心，劳苦功高。今天，我们召开这次总结表彰大会，就是对过去的一年进行全面总结，以迎接新挑战。

这次会议的主要议程有三项：一是全面总结2020年工作；二是布置2021年工作；三是表彰先进工作人员，交流经验。

同志们，这次大会既是一个辞旧迎新的总结会，也是一个继往开来的誓师会。通过这次大会，我们全县国税干部职工必将秣马厉兵，昂扬上阵，以饱满的热情和旺盛的斗志踏上新的征程，为我县改革开放和国税工作做出新的贡献。

预祝大会取得圆满成功！

写法简析

这是一篇开幕词，篇幅简短，但表达内容却很齐全。标题简明扼要，直接表明文书内容和性质。称谓部分只使用了泛称"同志们"，如果是代表大会，称谓一般写"各位代表"。

正文部分，开头用充满激情的语句宣布会议开始；主体部分首先对该局2020年的工作进行简要回顾，然后说明本次会议的主要任务，以及完成会议任务所产生的重大意义。结尾是通过"预祝大会圆满成功"这一惯用短句来结束的。与一般的开幕词相比，这篇开幕词仅有几百字，但对于会议的胜利召开起到了重要的作用，而且用极凝练的语言表达了丰富的内容，是一篇值得细细欣赏的优秀开幕词。

（五）要点撷萃

（1）篇幅不宜太长。开幕词要奠定会议的基调，在会议上一般用十几分钟即可讲完，因此要求层次清楚，语言简洁明了。虽然对会议的主要内容、意义、开法等都要有一个明确交代，但也仅仅是画龙点睛般的提示，而不宜说得过细。切忌长篇大论，尤其要防止成为大会报告的缩写。

（2）气氛庄重热烈。开幕词既要庄重有力，又要富有感情色彩；既要具有严肃性，又要具有生动性，使讲话热情激昂，富于感染力和鼓动性，尽量避免"官话""套话"。结尾或动员与会者开好会议，或号召完成今后任务，或预祝大会成功，都需要热情昂扬，使与会者受到鼓舞，产生开好会议的信心，沉浸在待战的兴奋情绪之中。

（3）主题鲜明显豁。要紧紧围绕会议议题，传达会议的主导精神，使主题做到鲜明深刻，充分发挥会议开幕词的"序曲"和"定调"功用，切不可事无巨细，不加选择地将会议内容全部写入，更不可偏离会议主题去唱"信天游"。

八十　欢迎词

（一）适用范围

欢迎词是机关、团体和企事业单位常用的一种重要公关礼仪文书。它是在迎接宾客的仪式、集会和宴会上对宾客的光临表示热诚欢迎时使用的一种礼仪文书。

（二）主要特性

（1）针对性。欢迎词要有针对性，即看对象说话，也就是说，你欢迎谁，谁就是你讲话的对象。对不同的对象，有不同的欢迎形式。在社会交往中，所迎接的宾客可以是多方面的，如上级领导检查团、同行业的考察团、有关单位的参观团等。来访者的身份不同、目的不同，欢迎的形式和规模不同，欢迎词的内容和形式也就不同。

（2）场合性。人们常说，在不同的场合说不同的话。在社会交往中，欢迎的场合也是多种多样的，有隆重热烈的场合，有欢快轻松的场合，有严肃庄重的场合；有宴会、酒会、记者招待会、座谈会、展销会、洽谈会、恳谈会、订货会等，不同的场合，欢迎词的内容也是不同的，该欢快的时候欢快，该严肃的时候严肃，该轻松的时候轻松，该热情的时候热情。

（3）分寸性。欢迎词要说得真诚、得体、谦虚、礼貌、热情；语言亲切、分寸得当、落落大方、不卑不亢。

（三）结构模式

欢迎词的结构大体上由如下几部分组成：

1. 标题

一般应由致辞场合、致辞人和文种三个要素组成，例如《在欢迎日本松下集团考察团宴会上××××总经理的欢迎词》；也可以省略致辞人姓名，只以场合和文种名称为题，如《在××公司组建10周年庆典上的欢迎词》；还可以直接以"欢迎词"文种名称作为标题，以示显豁、鲜明。

2. 称谓

即对被欢迎宾客的称呼，一定要写得礼貌得体。用语要确切、亲和，一般应在称呼之前冠以诸如"尊敬的""亲爱的"之类的修饰语，并在其后加上被欢迎宾客的头衔，也可加"先生""女士""夫人"之类的称谓。

3. 正文

这部分是欢迎词写作的主体，应根据实际情况表达不同的内容。一般应先交代致辞者在何种情况下，代表谁，向宾客表示欢迎、感谢和问候；接下去阐明宾客来访的目的、意义和作用，同时回顾宾主双方交往的历史与友谊，对宾客在交往过程中所做的贡献予以赞扬，突出双方合作的成果，并表示继续加强合作的意愿。要用充满激情的笔调，对合作的前景作出展望，以增强行文的鼓动性。

4. 结尾

在正文的右下侧，由致辞的机关、致辞人具名，并署上日期。也可在标题之下载明。

（四）范例简析

在××级新生入学开学典礼上的欢迎词

××级的全体同学你们好：

我代表××学院，对同学们如愿成为××××大学××学院的新成员，表示热烈的欢迎！对同学们经过长期的努力，严格的选拔，能够步入科学殿堂接受高等教育表示衷心的祝贺！在教师节前夕，向养育你们的父母和在你们成长的过程中付出心血和努力的教师们表示深深的敬意！

××××专业是省部级重点学科，具有工学硕士授予权。学院现有教职工××多人，其中正副教授××人，高级工程师××人。目前师资力量结构合理，教学、科研实力雄厚，整个学院团结向上，充满活力，发展势头很好。

下面我就如何理解和对待大学学习生活谈一点看法，供同学们参考。

从教育的阶段性而言，大学与中学所具有的共同任务是知识的传承和人才的培养。但是高等学校还具有知识创新和社会服务的两项职能。而且具有丰富的学科门类。因此，大量的学术、科研和艺术活动以及完善的教学科研设施设备，为学生提供了知识深化和科研能力培养以及拓展知识领域的前提条件。大学与社会的广泛联系，丰富的社会时间活动为同学认识社会，渐入社会创造了条件。希望同学们能够不失时机地、主动而有效地利用好大学的学习资源，不断地完善自我。

从学生的角色而言，你们正处于从学校即将步入社会的全面积累和实践的角色转换工程中。中小学的主要任务是为接续性教育培养人，而大学主要是面向社会和经济的发展和科学研究，培养高素质、专门化的高级人才。因此，希望同学们一方面要努力学好专业知识，也要深入感受社会，提高自己的各方面能力。

从知识的学习而言，大学的教学内容更加系统、深刻和相对的专门化。一开始，一些同学们会不太适应，有的感到知识博杂而不易掌握，有的会感到内容抽象不易把握。但是，坚持一个时期后，你们会感到学习能力跃上一个新台阶。大学的学习不仅是知识的积累，更重要的是学习能力的养成和研究能力的提高。希望同学们要在掌握专业知识的同时，注意学科形成与发展的过程及规律、独特的思想与方法，提高分析和解决问题的能力，提高创新意识和研究能力。

从教学的方式而言，大学教师是学生的指导者和引路人，从某种意义而言，大学教师是导师而不是老师，"授人以鱼不如授人以渔"就是这个道理。希望同学们要多读书勤思考，切实提高自学能力，培养自我实施终身教育的意识和能力。

从管理的形式而言，大学里没有了家长式的呵护和管理，实行在负责学生工作教师的指导下，学生自我组织和管理的模式。目的就是要锻炼同学们的独立意识和个体能力的形成。希望同学们能够正确理解和主动适应这种管理模式。

从生活的方式而言，大学生的生活需要完全自理和适当的同学的互助。大学的生存环境实际上是一个有限的社会，是人为构建的免疫体。随着大学生活内容的丰富，同学们会明显感到所面对事物的复杂性所带来的挑战。希望同学们要在相对复杂的生存环境中，主动适应，体验社会，正确对待，明辨是非，宣扬正义，抵制丑陋，自觉遵守法律法规，严格遵守校规校纪。

总之，大学的学习和生活对一个人来说，是一个全新的重要成长时期。大学是同学们面向未来远航的集中储备和容错试航的基地。

真诚地希望同学们珍惜大学生活，通过理性思考进一步树立正确的世界观、人生观和价值观，堂堂正正做人，踏踏实实做事，勤勤恳恳读书，明明白白求是；要克服考上大学万事大吉松一口气的思想，积极向上努力学习；要克服学习和生活上所面临的困难，承受火与压力的锻造。祝你们在新的起点上，树立更远大的目标，共同营造美好的师大家园，共同营造新的辉煌！

我相信，经过我们师生的共同努力，当你们毕业时都能够成为品德高尚，具有创新精神和实践能力、高素质、适应未来社会发展的高级专业人才，为成为民族的精英，国家的栋梁奠定坚实的基础。

最后，祝同学们学习顺利，身体健康，生活愉快！

写法简析

这是一位大学领导在××级新生入学开学典礼上所致的欢迎词，所以在文中体现出了更多的教导和指引，但与作者的身份是相一致的。

第1段是对新生的欢迎、祝贺和特定时节的敬意；第2段是介绍该院的基本情况，让新生有一个整体的了解；第3段至第10段是欢迎词的核心内容，是从六个方面谈对大学生活的看法。主要是通过与中学阶段的比较而谈的，包括教育的阶段性、学生的角色、知识的学习、教学的形式、管理的形式、生活的方式等，在比较中对新生提出了希望和要求，语气平和，诚挚恳切。内容简单而丰富集中，形式变化多样，似一位长者对晚辈的谆谆教诲；第10段是一个总结性的句子，也是一个提领句，起着引出下文内容的作用；第11、12段是对同学们提出的希望和要求，对同学们的美好未来的鼓励，表达坚定有力，激励人心。最后是对同学们的祝愿。

（五）要点撷萃

（1）要以礼待人，情挚意切。撰写欢迎词，一定要根据宾客的实际情况和特定的场合，以诚恳热情、情真意切作为第一要义，充分体现出对宾客的尊重之情和友好合作之意。即便对于双方交往中所存在的分歧，在行文中如有涉及，也应力求巧妙圆润，含蓄婉转，既不要伤害对方的感情，又要表达出自己的立场原则，从而使双方的交往与合作得以继续保持和发展。

（2）要用语恳切、简练，切合实际。要以简明扼要的语言充分表达出对宾客的欢迎之意，使之感到亲切自然，力戒过多使用那些没有实际意义的虚言浮词，以免令人产生反感。

（3）篇幅要短小精悍。欢迎词一般适用于隆重典礼、喜庆仪式、公众集会或者设宴洗尘等特定场合，因而其在篇幅上应力求简短，一般以二三百字为宜，切忌长篇大论，空洞乏味，以免冲淡迎送的和谐气氛。

八十一　答谢词

（一）适用范围

答谢词也称答谢辞，属于会议礼仪文书范畴，是指在集会或酒宴上，主人致欢迎辞后，或宾客为答谢主人的热情欢迎或款待和帮助，专门举行答谢会，对主人表示感谢所作的讲话稿。

（二）主要特性

（1）口语化。由于答谢词属于讲话文体，又是宾客或其代表在会议上，对主人热情的欢迎或款待和帮助的答谢之词，所以具有礼貌尊敬、感情真挚、遣词造句口语化的特点。

（2）真诚化。既然是感谢对方的热情欢迎、周到服务、礼貌待客的话语，就应当表现出真诚来，所以充满真情、热情洋溢的"感谢""致敬"之类的词语是必不可少的。

（三）结构模式

答谢词的结构模式一般由如下几部分构成：

1. 标题

可直接以文种名称作为标题，如《答谢词》；也可以由致辞人、致辞场合和文种三个要素组成，如《×××董事长在欢迎日本株式会社代表团宴会上的答谢词》。

2. 称谓

其写法和要求与前述欢迎词和其后欢送词相同。

3. 正文

这部分是答谢词的主体和核心，要写得完整、规范、有力。应首先对主人的热情接待表示衷心的感谢，接下来对访问期间或双方交往过程中所感受到的主人崇高的精神风范，出色的工作业绩等加以赞誉，或对宾主双方共同关心的一些问题表达出自己的观点、态度和愿望，然后对主人的热情接待再次表示感谢，以示强调。

4. 结尾

答谢词的结尾写法与前述欢迎词相同。

（四）范例简析

答谢词

亲爱的朋友们：

我们对贵公司的访问即将结束。首先，请允许我代表我们考察团一行20人对贵市政府对我们的盛情款待表示由衷的感谢。

访问期间，我们十分有幸结识了许多知名人士，参观了贵公司及所属分公司的生产线，与有关人员进行了饶有兴趣的谈话，这些都给我们留下了很深的印象。

我相信，我们这次参观访问将有利于促进两市人民之间的友谊。我们用文字和照片记录下了这次访问中一幕幕的动人景象。回去后,我们将让我市人民得知这一切,我深信,这将给他们以巨大的鼓舞。

借此机会,再次衷心地感谢大家!

祝兄弟的×××市人民幸福!

祝两市人民之间的友谊万古长青!

再见了,亲爱的朋友们!

写法简析

这是一篇答谢词。这是日本北海道市×考察团到我国××市××公司参观考察,在行程将结束的欢送宴会上所致的一篇答谢词。正文分三部分,首先交代了答谢背景、原因,接着对主人的热情接待表示感谢。其次概写访问的内容、留下的美好印象、成果和愿望。最后写再次感谢和祝颂词。全文短小精悍,情感真挚,用语简练活泼,富有亲和性和感染力。

(五)要点撷萃

(1)要感情饱满,富有感染力。撰写答谢词,因是对主人的热情接待表示谢意,因而要求其必须做到情感真挚、热烈,做到情深意切,催人心魄,从而使宾主双方的友谊得到进一步升华。

(2)要恰切适度。撰写答谢词,其内容的表达必须贴切适度,要针对不同情况,根据不同的场合表达相应的谢意,切不可信笔由缰,随意挥洒,诸如过多写入答谢方的工作业绩等,是不合时宜的。

(3)要简洁明了。由于答谢是一种礼节性的社交活动,在这种场合的讲话,时间都不宜太长。因此,在撰写答谢词时必须注意内容要实实在在,篇幅要简短,语言应力求精练扼要。

八十二 欢送词

(一)适用范围

欢送词属于会议礼仪文书,是指代表国家、政党、企事业单位、群众团体欢送国内外宾客,或欢送参加某一大型会议或活动的团体或个人,或欢送即将离去的同志时所使用的讲稿。

(二) 主要特性

（1）对应性。欢送词有一定的对应性，一般来说，主人致欢送词后，被欢送者即致答谢词。有时，欢送词也可与祝酒词互用，即欢送宴会上表示欢送之意的致词也可叫祝酒词。

（2）礼节性。中国是个礼仪之邦。欢送词是出于礼仪的需要而使用的，因此，遣词造句要讲究礼貌。称呼要用全称、尊称，姓名前要加上亲切的修饰性词语或头衔，以表示礼貌和尊敬。

（3）真挚性。欢送词要热情洋溢，这种情意是由衷的、自然流露的。通篇不要客套之词，应以诚相待，吐露真情。

（4）简洁性。欢送词主要表达诚挚、热烈的欢送之情，欢送仪式一般时间较短，不允许长篇大论。

（5）口语化。欢送词要表达真挚、热烈和亲切的感情，语言要求生动、明快，又由于是口头表达，因此要求口语化。

(三) 结构模式

欢送词的结构大体上由如下几部分组成：

1. 标题

一般应由致辞场合、致辞人和文种三个要素组成，例如《在欢送日本松下集团考察团宴会上×××总经理的欢送词》；也可以省略致辞人姓名，只以场合和文种名称为题；还可以直接用"欢送词"文种名称作为标题，以示显豁、鲜明。

2. 称谓

即对被欢送宾客的称呼，一定要写得礼貌得体。用语要确切、亲和，一般应在称呼之前冠以诸如"尊敬的""亲爱的"之类的修饰语，并在其后加上被欢送宾客的头衔，也可加"先生""女士""夫人"之类的称谓。

3. 正文

这部分是欢送词写作的主体，应根据实际情况表达不同的内容。其写法与欢迎词大体相同。一般应在写明对宾客的离去表示热诚欢送之意以后，追叙宾客访问期间的活动情况及收获，对其访问的成果进行概括和总结，然后表示需要进一步加强交往与合作的意愿，并以饱蘸深情的笔墨再次对宾客的离去表示热烈欢送。

4. 结尾

在正文的右下侧，由致辞的机关、致辞人具名，并署上日期。也可在标题之中载明。

（四）范例简析

总是夕阳无限红
——在欢送离退休人员座谈会上的讲话

各位尊敬的老同志：

今天，我们把各位请来，在这里举行座谈会，主要是对大家即将离退职休养表示欢送。

记得有人说过：童年是一幅画，少年是一个梦，青年是一首诗，中年是一篇散文，老年是一部哲学。由此，我衷心地祝贺各位老同志步入了哲学家的行列并表示真诚的敬意！

在过去的岁月中，各位老同志为了我们单位的建设，呕心沥血，任劳任怨，洒下了辛勤的汗水，作出了无私的奉献。从你们的身上，我们学到了"不要人夸颜色好，只留清气满乾坤"的高尚品格；学到了"为伊消得人憔悴，衣带渐宽终不悔"的敬业精神；学到了"精诚所至，金石为开"的待人哲学；学到了"契机而运，拙法成巧"的处事艺术。我们为有你们这样的老同志而感到自豪！

在党和政府的关怀下，各位因为年老而即将光荣地离开自己的工作岗位，但年老仅仅以为年纪大，更不能等于老朽无为。其实，年老更意味着经验和智慧、彻悟和超脱；更意味着人情练达和世事洞明。只要老骥志在千里，总是夕阳无限好！我坚信，有全体在职人员的勤奋开拓和努力进取，有各位老同志的支持，我们的明天一定会更加辉煌！

最后，由衷地祝愿各位老同志身体健康，精神愉快，福如东海，寿比南山；祝愿城居者"心远地自偏"，乡居者"悠然见南山"。

谢谢大家！谢谢！

××年××月××日

写法简析

这是一篇欢送词。文中先引用恰当的比喻对老同志表示敬意，然后对老同志在工作中所做的贡献给予充分肯定，最后表达祝愿之情。由于特殊的关系，所以十分注意讲究用词的精当得体。此外，排比修辞的使用，诸如："从你们的身上，我们学到了'不要人夸颜色好，只留清气满乾坤'的高尚品格；学到了'为伊消得人憔悴，衣带渐宽终不悔'的敬业精神；学到了'精诚所至，金石为开'的待人哲学；学到了'契机而运，拙法成巧'的处事艺术。"显得十分得体，更使行文增添了亮丽欢快的色彩。

（五）要点撷萃

（1）要有真情实感。与欢迎词一样，撰写欢送词，也要根据宾客的实际情况和特定的场合，以诚恳热情、情真意切作为第一要义，充分体现出对宾客的尊重之情和友好合作之意。即便在交往过程中存在一些分歧或者不愉快之处，也应落落大方，彬彬有礼，这样，不仅能够赢得对方的好感，而且还会为今后的合作提供必要与可能。

（2）要简练明快。要以简明扼要的语言充分表达出对宾客的欢送之意，使之感到亲切自然，力戒过多使用那些没有实际意义的虚言浮词，以免冲淡欢送时友好和谐的氛围。

（3）要短些再短些。由于欢送词适用于送别的特定场合，因而其在篇幅上应力求简短，切忌长篇大论，空洞乏味。

八十三　闭幕词

（一）适用范围

闭幕词是国家机关、社会团体和企事业单位领导人在各种大型会议或重要会议即将结束时，对大会的议程及会议中解决的问题所作的带有评价性、总结性的讲话。它既是对大会基本内容的突出和强调，又是对大会的总结。

（二）主要特性

（1）程序性。着重宣布会议闭幕，与开幕词前后呼应。

（2）表态性。恰当地对大会基本内容、主要精神和重大成果进行肯定，正确评估会议的深远影响，从而激励与会人员的斗志，增强其贯彻会议精神的信心和决心。

（3）概括性。对大会进行高度的概括和总结。通常要概括会议的进程，如完成了哪些议题，做了哪些事情，与会人员提出了哪些正确的意见和建议，以及今后的工作任务是什么，会后如何贯彻会议精神等。使与会人员对会议有更加全面、深刻的了解和掌握，以便会后更加全面、正确、充满信心地贯彻会议的主要内容和基本精神。

（三）结构模式

闭幕词的内容结构一般由标题、称谓、正文和结语四部分构成。

1. 标题

标题的写法与开幕词类似，可以直接标明会议的内容和文种，如上述例文就是如此。同一会议的闭幕词要与开幕词标题相对应。例如，毛泽东在中国共产党第七次全国代表大会上所作的题为《愚公移山》的闭幕词与题为《两个中国之命运》的开幕词相呼应，两者都是以主要内容为标题。

2. 称谓

称谓的写法与开幕词的称谓一致。

3. 正文

正文有开头、主体、结尾三部分。

第一，开头。用简洁的文字对会议作总体的评价。

第二，主体。主体是对会议所完成的任务以及会议的意义进行概括总结，并提出贯彻会议精神的要求和希望。对会议所完成任务的概括总结，一定要注意列举出实在内容，不能空泛笼统。

第三，结尾。结尾可提出希望，发出号召；也可对支持会议及为会议服务的人员表示感谢，或对与会者表示祝愿。这种号召性的语句令听众深受鼓舞，信心倍增。

4. 结语

结语用以宣布会议结束，常用"现在，我宣布，大会胜利闭幕！"作为结束语。视具体情况，有时也可省略结语，以求简洁。

闭幕词要对会议作出科学、深刻的总结和客观、中肯的评价，语言精练，富于鼓舞力和感染力。

（四）范例简析

教代会闭幕词

各位代表：

我校第五届教代会第七次全体会议，在县教育局和教育工会的关怀指导下，在校领导的关心支持下，经过全体代表的共同努力，已圆满完成了预定的各项议程，即将胜利闭幕。

本次大会达到了统一思想、开拓思路、振奋精神、凝聚力量的目的，校党总支对这次大会非常重视，校党总支书记程瑞龙代表党总支所致的开幕词中对此次大会提出了热切的希望，对今后我校的发展提出了明确的要求。党总支副书记丁利德所致的开幕词中也为我校的发展及教代会的成长指明了方向，赵振刚副校长所做的《学校工作报告》中实事求是地总结了我校2020年的工作，提出了对2021年工作的新要求；赵连彪校长所做的《财务工作报告》则实事求是地对我校2020年的财务工作做了细致的说明，并做出了2021年的财务执行预算。

与会代表都认为，大会的报告思路清晰，准备充分，切合实际，鼓舞人心，凸显了发展的主题、改革的主题、民主的主题、团结的主题，是学校实现跨越式发展的战前动员。讨论中，代表们还对学校近年来的工作提出了中肯的意见和建议，许多代表还认真撰写了提案，认真履行了代表的职责，充分发挥了代表的作用，也充分体现了广大教职工的主人翁责任感。

这次大会我们还讨论并通过了《××中学班主任考核方案（修改稿）》《××中学推先评模管理条例》，审议了《××中学教师教学效果考核奖励方案》等这些与全体教职工自身利益息息相关的报告。

各位代表、同志们，当前我国学校教育正处于迅速发展的历史时期，千帆竞渡，百舸争流。2021年是我校实现跨越式发展的关键阶段，逆水行舟，不进则退。这要求我们牢牢抓住"发展"这一主题，客观分析发展所面临的形势，认真梳理发展中存在的问题，合理地确定和调整发展的目标和思路，把握好发展的机遇，努力增进发展的动力，全面提升人才培养质量、知识创新能力和管理服务水平，促进学校整体工作加快发展和谐发展，使××中学具备更强的社会竞争力和社会贡献度。

各位代表，××中学的发展有赖于每一位领导、教师、职工的积极参与和努力，××中学的成败将与我们每一个××人息息相关。希望广大教职工要进一步强化主人翁意识和责任意识，与时俱进，开拓创新，爱岗敬业，振奋精神，恪尽职守，不辱使命，以高度的热情投身到学校的改革和建设之中，在学校党总支的领导下，按照习近平新时代中国特色社会主义重要思想的要求，坚持稳中求进的总基调，认真履行教代会职责，团结和带领广大教职工，同心同德，扎实推进学校各项事业的发展，为把我校建设成为具有鲜明教育特色的教育研究型省级示范高中而努力奋斗，以更加优异的成绩迎接建党100周年。

最后祝各位代表身体健康、工作顺利、新年愉快！

现在我宣布：××中学第五届教代会第七次全体会议胜利闭幕！

写法简析

这是××中学第五届教代会第七次全体会议闭幕词，全文写得主旨明确，结构紧凑，用语得体，值得借鉴。开篇开门见山，表明会议"已圆满完成了预定的各项议程，即将胜利闭幕"，给人以十分鲜明深刻的印象；接下来对会议的情况和所取得的成果进行概括，用语精练扼要，然后用两个自然段向与会人员发出号召，并使用了"千帆竞渡，百舸争流""逆水行舟，不进则退""与时俱进，开拓创新，爱岗敬业，振奋精神，恪尽职守，不辱使命"等一系列四字格词组和成语，使行文产生一种振奋人心的效果，富有极强的鼓舞性和号召力。最后对各位与会代表表达祝愿之意，并宣布会议胜利闭幕。一般而言，会议闭幕词是带有总结性的讲话，要对会议的主要收获做出概括和评价，但要注意必须突出主要之点，特别是要围绕会议的主要议题加以精要点评，篇幅要短小精悍，意尽言止，为会议的圆满成功画上句号。以此衡量这篇闭幕词，确实是一篇成功之作。

（五）要点撷萃

（1）概括要简洁准确。撰写闭幕词必须了解会议的全过程，掌握大会的基本精神和讨论情况，紧紧围绕大会宗旨，体现大会成果，不能偏离大会精神另搞一套。文字要少而精，千万不可长篇大论，空话连篇，不着边际。

（2）用语要坚定有力。闭幕词是在总结大会精神的基础上，进一步唤起与会者领会、贯彻、落实大会任务的高昂情绪，因而宜用满怀激情而又坚定有力的语言，能给人鼓舞，催人振奋。切忌"无病呻吟式"的抒情，句式要简短急促，避免拖沓疲软。

（3）要准确把握会议精神。撰写闭幕词应对会议的宗旨、议程、出席人员等情况作全面的了解，把握会议精神，并注意收集会议的各种文字材料，这样才能写出切合会议的闭幕词来。

（4）要与开幕词相呼应。闭幕词在会议闭幕式上使用，要注意与开幕词相照应，首尾圆合，以表示会议取得圆满成功。

八十四　述职报告

（一）适用范围

述职报告是指党政机关、社会团体、企事业单位的领导干部，向所属的干部、群众以及单位人事、组织部门或主管领导、上级领导机关汇报自己在一定时期内履行职责情况的书面报告。

（二）主要特性

（1）自我述评性。述职报告是用第一人称的写法，以自述的方式，从德、勤、能、绩、廉方面陈述并评价自己履行职责的情况。

（2）内容的客观性。述职报告中所涉及的有关思想、工作、能力、成效等几个方面的情况，是抱着对自己负责，对组织负责，对群众负责的态度，实事求是地进行汇报，客观地评价自己的成绩，恰切地分析工作中的教训和失误。

（三）结构模式

述职报告的内容结构一般由标题、称谓、正文、结尾、落款五部分组成。

1. 标题

标题有三种形式。第一种是由任职起止时间、所任职务和文种三个要素组成，例如《××年至××年任××职务的述职报告》；第二种是在述职报告前加一限制词"我的"组成，即《我的述职报告》；第三种是直接写出文种《述职报告》。

2. 称谓

在标题之下，空一行顶格写"××组织部""××人事处""××党委"或"××同志""××（单位名称）的同志们"。因为述职报告是送给主管部门或主管领导审查并读给所属单位干部和职工听的。

3. 正文

这是述职报告的主要内容所在。一般由引言和主体两层内容组成。

（1）引言部分。

这一部分要概述基本情况，写明何时任职，任何职务以及分工主管的工作。从任职至今这段时间职责是否相称，成绩是否一致。这是述职报告的基础，一般比较概括，不需展开。引言到主体部分，往往需要用过渡性的语句："现在我就履行职责的情况……报告如下。"

（2）主体部分。

这是述职报告最重要的内容。一般要对引言概述的内容进行展开叙述，它包括以下几方面：一是岗位职责。首先要介绍自己的岗位职责和工作目标，让领导和群众了解自己主抓什么工作，工作计划及指标实现情况。二是决策能力在担负的工作中发挥的作用和效果。要进行定量定性分析，尽可能用事实、数据加以说明。要以概述本人履行职责为主，以估价个人在整体工作中作用的大小为主，突出本职工作的特点。三是在自己的职权范围内，做了哪些开拓性的工作。包括调查研究的情况，自己有哪些创见，为实现自己的主张做了哪些努力，遇到什么困难以及克服困难的情况。四是存在的主要问题及教训。

主体部分的内容安排，既可采用纵式结构形式，以时间为序，把自己任职以来的全部工作按时间划为几个阶段，分别写出各阶段的工作情况；也可采用横式的结构形式，把工作项目用小标题的形式列出，或用数码显示，平行列出，展开叙述。述职者可根据工作实际，选用适合自己的结构方法，不必强求一致。

4. 结尾

述职者要向考核者和全体干部职工表明自己的愿望和态度。如愿意不愿意继续任职或对今后工作的设想，并请求与会同志严格审查评议、批评、帮助。态度要真诚，语言要中肯，以真情求得考核者和与会人员的了解、理解和帮助。

5. 落款

在落款处写明述职者的单位、姓名和时间。姓名也可写于标题之下。

（四）范例简析

×××年度述职报告

×××组织部：

××××年以来，在区委区政府的正确领导下，认真贯彻执行党的路线、方针、政策，自觉遵守党纪国法，积极履行岗位职责，做到与时俱进、求真务实、廉洁自律、勤政为民。现就本人履行岗位职责和党风廉政建设责任制职责的情况作如下汇报：

一、坚持抬高站位，全力防控疫情

深入贯彻学习习近平总书记重要讲话、重要指示批示精神，落实中央、省、市决策精神，以敏锐的政治站位、严格的防控举措、高效的执行能力，守护人民群众的生命安全和身体健康。

（一）提高政治站位。始终把思想和行动统一到习近平总书记重要讲话精神上来，增强"四个意识"、坚定"四个自信"、做到"两个维护"，坚决服从区委的统一指挥、统一协调、统一调度，做到讲政治、顾大局、守纪律。始终坚持贯彻市委、区委的疫情防控决策部署，认真开展高速路口排查、防疫知识宣传、外地返乡人员排查、道路小区封控等重点工作，精心谋划，认真组织，以坚定决心推动各项措施落地落实。始终坚持用党中央的声音统一广大党员干部、群众的思想，面对疫情带来的各类思想反映、负面舆论，能够挺身而出、敢于发声，积极开展正面舆论宣传引导，坚持用党的政策统一思想，带头不信谣、不传谣、不造谣，带头净化舆论环境，营造了齐心抗"疫"的良好氛围。

（二）加强组织领导。迅速成立了以各分管单位主要领导为组长、各分管负责人为组员的领导小组，下设专项工作组，各组细化分工，明确责任，切实把各项工作做实做细做到位。做好×高速×站卡口疫情防控工作。根据区疫情防控指挥部工作部署，自×月×日开始迅速联合协调公安、交警、防疫、×办事处相关职能部门，在×高速×站下站口设立卡点对到达车辆及外来人员开展排查，于×月×日零点停止。

（三）严格落实措施。充分发挥领导干部"领头雁"的作用，深入一线，在高速站卡口及社区进行检查督导，以及时掌握情况、及时采取行动，协调解决困难。疫情防控期间，协同广大党员干部坚守岗位、不畏艰险，合力织牢疫情"防控网",奋力投身疫情防控阻击战。加大野生动物违规交易排查清查力度。畅通投诉举报渠道,随时接受群众举报,加强对辖区野生动物管控,确保在疫情期间做好野生动物管控的相关工作。对动物医院、宠物医院、农贸市场生禽经营等场所进行检查排查,杜绝买卖、贩卖野生动物现象发生。对×个办事处×个社区,特别是×办事处定时排查背街门面和村闲置房屋等区域,及时掌握情况,及时发现排查野生动物养殖繁殖问题。疫情期间没有发现非法养殖场所,没有非法经营、贩卖野生动物的情况。

(四)全力复工复产。建立疫情防控网络。依托微信群,多次向企业传达上级政策精神,指导企业认清形势,主动做好疫情防控。制定行业指导意见。结合我区汽修行业实际,出台了汽修行业疫情防控和复工复产指导意见,围绕企业复工时间、外地员工管理、复工前准备、复工后的防控、履行社会责任等几方面明确了多项措施,为全市汽修企业提供了复工复产"路线图"。组织面对面上门指导。为切实帮助企业复工复产,组织工作人员对已复工企业进行上门指导,重点指导企业从业人员管理、设施设备、管理制度、维修服务、应急措施等各个方面,做好疫情防控、安全生产以及环境保护工作,确保守法合规经营,稳定有序生产。

二、坚持理论学习,提高能力水平

深入学习习近平总书记系列重要讲话精神,深入学习党章和党的纪律规矩,始终保持正确的政治方向、坚定的政治立场,能够自觉在思想上政治上行动上同党中央保持高度一致。认真学习贯彻习近平新时代中国特色社会主义思想和党的十九大精神,坚定"四个自信"、做到"两个维护",确保习近平新时代中国特色社会主义思想入脑入心,学深悟透,并转化为推进改革发展稳定和党的建设各项工作的实际行动。树立了正确的人生观、价值观,牢记全心全意为人民服务的根本宗旨,以党的干部身份时时刻刻提醒自己,为党树立良好的形象。始终坚持业务学习和理论学习相结合、理论与实践相结合,丰富自己的工作技能和实践本领,提高自身素质和业务水平,提高分析问题、解决问题的能力,坚持创新工作,更好地服务人民群众。

三、坚持勤政为民,强化斗争精神

牢固树立敢于担责的思想,恪尽职守,按照以"肯干事体现担当,会干事体现能力,干成事体现落实,不出事体现干净"的要求,做到该为必为、主动作为、善作善为。时刻牢记共产党人的宗旨使命,充分发挥党员的先锋模范作用,把爱岗敬业当成一种习惯,把任劳任怨当成一种信条,忠于事业,劳于岗位。始终保持一种敢做善成的勇气，保持一种逆势而上的豪气，不怕矛盾复杂，不怕任务艰巨，不怕责任重大，敢于克难制胜，敢于奋勇争先。在工作中始终保持着认真负责、紧抓快办，锐意进取、敢于担当的态度。认真运用党和人民交给的权力为人民群众办实事、谋福利。时刻树立党和人民的事业第一这一理念，与人为善，严于律己。

四、坚持党建引领，推动本职工作

在工作中始终把党建工作当作第一要务，坚持党建引领，提升工作水平，以党建工作助推各项工作落地生效，较好地完成了××××年各项工作，现将重点工作汇报如下：

（一）改善农村人居环境。农村垃圾治理见成效，健全垃圾收运体系，实现农村生活垃圾收运处理体系全覆盖。健全保洁队伍体系，各农村社区全部建立了专职保洁队伍，负责清扫保洁。健全垃圾统运体系，投资×万元建立健全农村卫生保洁长效机制，形成了完善的垃圾收集、转运、处理网络体系。农村生活污水治理有序推进，严格落实禁烧措施，提升秸秆利用率。通过加强宣传，使禁烧要求家喻户晓，深入人心。村容村貌得到有效提升，加大资金投入用于改善农村人居环境建设。开展村庄绿化提升工作，按照区国土绿化三年行动方案，开展了村庄绿化活动。持续推进"四好农村路"建设，提升农村道路交通运输服务保障能力。目前×区农村社区全部实现了硬化道路通组通户，农村用电保证率达到×%以上。

（二）全力开展对口帮扶。按照"点面结合"的帮扶模式，筛选确定了一批能覆盖全域的帮扶援建项目×个，目前已全部建成，投入使用。项目总投资×万元，已经拨付×万元，尚未拨付×万元。支持×县在全县×个乡镇建成×个重度失能残疾人托养中心，实现托养重度失能残疾人×人，入住率×%，在全市排名第一。借助辖区×科技大学第一附属医院优质医疗资源，在×县建成并投入使用×个网络医院，实现了全县范围远程诊疗全覆盖。截至目前，×县远程诊疗系统已经完成×名患者的远程会诊，开具医疗处方×张、健康教育处方×张。支持××村实施"六改一增"项目，推动当地发展旅游经济，还能提供××个就业岗位，吸纳××名贫困户就近就业，实现增收脱贫目标。根据×个帮扶工作组的调研成果，结合各村实际，选定了×个切合实际的基础设施建设和产业项目，合计投资×万元。截至目前，×个基础设施项目已全部建设完工。

（三）着力开展河渠治理。按照《×市河长巡查制度》要求，及时提请区级河长巡河。截至目前，共发放交办、督办等通知×期，督促整改问题×个，我区三级河长共巡河×次，其中区级河长巡河×次，乡级河长巡河×次，村、社区河长巡河×次。持续开展"清四乱"专项行动。共清理垃圾×余处，清理河岸私搭乱建×处，治理排污口×处。开展冬季渠底杂草清除活动和个别渠底硬化工作，共清理杂草×万平方米，清理死树×棵，硬化渠底×余平方米。

五、坚持廉洁自律，确保洁身自好

作为一名党的干部，我时刻牢记党的宗旨，树立清正廉洁的良好形象，牢固树立马克思主义的世界观、人生观、价值观和正确的权力观、利益观、地位观，始终牢记"两个务必"的谆谆教诲，切实珍惜党和人民赋予的权力，增强拒腐防变、抵御拜金主义、享乐主义、极端个人主义思想侵蚀的能力。保持为官之德，就是要有良好的人品官德，勤政廉洁，经受住权力、金钱、美色的考验。这是领导干部面临的最严峻挑战。作为一名党的干部，我始终注重廉洁自律，常修为政之德、常思贪欲之害，坚持在利益面前后退一步，在困难面前往前一步，稳得住心神、耐得住清贫、守得住底线。带领班子落实好中央的八项规定，能自觉遵守《中国共产党党员领导干部廉洁从政若干准则》，严格落实党风廉政建设责任制规定，坚持锤炼党性、强化素质。坚持依法从政，廉洁从政，严格遵守政治纪律、经济纪律、组织纪律，时刻做到自重、自省、自警。认真开展批评和自我批评，进一步转变工作作风，树立了人民公仆的良好形象。

回顾××××年的工作，尽管在理想信念、工作作风、党风廉政建设和业务工作方面的确取得了一些成绩，但是离上级党组织和广大群众的要求还有一定的差距。主要存在以下问题：一是在思想作风方面对理论学习不够深入，用理论指导工作实践，改造主观世界上有一定的差距；二是在工作作风方面缺乏雷厉风行的作风。对于存在的问题，本人有决心和信心在今后的工作中认真加以整改和不断改进。强化理论学习，加强效能建设，进一步转变工作作风，扎实做好我区农村工作和河渠治理工作。

写法简析

这是一份合乎规范的述职报告。全文不长，内容完整、丰富、具体，开头部分用扼要语句对全年所做的工作进行高度概括，寥寥数字即说明问题，给人深刻印象；正文部分总共包括五个专题："坚持抬高站位，全力防控疫情""坚持理论学习，提高能力水平""坚持勤政为民，强化斗争精神""坚持党建引领，推动本职工作""坚持廉洁自律，确保洁身自好"。其中蕴含了德、能、勤、绩、廉等几个方面的内容，着重叙写自己在工作中的基本思路、主要做法及所取得的实际效果；而且特别注重讲究撮要的表达技巧，五个大标题之间相互对称，字数匀称和谐；每个专题中具体内容的表述也是如此。更为重要的是，行文主次分明，重点突出，涉及"德"和"绩"的部分详细写，其他部分则略写，尤其是对存在的不足，更是一笔带过。为了能够充分有力地说明问题，行文中还特别注重运用一系列的数字，给人以翔实之感。这也是写作述职报告应特别予以注意的问题。实践表明，只要抓住德、能、勤、绩、廉这几个关键内容来写，突出主要的做法，反映出所取得的成效，就能写出一篇符合要求的规范的述职报告来。通读这篇述职报告，我们可以细细品味此类文体的基本模式和写作技巧。

（五）要点撷萃

（1）态度要诚恳、谦虚。不论职位高低，能力大小，真诚的态度是关系到一个人形象的重要方面，也是一个领导干部应具有的品德。要以诚恳谦虚的态度，正确认识自己的长处和不足、成绩与失误，才有利于自身素质的提高，也有利于群众的理解。这是写好述职报告的思想基础。

（2）内容上要求实、求严。述职报告的内容要实实在在，不要虚夸，既不要夸大成绩，也不要过于自谦。不要把不是自己主管的工作成绩写入自己的成绩之中，更不要把自己的失误归于客观原因之上。要注重写出事实，让事实显示自己的工作实绩，这是述职报告写作成功与否的关键。

（3）文笔要简洁。在语言表达上，述职报告的写作须做到简而得要，该详则详，该略则略，重点突出，主次分明。不要单纯叙述工作过程，作过多解释，要用最简洁的语言讲清事实，做到言简意赅，干净利落。

八十五 感谢信

（一）适用范围

感谢信是一种常用的专用书信，是对有关单位、团体和个人的关心、支持、帮助表示谢意的礼仪文书，具有感谢和表扬的双重作用。它可以直接送给对方，也可以在对方所在地的公共场所张贴，还可以通过新闻媒介刊播。

（二）主要特性

感谢信的应用范围很广，具有对象的确指性、事实的具体性和感情的鲜明性等特点，只要对方给予关心、支持和帮助，任何单位和部门以及个人都可以运用感谢信的方式向对方表示感激之情。

（三）结构模式

感谢信的内容结构一般由以下几部分组成：

1. 标题

多数标题可直接写文种名称，即"感谢信"。有时也可写明受文对象和文种名称两个要素，如"致××的感谢信"等。

2. 称谓

应当在标题之下顶格写明被感谢的单位名称或个人姓名，后加冒号，提领正文部分。

3. 正文

感谢信的正文内容应着重在叙事中表现人物，即在简明扼要地交待所发生的事情过程中，表现被感谢者所体现出来的好思想、好品德、好作风，并赞扬其可贵精神，表示发文者的真诚谢意。一般分三个层次进行叙写：一是先陈述事实。写清楚对方在什么时间、地点，由于什么原因，对自己或单位有什么支持和帮助；二是对事实作出评价，指出从事件中表现了对方哪些好思想、好品德、好风格；三是表示谢意和向对方学习的态度、决心。

4. 结尾

在正文的右下侧由发送感谢信的单位或个人署名，并签具日期。以单位名称发出的感谢信，还应加盖公章，以示郑重、严肃。

（四）范例简析

范例 1

致全体抗击疫情一线工作人员感谢信

全体抗击疫情一线工作人员：

　　你们好，大家辛苦了！

在全市上下和衷共济、全力抗击疫情关键时刻，谨向日夜奋战在疫情防控一线的全体工作人员，致以诚挚的问候和崇高的敬意！向默默支持你们的家属、亲友表示衷心的感谢！

沧海横流显本色，危难时刻见初心。面对这场突如其来的疫情，面对生死攸关的考验，自全省重大突发公共卫生事件Ⅰ级响应启动以来，全市上下在以习近平同志为核心的党中央坚强领导下，在省委、市委决策指挥下，全民动员，联防联控，一场没有硝烟的疫情防控阻击战全面打响。在这条疫情防控阻击战线上，有主动请缨冲在一线的医护人员，有日夜坚守默默奉献的社区和村屯工作人员，有不畏风险维护稳定的公安干警，有快速反应及时发声的新闻工作者，有远赴千里大爱无疆的最美逆行者，有千方百计提供保障的后勤人员，以及各行各业坚守岗位的工作人员。是你们不顾个人安危得失，舍小家为大家，夜以继日，争分夺秒，与时间赛跑，与疫情抗争。用你们的责任、初心和担当，勇敢、爱心和坚守，付出的心血、汗水甚至生命，为全市人民生命健康构筑了一道道安全防线，为维护社会和谐稳定做出了重要贡献。

抗击疫情，我们是命运共同体，更是责任共同体。当前，全市疫情防控已经进入最紧要、最关键的阶段，我们面临的防控任务更加复杂艰巨。希望全体一线工作人员，把人民群众生命安全和身体健康放在第一位，把疫情防控作为头等大事，咬紧牙关，迎难而上，以更加冷静的目光、清醒的头脑、缜密的举措，把疫情防控做得更扎实、更细致，牢牢把握疫情防控主动权，坚决有力遏制疫情蔓延扩散。市委、市政府和全市人民作为你们的坚强后盾，始终牵挂你们的健康平安，关心你们的工作生活。请你们在防控一线奋战的同时，务必加强个人防护，缓解身心压力，确保自身安全。

我们坚信，在以习近平同志为核心的党中央坚强领导下，有市委、市政府的有力指挥，有200万×××市人民的信任支持，我们一定能够打赢这场疫情防控阻击战！

最后，值此元宵佳节来临之际，衷心祝愿你们和家人身体健康，工作顺利，阖家幸福，万事如意！

×××

新冠肺炎疫情防控工作领导小组

2020年2月7日

写法简析

2020年2月份以来，一场突如其来的新冠肺炎疫情肆虐全球。全国各族人民在党中央的坚强领导下，万众一心，同舟共济，共度时艰，科学防控，取得了举世瞩目的重大胜利。在此期间，各级党委政府的坚强领导是关键所在，而广大人民群众的积极配合也是至关重要的决定性因素。特别是医护人员、人民警察、新闻记者以及难以计数的志愿者迎难而上，勇挑重担，置个人安危于不顾，放弃所有休息时间，夜以继日地奋斗在抗疫第一线，谱写了一曲曲催人泪下的壮丽凯歌，永远在中华民族的发展史上彪炳千秋。为了表彰鼓励这种忘我行为，各地政府纷纷发出感谢信，对全体抗击疫情一线工作人员致以谢意。本文先用一句话"大家辛苦了"，并继续向日夜奋战在疫情防控一线的全体工作人员，致以诚挚的问候和崇高的敬意，向默默支持抗疫工作人员的家属、亲友表示衷心的感谢，让人倍感温暖。紧接着分别对全体抗疫人员的英雄壮举进行高度概括，做出评价，并另起一个自然段提出进一步的工作要求。最后两个自然段表明决心，送上祝福，令人感到亲切自然，诚挚可信。

范例 2

感谢信

北京××医院的医护人员及××厂的三位工人师傅：

我公司工人张××是一个外地来京的建筑工人，原有胃溃疡病，今年5月的一个休息日，在上街购物时，病症突然发作，疼痛难忍倒地不起，立即被三位不肯说出姓名的工人师傅连背带抬地送到了附近的××医院。当时医院就要下班，值班大夫王××、护士李××、孙××马上把张××送到急救室，经透视、化验等多项检查，发现其胃壁穿孔，由于抢救及时，才保住了生命，这是他获得的第二次生命。如果不是那三位工人师傅（事后经多方查询，才知道他们是××工厂的三位师傅）的紧急救助，不是××医院的医护人员的及时抢救，恐怕他性命难保。从这件事中我们看到了首都人民对外地来京民工的关怀和爱护，首都医护人员救死扶伤的可贵精神。为此，特撰此文，用以表达我公司全体员工由衷的感激之情。

××建筑公司
2020年8月5日

写法简析

这篇感谢信对事实的叙写十分明确具体，用语纯朴，言辞恳切，在陈述事实的基础上进一步揭示出对方的高尚品德和救死扶伤的精神，感激之情溢于言表。

（五）要点撷萃

（1）要有真情实感。由于感谢信是对对方表示感谢、鼓励之用，因此在撰写时必须以发自内心的真情实感来深深地打动对方，产生良好的激励作用。区区一篇感谢信，话语不在多，而在于真情的表露，如果过于堆砌客套，流于恭维，反倒给人以敷衍应酬之感。

（2）用语要恰切得体。感谢信所涉及的内容往往不是一般的事项，一定是发信人在深受感动的情况下才用，因而写入感谢信中的语言一定要真挚恰切，切忌融入虚言浮词，以确保感谢信的质量和效果。

（3）要采用恰当适宜的发送方式。感谢信在发送时既可以信函形式直接寄给对方，也可通过报纸、电台等新闻媒体播发，还可以张贴形式和网络形式发出。要根据实际情况和需要，采取恰切适宜的发送方式，以充分发挥其应有的效用。

八十六　慰问信

（一）适用范围

慰问信是常用的一种专用书信。它是以组织或个人的名义向对方表示慰勉、安慰的礼仪文书。慰问信如以电报发出，即称慰问电。

（二）主要特性

突出表现为慰问信的应用范围很广，通常用于节日的慰问，对在工作中做出突出贡献、做出牺牲的同志或家人进行慰勉和鼓励，对于处在困境中的有关人员表示关心、支持、鼓励和同情。其作用在于充分体现组织或集体的温暖和关怀、社会的关心，以及组织或集体与个人之间、同志之间的真挚感情，给人以继续奋发向上的信心、克服困难的勇气、勤奋学习和努力工作的力量。

（三）结构模式

慰问信的内容结构一般由以下几部分组成：

1. 标题

多数标题可直接写文种名称，即"慰问信"；有时也可写明受文对象和文种名称两个要素，如"致××的慰问信"等。

2. 称谓

应当在标题之下顶格写明被慰问的单位名称或个人姓名，后加冒号，提领正文部分。

3. 正文

慰问信的正文部分则应主要写明慰问的原因，要对对方在工作和生产过程中所做出的成绩以及体现出来的可贵精神予以较为具体的叙述并表示赞扬，对不幸、损失和困难等表示安慰和同情，而且通常要在最后提出有关的希望或要求。

4. 结尾

在正文的右下侧由发送慰问信的单位或个人署名，并签具日期。以单位名称发出的慰问信，还应加盖公章，以示郑重、严肃。

（四）范例简析

范例 1

慰问信

××市冶金矿山技校全体教职员工：

  你们辛苦了！

  在欢迎我国改革开放又取得新成就的时候，迎来了第35个教师节。在此，我们代表全市冶金工作者向你们——辛勤战斗在冶金教育战线的广大教职员工们，表示衷心的感谢并致以节日的慰问。

十年树木，百年树人。冶金教育事业崇高而伟大，任重而道远。在改革开放、科教兴国的今天，你们肩负着为我局培养跨世纪人才的重任，成果不断，英才辈出，我们感谢你们，冶金战线的同志们不会忘记你们。我们相信，经过你们不断地辛勤工作，我局干部、职工的思想文化素质一定会有更大的提高。

在新的学年里，我们衷心希望你们继续努力，取得新成绩，为教育事业做出更大的贡献。

此致

敬礼！

××市冶金公司

20××年×月×日

写法简析

这篇慰问信对该公司所属冶金矿山技校全体教职工忘我的工作精神给予充分肯定，并致以热情赞颂，用语朴实，感情真挚饱满，体现了较为深厚的上级对下级的慰勉之情，从而对受文者产生极大的鼓舞和激励作用。

范例 2

致支援武汉医疗队的慰问信

××市支援武汉医疗队×名队员：

你们好！×月×日，在抗击疫情战斗的关键时刻，你们带着××市委市政府嘱托，载着全市人民的殷切期望，舍小家顾大家，毅然决然地奔赴湖北、驰援武汉。你们是逆向而行的白衣天使，也是新时代最可敬的人，更是我们××市人民的优秀代表。值此之际，谨向你们表示亲切的慰问！

你们是当之无愧的白衣战士。自疫情发生以来，你们听从党和人民的号召，全力参与到全市的抗疫斗争当中。在春节万家团圆的时候，你们在社区医院、乡村卡点等基层一线奋战；有的在发热门诊、隔离病房、重症监护室等工作岗位，夜以继日、废寝忘食救治患者。你们没有来得及清洗身上的尘土、消除身心的疲惫，又转场到武汉，按照武汉市和受援医院的统一安排部署，履行职责，发挥自己的专业技能，同当地的医护人员一起开展病患救治工作，充分展现了极高的专业素养和职业操守。你们的付出,你们的牺牲,全市人民都记在心里。我们向大家表示崇高的敬意!

你们是当之无愧的时代英雄。习近平总书记强调,全国一盘棋,武汉胜则湖北胜,湖北胜则全国胜。从你们的信中,我感受到了大家为民的初心、医者的仁心,以及敢打必胜的信心。你们在国家和民族遇到困难和危机的时候挺身而出,你们就是祖国的希望、民族的未来。在这个历史的重要事件中,你们有所作为,做出自己的贡献,这是一生的自豪和荣耀。相信大家一定能够扛起××市的光荣使命,在武汉以精湛的医术救治患者,以救死扶伤的仁心温暖患者,以高昂的精神状态影响患者、鼓舞患者,在疫情一线再创奇迹、再立新功,实现自己的诺言。我们将继续努力,将××市防疫斗争进行到底,夺取最后胜利,以稳固的后方支持你们在前线战斗。

你们是当之无愧的一线勇士。湖北是全国抗击疫情的重点地区,短时间内疫情的暴发造成当地医护人员、物资的匮乏,亟须外部力量给予大力支持。你们就是援军、是生力军、是冬日阳光,会给当地人民带来对党和政府的信任,带来对战胜病魔的信心,展现××市人民对湖北人民的深厚情谊和无私大爱。面对艰巨任务,希望你们继续秉承医护人员的职责使命和医者情怀,全力治病救人、遏制疫情蔓延。你们在前线战斗有一个前提,就是务必做好自身防护、务必注意劳逸结合,保重身体,保护自己。你们健康了、安全了,病人才有希望,你们的家人和我们才能够放心。市委市政府和全市人民是大家的坚强后盾,将竭尽所能提供支持保障。祝大家工作顺利,更期盼大家平安健康归来。

最后,希望你们实现勇于担当、不辱使命、敢打必胜的誓言,待到山花烂漫、疫情消灭时,我们在××××广场迎接你们凯旋!

写法简析

这是在2020年初武汉疫情暴发最为严重的关键时刻,××市支援武汉医疗队×名队员舍小家顾大家,毅然决然地奔赴湖北、驰援武汉。全文开门见山,第一句话便是"你们辛苦了",寥寥5个字,就使人倍感温暖,并用"你们是逆向而行的白衣天使,也是新时代最可敬的人,更是我们××市人民的优秀代表"排比句给人以鼓舞和力量。紧接着采用撮要句"你们是当之无愧的白衣战士""你们是当之无愧的时代英雄""你们是当之无愧的一线勇士"对××市支援武汉医疗队×名队员所表现出的大无畏牺牲精神给予高度评价,然后进一步提出希望和要求。内容前后相继，和谐顺畅，使行文显得简洁凝练，典雅庄重，富有表达效果，同时也使行文简练生动，文采飞扬，感情真挚饱满，体现出了较为深厚的慰勉之情，从而对受文者产生极大的鼓舞和激励作用。

（五）要点撷萃

（1）篇幅要简短，语言要简明，内容要集中。或对某方面人员表示节日祝贺，或对做出突出贡献的有关单位和有关人员表示慰勉，或对遭受不幸的有关人员表示慰问，都要针对不同情况热情表态、恰当评价、殷切勉励。特别是说明形势、背景，或阐明努力方向、提出希望时，不可铺洒开去大书特书，而必须针对被慰问者的实际情况来写。

（2）要情真意切，把握好感情基调。字里行间要体现出同被慰问者的感情共鸣和对其现状的理解。无论是对其成绩的欣慰、褒奖，还是对其不幸的同情、安慰，都要恰当得体。

（3）选择恰当的发布方式，注意扩大影响。或批量印发张贴，或登报、广播、电视播发、网络传递，既对受信对象是一种慰问，也对广大群众是一种教育。为尽快使被慰问者得到慰问，有时还采用慰问电的形式。

八十七　贺信（贺电）

（一）适用范围

当某一团体建立、某一重要会议召开、某一工程竣工、某一科技项目顺利完成、某一工作获得成功之际，以及一些重要人物遇到喜庆之事，常以党、国家、团体、组织或领导人的名义写信祝贺，我们称这种信函为祝贺信。贺信如以电报发出，即称贺电。

（二）主要特性

贺信与贺电统称为贺词，是向对方表示祝贺的专用礼仪文书。通常用于对方在某一领域取得重大成就和突出成绩，举行重要庆祝活动，召开重大会议，完成某项重要工作或任务等诸种情况。

从实质上讲，贺信（电）是对对方在某个方面所取得成就或所做出贡献的表彰与赞扬，以示慰问和庆贺，因此，它对受文者具有很大的鼓舞和教育作用，能够催人奋进，激励斗志，从而取得更大的进展。

（三）结构模式

贺信（电）的写作模式一般由如下几部分构成：

1. 标题

一般可直写"贺信""贺电"；对某些内容特别重大的贺信（电），可采取致辞者的名称加致送对象再加文种，并以"给……"的特定语法结构形式，即《×××给×××的贺信（电）》。

2. 称谓

根据祝贺对象的不同情况，在标题之下顶格位置标明受文单位全称或者规范化简称。

3. 正文

正文是贺信（电）写作的重心。要用简明扼要的语句写明祝贺的原因和内容。其中原因即指盛赞对方所取得的成绩，或者简略交代问题的缘起；对于祝贺的内容要依适用对象、场合、身份等具体情况而有所侧重。如祝贺节日，则应侧重叙述节日的意义以及如何以实际行动来庆祝节日；如祝贺企业竣工、开业，则应侧重对该企业寄予期望；如祝贺重要会议的召开，则应着重阐明会议的内容及重要性。要注意对祝贺的内容应进行适当的分析和评价，并在此基础上进一步提出希望，表示祝愿。

4. 结尾

一般写明表示祝愿或祝福的言辞，如"祝大会圆满成功""祝愿今后取得更大的胜利"等。然后在其右下侧署上单位名称和日期，并加盖公章，以示庄重、严肃。

（四）范例简析

贺　　信

尊敬的××公司×××董事长并全体同仁：

欣闻×××药业公司成功改制为×××公司，这是×××公司发展历程中具有里程碑意义的大喜事。值此×××公司揭牌之际，×××公司董事长兼总经理×××携全体员工向×××公司董事长及全体同仁致以最热烈的祝贺！

×××公司诞生于革命战争年代，发展壮大于改革开放的新时代。具有××光荣历史的×××公司秉承"药者仁心，大爱无疆"的企业精神，解放思想，更新观念，抢抓机遇，求真务实，开拓进取，创造了一个又一个药业奇迹，为我国医药工业的发展和现代化建设做出了突出贡献，成为国内医药界学习、尊敬和推崇的楷模。

×××药业有限公司改制为×××公司掀开了企业发展崭新的一页，也标志着×××公司向着现代化、国际化大公司迈出了坚实的一步。我们相信，在×××董事长及董事会的正确领导下，经过基层和全体员工的不懈努力，贵公司必将迎来更加辉煌灿烂的明天！

最后，借公司揭牌之际，衷心期望我们同心携手，进一步增进相互之间的友谊，不断加强双方的合作，用智慧和双手创造我们更加完美的未来。

衷心祝愿×××公司蒸蒸日上，兴旺发达！

衷心祝愿全体员工身体健康，生活更加完美！

×××公司
××××年×月××日

写法简析

这篇贺信写得符合规范。全文完整地载明三层内容：一是表示祝贺之意（第一自然段）；二是回顾与评价（第二、三自然段），既有对×××公司历史发展成就的肯定，又有对未来的展望和期盼，使行文前后勾连，非常紧凑，给人以浑然一体之感；三是期望与祝愿（最后三个小自然段）。从整体布局上看，全文内容明确集中，层次严谨分明，文势贯通顺畅，是贺信写作的典范。

（五）要点撷萃

（1）要切合双方的关系和身份。撰写贺信（电），必须首先考虑到发信（电）方与受信（电）方之间的关系。是上下级关系还是不相隶属关系，是单位对单位还是单位对个人，必须做到心中有数，因为双方的关系不同，其在措辞和语气方面也就会有很大的不同。

（2）要实事求是，恰如其分。撰写贺信（电），对其内容的表达一定要做到实事求是，不能随意夸大或缩小，对被祝贺者的成绩以及对有关会议的意义、重要性等所作出的分析和评价一定要恰如其分。否则，过分赞誉，会使对方不安，往往还会失去祝贺的意义。表示祝贺要热情洋溢，给人以强烈的鼓舞力量，使人感到温暖和愉快，甚至受到启发和教育。

（3）用语要诚恳谦逊，简要得体。写进贺信（电）中的语言必须注意讲求分寸，做到谦逊诚恳，恰切适度，既祝贺而又不流于阿谀，既热情而又不流于虚伪，要以简洁顺畅、通俗明快的语句表达出对对方由衷的祝贺之意，切忌哗众取宠，谄媚讨好，更不能信口开河，洋洋洒洒不着边际，那样就会失去贺信（电）的题中应有之义，徒留笑柄。

八十八 倡议书

（一）适用范围

倡议书是以集体、组织或个人联合的名义，为开展或推动某项活动或事业，向社会或有关方面首先公开提出、带有号召性建议的一种文书。

（二）主要特性

首先是具有很强的现实性和鼓动性。发出倡议目的在于调动广大人民群众的积极性，使之齐心协力，为实现共同的任务和目标而共同奋斗。其次是发送范围的广泛性。它通常不是仅对一个人、一个集体或一个单位，而是对一个部门、一个地区、一个系统，甚至是向全国发出倡议。再次是发送方式的多样性。它可以由广播电台、电视台播发，也可以在报刊上登载或通过网络传播。

（三）结构模式

倡议书的内容结构一般由以下几个部分组成：

1. 标题

主要有三种写法：一是概括倡议内容或明确倡议对象，例如《树立师德风范，培育"四有"新人倡议书》《"植树造林，绿化祖国"倡议书》《致全国基层党组织和党务工作者倡议书》等；二是由发出倡议的机关（单位）名称、事由和文种（倡议书）组成，例如《教育部、中国文字改革委员会等十五个单位关于大家都来说普通话的倡议书》；三是只写文种名称即"倡议书"。

2. 称呼

在标题之下顶格位置写明倡议书的接受主体，应当明确界限和范围，口气应既庄重又亲切，例如"全市广大教职工""亲爱的同学们"等。

3. 正文

倡议书的正文部分通常由引言、主体和结尾三部分构成。引言部分通常应当写明发出倡议的原因、意义和所要达到的目的，使人们了解行文的缘由和必要性，明确行动的方向和目标。用语要简明扼要，高度概括，切忌离题过远；主体部分要翔实地写明倡议的具体内容和要求做到的具体事项。这部分的要求是具体、实在，通常是分条或分段地写，从几个方面提出各自的具体要求，便于倡议对象理解和付诸行动；结尾部分通常是表明倡议者的决心、希望和建议。

4. 落款

在正文的右下侧写明发出倡议的主体名称和日期。

（四）范例简析

节水倡议书——珍惜生命之源

广大网友：

　　因为缺水，黄河连年断流；因为缺水，沙尘暴席卷了华北；因为缺水，几千万人在干旱中挣扎……有的地方的孩子一天的用水量只有一个蜂蜜罐那么多的水，如果让大家一天只用一个蜂蜜罐那么多的水，你会受得了吗？你能忍受经常不能洗脸吗？你能忍受很长很长时间不洗澡吗？你忍心看着一个个孩子那渴望的眼神渐渐暗淡下去，干裂的嘴唇渐渐合上吗？我相信，任何一个有责任心的人，绝对不会容忍这种事情发生的。更何况现在节水已经是全球范围的大问题，是全人类的问题了，而不仅仅是简简单单的水价上涨或者是限量用水，而是不节约用水，也许我们也会像白垩纪的恐龙一样，渐渐走向灭绝。这绝对不是危言耸听，当一个一个人类中的精英倒下，当一个一个生命从世界中消失，他们会不会对几千万年前或几亿年前的我们抱怨？也许这一切不会发生在我们的时代，但只要我们还没有觉醒，这种事情就一定会发生的，所以我们在此倡议，希望大家为后代子孙着想，珍惜世界上的每一滴水吧！

爱水是一个人的品质，节约是我们民族的传统美德，节水需要全社会的共同参与和努力。让我们一起行动起来！爱水、惜水、节水，从现在做起，从我做起，从小事做起，提倡刷牙少用一口水，洗脸少用一杯水，洗浴少用一盆水，平时少用一滴水，真正做到节水在身边。对发生在身边的用水浪费现象，敢说敢管，互相监督，共同保护利用好水资源。

为帮助受灾地区的同胞战胜旱魔，我们在此呼吁广大网友，充分发扬中华民族"一方有难，八方支援"的传统美德，积极关心西南灾情，向灾民伸出热情援手，慷慨解囊，及时捐赠，帮助灾区人民共克时艰，共渡难关。希望广大网友积极行动起来，全面参与抗灾救灾，节约每一滴水，节约每一度电，以实际行动支援灾区，为夺取抗旱救灾的胜利贡献绵薄之力。

网友们，你们节水的理念和自身的行动必将影响和带动身边的人，并将惠及我们的子孙后代！你们心想灾区、情系灾民的善举，必将极大地鼓舞和增强灾区各族人民战胜困难的决心和信心。让我们携手同心、众志成城，与灾区的同胞共渡难关，早日赢得抗旱救灾的胜利！

写法简析

水是生命之源。近些年来，我国水资源奇缺。面对日益严重的缺水现状，节约用水就成了每一位公民应尽的责任。"因为缺水，黄河连年断流；因为缺水，沙尘暴席卷了华北；因为缺水，几千万人在干旱中挣扎……有的地方的孩子一天的用水量只有一个蜂蜜罐那么多的水，如果让大家一天只用一个蜂蜜罐那么多的水，你会受得了吗？你能忍受经常不能洗脸吗？你能忍受很长很长时间不洗澡吗？你忍心看着一个个孩子那渴望的眼神渐渐暗淡下去，干裂的嘴唇渐渐合上吗？"读了这几个排比句，你能不为之震撼吗？"不节约用水，也许我们也会像白垩纪的恐龙一样，渐渐走向灭绝。这绝对不是危言耸听，当一个一个人类中的精英倒下，当一个一个生命从世界中消失，他们会不会对几千万年前或几亿年前的我们抱怨？也许这一切不会发生在我们的时代，但只要我们还没有觉醒，这种事情就一定会发生的"，读罢这段文字，你能不幡然猛醒吗？这些具有强大说服力的倡议，必然激起每个中国公民的内心共鸣，进而切切实实把节约用水变为自己的实际行动，共同保护利用好水资源。行文最后两个自然段是在前文基础上，进一步发出倡议，用语诚挚恳切，坚定有力，具有强大的感召力。

(五) 要点撷萃

（1）要把握时代脉搏，体现时代精神。倡议书所倡议的内容事项一般反映了党和国家或者本地区、本单位的中心工作，具有很强的现实性，因此在撰写时必须紧密结合当前形势以及党和国家的方针政策，把握时代脉搏，体现时代精神，据以提出相应的倡议事项，这样，才有利于使接受者乐于接受并进而转化为自觉的行动。

（2）内容要具有普遍意义，能够使接受者产生共鸣。倡议书所倡导的内容事项必须是具有一定的群众基础，对推动当前工作具有普遍性和现实意义，只有这样，才能引起接受者的共鸣，使所倡议的事项得以实行。

（3）用语要简明扼要，富有号召力和鼓动性。倡议书对接受者而言没有任何强制性和约束力，完全靠其自觉的意识和行动。因此，写进倡议书中的语言必须做到简练明快，能够对接受者产生一种强烈的鼓动性和号召力，激发他们以满腔的热情积极投身到所倡议的活动中去，实现倡议的目标。

八十九　公开信

(一) 适用范围

公开信是面向社会公开发布的书信，它的发布者应是党和国家的某一机关、部门，或者是党和国家直接领导的人民团体。如《为保护电力设施和您的安全致全市人民的公开信》。

(二) 主要特性

公开信作为一种实用性很强的文书，其最主要的特性是：一是内容事项的公开性，它要面向社会某一领域公开发布；二是致送对象的不确定性，往往多者数万人，少者一人；三是发送范围的不确定性，可以是面向全国，也可以面向某一局部地区。

(三) 结构模式

公开信的内容结构一般应由以下几个部分组成：

1. 标题

公开信的标题一般由发信机关或单位名称、受信者和文种三个要素组成，如《中国女足致全国球迷的公开信》；内容简单的，也可只标示文种名称，即《公开信》。

2. 称呼

在标题之下顶格写明公开信的致送对象，并在其后加冒号，提领正文部分。

3. 正文

公开信的正文部分一般应首先扼要表述发信的背景、缘由或者所涉及内容事项的重要意义及迫切性等，然后具体交代有关的内容经过及结果，或者是针对有关问题所应采取的办法和措施；最后向有关人员提出希望或要求。

4. 结尾

包括发信的机关或单位名称及发信日期两项要素。

（四）范例简析

关于征集××××年全区为民办实事项目的公开信

尊敬的市民朋友们：

近年来，区委、区政府坚持以人民为中心，把保障和改善民生作为一切工作的出发点与落脚点，持之以恒、扎实有效地组织实施了一批事关群众切身利益的实事项目，切实提高了群众生活质量和水平。为更好地察民情、听民意、汇民智、解民忧，不断满足人民群众对美好生活的新期待、新要求，增进民生福祉，促进社会和谐，现面向社会公开征集××××年区办实事项目。

一、征集时间

××××年×月×日至×月×日。

二、征集原则及内容

（一）征集原则。一是民生优先。项目应贴近百姓生活，围绕群众关心关切、事关群众切身利益的领域和环节，让市民直接受益。二是突出重点。项目应与我区"十三五"规划、"十五个攻势"确定的目标任务相衔接，与区委、区政府年度重点工作目标和重点惠民工程以及出台的相关文件确定任务相结合，对全区经济和社会发展具有较大影响。三是普惠可行。项目应具备普惠性和可操作性，符合经济社会发展实际及广大市民的根本需求，能够体现出民意广泛性、需求急迫性、内容综合性、保障可行性，让更多社会群体受益，年内能够完成或有明显进度。

（二）征集内容。××××年区办实事征集内容主要包括：就业、教育、收入、社保、医疗、养老、居住、环境、救困、扶弱、食安、交通、文体、安全等基本生活方面以及社会管理、公共服务领域亟待加强完善的事项（依法应当通过诉讼、仲裁、行政复议等法律途径解决的事项，以及其他如举报、信访等事项，请循其他相应渠道反映解决）。

三、征集方式

网上征集期间，请登录中国××网点击"××××年××区办实事项目征集"专题，了解有关工作内容，并根据要求填写意见建议，也可以通过手机扫描二维码进入移动端征集界面，填写意见建议。区政府办公室将及时汇总网上征集的意见建议，积极借鉴和吸收采纳，作为××××年区办实事筛选论证的重要依据。

写法简析

此文是××省××市人民政府发出的公开向全市广大市民发出的征集××××年为民要办实事项目的公开信。开篇一句得体的称呼"尊敬的市民朋友们"，给人以如沐春风之感；主体部分先是用一个自然段概括说明了发出公开信的背景和目的，并用"现面向社会公开征集××××年区办实事项目"引出下文。主文部分总共包括三个方面，即征集实践、征集原则及内容、征集方式。采用分条列项的形式，使行文明确具体，毫无疑义。全文层次清晰，表意准确完整，用语简洁有力，文势顺畅，堪称此类文书的经典之作。

（五）要点撷萃

（1）要注意内容表达的特定性。利用公开信所发布的内容事项，必须是受信者所普遍关注而且又因种种原因没有解决好的问题，在写作时，要力求做到问题确实，观点新颖，富有代表性。

（2）要讲求行文的内在逻辑性。撰写公开信，一定要做到文字简练、结构严谨、节奏明快，通过严整缜密的表述，使行文产生一种内在的逻辑力量，具有很强的说服力和感召力。

（3）要选用恰当的发布形式。公开信虽然是发给有关的对象，但其内容往往具有普遍的思想意义和教育意义，或是表扬，或是批评，或是建议，或是致歉，或是倡导，都具有全局性的指导意义。正因如此，在发布形式上往往比较宽泛，既可张贴，也可通过报刊发表，还可以通过广播和网络形式传播，要根据实际情况选择恰当的发布形式，以便收到最佳的效果。

九十　典型材料

（一）适用范围

典型材料是指用于宣扬社会实践活动中涌现出来的有代表性的先进人物或先进单位的事迹、经验而写成的书面材料。

典型材料的种类很多，按照所涉及的对象来分，有个人典型材料与单位典型材料两种；按照内容性质来分，有典型事迹材料、典型经验材料和典型事件材料三种。

（二）主要特性

典型材料作为一种常用事务文书，具有以下几个方面的特点：

（1）代表性。典型材料所反映的内容必须是同类事物中最具代表性，最能够反映事物的本质，最能揭示事物规律性的材料。典型材料的代表性，是典型材料的生命力所在。

（2）真实性。典型材料中所涉及的有关事迹、做法、业绩等都是客观存在的事实，是在现实生活中的真实表现。只有真实，才能发挥典型材料应有的作用。

（3）充实性。即指所用材料要充实，要用具体的有充分说服力的材料来显示先进单位或先进人物的特性，让人感到血肉丰满，富有表现力。

（三）结构模式

典型材料的内容结构通常由标题和正文两部分组成。

1. 标题

标题有以下两种写法：

(1) 公文式标题。由"关于"引领的介词结构和对象、事由、文种组成，如《关于×××同志抗洪抢险的先进事迹》《关于××乳业公司扩大奶源的经验材料》。有时也可以省略事由，如《关于×××同志的先进事迹》《关于××科技有限公司的经验材料》。

(2) 双题式标题。即由正题和副题组成，正题用精练的语言概括出典型材料的内容或主旨；副题标明典型材料的对象，如《勇挑重担当先行　誓为党旗添光彩——记上海铁路局客运公司沪宁杭分公司党委》《余热生辉荡阴霾——记安徽省立医院主任医师、共产党员许迪威》。

2. 正文

典型材料的正文由开头、主体、结尾三个部分组成。

(1) 开头。一般简要介绍典型个人或单位的基本情况，诸如个人姓名、性别、年龄、职业、工作年限、单位工作范围以及主要事迹概述等，使人们对典型材料所涉及的对象有一个大体的了解。例如，有一篇《党风廉政建设先进个人事迹材料》，其开头部分为："×××同志现年××岁，××××年参加工作，中共党员，大学本科，工程师，现任××单位纪检组长。在他几十年的工作生涯中，虽然工作岗位和职务在不断变化，但他廉洁奉公、无私奉献、勤奋敬业的高尚品德没有变。多年来，他以廉洁奉公、严于律己、勤政为民的人格力量，在单位树起了领导者的威信，以不徇私情、不思索取的一身正气，赢得了广大干部职工的尊敬。他没有惊天动地的丰功伟绩，只是默默地奉献于他钟情的气象事业。在他的身上充分体现了党员领导干部的表率作用和先锋模范作用，以对党和人民高度负责的政治责任感，大力宣传、贯彻、落实党风廉政建设责任制，推行局务公开，受到了全局干部职工的好评。"交代了先进人物的基本情况，并进行了总体评价。

(2) 主体。主体部分是典型材料的核心，它要具体叙述先进人物或单位的主要事迹或成功做法，其所取得的主要工作成绩（即工作的收获和效果）和具体表现，要善于运用典型事例加以说明。选材务求真实，切忌人为地拔高甚至随意编造，以免事与愿违。此外，对先进单位或人物的思想来源，先进形成的过程和成长基础等，也应加以反映，以增加材料的可信度和真实感。在写法上，多采用撮要目标或分设小标题的方式。如上例《党风廉政建设先进个人事迹材料》，其正文部分列有"加强学习不放松""身先士卒树廉风讲奉献""不顾小家顾大家""反腐倡廉，从抓源治腐上下功夫""践行宗旨，体现党的先进性""甘当绿叶，维护团结树形象"六个小标题，分别从不同的侧面反映了先进人物的主要事迹及其做法，显得眉清目楚，富有说服力。

在层次安排上，通常采用如下两种结构顺序：

一是时间顺序。即所列几个小标题按照事件发生、发展的先后顺序来排列，能够给人以清晰深刻的印象。

二是逻辑顺序。即所列几个小标题按照事件的主次、递进、并列、因果等内在关系来安排，如例文《职业道德建设先进班组事迹材料》一文中的三个小标题之间即是相互并列的逻辑关系。

3. 结尾

典型材料结尾的写法多种多样，可以阐明先进事例的意义，进行总体评价，也可指出先进人物或单位的事迹或经验将产生的深远意义和影响，还可以发出号召，或提出向先进学习的要求。

（四）范例简析

群众眼中的"门神"

——××区××镇村居干部在疫情防控战斗一线记

当前，疫情牵动着每一个人的心。疫情来临时，××区××镇有这样一群人，他们不辞辛劳，离开家人，积极响应动员，迅速进入战斗角色；他们坚韧不拔，始终坚守岗位，奋战在防疫第一线；他们勇敢坚定，在村民群众都闭门不敢外出时，他们始终在村落间"逆行"，宣传引导，摸底排查；他们既是一名中共党员，又是一名村居干部，他们在大难面前，舍小家为大家，践行初心使命，勇于担当作为，展现出新时代农村基层党员干部的风采。

疫情就是命令，再危险我们都得上

大年初一，春节假期的第二天，大家都还沉浸在春节的欢乐氛围中，但网络上关于疫情的消息也一直被村居干部关注着，××亲身经历过类似的疫情，面对春节期间大量的返乡人员，加上村里办喜事的、聚会的多，都在心里捏着一把汗，随着疫情严峻的消息不断传出，不少村居干部便开始在镇政府的工作微信群中主动询问，是否有防疫工作安排，形势不容乐观。

当日下午，镇党委政府开会传达部署防疫工作，要求各村居立即进入战时状态，迅速开展疫情防控工作。"不忘初心、牢记使命主题教育刚结束，现在正是检验党员干部初心使命的时候，面对疫情，如果瞻前顾后、畏缩不前，算什么共产党员，怎么对得起群众的信任。"

会议结束后，个别村居书记给自己打气，得到在场人员的一致"点赞"。在镇党委政府的坚强领导下，全镇14村居于大年初二上午，全部组织召开了"两委"会议，把疫情防控工作安排布置到位，明确联防联控、群防群控具体措施。全镇各村居干部，立即从春节假期的氛围中抽出身来，迅速调整思想状态，全部到岗到位，全身心投入到疫情防控的战斗中。"××指出：'生命重于泰山、疫情就是命令、防控就是责任'，疫情来了，我们不上谁上。"在三元村"两委"干部会议上，村党总支书记姚××面对个别人员的担忧，严正表态。

防控就是责任，当最接地气的"逆行者"

守土有责、守土尽责。"各自把各自的网格管好、管严、管紧，各自把各自网格内的人员排查清楚，做到村不漏户、户不漏人，最后到我这汇总签字上报。"××村党总支书记汪××明确"两委"干部网格责任，把属地管理责任进一步细化压实。××村充分利用"向心聚力、三网共治"载体，全村划分为6个网格，每个网格明确一两名"两委"干部包保，同时发挥党群议事点作用，发挥党员、村民代表作用，把疫情防控的各项任务都交给网格，像一颗颗棋子下在网格点上，时时掌握网格动态信息。全镇14村居依托"三网共治"113个网格，明确村居网格员属地责任，××镇武汉返乡人员信息排查人员准确、上报及时、信息全面，与村居干部落实好网格责任是分不开的。

"到村入户务必做好自我防护，你们不是只为自己负责，也是为了大家负责，这个时候，不能逞强。"每次下网格，到村入户排查摸底，陪同医务人员跟踪检查在家自我隔离的武汉返乡人员前，××村党总支书记汪××都会多唠叨几句，生怕大家放松了自我防护。疫情防控阻击战中，有太多"逆行者"，村居干部算是其中最接地气的，他们面对的是春节前广大在外务工返乡人员，这个春节农村很宁静，但情况也很复杂，形势似乎比村干部们认识到的更为严峻，他们丝毫不能懈怠。

发动村民群众，我们就是"门神"

村干部就是村子的守护者。"在网上看到有个比喻很形象，我们就像村民家里门上过年贴的'门神'，我们替村民群众把好这个门，把疫情关在门外。"××党总支书记宣××开玩笑说。比喻固然形象，玩笑也很轻松，但责任很是沉重。村民群众自我防护意识不强，村干部说一百遍，似乎在他们眼里，都是多余的废话。我们当"门神"，村民就要自觉关门，我们不仅要防控疫情，还要看住村民，让疫情不在这里传播。村民群众自我防控意识至关重要，一定要发动群众，共产党人的法宝就是依靠群众，疫情防控，贵在群防群治，群众不参与，疫情难根除。村居干部在镇党委政府领导下，扎扎实实做好舆情引导、防疫宣传，村上大喇叭喊起来，小喇叭动起来，横幅拉起来，宣传海报贴起来，一封信发到人手一份，把手机都用起来，抖音短视频、微信发起来，能用的宣传手段一样不落。持续的宣传之下，村民群众的自我防护意识不断增强，纷纷响应，主动参与，采取各种方式，严防人员流动，取消各种宴会、聚会、集会，宾馆、餐馆、网吧、菜市场等全部关停，现在村干部要到所辖的自然村开展排查检测，都要提前跟村里人申请。村民群众都说，村干部是我们的"门神"。

写法简析

这是一篇反映××镇村居干部在疫情防控期间的突出事迹，涉及的先进对象是一个集体。例文专题性很强，主旨明确集中，紧紧围绕村居干部在疫情防控期间的表现进行叙写，不枝不蔓。更为重要的是，全文采用了分设小标题的表现手法，设立了"疫情就是命令，再危险我们都得上""防控就是责任，当最接地气的'逆行者'""发动村民群众，我们就是'门神'"三个小标题，分别从不同的侧面展现村居干部的英雄行为，给人留下深刻印象。此外，这篇典型材料的用语也很具特色，既准确严谨又生动传神，摒弃了单调可造的弊端，通过运用排比句和形象化的手法，使全文"活"起来。例如行文开篇的表述："当前，疫情牵动着每一个人的心。"通过这样简单的一句话就深深抓住了读者的心。紧接着表述"疫情来临时，××区××镇有这样一群人，他们不辞辛劳，离开家人，积极响应动员，迅速进入战斗角色；他们坚韧不拔，始终坚守岗位，奋战在防疫第一线；他们勇敢坚定，在村民群众都闭门不敢外出时，他们始终在村落间'逆行'，宣传引导，摸底排查；他们既是一名中共党员，又是一名村居干部，他们在大难面前，舍小家为大家，践行初心使命，勇于担当作为，展现出新时代农村基层党员干部的风采"。通过排比句的使用，使人们对村居干部的先进行为肃然起敬。每个小标题之下所涉及的内容，均写得充满真情实感，言之凿凿，令人确信无疑。而且，用语很讲究浓缩精练，毫不拖沓，很值得借鉴和细细品味。

（五）要点撷萃

1. 选材要与时俱进

典型材料是时代的印记，是随着时代的发展而涌现出来的，是时代精神的反映，是为促进各条战线、各项事业的进步而树立的代表，是形势任务的需要。所以，选材要合着时代的步伐，做到与时俱进，不能选择那些已经过时或与时代精神相违背的材料，否则，就不称其为典型。

2. 叙述要具体深刻

典型材料以叙述的表达方式为主，兼用议论、描写、抒情。通过叙述、描写，反映典型事例中的情节、细节，树立典型在人们心目中高大的形象。通过议论和抒情，进一步挖掘出典型所蕴含的本质特征、价值和意义，使典型材料起到引领方向的作用。

3. 语言要生动感人

事例生动，事迹感人，是典型材料写作的一条基本要求。为此，在行文时要善于运用生动形象的语言加以描绘，尤其是对事例中情节、细节的描写，要使人们有一种如临其境、如见其人、如闻其声的感觉，达到真正感染读者、教育读者的目的。否则，典型材料就没有可读性，就会失去其应有的激励和教育功能。